Marco Aurélio Thompson

Microsoft® Windows Server® 2012

Instalação, Configuração e Administração de Redes

2ª Edição

érica

SOMOS EDUCAÇÃO | Editora Saraiva

Av. das Nações Unidas, 7221, 1º Andar, Setor B
Pinheiros – São Paulo – SP – CEP: 05425-902

SAC | 0800-0117875
De 2ª a 6ª, das 8h00 às 18h00
www.editorasaraiva.com.br/contato

Diretora executiva	Flávia Alves Bravin
Diretora editorial	Renata Pascual Müller
Gerente editorial	Rita de Cássia S. Puoço
Editora de aquisições	Rosana Ap. Alves dos Santos
Editoras	Paula Hercy Cardoso Craveiro
	Silvia Campos Ferreira
Assistente editorial	Rafael Henrique Lima Fulanetti
Produtores editoriais	Camilla Felix Cianelli Chaves
	Laudemir Marinho dos Santos
Assistente de produção	Katia Regina Pereira
Serviços editoriais	Juliana Bojczuk Fermino
	Kelli Priscila Pinto
	Marília Cordeiro

Revisão	Marlene Teresa S. Alves
Diagramação	Laudemir Marinho dos Santos
	Rosana Ap. Alves dos Santos
Impressão e acabamento	

DADOS INTERNACIONAIS DE CATALOGAÇÃO NA PUBLICAÇÃO (CIP)
(CÂMARA BRASILEIRA DO LIVRO, SP, BRASIL)

Thompson, Marco Aurélio
Microsoft® Windows Server 2012: instalação, configuração e administração de redes / Marco Aurélio Thompson. -- 2. ed. -- São Paulo: Érica, 2014.

Bibliografia
ISBN 978-85-365-0434-6

1. Microsoft Windows 2012 Server (Sistema operacional) 2. Redes de computadores - Programas de computador I. Título.

13-12597 CDD 005.4476

Índices para catálogo sistemático:
1. Microsoft Windows 2012 Server: Sistemas operacionais: Processamento de dados

2ª edição
4ª tiragem 2018

CO 3887 CL 640381 CAE 572327

Fabricante

Microsoft® Corporation
Produto: **Windows Server® 2012**
Site: www.microsoft.com

Endereço no Brasil:
Microsoft® Informática Ltda.
Av. Nações Unidas, 12901 - Torre Norte - 27º andar
CEP: 04578-000 - São Paulo - SP
Fone: (11) 4706-0900
Site: www.microsoft.com.br

Requisitos de Software e de Hardware

Software

Windows Server® 2012 em português
Acrobat Reader 8

Hardware

Para determinar se você tem os requisitos de hardware necessários para instalar e rodar o Windows Server 2012, você precisa se concentrar em três recursos de hardware:

- Memória:
  - Mínimo: 512 MB
  - Recomendado: 1 GB
  - Ideal: 2 GB, dependendo do projeto da rede
- Processador de 64 bits:
  - Mínimo: 1,4 GHz
  - Recomendado: 2 GHz
  - Ideal: 3 GHz, dependendo do projeto da rede
- Espaço em disco necessário para a partição do sistema:
  - Mínimo: 32 GB
  - Recomendado: 120 GB e até mais, dependendo do projeto da rede
  - Ideal: pelo menos dois discos com a mesma capacidade mencionada acima para montar um sistema RAID
- Duas placas de rede 10/100 Mbps PCI ou (10/100/1000 para redes Gigabit Ethernet)
- Unidade de DVD-ROM
- Adaptador de vídeo e monitor Super VGA (800 x 600)
- Conexão com a Internet (modem, roteador, link dedicado etc.)

Notas

- As recomendações levam em consideração apenas o que é necessário para executar o Windows Server® 2012. Você também precisa determinar as eventuais necessidades dos demais aplicativos que serão instalados, como aplicativos e utilitários de segurança.
- Observe que, se a quantidade de memória RAM for maior que 16 GB, você vai precisar aumentar o espaço em disco para acomodar o arquivo de paginação (se for mantida em uma partição do sistema), a hibernação e o arquivo de despejo.
- Você também pode experimentar a ferramenta Microsoft Assessment and Planning Toolkit (MAP) para fazer o inventário de servidores e gerar um relatório que o ajudará a determinar quais servidores estão aptos a suportar a instalação do Windows Server® 2012. Para mais informações sobre a ferramenta, visite: http://www.microsoft.com/pt-br/sam/map.aspx.

Dedicatória

Este livro é dedicado aos meus cinquenta mil alunos cadastrados nos cursos gratuitos realizados pela Internet. Sem vocês eu nada seria!

"E ainda que tivesse o dom de profecia,
e conhecesse todos os mistérios e toda a ciência,
e ainda que tivesse toda a fé,
de maneira tal que transportasse os montes,
e não tivesse amor, nada seria."

1 Coríntios 13:2

Sumário

Prefácio

A importância das redes de computadores é muito maior agora do que há alguns anos. Cresceu também a demanda por bons profissionais, capazes de instalar, configurar, gerenciar e dar suporte às redes de todos os portes.

Em um país com as dimensões do Brasil, os que moram afastados dos grandes centros nem sempre encontram locais de treinamento autorizados ou alternativos, que os preparem corretamente para trabalhar com redes de computadores. E quando encontram, em geral são cursos de curta duração, com preços que nem todos conseguem pagar.

A vantagem do livro é reunir em pouco espaço e por um preço justo quase tudo o que é necessário para entender e até dominar o assunto.

Esta obra se tornou possível graças à grande aceitação dos meus livros anteriores, Windows Server 2003 - Administração de Redes, já na 5ª edição e com algumas reimpressões; Windows Server 2008 R2 - Fundamentos; Windows Server 2008 R2 - Instalação, Configuração e Administração de Redes, todos lançados pela Editora Érica.

Aos alunos e leitores que iniciaram na profissão de administradores de rede motivados, incentivados ou auxiliados por estas leituras, chegou o momento de fazer um upgrade em suas carreiras e conhecer também as possibilidades dos servidores rodando o novíssimo Windows Server 2012.

Windows Server 2012 - Instalação, Configuração e Administração de Redes é um livro novo, sobre um produto renovado, pronto para a nuvem e inaugurando a Nova Interface de Usuário dos sistemas operacionais da Microsoft.

É indicado aos leitores antigos, mas também aos que têm agora o seu primeiro contato com a administração de redes e o Windows Server 2012.

O autor

Sobre o Autor

Marco Aurélio Thompson é consultor pelo Sebrae (RJ), licenciado em Pedagogia pela UNIFACS (BA), acadêmico de Sistemas de Informação também pela UNIFACS e o atual presidente da Associação Brasileira de Segurança na Internet (ABSI). É gestor da Sociedade Brasileira de Educação para o Trabalho, mentor do Programa de Capacitação em Segurança da Informação (PROCASI) e diretor da Escola de Hackers, uma organização de treinamento a distância especializada em cursos relacionados à segurança da informação.

Pela Editora Érica já publicou os livros Proteção e Segurança na Internet; Java 2 & Banco de Dados; Windows Server 2003 - Administração de Redes; Windows Server 2008 R2 - Fundamentos; Windows Server 2008 R2 - Instalação, Configuração e Administração de Redes; Windows Server 2012 - Fundamentos.

Introdução

Este livro foi elaborado pensando no leitor que conhece pouco ou quase nada do Windows Server 2012. Ele é indicado a estudantes, futuros profissionais e profissionais de tecnologia interessados em aprender sobre as redes baseadas no Windows Server 2012.

Cada capítulo possui começo, meio e fim bem definidos, introduzindo o assunto, esclarecendo a importância do procedimento e demonstrando, por meio de instruções passo a passo e ilustradas, como obter bons resultados.

É um livro para ser lido e praticado, pois é difícil dominar as tarefas necessárias para administrar redes com o Windows Server 2012 apenas lendo. É preciso pôr em prática o que está lendo. Um dos capítulos iniciais dá sugestões para obter uma cópia de avaliação do Windows Server 2012 e criar um laboratório virtual para praticar. O capítulo dedicado à criação do laboratório deve ser um dos primeiros a ser lido. Não se preocupe porque esse "laboratório" encontra-se no seu computador sem afetar as funções atuais, pois usaremos máquinas virtuais.

A segunda informação importante diz respeito ao seu personagem dentro do livro. Assume-se que o seu papel é de um recém-chegado à empresa, responsável por criar uma rede lógica baseada no Windows Server 2012. Deve fazer isso do zero, com pouco ou nenhum conhecimento a respeito do Windows Server 2012.

Acredito que as pessoas não procuram conhecer os sistemas operacionais de rede apenas por diversão ou passatempo. Quem procura esse tipo de informação é ou será responsável pela rede de alguma empresa, pelas tarefas necessárias ao funcionamento de um ou mais servidores. É alguém que quer trabalhar com tecnologia e espera que esta leitura o ajude.

Partindo desta premissa, cada capítulo procura orientá-lo sobre como as decisões da diretoria determinam as ações do administrador. A direção que a empresa toma é o que leva a decidir por um aumento na segurança, balanceamento de carga, implantação ou terceirização do servidor Web, uso de um ou mais servidores, opção por virtualização e tudo o mais que se pode fazer com o Windows Server 2012.

Administradores de rede são importantes colaboradores nas empresas para as quais trabalham e as suas atribuições são o reflexo direto dos anseios e propostas que surgem na diretoria. Como exemplo, não é o administrador da rede que opta por um servidor de mídia baseado na plataforma Windows Server 2012. É a direção da empresa que manifesta o interesse ou a necessidade do serviço de mídia por streaming e cabe ao administrador da rede fornecer informações para ajudar a manter ou revogar a decisão. E sendo mantida, caberá ao administrador da rede tomar as providências necessárias para que o servidor de mídia possa existir.

É com esta abordagem, de como os interesses, necessidades e decisões de uma diretoria definem as tarefas do administrador, que elaborei o Windows Server 2012 - Instalação, Configuração e Administração de Redes.

Nas próximas páginas você:

- Entenderá como as necessidades e decisões da empresa definem as características do servidor.
- Encontrará uma pequena revisão sobre redes e TCP/IP.

- Aprenderá a conhecer o Windows Server 2012, as diferentes versões do produto e o comparativo entre as edições dessa família de servidores Windows da Microsoft.
- Saberá determinar a melhor configuração de hardware para iniciar uma rede baseada em servidores.
- Saberá criar um laboratório para a prática de redes com o Windows Server 2012 e também obter uma versão de testes diretamente do site do fabricante.
- Aprenderá a instalar, configurar e manter servidores baseados na plataforma Windows Server 2012, incluindo procedimentos de segurança, planejamento de contingência e recuperação de desastres.
- Saberá o que é cada um dos servidores que o Windows Server 2012 pode ser, para que serve, quando é necessário, como criar, incluindo servidor de autenticação de nomes, de arquivos, de impressão, de aplicação, Web, Active Directory, DNS, DHCP.

Enfim, os fundamentos necessários para conhecer e administrar servidores baseados na plataforma Windows Server 2012.

capítulo

1

Do MS-DOS ao Windows Server® 2012

Você vai entender como o MS-DOS evoluiu até tornar-se o Windows Server 2012

Conforme dito na apresentação desta obra, você vai aprender a usar o Windows Server 2012 por meio de uma proposta diferenciada. Cada capítulo supõe uma necessidade da empresa, seu contratante atual ou futuro. Necessidade que passa a ser sua, pois será pago para isso.

Neste capítulo inicial sua necessidade é entender os eventos que tornaram necessário o surgimento de um novo sistema operacional. Você entenderá também os motivos pelos quais a Microsoft priorizou a segurança dos servidores a partir da versão Windows 2000 Server e que a suposta desvantagem dos servidores Windows em relação ao Linux já foi superada.

Vamos relembrar a trajetória desse produto, do DOS, até os dias atuais, como forma de entender as diferentes políticas de segurança adotadas para o produto e em quais momentos aconteceram.

1.1 Um Programador dá Início à Microsoft

Podemos dizer que o Windows Server 2012 é a evolução do antigo MS-DOS da Microsoft. DOS é a sigla para Disk Operating System ou Sistema Operacional de Disco. O DOS da Microsoft é conhecido como MS-DOS. Não é o único DOS, mas certamente é o mais conhecido.

Bill Gates, fundador da Microsoft, até 1975 era acadêmico da Harvard. Após ler na revista Popular Electronics a notícia do lançamento do Altair, um dos primeiros kits de microcomputador lançado no mundo, tomou a decisão de dedicar-se à programação e abandonou Harvard. Esta decisão foi tão radical que, além de abandonar Harvard, mudou-se para a cidade de Albuquerque no Novo México, para ficar próximo da fábrica do Altair.

Foi assim que em 1975 fundou a Micro-Soft, inicialmente grafada com hífen, até tornar-se Microsoft como a conhecemos hoje.

Em pouco tempo a Microsoft tornou-se referência na produção de software por encomenda a ponto de ser procurada pela gigante do setor de computadores, a IBM.

1.2 A Capa de Revista que Mudou o Mundo

Para você entender o que levou a IBM a procurar parceria com a pequena Microsoft, é preciso conhecer o cenário da época e um pouco da história dos computadores.

O computador comercial foi apresentado ao mercado no final da II Guerra Mundial. Eram computadores valvulados, imensos e havia menos de cinco no mundo.

Figura 1.1 - ENIAC - o primeiro computador digital eletrônico de larga escala.

Na década de 1950, os computadores começaram a usar transistores e na década de 1960, circuitos integrados. Isso tornou os computadores menores e mais baratos, mas ainda assim eram grandes demais para ter em casa e caros demais para as pessoas comprarem.

Na década de 1970, a indústria conseguiu colocar quase todos os componentes de um computador em um único invólucro, que você deve conhecer com o nome de microprocessador. Esses microprocessadores foram fabricados em grande escala e o preço caiu drasticamente. Como só precisavam de algumas peças adicionais para formar um computador, algumas empresas começaram a criar computadores muito pequenos se comparados aos da época. Por este motivo receberam o nome de MICROcomputadores. Hoje não tem muita lógica chamar de micro um aparelho tão grande. Mas a título de comparação, o MINIcomputador era quase do tamanho da mesa do seu micro atual.

Figura 1.2 - Da esquerda para a direita: válvula eletrônica, transistor e circuito integrado.

Figura 1.3 - Comparação entre o microprocessador Intel 8080 de 1976 (6 mil transistores) com o Intel Core i7 de 2012 (731 milhões de transistores embutidos).

O lançamento dos microprocessadores facilitou de tal forma a construção de microcomputadores, que qualquer pessoa que entendesse de montagens eletrônicas era capaz de montar um microcomputador em casa.

E foi isso que aconteceu. Empresas, engenheiros, técnicos, curiosos e entusiastas começaram a criar suas versões de microcomputadores.

Voltando ao início da nossa história, a primeira empresa a lançar um kit de microcomputador foi a MITS (Micro Instrumentation and Telemetry Systems) com o Altair 8800, baseado no microprocessador 8080 da Intel. O interessante desta história é como Bill Gates percebeu que o futuro estava no software, e não no hardware.

Figura 1.4 - Capa da Popular Electronics de 1975 apresentando o 'revolucionário' Altair 8800.

Ao ler sobre o Altair 8800, artigo de capa da Popular Electronics de janeiro de 1975, Bill Gates abandonou Harvard e mudou-se para a cidade de Albuquerque, no Novo México, só para ficar perto da fábrica do Altair. Ali fundou a Micro-Soft, que em pouco tempo tornou-se referência como produtora de software.

O único mérito do Altair foi ser o primeiro kit comercial de microcomputador, pois estava longe de ser o microcomputador ideal. Microcomputadores muito melhores foram lançados, incluindo o Apple pela empresa do mesmo nome e vários outros, como o Sinclair, TRS 80, Comodore, Amiga, MSX etc. Ironicamente, quem criou o mercado de microcomputadores foi a MITS, mas em pouco tempo a concorrência e produtos melhores fizeram a MITS sair do mercado que ela mesma criou. É algo parecido com a ideia de organizar um campeonato, fazer todo o investimento inicial e depois sair por não poder competir com os adversários.

Diante deste cenário, a IBM decidiu agir. E decidiu um pouco tarde, quando o mercado já estava tomado por diferentes modelos de microcomputadores. Para compensar o tempo perdido foi criado o padrão IBM PC; PC de Personal Computer ou Computador Pessoal. Anteriormente, o computador só atendia às necessidades de empresas; agora, também era útil às pessoas. Um computador pessoal, um Personal Computer, um PC, padrão IBM.

O padrão IBM previa um microcomputador modular. No lugar das máquinas fechadas o projeto da IBM previa o encaixe de placas com a possibilidade de melhorar o equipamento de acordo com a necessidade. Se hoje você pode mudar a placa de vídeo, aumentar a memória, colocar e tirar placas do computador, isso foi graças ao padrão IBM PC.

A estratégia por trás desta decisão é que a IBM não estava com tempo para estruturar fábricas que pudessem montar todas as partes do microcomputador. Decidiram que diferentes empresas fabricariam as diferentes partes do microcomputador e a IBM ou outra empresa qualquer se encarregaria de montá-los.

É assim até hoje, com a diferença de que existem milhares de empresas e pessoas montando computadores, comprando peças de diferentes fabricantes, sem dar nada para a IBM.

Da mesma forma que aconteceu com a MITS, a IBM criou um mercado e depois não conseguiu manter-se nele.

Figura 1.5 - IBM 5150, o primeiro microcomputador padrão IBM PC.

Com a questão do hardware resolvida, era preciso o software. E o principal software para fazer um computador funcionar é o OS (Operating System) ou Sistema Operacional. A IBM não possuía um sistema operacional para microcomputadores e procurou a empresa de Bill Gates, a Microsoft, para que fizesse o DOS, o Disk Operating System ou Sistema Operacional de Disco, a ser usado no IBM PC.

Bill Gates fechou contrato com a IBM e incluiu uma cláusula que permitia a Microsoft oferecer o DOS para outras empresas. Parece-nos que a IBM cometeu um erro estratégico e não apostou na evolução do software como produto.

A IBM criou o padrão IBM PC e autorizou fabricantes do mundo todo a produzir as peças para montar os micros. Decidiu pelo DOS no IBM PC e autorizou o único fabricante do DOS a vender o sistema operacional para quem mais eles quisessem. Não precisou muito tempo para dezenas de empresas terem a sua própria versão do IBM PC, rodando o DOS da Microsoft.

1.3 Um Hardware Feito às Pressas e um Sistema Operacional Inacabado

Uma situação curiosa envolvendo a IBM, a Microsoft e o DOS é que, quando Bill Gates fechou com a IBM, ele não possuía um sistema operacional para entregar. Teve de sair às pressas à procura de alguém que tivesse algo em condições de uso para vender.

Encontrou o QDOS de Tim Paterson, comprado por cinquenta mil dólares. Foi esse QDOS, rebatizado de MS-DOS, que deu início à fortuna pessoal do Bill Gates e à supremacia da Microsoft nos micros pessoais.

Não foi a primeira vez que Bill Gates negociou um software inexistente. Quando soube do Altair pela Popular Electronics, entrou em contato com a MITS, negociando uma versão da linguagem Basic para o Altair. Quando o pessoal da MITS aceitou a oferta, ele e Paul Allen passaram a criar o software usando um emulador. Foram tão bem-sucedidos que o programa funcionou de primeira na máquina real, mesmo sendo criado em um emulador.

Podemos dizer que a IBM criou as condições para a Microsoft ser a poderosa empresa de software que hoje conhecemos. Toda a estratégia de marketing e vendas usada para popularizar o IBM PC resultava em novos concorrentes para a própria IBM e em clientes para a Microsoft. A Microsoft praticamente não tinha concorrentes, de forma que todo fabricante de clone do IBM PC acabava na porta da Microsoft para licenciar o DOS.

Outra estratégia decisiva foi o fato de a Microsoft não revender o DOS, apenas licenciá-lo. Na época parecia ser uma decisão equivocada. Imagine: em vez de vender o DOS por cem, duzentos mil dólares e até mais, a empresa preferia cobrar uma pequena taxa por cada cópia instalada.

O hardware era caro, o software não. Bill Gates apostou no software e nos anos seguintes o preço do hardware despencou, enquanto o do software permaneceu estável. As pessoas não imaginavam que milhões de computadores fossem vendidos, a maioria rodando MS-DOS, posteriormente o Windows, tornando Bill Gates um dos homens mais ricos do mundo.

Infelizmente a pressa em lançar o microcomputador em larga escala, usando um sistema operacional terminado às pressas, gerou os inúmeros problemas de funcionamento e de segurança que ainda hoje têm os PCs.

1.4 O Primeiro Windows

A Xerox mantinha na cidade de Palo Alto um importante centro de pesquisas, o PARC (Palo Alto Research Center). Em uma época de grande ingenuidade, a Xerox permitiu que a Apple conhecesse seus projetos, entre eles o mouse e a GUI (Graphical User Interface ou Interface Gráfica do Usuário).

Steve Jobs percebeu o potencial daquelas descobertas e as incorporou aos micros da Apple, começando pelo Macintosh, primeiro micro a fazer sucesso usando interface gráfica.

A Microsoft estava parceira da Apple, com a proposta de desenvolver softwares para o Macintosh. Para isso tinha acesso à estratégia da empresa, incluindo códigos de softwares, como a interface gráfica.

Quase ao mesmo tempo em que Steve Jobs anunciava o primeiro Apple com interface gráfica, Bill Gates anunciava o DOS com interface gráfica: o Windows. O Windows surgiu como interface gráfica para facilitar o uso do MS-DOS e, com o tempo, o DOS integrou-se ao Windows.

A linha do tempo a seguir demonstra a evolução do DOS até tornar-se parte integrante do Windows 95.

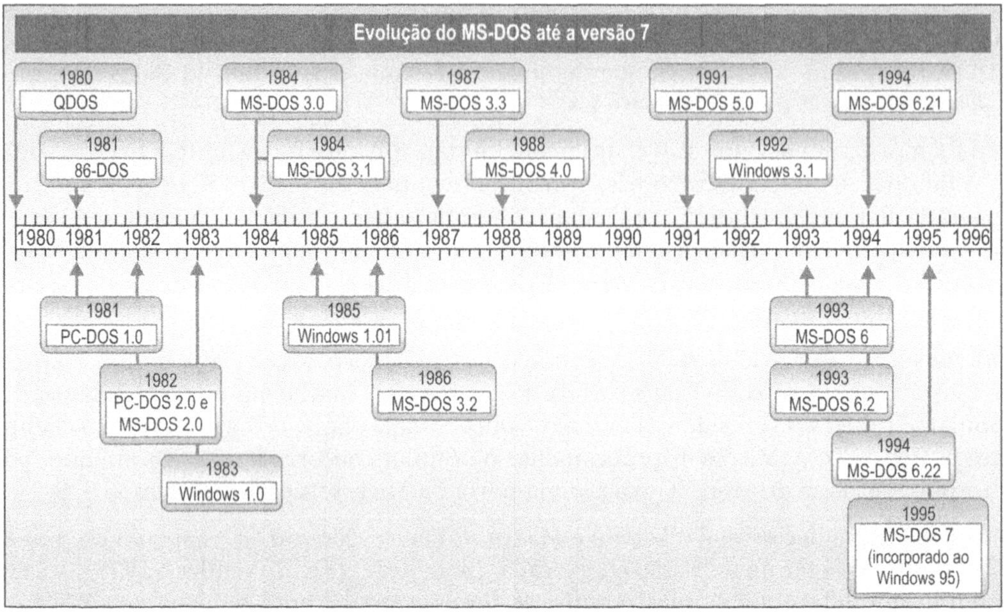

Figura 1.6 - Do QDOS ao MS-DOS 7.

Até o Windows 95 os microcomputadores rodavam o DOS, com o Windows carregado depois, apenas como interface gráfica. Com o lançamento do Windows 95 o DOS passou a ser parte integrante do sistema operacional.

O primeiro Windows com potencial comercial foi o Windows 1.01, lançado em 1985 e rodando sob MS-DOS 2.0. O computador padrão da época rodava com 512 k, quatro mil vezes menos memória que um computador básico atual. O Windows 1.01 consumia 'toda' memória e por este motivo não foi bem-aceito.

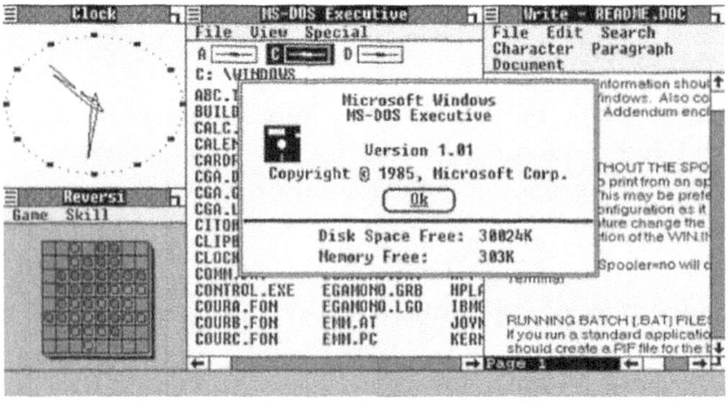

Figura 1.7 - Tela do Windows 1.01.

Depois veio a série Windows 2.xx em 1987 e o Windows 3.xx em 1990. Somente com a versão 3 do Windows a interface gráfica começa a se popularizar e substituir o MS-DOS, então na versão 5.

Um resumo das versões do Windows e suas respectivas datas de lançamento você visualiza na tabela apresentada em seguida.

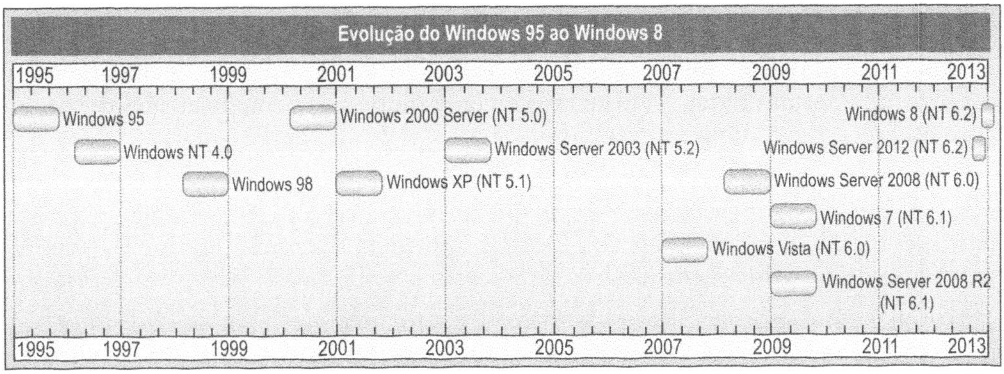

Figura 1.8 - Evolução do Windows 95 ao Windows 8.

Em 1992, surgiu o Windows NT (New Tecnologia) com a proposta de oferecer maior estabilidade e segurança para empresas. O Windows 2012 Server é descendente direto da família NT, é o NT 6.2, o mesmo núcleo do Windows 8.

1.5 O Windows que Definiu a Segurança das Redes e da Internet

O Windows 2000 é particularmente importante para você compreender o modelo de segurança praticado pela Microsoft nos sistemas subsequentes. Quando o Windows 2000 foi lançado, a Microsoft tentava recuperar um tempo perdido em relação à estratégia da empresa para a Internet.

Por incrível que pareça, apesar da visão do Bill Gates para os negócios, quando a Internet surgiu foi desprezada pela Microsoft.

Quando perceberam que a Internet era mais que uma onda e ficar de fora condenaria a existência da própria empresa, novas estratégias foram traçadas. Inicialmente pensaram em criar uma Internet própria, sem fio, com satélites ao redor do mundo.

Esta ideia não vingou, até por conta dos custos envolvidos e falta de apoio dos acionistas. Foi quando a empresa se reorganizou e passou a integrar aplicações Web ao sistema operacional, começando pelo Windows 95.

Antes de o Windows 95 acessar e navegar na Internet, ele exigia a instalação de vários programas feitos por terceiros. Do Windows 95 em diante os protocolos de conexão, programas de FTP e navegador passaram a vir com o sistema operacional.

Isso prejudicou as empresas que comercializavam programas de navegação, em particular a Netscape, que vendia um navegador com este mesmo nome. Como o Internet Explorer era distribuído de graça, como parte do Windows, ninguém pensava mais em comprar o navegador da Netscape.

Esta estratégia da empresa em lidar com a concorrência tornou-a alvo do governo americano em uma ação antitruste. Por pouco a Microsoft não se viu obrigada a dividir-se em empresas menores, como aconteceu com a Standard Oil e AT&T.

O que interessa a você saber é que o Windows 2000, na versão servidor, foi lançado para tornar fácil a criação de servidores Web. Bastavam poucos cliques para ter um servidor Web, FTP, Telnet, DNS, tudo funcionando no Windows 2000.

Esta facilidade resultou em sérios problemas de segurança e não demorou muito para programadores de vírus aproveitarem as brechas do Windows 2000. A quantidade de vírus disseminados nas redes e na Internet foi tão grande que tirou do ar sites de grandes empresas, entre elas a Amazon e o eBay.

Se você tiver curiosidade e olhar os Service Packs lançados para o Windows 2000, vai perceber, pelo tamanho, que é muito mais do que simples correções. É o sistema operacional inteiro, corrigido. Este incidente deu força ao movimento Linux e tornou os produtos Microsoft sinônimos de insegurança.

A Microsoft é uma empresa que aprende rápido e tem uma incrível capacidade de recuperação. O Windows 2000 era instalado com muitos serviços ativos e configurações padrão. Já com o Windows Server 2003, o Windows Server 2008 e agora com o Windows Server 2012, isso mudou completamente. Essas versões são instaladas com os serviços desabilitados por padrão, além de um aumento significativo nos itens de segurança.

No Windows 2000 Server, por exemplo, era possível criar a conta do administrador com a senha em branco. Hoje, a senha é obrigatória para qualquer usuário e precisa atender padrões mínimos de segurança.

Se antes a imagem dos servidores Windows era a de sistemas desprotegidos, atualmente esta situação é bem diferente. Os sistemas rodando servidores Windows são tão ou mais seguros que os equivalentes baseados em Linux ou BSD. O diferencial que torna um servidor seguro hoje é a capacidade técnica do administrador e a qualidade das aplicações de terceiros que rodam no servidor.

Com esta obra esperamos torná-lo apto a gerenciar servidores com alta disponibilidade, excelente desempenho e que sejam bastante seguros.

Resumo do Capítulo 1

Agora você já sabe que:

... o Windows Server 2012 é um sistema operacional para servidores, da família NT.

... a estratégia de segurança adotada nos atuais servidores Microsoft é consequência das falhas de segurança do Windows 2000.

... tanto o hardware quanto o software dos PCs foram lançados às pressas, causando muitos episódios de falhas e mau funcionamento.

... os servidores Windows atuais são bastante confiáveis e o diferencial que faz o sistema estável e seguro é a qualificação do administrador.

... este livro foi feito para ajudá-lo a instalar, configurar e gerenciar redes baseadas no Windows Server 2012 da Microsoft.

capítulo

2

Windows Server® 2012

Você foi contratado para criar redes com Windows Server 2012 e precisa explicar à diretoria as características desse servidor

---

Quando somos contratados para implantar tecnologias em qualquer empresa, uma das atribuições é apresentar o projeto aos diretores ou proprietários, tirar dúvidas sobre a tecnologia e justificar o investimento.

Nessas reuniões, o profissional costuma ser sabatinado e até confrontado com outras soluções de mercado, devendo, neste caso, estar em condições de defender a tecnologia com a qual pretende trabalhar.

Redes com servidores Windows e Linux são invadidas não por causa da plataforma escolhida para o servidor, mas porque o administrador não estava qualificado o suficiente para implantar a tecnologia e acabou por deixar brechas na segurança.

Este capítulo não trata das vantagens e desvantagens entre Windows e Linux como servidor. Existem inúmeros debates sobre este assunto na Internet e nenhum deles é conclusivo, sendo a maioria tendenciosa.

O que pretendemos é capacitar você a defender a tecnologia com a qual pretende trabalhar, o Windows Server 2012, para não ser pego desprevenido nas reuniões de contratação ou aprovação de projetos. Este capítulo tem por objetivo fornecer uma visão geral do que é o Windows Server 2012.

O Windows Server 2012 é o sistema operacional para servidores mais avançado, seguro e robusto lançado pela Microsoft até agora. O Windows Server 2012 é o sucessor direto do Windows Server 2008 R2 e só está disponível em versão de 64 bits. Caso não lembre ou não saiba, apenas o Windows Server 2008 - sem o R2 - roda em processadores de 32 bits. Isso nos leva a crer que o Windows Server 2012 encerra a era dos processadores de 32 bits para servidores. Durante o seu desenvolvimento especulou-se que o nome seria Windows Server 8, mas em 4 de setembro de 2012, data do lançamento oficial, confirmou-se o nome Windows Server 2012, que é também a primeira versão do Windows Server desde o Windows NT 4 que não oferece suporte para processadores Itanium.

2.1 O que Há de Novo no Windows Server 2012?

Existe um consenso no mercado de TI que a Microsoft fez um bom trabalho para criar o Windows Server 2012. São muitas modificações, cosméticas e tecnológicas, tornando-o um produto diferente do seu antecessor, o Windows Server 2008 R2.

As novidades presentes no Windows Server 2012 buscam alinhar os interesses da Microsoft com a nova realidade do mercado de TI corporativo, incluindo a migração para a nuvem e a popularização da interface gráfica baseada em toque. Em relação à nuvem, se você perceber, é a palavra que mais aparece na comunicação oficial e na divulgação do Windows Server 2012. Não é por acaso que a maioria das novidades e modificações do Windows Server 2012 está relacionada ao paradigma da computação em nuvem e representa melhorias no gerenciamento, na segurança, na disponibilidade e nas tecnologias de acesso remoto.

A lista apresentada em seguida descreve as novidades do Windows Server 2012. A depender das dimensões e demandas da rede que você tem ou terá sob a sua responsabilidade, algumas dessas novidades podem estar além do que você precisa para as tarefas do cotidiano. Em todo o caso é melhor saber que pode contar com elas se precisar.

2.1.1 Nova Interface de Usuário

O gerenciamento do servidor foi redesenhado para facilitar a administração de vários servidores. Quem optar pela instalação em modo gráfico no lugar da Server Core vai se deparar com a interface Modern, que também pode ser vista no Windows Phone e no Windows 8. Inicialmente, a Nova Interface de Usuário ficou conhecida como Metro, nome abandonado pela Microsoft poucas semanas após o lançamento do Windows Server 2012.

2.1.2 Windows PowerShell

O Windows PowerShell no Windows Server 2012 tem mais de 2300 command-lets (Cmdlets), em comparação com cerca de 200 no Windows Server 2008 R2.

2.1.3 Gerenciador de Tarefas

O Windows Server 2012 inclui uma nova versão do Gerenciador de Tarefas. As abas, por padrão, ficam ocultas mostrando apenas aplicações. Na guia Processos eles são exibidos em tons de amarelo, com tons mais escuros para representar o uso mais pesado de recursos. Ele lista os nomes dos aplicativos, o estado da aplicação e os dados de utilização global da CPU, memória, disco rígido e recursos de rede, exibindo as informações do processo.

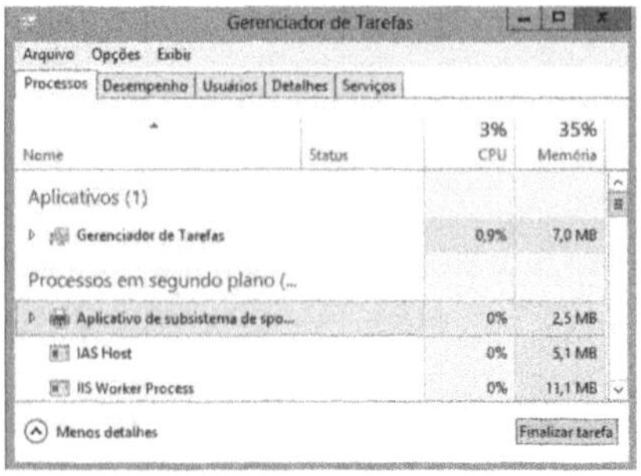

Figura 2.1 - Novo Gerenciador de Tarefas.

A guia Desempenho é dividida em CPU, memória (RAM), ethernet e, se for o caso, as seções de rede sem fio com gráficos para cada um. A guia CPU já não exibe gráficos individuais para cada processador lógico no sistema, por padrão. Em vez disso, ele pode exibir dados de cada nó NUMA (Acesso Não Uniforme à Memória, uma memória de computador projetada para uso em sistemas multiprocessados). Ao exibir dados para cada processador lógico para máquinas com mais de 64 processadores lógicos, a guia CPU agora exibe percentagens de utilização.

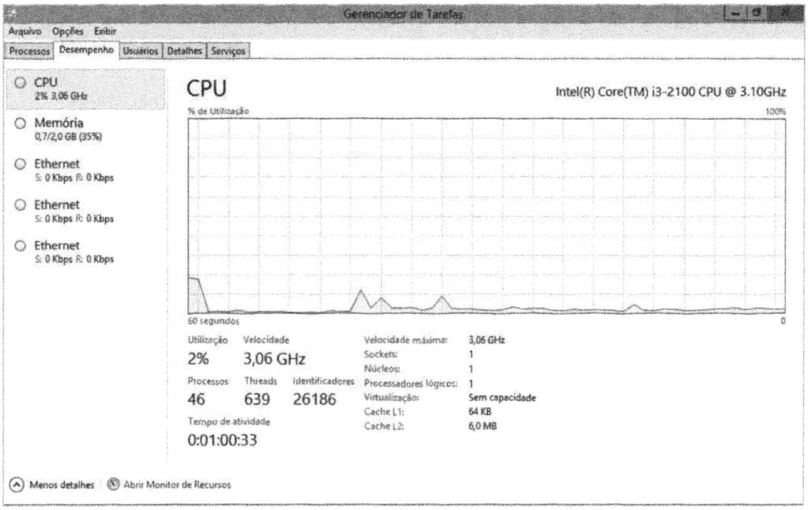

Figura 2.2 - Desempenho da CPU.

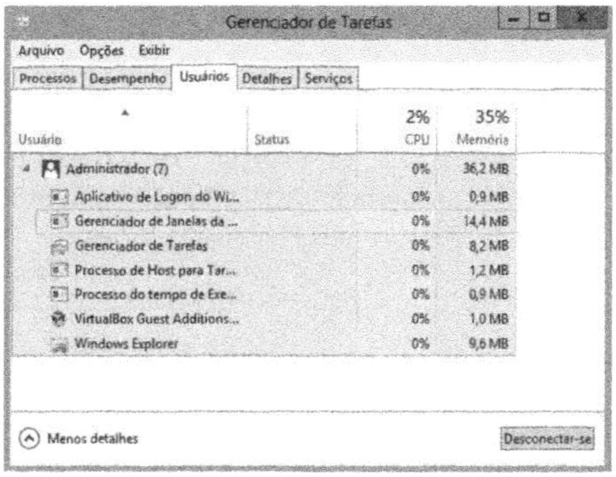

Figura 2.3 - Consumo de recurso por usuário.

2.1.4 Novidades nas Opções de Instalação

Ao contrário de seu antecessor, o Windows Server 2012 permite escolher entre a instalação Server Core e Servidor com GUI com opções de instalação sem uma reinstalação completa. Como você pode alternar livremente entre essas opções a qualquer momento mais tarde, uma abordagem pode ser instalar inicialmente a opção Servidor com GUI, usar as ferramentas gráficas para configurar o servidor e mais tarde alternar para a opção de Instalação Server Core.

Há também uma nova opção de instalação em que você começa com a instalação Servidor com GUI e então remove o Shell Gráfico de Servidor, resultando em um servidor que abrange a "Interface Mínima do Servidor", o "Console de Gerenciamento Microsoft (MMC), o Gerenciador de Servidores e um subconjunto do Painel de Controle.

Para reduzir a quantidade de arquivos no disco, é possível começar com a instalação Server Core e remover quaisquer funções e recursos dos quais não precisará, usando a opção Recursos sob Demanda.

2.1.5 Gerenciamento de Endereços IP (IPAM)

O IPAM no Windows Server 2012 é uma nova estrutura integrada para descobrir, monitorar, fazer auditoria e gerenciar o espaço de endereço IP usado em uma rede corporativa. O IPAM fornece a administração e o monitoramento de servidores que executam o protocolo DHCP e o DNS (Serviço de Nomes de Domínio).

2.1.6 Serviços de Domínio Active Directory

O Windows Server 2012 traz uma série de mudanças para o Active Directory se compararmos com a versão fornecida com o Windows Server 2008 R2. O assistente de instalação do Active Directory Domain Services foi substituído por uma nova seção no Server Manager, e o Centro de Administração do Active Directory foi aprimorado. A GUI recebeu um item novo: Active Directory Recycled Bin. Políticas de senha podem diferir mais facilmente dentro do mesmo domínio.

O Active Directory no Windows Server 2012 é agora ciente de quaisquer alterações resultantes da virtualização e os controladores de domínio virtualizados podem ser facilmente clonados. Atualizações do nível funcional do domínio para Windows Server 2012 são simplificadas, o que pode ser realizado inteiramente no Server Manager. Comandos do Windows PowerShell utilizados pelo Centro de Administração do Active Directory podem ser vistos em um "History Viewer Powershell".

2.1.7 AD CS (Serviços de Certificados do Active Directory)

O AD CS no Windows Server 2012 inclui novos recursos e, segundo a Microsoft, tornou mais simples, mais fácil e mais flexível:

- A implantação de controladores de domínio no local e na nuvem;
- A auditoria e autorização de acesso a arquivos;
- A execução de tarefas administrativas.

Os recursos de gerenciamento podem ser acessados por meio da interface gráfica ou com scripts.

2.1.8 AD RMS (Active Directory Rights Management Services)

O AD RMS vem com novidades para o desenvolvimento de soluções confiáveis para proteção de informações. O AD RMS é uma forma de gerenciar o acesso à informação usando criptografia e privilégios de contas. Então é possível usar essa tecnologia para criptografar as informações armazenadas em documentos de diferentes formatos e por meio de políticas embutidas nos próprios documentos, impedir que o conteúdo protegido possa ser visto por pessoas ou grupos de pessoas não autorizados.

É possível decidir o ambiente, as condições e por quais períodos o documento pode ser lido. Também é possível determinar o tipo de operação possível no documento, como impressão, cópia, edição, transmissão e exclusão. O AD RMS não é novidade do Windows Server 2012, pois existe em outras versões do Windows. Mas recebeu melhorias e por este motivo é uma das novidades listadas para o Windows Server 2012.

2.1.9 BitLocker

O BitLocker é uma tecnologia que criptografa o disco rígido do computador para, em caso de roubo ou extravio, proteger os dados de um acesso indevido. O BitLocker não impede o furto, roubo ou extravio, mas reduz as perdas ao não permitir o acesso a informações sensíveis, sejam elas informações pessoais ou da empresa. O BitLocker no Windows Server 2012 é outro recurso que vem com melhorias.

2.1.10 BranchCache

O BranchCache no Windows Server 2012 fornece consideráveis melhorias no desempenho, no gerenciamento, na escalabilidade e na disponibilidade do servidor.

2.1.11 Clustering de Failover

Os clusters de failover oferecem alta disponibilidade e escalabilidade para várias cargas de trabalho de servidor. Eles incluem armazenamento de compartilhamento de arquivos para aplicativos de servidor, como Hyper-V e Microsoft SQL Server, e aplicativos de servidor que são executados em servidores físicos ou em máquinas virtuais.

2.1.12 Recursos do Servidor de Arquivos

O Gerenciador de Recursos de Servidor de Arquivos fornece um conjunto de recursos que permite gerenciar e classificar os dados que estão armazenados em servidores de arquivos.

2.1.13 Hyper-V

O uso de máquinas virtuais tem se popularizado bastante. Era só uma questão de tempo a Microsoft incluir a virtualização nativa em seus servidores, o que veio acontecer no Windows Server 2008 R2 e mantido no Windows Server 2012.

A função Hyper-V permite criar e gerenciar um ambiente virtualizado, usando a tecnologia de virtualização que é integrada ao Windows Server 2012. O Hyper-V virtualiza o hardware para proporcionar um ambiente no qual você pode executar vários sistemas operacionais ao mesmo tempo em um único computador físico, executando cada sistema operacional em sua própria máquina virtual.

O Microsoft Hyper-V é um programa de virtualização baseada em hipervisor para sistemas de 64 bits com processadores baseados em AMD-V ou Intel Virtualization Technology.

O Hyper-V é uma camada de programa entre o hardware e as máquinas virtuais. Ele gerencia todo o acesso aos recursos físicos sem perdas significativas de desempenho. O Hyper-V é baseado em partições lógicas que são isoladas umas das outras. É necessário ter pelo menos uma partição pai que possui acesso privilegiado e direto aos recursos físicos, capaz de criar partições filhas. Estas não possuem acesso direto aos recursos físicos e não controlam interrupções reais, possuindo apenas uma visão virtual dos recursos.

2.1.14 Kerberos

Os sistemas operacionais do Microsoft Windows Server implementam o protocolo de autenticação Kerberos versão 5 e extensões para a chave pública e autenticação baseada em senha. O cliente de autenticação Kerberos é implementado como um SSP (provedor de suporte de segurança) e pode ser acessado na interface SSPI.

2.1.15 Serviços de Área de Trabalho Remota

A função Serviços de Área de Trabalho Remota do Windows Server 2012 fornece tecnologias que permitem que os usuários se conectem a áreas de trabalho virtuais, programas do RemoteApp e sessões baseadas em áreas de trabalho. Com os Serviços de Área de Trabalho Remota, os usuários podem acessar conexões remotas por meio de uma rede corporativa ou da Internet.

2.1.16 Auditoria de Segurança

A auditoria de segurança é uma das ferramentas mais avançadas para ajudar a manter a segurança de uma empresa. Uma das metas principais das auditorias de segurança é verificar a conformidade regulatória. No Windows Server 2012 as novidades incluem uma facilidade maior para o gerenciamento e alguns recursos adicionais, não presentes nas versões anteriores do Windows Server.

2.1.17 Smartcards

Os cartões inteligentes e seus respectivos números de identificação pessoal (PINs) são uma forma cada vez mais popular, confiável e de bom custo-benefício de autenticação bifatorial. Com os controles certos em vigor, um usuário deve ter o cartão inteligente e saber o PIN para obter acesso aos recursos da rede.

2.1.18 TLS/SSL (SSP Schannel)

Mais segurança com o Schannel, um Provedor de Suporte de Segurança que implementa os protocolos de autenticação padrão da Internet de SSL (Secure Sockets Layer) e TLS (Transport Layer Security). A Interface SSPI é uma API usada por sistemas Windows para executar funções relacionadas à segurança, incluindo autenticação.

2.2 Serviços de Implantação do Windows

O Windows Server 2012 vem com melhorias também no recurso Serviços de Implantação do Windows. Uma função de servidor que permite implantar remotamente os sistemas operacionais Windows. Você pode usá-lo para configurar novos computadores por meio de uma instalação baseada em rede. Esse recurso mostra-se particularmente útil quando estamos diante de um grande número de servidores e estações para instalar e configurar.

Apesar de as mudanças apresentadas pelo Windows Server 2012 poderem facilmente ocupar várias páginas deste livro para serem discutidas, algumas dessas novidades sequer são percebidas ou necessárias, a depender do servidor com o qual você vai trabalhar e do seu perfil como administrador de redes. Se for adepto da administração por scripts e linhas de comando ou prefere gerenciar o servidor pelo ambiente gráfico.

Algumas novidades que surgiram com o Windows Server 2008 R2 continuam no Windows Server 2012, tais como:

- Protocolo IPv6
- UAC

- ASLR
- Firewall melhorado
- Processador e dispositivos residentes em memória do tipo PnP (Plug and Play)
- Server Core
- Servidor Web (IIS)

2.2.1 Protocolo IPv6

O protocolo anterior ao IPv6 é o IPv4, ainda em uso. IP é o endereço numérico que identifica de forma única um computador na rede Internet. IPv4 quer dizer IP versão 4 e define os endereços de 32 bits, divididos em quatro octetos, que vão de 0.0.0.0 a 255.255.255.255.

Apesar de o IPv4 prover mais de quatro bilhões (4.294.967.296) de IPs, nem todos os IPs estão disponíveis para uso e, como agravante, a crescente popularização dos dispositivos móveis com acesso à Internet, como os smartphones e tablets, a quantidade de números IP disponíveis vai esgotar a qualquer momento, segundo os especialistas.

Na prática, a Internet e as redes continuarão funcionando normalmente, mas não crescerão tanto quanto antes por falta de endereços. Neste livro temos um capítulo para revisar IPs e protocolos. Por enquanto, basta saber que o IPv4 é um protocolo ultrapassado e que já atingiu seu limite de endereçamento.

O substituto do IPv4 é a versão 6 do protocolo IP, por isso o nome IPv6. Essa versão do protocolo está sendo implantada gradativamente na Internet e funcionará por algum tempo lado a lado com o IPv4, numa situação tecnicamente chamada de pilha dupla ou *dual stack*. O IPv6 suporta cerca de 3,4 x 1038 endereços. Um número tão grande que tornará possível, no futuro, existir um IP para cada habitante do planeta, substituindo ou complementando os registros de identificação nacionais.

O Windows Server 2012 dá suporte ao IPv6 e faz dele um dos protocolos padrão durante a instalação.

2.2.2 UAC

UAC quer dizer User Account Control ou Controle de Contas de Usuário. É uma das tecnologias de segurança do Windows, cuja função é aumentar a segurança, limitando as modificações de sistema aos usuários do grupo administrador.

Se você é usuário doméstico do Windows Vista, do Windows 7 ou do Windows 8, já deve ter recebido avisos do sistema UAC ao tentar instalar programas, salvar arquivos em pastas não recomendadas ou fazer alterações no sistema.

O UAC também existe no Windows Server 2012 e contribui para a segurança, impedindo administradores inexperientes de cometerem ações que tragam consequências para a segurança.

2.2.3 ASLR

ASLR quer dizer Address Space Load Randomization que em tradução livre significa Espaço para Endereço de Carregamento Aleatório. É mais uma tecnologia de segurança presente no Windows Server.

A justificativa para seu uso é que os criadores de vírus e códigos maliciosos, sabendo o endereço da memória em que certos programas executam, criam seus códigos de forma a manipular o endereço previamente conhecido.

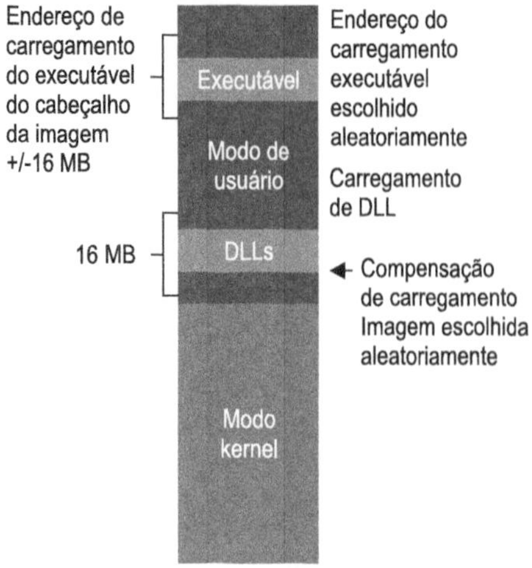

Figura 2.4 - Efeito do ASLR.

A estratégia de segurança implementada pela tecnologia ASLR consiste em carregar os serviços em endereços de memória aleatórios. Desta forma o programador do código malicioso não terá como saber em qual área da memória o serviço é executado, tornando impossível esse tipo de ataque, bastante comum nas versões mais antigas do Windows.

2.2.4 Firewall do Windows com Segurança Avançada

Firewall no Windows não é novidade, pois existe desde o Windows XP. A novidade é a nova versão do Windows Firewall que vem com Segurança Avançada, conhecida como Firewall do Windows com Segurança Avançada.

2.2.5 Processador e Dispositivos Residentes em Memória PnP (Plug and Play)

A tecnologia Plug and Play você deve conhecer. Está relacionada à instalação de hardware no Windows. Você instala o hardware e o Windows reconhece o dispositivo, o fabricante e dá início à instalação automática. Se for um dispositivo comum e de fabricante conhecido, até o driver é baixado e instalado sem a necessidade de intervenção.

Essa tecnologia também permite a troca de dispositivos a quente, conhecida pelos nomes Hot swapping ou Hot plugging, consistindo em trocar o dispositivo com o sistema ligado, sem precisar desligar ou reiniciá-lo.

2.2.6 Server Core

Server Core é o mesmo que núcleo do servidor e consiste na opção de instalação, em que apenas o núcleo é instalado. Esse tipo de instalação exclui tudo o que não tenha a ver especificamente com a função de servidor e a administração é feita por linha de comando ou remotamente, incluindo a administração por interface gráfica.

A opção Server Core foi criada para aumentar ainda mais a segurança dos servidores baseados na plataforma Windows Server. Está comprovado que o núcleo do sistema dificilmente é atacado, sendo as falhas de segurança mais comuns provenientes de ataques aos aplicativos, não ao núcleo em si.

Com a instalação só do núcleo, sem aplicativos, o sistema torna-se bastante seguro, pois todos os problemas de segurança relacionados a aplicativos simplesmente desaparecem.

É óbvio que nem todo uso previsto para o Windows Server admite a instalação com a opção Server Core. Optar pela instalação Server Core é uma decisão tomada a partir do projeto da rede, levando em consideração o uso previsto para o servidor e a habilidade do administrador em lidar com o Windows Server em linha de comandos.

Pelo bem da segurança e sempre que possível, a instalação deve ser feita no modo Server Core.

2.2.7 Servidor Web (IIS)

IIS quer dizer Internet Information Services, anteriormente denominado Internet Information Server. É um servidor Web criado pela Microsoft para seus sistemas operacionais para servidores. Sua primeira versão foi introduzida com o Windows NT Server versão 4 e passou por várias atualizações.

O Windows Server 2008 vem com o IIS 7, o Windows Server 2008 R2 vem com o IIS 7.5 e no Windows Server 2012 a versão do ISS é 8.

Estas são as novidades do Windows Server 2012. O detalhamento de algumas dessas tecnologias e a forma de uso dos principais recursos serão vistos nos próximos capítulos.

2.3 Evolução do Windows Server 2012

De forma simplificada podemos dizer que o Windows Server 2012 é a evolução do antigo DOS da Microsoft. DOS é a sigla para Disk Operating System ou Sistema Operacional de Disco. O DOS da Microsoft é conhecido como MS-DOS. Não é o único DOS, mas certamente é o mais conhecido.

O mais indicado seria dizer que o Windows Server 2012 descende do Windows NT, o primeiro sistema operacional da Microsoft com as características dos sistemas operacionais para servidores usados hoje.

Até o Windows 95 os microcomputadores rodavam primeiramente o DOS, com o Windows sendo carregado depois como interface gráfica. Após o lançamento do Windows 95 o DOS passou a ser parte integrante do sistema operacional.

As primeiras versões do Windows eram destinadas a máquinas de usuários.

Foi com o lançamento do Windows NT, em 1992, que a Microsoft passou a oferecer sistemas operacionais para empresas, os sistemas operacionais para servidores. O Windows Server 2012 é descendente direto da família Windows NT.

2.4 Edições do Windows Server 2012

O Windows Server 2012 apresenta-se em apenas quatro edições:

- **Datacenter Edition:** a versão Datacenter do Windows Server 2012 é ideal para ambientes híbridos, com armazenamento de arquivos em nuvem e que precisam de um servidor muito bem protegido. A versão Datacenter do Windows Server 2012 tem funcionalidades completas e instâncias virtuais ilimitadas. O controle de acessos é por processador.

- **Standard Edition:** a versão Standard do Windows Server 2012 tem as mesmas funções da versão Datacenter, porém é limitado a apenas duas instâncias virtuais e indicado para ambientes não virtualizados ou levemente virtualizados. O controle de acessos também é por processador.
- **Essentials Edition:** a versão Essentials do Windows Server 2012 é indicada a ambientes menores de negócios, que tem interface mais simples e não dá direito a virtualizações. A licença é feita por servidor com até dois processadores, com limite de 25 usuários.
- **Foundation Edition:** a edição Foundation do Windows Server 2012 é a mais simples de todas, indicada para pequenas empresas com limite de 15 usuários e servidores com um único processador. A Foundation é uma versão OEM, ou seja, não vai chegar ao público em geral. A Microsoft irá disponibilizá-la apenas para empresas que quiserem adquiri-la para deixá-la pré-instalada em suas máquinas.

2.5 Licenciamento de Software

Hoje em dia é comum falar em licenciamento de software, mas nem sempre foi assim. No começo da microinformática os fabricantes não valorizavam o software e achavam que não possuíam valor. A justificativa é que ninguém deveria pagar por algo que não pode ser tocado.

Era um mundo dominado por computadores de médio e grande portes, com poucos fabricantes fornecendo esse tipo de equipamento. O sistema operacional fazia parte do computador, não era vendido nem existia o licenciamento de software.

Quem deu início a esta prática foi nada menos que Bill Gates, o ex-presidente da Microsoft. Na época a IBM precisava de um sistema operacional para os micros padrão IBM PC. A Microsoft fechou o contrato, mas no lugar de comercializar o sistema operacional, propôs um acordo até então inédito. Receber alguns centavos por cada cópia que fosse instalada.

As vendas dos microcomputadores superaram todas as expectativas e, em razão do contrato de licenciamento, a Microsoft teve um faturamento excepcional, contribuindo para Bill Gates tornar-se um dos homens mais ricos do mundo.

O tempo passou e o contrato de licenciamento é uma prática comum no mercado de software. O Windows Server 2012 é um sistema operacional para servidores, mas também é um software. E está disponível por meio de contratos de licenciamento.

Os contratos preveem em quantas máquinas o sistema operacional pode ser instalado. Se o usuário ou a empresa desrespeitar o contrato de licenciamento, podem perder o direito ao uso do programa. No Brasil é crime usar software não licenciado, mais conhecido como software pirata.

O risco para a empresa é ser denunciada e ter de paralisar o servidor até resolver as questões sobre o licenciamento. Outro risco é que as cópias não licenciadas são de procedência duvidosa, principalmente quando baixadas da Internet. Sendo de procedência duvidosa, nada impede que uma pessoa maliciosa crie uma versão do Windows Server 2012 programada para comprometer a segurança da rede onde for instalada.

Para certificar-se de que todos estão usando cópias licenciadas de seus produtos, de uns tempos para cá a Microsoft adotou um sistema de ativação.

Ao ser instalado, o sistema operacional reúne informações sobre o hardware e cria um arquivo único contendo a assinatura. A ativação registra nos servidores da Microsoft a assinatura do hardware em que o sistema foi instalado.

Se houver novas tentativas de ativação e o hardware for diferente, é o sinal de que estão tentando instalar cópias não autorizadas em outros computadores. Se a tentativa fosse no mesmo computador, a assinatura do hardware não seria diferente. Nas orientações sobre a instalação do Windows Server 2012 R2, veremos a ativação.

A tabela seguinte exibe informações sobre o modelo de licenciamento para o Windows Server 2012:

Tabela 2.1 - Comparação de licenças por edição do Windows Server 2012.

Edição	Comparação de recursos	Modelo de licenciamento	Preço sugerido (em dólares)
Datacenter	Instâncias virtuais ilimitadas, todos os recursos	Por processador + CAL	US$ 4.809
Standard	Duas instâncias virtuais, todos os recursos	Por processador + CAL	US$ 882
Essentials	Um processador, recursos limitados	Por servidor, limite de 25 usuários	US$ 425
Foundation	Um processador, recursos limitados	Por servidor, limite de 15 usuários	Apenas OEM (pré-instalado)

2.5.1 Visão Geral do Licenciamento

A estrutura de pacotes e licenças do Windows Server 2012 Datacenter e do Windows Server 2012 Standard foi atualizada para simplificar a compra e reduzir os requisitos de gerenciamento.

- **Duas edições diferenciadas apenas pelos direitos de virtualização:** duas instâncias virtuais na edição Standard e instâncias virtuais ilimitadas na edição Datacenter.
- **Modelo de licenciamento:** consistente e baseado em processador, que cobre até dois processadores físicos em cada servidor.
- **Modelo de licenciamento baseado em servidor:** a edição Foundation é para servidores com processador único e a Essentials é para servidores com um ou dois processadores.
- **O acesso não requer CALs:** a edição Foundation vem com 15 contas de usuário e a Essentials vem com 25 contas de usuário.

2.5.2 Client Access License (CAL)

As edições Standard e Datacenter continuam exigindo Windows Server CALs para cada usuário ou dispositivo que acessa o servidor. Algumas funcionalidades adicionais ou avançadas continuarão exigindo a compra de uma CAL adicional. Além da Windows Server CAL, você precisa dessas CALs para acessar funcionalidades, tais como os Serviços de

Área de Trabalho Remota e os Active Directory Rights Management Services (Serviços de Gerenciamento de Direitos do Active Directory).

A fonte dessas informações é o Folheto de Licenciamento do Windows Server 2012. Uma cópia desse folheto está disponível no formato PDF em http://migre.me/b0bDw.

2.6 Requisitos de Hardware para um Servidor Profissional

Nas redes com servidor, o computador com essa função merece atenção especial. Um servidor paralisado interrompe os trabalhos da empresa, causando prejuízos proporcionais ao tempo da paralisação. O perfil do administrador de redes atual é de um profissional sensível às necessidades da empresa e atento às implicações que a paralisação da rede pode causar.

Em muitas empresas o trabalho dos funcionários é tão dependente da rede que, durante a paralisação, os funcionários não fazem mais nada. Ficam pelos corredores como se houvesse falta de energia elétrica.

Como a empresa paga por hora, cada hora não trabalhada se traduz em dinheiro pago e não revertido em serviços prestados à companhia. Dez funcionários parados por apenas uma hora correspondem a dez horas de salário pago e não convertido em serviços.

Estando a par dos prejuízos causados pela paralisação, o analista ou técnico consegue lidar melhor com o senso de urgência e o estresse demonstrado pela diretoria ou pelo contratante.

O ideal é projetar a rede e dimensionar o servidor de forma a evitar paralisações e prejuízos. Tudo tem de ser pensado desde o início, incluindo a escolha do hardware do servidor, sua localização, fornecimento de energia, segurança, plano de contingência, redundâncias etc.

2.6.1 Comprar ou Montar?

Apesar de alguns profissionais e empresas optarem por computadores domésticos para montagem do servidor, esta não é a atitude mais sensata.

Admite-se montar servidores com equipamento obsoleto ou usando PCs indicados para uso doméstico, em situações bem específicas e em empresas de pequeno porte. Nas redes em que a paralisação do servidor interrompe os trabalhos da empresa de tal maneira que o prejuízo de poucas horas extrapola o investimento com o servidor, é impensável montar um servidor com peças obsoletas ou usando configurações domésticas, mesmo que robustas.

Particularmente em relação ao Windows Server 2012, por tratar-se de tecnologia recente, a instalação só pode ser feita em computadores de bom desempenho e de 64 bits.

Quanto a montar ou adquirir o servidor montado, a escolha envolve vários fatores, mas as perguntas a seguir vão contribuir para a sua decisão:

- Um servidor de marca chega a custar dez vezes mais que um servidor montado. A empresa está em condições de fazer esse investimento?
- O hardware usado na montagem de servidores não é o mesmo usado para montagem de micros domésticos. Você conhece fornecedores de hardware para servidores?

- A garantia do servidor de marca é para todo o equipamento. Se optar por um servidor montado, terá garantia individual para as peças adquiridas em lojas pouco conhecidas. É certo poder contar com a garantia?
- Alguns servidores de marca são oferecidos com o licenciamento do Windows Server 2012. Ao comparar o investimento entre o servidor de marca e o montado, você leva em consideração os custos do licenciamento?
- Ao adquirir um servidor de marca, a empresa pode contar com suporte especializado. Optando por um servidor montado, você é capaz de substituir esse suporte?
- É comum empresas anunciarem micros domésticos como servidores, pelo fato de serem computadores superdimensionados. Você está certo de que a oferta em suas mãos é de um servidor?
- Existem fabricantes que são referência no fornecimento de servidores profissionais. A sua oferta de servidor é de fabricante reconhecido?
- Um servidor profissional dificilmente é comercializado com monitor ou ofertando-se como brinde a impressora. A sua oferta de servidor inclui o monitor?

Reflita sobre estas questões antes de decidir por um servidor de marca ou montado.

2.6.2 Quem Vai Montar o Servidor?

Se a empresa optar por montar o próprio servidor, pode ser que essa tarefa seja feita pelo técnico responsável pela manutenção na empresa, e é provável que seja atribuída a você.

Em um mercado competitivo, vale a pena preparar-se para essa possibilidade.

2.7 O Hardware do Servidor

Analisaremos agora cada componente do servidor, dando sugestões sobre a melhor opção para o Windows Server 2012.

2.7.1 Placa-Mãe

Junto com o processador esse componente é o que merece a maior atenção. Muitos dos problemas de aquecimento e queda no desempenho do processador são provenientes de placas-mãe de qualidade duvidosa.

A placa-mãe deve ser a melhor possível e compatível com o processador escolhido para o projeto. Escolher um fabricante de renome é um bom começo. Igualmente importante é buscar informações adicionais sobre o modelo escolhido, na esperança de descobrir placas obsoletas ou problemáticas.

A placa-mãe costuma sair de linha na fábrica apenas seis meses após ser lançada. Exceção para alguns modelos de placas cujo projeto é tão bem-sucedido, que a placa continua sendo procurada mesmo após modelos mais recentes serem lançados.

Uma placa-mãe com tecnologia antiga pode fazer o processador ou o sistema operacional trabalhar com desempenho inferior ao que teriam, se ambos trabalhassem com a tecnologia mais recente.

Outro ponto importante relacionado à escolha da placa-mãe diz respeito a projetos de placas malsucedidos. São muitas placas lançadas mensalmente e alguns projetos são problemáticos. Atualmente temos a vantagem de saber sobre a experiência dos usuários em relação a qualquer produto.

As regras para seleção da placa-mãe resumem-se a:

- Dar preferência a modelos de fabricantes conhecidos.
- Investir na melhor placa que puder comprar, compatível com o processador escolhido.
- Evitar placas obsoletas, que são as que têm mais de seis meses desde o lançamento.
- Usar a Internet para pesquisar experiências dos usuários na esperança de identificar placas cujo projeto foi malsucedido.
- Usar a Internet para obter indicações de placas-mãe recomendadas para servidores.

2.7.2 Processador

A velocidade mínima recomendada pelo fabricante é o processador de 1.4 GHz e arquitetura de 64 bits. Esta recomendação é realmente mínima e preferencialmente não deve ser adotada, sendo o mais indicado processadores acima de 2 GHz.

O ideal é adquirir o processador no mesmo fornecedor da placa-mãe, pois se houver necessidade de troca, o fornecedor dos componentes principais é o mesmo.

A orientação para a escolha do processador é investir no modelo de maior capacidade de processamento que puder pagar.

2.7.3 Memória RAM

Este é outro componente importante para o bom funcionamento do servidor. A memória de tecnologia mais recente é a DDR4 e deve ser a sua opção para equipar o servidor, caso esteja disponível. Do contrário, use a DDR3. Também devemos dar preferência a marcas conhecidas, escolhendo com cautela o fornecedor, pois existe no mercado a oferta de memórias falsificadas com um fabricante se passando por outro.

A quantidade de memória RAM parte do princípio de que quanto mais, melhor, porém é preciso observar as limitações da placa-mãe, do sistema operacional e da capacidade que a sua versão do Windows Server 2012 tem para gerenciar grandes quantidades de memória.

2.7.4 Placa de Vídeo

A placa de vídeo não é um componente importante para o servidor. Por outro lado, uma placa de vídeo problemática pode travar ou forçar o reinício do servidor e isso não é nada bom.

A placa de vídeo pode, inclusive, ser do tipo on-board, entretanto placas-mãe com placa de vídeo on-board têm tudo para serem genéricas e populares. Para não correr esse risco, o melhor é evitar no servidor as placas-mãe com vídeo on-board.

A orientação para a escolha da placa de vídeo, além de evitar os modelos on-board, é dar preferência aos modelos de fabricantes conhecidos e também fazer pesquisas na Internet sobre a experiência do usuário.

2.7.5 Teclado e Mouse

Teclado e mouse não são relevantes para o servidor. Podem ser do tipo genérico e em algumas configurações serão até desnecessários, uma vez que o servidor pode ser administrado remotamente.

2.7.6 Drive de Disquete

Este é um dispositivo obsoleto, difícil de encontrar e sem utilidade prática depois que surgiram as portas USB e os pendrives. Por questões de segurança não recomendamos o uso do drive de disquete no servidor.

2.7.7 Disco Rígido

O disco rígido para servidores é outro dispositivo que merece nossa atenção. O mínimo de discos recomendado para um servidor são dois, mas a depender da configuração RAID desejada, pode ser necessário mais unidades de disco.

O preço do disco rígido sofreu uma queda e subiu de novo por causa de enchentes na Ásia, procedência de mais da metade dos discos rígidos vendidos no mundo.

Sugerimos a aquisição de unidades idênticas e do mesmo fabricante, instaladas juntas. Pesquise bastante, pois é comum lotes e modelos de discos rígidos serem problemáticos, comprometendo o desempenho do servidor.

Para não correr este risco, tente descobrir o número de série ou o modelo do dispositivo e pesquise em busca de contraindicações para o modelo ou lote pretendido.

Informe-se sobre a garantia e exija toda a documentação possível para que possa recorrer quando for necessário. O disco rígido é um componente muito exigido pelo servidor e por isso sua vida útil é reduzida, variando entre dois e quatro anos nos modelos básicos.

Os critérios para a escolha do disco rígido do servidor são:

1) **Capacidade de Armazenamento**

   Os modelos recentes são todos acima de 500 GB, mais que suficiente para rodar com folga o Windows Server 2012 e a maioria dos programas.

2) **Taxa de Transferência**

   A taxa de transferência interfere na velocidade de processamento. Compare a taxa de transferência entre os diferentes modelos que tenha em vista.

3) **Buffer**

   O buffer é uma área de pré-armazenamento e funciona acelerando a comunicação de dados. Compare o tamanho do buffer entre os diferentes modelos que tenha em vista.

4) **Ruído e Aquecimento**

   Verifique se o modelo que tem em vista possui histórico de ruído ou aquecimento. Essa informação nem sempre está disponível nas especificações do produto. O recurso é buscar nos sites de revistas que fazem análise e comparação de produtos, ou sondar a satisfação do usuário nas redes de relacionamento.

2.7.8 Unidade Leitora e Gravadora de DVD

O servidor pode ser montado sem unidade de disco, seja de CD ou DVD-ROM. Para a instalação do Windows Server 2012, você vai precisar da unidade de DVD, um elemento útil também para fazer backup a baixo custo.

Sugerimos o uso de uma unidade leitora gravadora de DVD externa, conectada via USB. A vantagem desse equipamento é ser portátil, podendo ser utilizado em vários servidores.

O servidor sem gravador de CD/DVD e sem acesso por unidade de disco é menos sujeito a sabotagem, ataques internos ou roubo de dados por funcionários, agentes terceirizados e visitantes.

2.7.9 Unidade de Fita

Dependendo do volume de dados e do porte da empresa, a melhor opção para backup é a unidade de fita. Uma unidade de fita, também conhecida como unidade de fita streamer, é um dispositivo de armazenamento de dados que lê e escreve dados armazenados numa fita magnética.

2.7.10 Adaptador de Rede

Este é um item importantíssimo para a saúde da rede e desempenho do servidor. Placas de rede problemáticas causam lentidão, gargalos, perda de dados, travamento do micro, reinício, perda ou dificuldades de conexão.

No mercado de componentes você encontra placas de rede populares, por menos de dez reais. Já as placas de rede indicadas para servidores custam de dez a cinquenta vezes mais.

Não recomendamos usar no servidor os adaptadores de rede sem fio. Se a intenção for compartilhar a Internet usando a tecnologia WiFi, o melhor a fazer é deixar a distribuição do sinal para um modem-router WiFi.

A orientação para a escolha da placa de rede é:

- No mínimo dois adaptadores de rede Gigabit Ethernet de alta performance e de fabricante reconhecido.
- Se não houver slots livres para duas ou mais placas de rede, existem no mercado adaptadores Gigabit para vários conectores RJ-45.

2.7.11 Modem

O modem para conexão discada já foi essencial em um servidor de rede. Hoje, nem tanto, pois a conexão discada é incapaz de dar conta do volume de dados necessário até para as atualizações mais simples.

O acesso remoto atualmente é feito usando a Internet e conexões do tipo VPN. O modem atual é para conexão por banda larga. Ele pode ser configurado para trabalhar no modo roteador, dispensando o servidor dessa função e aumentando a segurança da rede.

2.7.12 Fonte de Alimentação

A fonte de alimentação é outro dos componentes que precisa ser escolhido com atenção e decidido por meio de pesquisas. Com exceção dos gabinetes e racks específicos para servidores, em geral, os gabinetes que já vêm com fonte de alimentação trazem modelos de baixa qualidade. Uma boa fonte custa metade do preço de um computador popular completo. O ganho com o investimento aparece na longevidade do produto, segurança para os componentes sensíveis, como placa-mãe, memória e unidades de disco rígido e resistência a falhas na rede elétrica.

2.7.13 Filtro de Linha e Nobreak

A maioria dos produtos vendidos como filtros de linha não cumpre o que prometem. São perfeitamente dispensáveis, principalmente se você tiver um nobreak energizando o servidor. E não é opção ter o nobreak. É condição para instalar um servidor de redes. É impensável um servidor de redes sem um sistema nobreak. A decisão não é se vai ter um nobreak ligado ao servidor. A decisão é qual modelo escolher.

Para os sistemas mais simples, basta conectar o nobreak ao servidor e pronto. Para os sistemas mais complexos, é necessário um projeto, muitas vezes envolvendo o uso de geradores. Esses projetos são oferecidos gratuitamente pela maioria dos fabricantes de nobreaks, que costumam enviar um técnico ou engenheiro à empresa para dimensionar as necessidades e oferecer a solução de energia adequada ao projeto de redes.

2.7.14 Gabinetes para Servidores

O gabinete para o servidor deve prever espaço para várias unidades de disco e ter uma boa ventilação. É bastante comum, em vez da montagem igual a um desktop, o servidor ser colocado em racks ou armários especialmente projetados.

A escolha do gabinete deve levar em consideração o espaço interno, a ventilação e o sistema de refrigeração a ser adotado.

Ao projetar uma rede, pesquise as opções de gabinete para servidores. Existem gabinetes capazes de comportar várias placas-mãe em pouco espaço. Se houver necessidade de usar vários discos rígidos para formar um sistema RAID, também é possível encontrar gabinetes específicos que disponibilizam, em pouco espaço, baias para diferentes quantidades de disco.

Gabinetes para servidor não costumam ser vendidos com fonte de alimentação. Ela deve ser adquirida separadamente e a aparência é bem diferente da fonte de um computador doméstico. Por precaução, procure adquirir gabinete e fonte no mesmo fornecedor, para ter certeza de que os encaixes são compatíveis.

Sempre tenha em mente que a tendência de qualquer rede é crescer. A boa prática recomenda que, ao projetar a rede, na fase de escolha dos componentes da infraestrutura, tudo seja dimensionado não para a necessidade atual, mas com margem para o crescimento futuro.

Por exemplo, se a necessidade atual é de um gabinete para duas placas de rede, prefira um para quatro placas de rede. Se a necessidade atual é de um gabinete para quatro discos rígidos, pense em um para oito discos rígidos. Se a necessidade atual é de uma fonte de 500 W, pense em uma fonte de 750 W.

Essa margem de segurança gera um custo inicial um pouco maior, mas vai evitar muitos problemas quando a rede da empresa precisar crescer. Já vimos situações em que, poucos meses após a instalação da rede, foi preciso trocar um gabinete inteiro apenas para instalar um par de discos rígidos adicional. O motivo? Na primeira compra, os responsáveis só consideraram as necessidades daquele momento, ignorando completamente a tendência de crescimento de qualquer organização. Você não precisa passar por isso, pois agora já sabe que, ao projetar uma rede, precisa incluir espaço, visando ao crescimento.

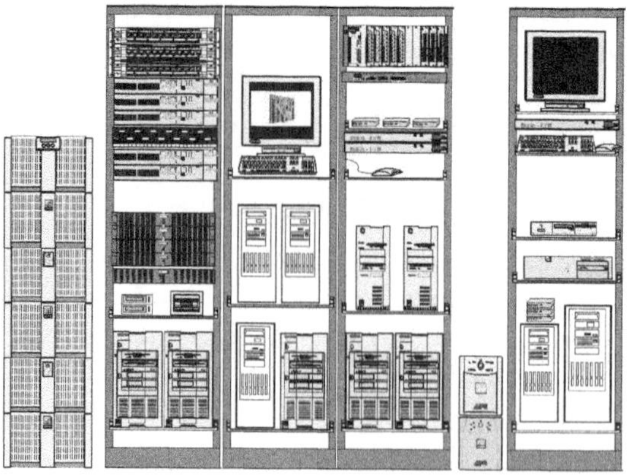

Figura 2.5 - A rede cresce e vai se reorganizando com equipamentos mais antigos e novas aquisições que funcionam lado a lado. Fonte: http://www.amersol.edu.pe/fdr/technology/diagrams.asp

Resumo do Capítulo 2

Agora você já sabe que:

... quando somos contratados para implantar redes nas empresas, é bastante comum a reunião com a diretoria para explicar o projeto.

... nessas reuniões você precisa mostrar-se seguro quanto ao uso da tecnologia, o que só é possível se você conhecer o produto e puder compará-lo com as tecnologias concorrentes.

... o Windows Server 2012 é o mais avançado, seguro e robusto sistema operacional da Microsoft para servidores.

... o Windows Server 2012 usa o núcleo NT 6.2, o mesmo do Windows 8.

... o Windows Server 2012 pode ser configurado para criar diferentes tipos de servidores, uns mais comuns, outros de uso específico.

... o licenciamento do Windows Server 2012 inclui a licença do servidor mais as licenças de usuário.

2.8 Exercícios Propostos

1) Fornecedores de equipamento para redes profissionais não anunciam seus produtos em jornais ou revistas cujo público-alvo seja o usuário comum. Pesquise na Internet alguns fornecedores de dispositivos para redes corporativas. Você vai precisar quando tiver de elaborar um orçamento.

2) De posse do contato de alguns fornecedores profissionais, imagine uma rede com um servidor e dez estações de trabalho. Procure descobrir o custo desse investimento. Faça isso na forma de uma planilha, pois é desta forma que deverá apresentar à diretoria.

3) Você aprendeu que, além da licença do Windows Server 2012, é preciso adquirir licenças de usuários, as chamadas CALs (Client Access License). Complete o orçamento anterior pesquisando o custo de licenciamento para um servidor e dez CALs.

capítulo 3

Modelagem de Redes

Sua preparação só estará completa se você tiver algum treinamento em redes

Praticamente tudo o que se faz relacionado ao Windows Server 2012 é relacionado a redes, sendo este conhecimento um pré-requisito. Por este motivo dedicamos este capítulo a uma rápida revisão.

A palavra rede tem origem no latim (rete) e quer dizer teia. Uma teia de aranha é um exemplo de rede e a sigla WWW quer dizer World Wide Web ou Teia de Alcance Mundial e costuma ser representada por uma teia de aranha. A palavra rede serve para designar uma certa quantidade de pontos (nós) interligados de forma concreta ou imaginária, por relações de vários tipos. Uma rede de pesca é um exemplo de nós interligados por fios. O nó da rede de pesca é um nó de fato; na rede de computadores, o nó é um dispositivo na rede, geralmente um computador; nas redes sociais, cada nó representa uma pessoa ou grupo.

O estudo das redes não é exclusividade da informática. A sociologia estuda as redes sociais, a administração estuda as redes de distribuição (logística) e até a biologia estuda as ligações do meio ambiente. O tipo de rede que nos interessa é a rede de dados e seus dispositivos. O servidor tem um papel importante nas redes, por ser quem organiza a troca de dados e informações.

3.1 Rede para quê?

Aprender sobre redes e servidores para atender as demandas cada vez maiores da Sociedade da Informação. Aprender sobre redes e servidores é uma das formas possíveis de manter a empregabilidade na Sociedade da Informação.

3.2 Rede para quem?

Rede para todos. O empresário precisa da rede para fazer seu negócio funcionar. Empresas com estoques gigantescos estão dispensando funcionários ao adotar etiquetas com tecnologia RFID. Essas etiquetas são rastreáveis, mantendo um registro fiel da rotação do estoque e prevenindo perdas, roubos e furtos. Isso só é possível usando redes.

Rede para a cidadania. Cidadania, entre as muitas definições possíveis, é o direito do cidadão de usufruir os serviços públicos. E muitos desses serviços públicos só estão disponíveis na Internet. Sem acesso à Internet as pessoas ficam à margem da Sociedade da Informação.

Rede para quem precisa manter a empregabilidade. O profissional de informática que pretende trabalhar com servidores, mas não tem conhecimento de redes, vai encontrar dificuldade para manter-se no setor. Qualquer técnico em manutenção de computadores precisa saber como ligar um computador em rede, nem que seja apenas para acesso à Internet ou compartilhar conexões. Um conhecimento bem maior é esperado do profissional que se propõe a administrar redes com servidores.

Rede para quem quer sobreviver no mercado de trabalho da Sociedade da Informação.

3.3 Como é a Rede?

A rede é formada por uma parte física, representada pelos computadores, cabos, modems e diversos outros dispositivos.

A rede formada só por equipamentos eletrônicos e cabos não está pronta para funcionar. É preciso um programa para gerenciar a troca de dados, que é o sistema operacional. Ele pode ser o Windows, o Linux, o Mac ou dezenas de outros sistemas operacionais de rede disponíveis. Este livro trata do Windows Server 2012 que é um sistema operacional de redes.

A rede também é formada por pessoas. Este conceito em redes é novo. Mas se você parar e pensar, vai perceber que as redes são feitas para atender as necessidades da Sociedade da Informação, as necessidades das pessoas. Muito do que se faz na rede, só se faz por causa das pessoas. Quem precisa acessar a Internet, salvar e proteger arquivos, imprimir em uma impressora remota, são pessoas. Sem as pessoas não haveria redes. As pessoas também são parte integrante das redes de dados. Possivelmente a parte mais importante a ser considerada no projeto.

3.4 Quais Tipos de Rede Existem?

As redes podem ser classificadas em diferentes aspectos:

- quanto à abrangência geográfica;
- quanto à forma de interligação (topologia);
- quanto à capacidade de transferência de informação;
- quanto ao meio físico de suporte ao envio de dados;
- quanto ao ambiente em que operam;
- quanto ao método de transferência de dados;
- quanto ao método de comutação;
- quanto à tecnologia de transmissão;
- quanto ao modo de comunicação;
- quanto ao modo de transmissão.

3.5 Classificação das Redes quanto à Abrangência Geográfica

3.5.1 Local Area Network (LAN)

Rede de Área Local ou Rede de Alcance Local ou, apenas, Rede Local. É a mais comum e se caracteriza por cobrir uma área não maior que 10 km de raio. É encontrada em residências, escritórios, aeroportos, escolas, hospitais, campus universitário etc.

3.5.2 Wireless Local Area Network (WLAN)

Rede sem Fio de Área Local ou, apenas, Rede sem Fio ou WiFi é praticamente idêntica às redes do tipo LAN, com a diferença de que a conectividade é feita sem o uso de fios. É bastante comum redes integrarem as duas tecnologias LAN e WAN no mesmo projeto.

WiFi, que em inglês quer dizer Wireless Fidelity, é um termo usado para se referir genericamente às redes sem fio que utilizam qualquer um dos padrões 802.11. Não confundir com Wireless que é um termo genérico para redes sem fio de qualquer tipo.

3.5.3 Metropolitan Area Network (MAN)

Rede de Área Metropolitana ou Rede de Alcance Metropolitano ou, apenas, Rede Metropolitana possui maior alcance que as redes do tipo LAN, cujo alcance pode cobrir uma cidade inteira. Como parte das promessas de campanha dos políticos, é cada vez mais comum ouvirmos a proposta de implementação de redes do tipo MAN, para permitir aos cidadãos acessarem a Internet gratuitamente. Alguns prefeitos saíram na frente e realmente implantaram redes MAN em seus municípios.

3.5.4 Wide Area Network (WAN)

Rede de Alcance Amplo ou Rede de Longo Alcance ou Rede Global. De alcance muito amplo; o melhor exemplo desse tipo de rede a própria Internet. Em geral, quando se fala em WAN, fala-se da Internet, apesar de não ser sinônimo.

3.5.5 Storage Area Network (SAN)

Rede Local de Armazenamento (de dados) é um tipo de rede parecido com a LAN no que se refere ao alcance, mas o objetivo de uma rede do tipo SAN é reunir servidores de armazenamento de dados. Serviços de hospedagem de arquivos como Rapidshare, Megaupload, 4Shared são exemplos de uso das redes SAN.

O fato de a rede SAN ser ligada à Internet não a torna uma WAN. As redes WAN geralmente interligam diversas redes menores e não por acaso que a própria Internet, nosso melhor exemplo de rede WAN, é conhecida como a rede das redes.

3.5.6 Controller Area Network (CAN)

Rede Local de Controladores, permite que microcontroladores se comuniquem uns com os outros sem um computador host.

3.5.7 Campus Area Network (CAN)

A CAN ou Rede do Campus ou Rede Universitária usa ligações entre computadores localizados em áreas de edifícios ou prédios diferentes, como em campi universitários ou complexos industriais. Também usa links (ligações) típicos de LANs (Local Area Networks) ou perde seu caráter de CAN para tornar-se uma MAN ou WAN, dependendo de quem seja o dono do link usado. O termo CAN é pouco usado, sendo o mais comum tratar esse tipo de rede como LAN ou MAN.

3.5.8 Cluster Area Network (CAN)

É uma Rede de Área Local formada por computadores em cluster. A palavra cluster quer dizer agrupamento. Quando se refere a servidores, quer dizer que os servidores foram configurados para trabalhar como se fosse um único processador. Esta situação é mais comum em laboratórios e centros universitários. Quando você ler ou ouvir dizer que um grupo de pesquisadores usou tantos computadores comuns para criar um supercomputador, eles fizeram o clustering.

3.5.9 Personal Area Network (PAN)

PAN também é conhecida como Rede de Alcance Pessoal e serve para interligar dispositivos como smartphones, aparelhos celulares, PDAs (Assistentes Digitais Pessoais), aparelhos de fax, impressoras e demais dispositivos no âmbito do usuário, que pode ser a residência ou mesa do escritório.

3.5.10 Global Area Network (GAN)

As Redes de Alcance Global são internacionais e envolvem comunicações entre países, interligando sistemas por todo o mundo. Por serem redes de amplo alcance costumam usar satélites e cabeamento ótico submarino.

3.5.11 Desk Area Network (DAN)

São redes destinadas a interligar dispositivos de áudio e vídeo. A figura apresentada em seguida vai ajudá-lo a entender a rede DAN.

3.5.12 Internetworking

É um termo usado para definir o processo de ligação das redes de computadores por meio de uma tecnologia comum de roteamento. Um exemplo de internetworking é a ligação dos provedores de acesso à Internet (a rede do provedor conectada à Internet).

3.6 Classificação das Redes quanto à Forma de Interligação (Topologia)

A topologia se refere à forma como os dispositivos de rede estão ligados entre si. Comparando a rede de computadores com a rede de pesca, cada nó representa um dispositivo e cada fio de ligação representa uma conexão. Esse fio é o meio de ligação e pode não existir de fato, como é o caso das redes sem fio.

Cada dispositivo na rede precisa, de alguma forma, ser identificado. As identificações podem ser feitas de diferentes formas e combinadas entre si. Acompanhe:

- **Nome do dispositivo na rede local**
  Exemplo: //computador
- **Endereço IP padrão IPv4**
  Exemplo: 192.168.0.1
- **Endereço IP padrão IPv6**
  Exemplo: 2002:0000:0000:0015:0000:0000:0000:0001
- **Endereço físico (MAC)**
  Exemplo: A0-06-4F-FF-E5-AE

O segredo para você entender as redes é saber que:

- toda rede é formada por dispositivos que podem ser um computador, uma impressora de rede, um celular, uma cafeteira e até uma geladeira com acesso à rede;
- esses dispositivos podem ser chamados de nó, host, nodo, node;
- cada dispositivo na rede possui um endereço pelo qual possa ser localizado e identificado pelos demais dispositivos;
- invasores encontram formas de se passar por dispositivos da rede;
- quando um invasor se passa por outro dispositivo da rede, ele pode interceptar dados, enviar dados adulterados ou receber dados confidenciais.

A topologia é a forma de ligar os dispositivos na rede. Ela pode ser uma descrição física, ou seja, a verdadeira aparência ou layout da rede, mas também pode ser uma descrição lógica, que descreve o fluxo dos dados na rede.

Podemos identificar três topologias básicas das quais derivam as demais. São elas:

3.6.1 Barramento

A topologia em barramento leva este nome porque a ligação dos dispositivos se assemelha a uma barra, conforme pode ser visto na Figura 3.1.

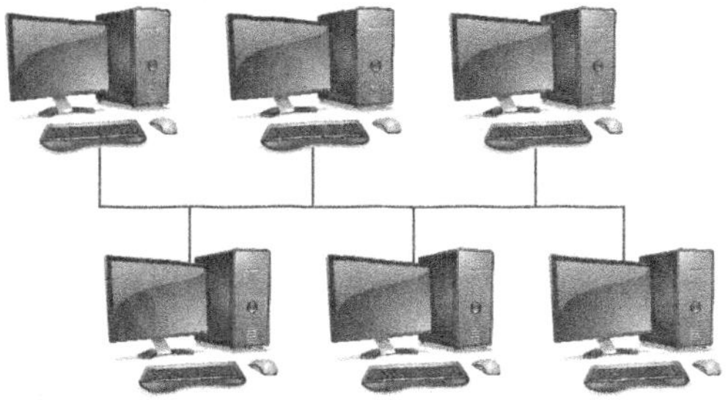

Figura 3.1 - Barramento.

Você também pode imaginar um cano com várias torneiras. A mesma água está disponível em todas as torneiras, sendo usada conforme a torneira é aberta. Se houver algum problema no cano, todas as torneiras ficam sem água. Essa topologia deixou de ser usada nas redes locais e já faz tempo.

3.6.2 Anel

A topologia em anel é fácil de entender. Imagine a topologia em barramento, só que com as pontas do cabo ligadas, formando o anel.

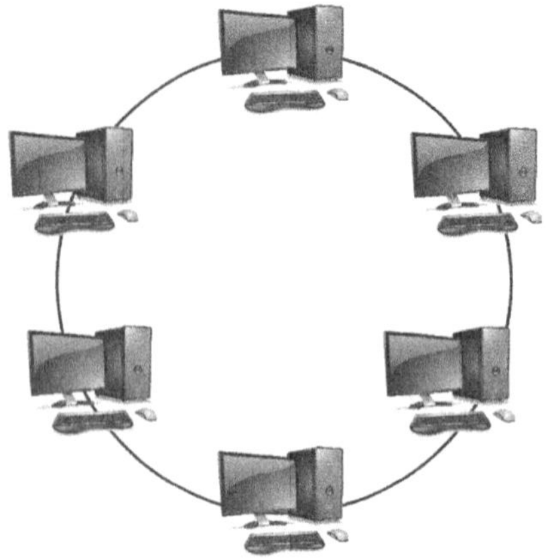

Figura 3.2 - Anel.

Uma rede em anel podia ser feita usando hub. A ligação interna do hub determinava a rede em anel, mas não era um hub destes que usamos hoje em dia, e sim um hub Token Ring. Essa topologia também é ultrapassada e era usada nas redes do tipo Token Ring da IBM, substituídas pelo padrão Ethernet, do qual falaremos mais adiante.

3.6.3 Estrela

A topologia em estrela é a mais usada atualmente e consiste na ligação a partir de um ponto central, com os dispositivos nas pontas, lembrando as pontas de uma estrela.

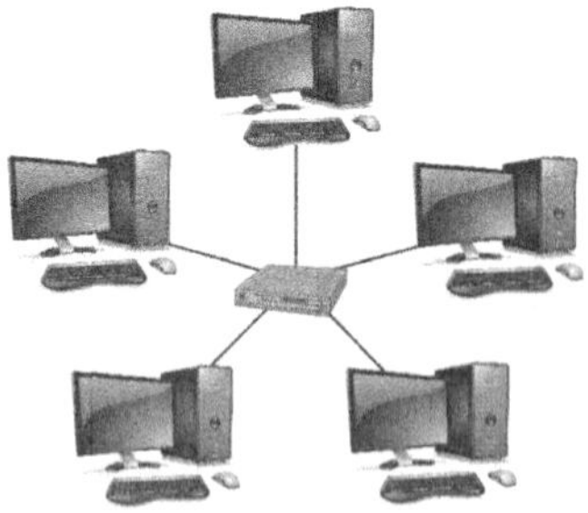

Figura 3.3 - Estrela.

No ponto central da estrela estão os hubs ou switches, sobre os quais falaremos mais adiante. A grande vantagem da topologia em estrela é que se houver problema em qualquer dos nós da rede, os demais continuam em funcionamento.

3.6.4 Híbrida

A topologia híbrida é toda configuração de rede local em que se conjugam duas ou mais topologias de rede distintas, como a ligação estrela-barramento ou estrela-anel.

3.6.5 Árvore

É equivalente a várias redes em estrela ligadas entre si. É o caso de conexões de múltiplos hubs ou switches. O primeiro nó da rede pode ser um switch. Nele são ligados hubs e em cada hub são ligados quatro computadores. Repare como a Figura 3.4 se assemelha a uma árvore.

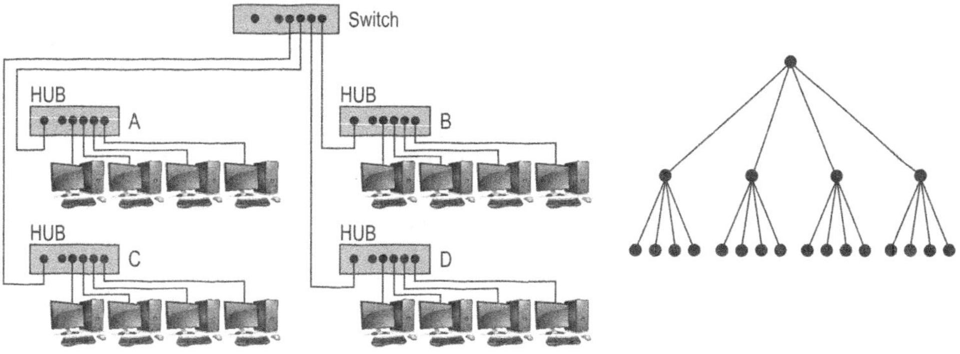

Figura 3.4 - Árvore.

3.6.6 Malha ou Mesh

Na topologia em malha todos os dispositivos se ligam entre si. É uma rede composta de vários nós/roteadores, que passam a se comportar como uma única e grande rede, possibilitando que o cliente se conecte em qualquer um desses nós. Um exemplo de rede em malha é a rede P2P, na qual qualquer um se conecta a quem quiser. Compare os diagramas, observando a Figura 3.5.

3.6.7 Mesh x Wimax

A rede mesh é formada por vários pontos de acesso de curto alcance que conectam outros pontos de acesso entre si e os computadores clientes. A ideia é que cada novo membro da rede seja um transmissor e um receptor, como uma rede P2P. Na rede Wimax uma estação central de longo alcance transmite para os clientes em seu perímetro. É uma topologia do tipo estrela.

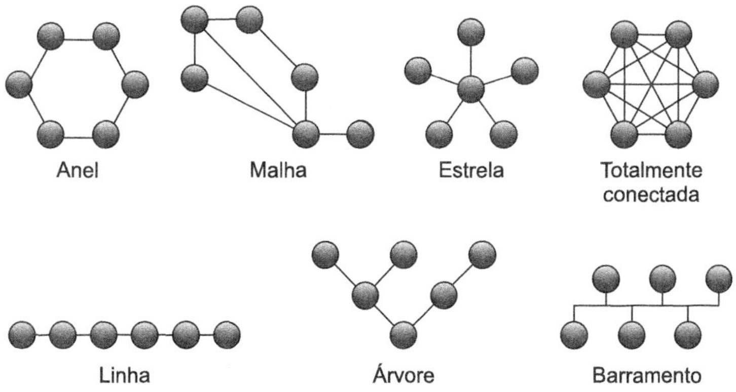

Figura 3.5 - Visão geral das topologias.

3.7 Classificação das Redes quanto à Capacidade de Transferência de Informação

Outro importante critério de classificação diz respeito à largura da banda, ou seja, quanta informação é capaz de trafegar na rede. Todos nós já passamos por situações de lentidão na rede, seja em casa, numa lan house ou nas redes dos serviços públicos. Sabemos disso quando percebemos que a navegação está lenta ou quando somos informados pelo atendente que o sistema está lento ou saiu do ar. Quase sempre esta notícia está relacionada à saturação da capacidade da rede em transmitir e receber dados.

Se a lentidão foi um fato isolado, o profissional de redes pode se limitar a um diagnóstico: dizer qual foi a causa. Mas se a lentidão se mostrar cada vez mais frequente, é um alerta de que a rede precisa ser redimensionada ou no mínimo melhor configurada.

Em uma rede empresarial, basta um usuário rodar programas de compartilhamento de arquivos para comprometer toda a rede. O profissional de redes, diante de uma situação como esta, deve ser capaz de:

- identificar as demandas específicas (quanto cada estação está consumindo da banda);
- bloquear serviços;
- limitar o consumo de banda por estação ou por usuário;
- redimensionar a rede quando necessário.

Para classificar as redes quanto à sua capacidade de tráfego, é usado o termo débito ou banda e a unidade de medida utilizada é o bit por segundo ou bps:

- **Redes de baixo débito:** até 10 Mbps;
- **Redes de médio débito:** 10 Mbps a 1 Gbps;
- **Redes de alto débito:** acima de 1 Gbps.

Toda classificação tem um valor relativo. As medidas em bps que indicam "baixo", "médio" e "alto débito" podem mudar para acompanhar a evolução da tecnologia. Se no começo da Internet um modem de 56 Kbps era considerado um luxo, hoje a conexão de 1 Mbps nas grandes cidades é a menor que a operadora tem a oferecer.

Um quilobit por segundo (Kbps ou Kbit/s) é uma unidade de transmissão de dados igual a 1.000 bits por segundo. Para facilitar o entendimento de como a capacidade de tráfego influencia a informação, podemos comparar as seguintes necessidades de bits para áudio e vídeo:

- **4 Kbit/s:** mínimo necessário para fala reconhecível (usando codecs de voz);
- **8 Kbit/s:** qualidade de telefone;
- **32 Kbit/s:** qualidade de rádio AM/mínimo para webcam;
- **96 Kbit/s:** qualidade de rádio FM;
- **128 Kbit/s:** qualidade de CD (para arquivos mp3);
- **1411 Kbit/s:** qualidade de CD (em 16 bits e 44.1 kHz);
- **2 Mbit/s:** qualidade de VHS;
- **8 Mbit/s:** qualidade de DVD;
- **55 Mbit/s:** qualidade de HDTV.

3.7.1 Confusão entre Kb e KB

Quando as pessoas se referem à taxa de transferência das redes, na maioria das vezes estão se referindo à taxa em bits. Um detalhe importante para fazer leitura de características técnicas é que Kb ou Mb (com b minúsculo) refere-se a bits. Já KB ou MB (com B maiúsculo) refere-se a bytes.

- K = quilo = mil ou x 1.000
- M = mega = milhão ou x 1.000.000
- G = giga = bilhão ou x 1.000.000.000

3.7.2 Confusão na Leitura da Velocidade das Redes de Banda Larga

Quem usa conexão por banda larga (vamos usar como exemplo a de 1 Mb) às vezes espera um download de 1 megabyte por segundo. Mas, como já comentamos, não é megabyte; é megabit, oito vezes menor.

Para aumentar a confusão, cada mil bytes é contado em base 2 e corresponde a 1.024 bytes (32 bits do barramento elevado a 2 bits da base numérica binária):

- 1 KB ou quilobyte = 1024 bytes
- 1 MB ou megabyte = 1024 quilobytes
- 1 GB ou gigabyte = 1024 megabytes

Quando se trata de bits, a contagem usa base 10 e corresponde a 1.000 bits:

- 1 Kb ou quilobit = 1000 bits
- 1 Mb ou megabit = 1000 quilobits
- 1 Gb ou gigabit = 1000 megabits

O detalhe é apenas o b minúsculo para bits (em que mil = 1000) e o B maiúsculo para bytes (em que mil = 32^2). Mas este detalhe gera valores completamente diferentes e até os técnicos ficam confusos sobre quando usar um ou outro.

Teoricamente, uma conexão por banda larga de 1 Mb deveria corresponder a 1000 Kbps (mil quilobits por segundo). Mas, como existem perdas de sinal, o valor real pode variar entre 600 Kbps e 900 Kbps, dificilmente alcançando os 1000 Kbps teóricos.

Você pode testar sua conexão em kbps usando um teste on-line, como o oferecido pela empresa RJ Net: http://www.rjnet.com.br/1velocimetro.php.

O que deixa as pessoas confusas é que, quando fazem um download, a taxa de transferência exibida é em bytes. E vimos que os cálculos em byte usam base 2 e os cálculos em bits usam base 10.

Veja este exemplo:

- 1 megabit = 1.000.000 de bits por segundo
- bits / 8 = 125.000 bytes
- 125.000 bytes / 1024 = 122 quilobytes

Teoricamente, uma conexão de 1 Mb deveria possibilitar downloads de até 122 KB (quilobytes). Mas já sabemos que existem perdas, então essa conexão será por volta de 90 KB.

Segue uma tabela comparativa do tráfego suportado por cada tecnologia:

56 Kbit/s	Modem/Discada
10 Mbit/s	Ethernet
11 Mbit/s	Wireless 802.11b
54 Mbit/s	Wireless-G 802.11g
100 Mbit/s	Fast Ethernet
300 Mbit/s	Wireless-N 802.11n
1000 Mbit/s	Gigabit Ethernet
1544 Mbit/s	T1
10000 Mbit/s	10 Gigabit Ethernet

3.8 Limite de Banda

Alguns provedores especificam o limite de banda nos termos da contratação do serviço. Outro ponto importante a ser considerado é que a taxa de download costuma ser superior à taxa de upload (subida de arquivos), ou seja, a taxa de download é um valor e a taxa de upload outro valor bem menor.

Essa precaução é para evitar que os clientes usem seus computadores pessoais para hospedar sites, serviços de FTP ou qualquer outra forma de hospedagem ou compartilhamento de arquivos. Quando o limite da banda é atingido, a empresa bloqueia o serviço ou reduz a velocidade até terminar o mês.

Os provedores de hospedagem também impõem limites de banda, para evitar que seus clientes usem a hospedagem somente para distribuir arquivos.

3.9 Traffic Shaping

Traffic shaping é um termo usado para definir a prioridade de um tipo de serviço na conexão. Este termo se popularizou no Brasil porque os grandes provedores de acesso costumam bloquear ou reduzir a disponibilidade de banda para os serviços P2P e VoIP. Limitar um ou mais serviços é fazer traffic shaping.

O administrador de redes também pode adotar o traffic shaping para impedir que usuários façam uso de serviços não autorizados. Na prática consiste em direcionar a oferta de banda a serviços como http, https, ftp e reduzir a oferta de banda para streaming de vídeo, VoIP e P2P, que são os grandes vilões do consumo.

3.10 Overselling

É um termo usado para definir provedores que oferecem capacidades de armazenamento e transferência ilimitadas, mas que praticam traffic shaping para evitar que os clientes excedam limites.

É uma mistura de propaganda enganosa com concorrência desleal. Um provedor A oferece um plano de R$ 25,00 por mês com 50 GB de espaço em disco e 500 GB de transferência mensal. O provedor B oferece um plano de R$30,00 por mês com 200 GB de espaço e transferência de dados ilimitada.

É propaganda enganosa porque, mesmo com a maior oferta de espaço em disco e a transferência ilimitada do provedor B, pela taxa de upload levaria alguns anos para subir 50 GB. Isso quer dizer que ele pode oferecer 200 GB, 500 GB, 1 TB de espaço que não vai fazer diferença. A vantagem está no plano oferecido pelo provedor A.

Quando oferecem transferência ilimitada, é preciso lembrar que nenhum provedor possui banda ilimitada. Providências serão tomadas se perceberem que algum cliente está consumindo banda de forma a comprometer o desempenho do servidor e prejudicar os demais clientes.

3.11 Classificação das Redes quanto ao Meio Físico de Suporte ao Envio de Dados

Outra forma de classificação das redes é quanto ao meio de suporte a dados, que pode ser:

- Redes de cobre ou metálica;
- Redes de fibra ótica;
- Redes rádio;
- Redes por satélite.

3.11.1 Redes Cabeadas, Redes de Cobre ou Redes Metálicas

As redes metálicas, também chamadas redes cabeadas, estão entre as mais comuns em uso atualmente. O cabo utilizado geralmente é o par trançado, que até pouco tempo era mais comum na cor azul, mas já é possível encontrá-lo em diferentes cores.

Na Figura 3.6 vemos o cabo do tipo par trançado já com o conector, conhecido como RJ-45.

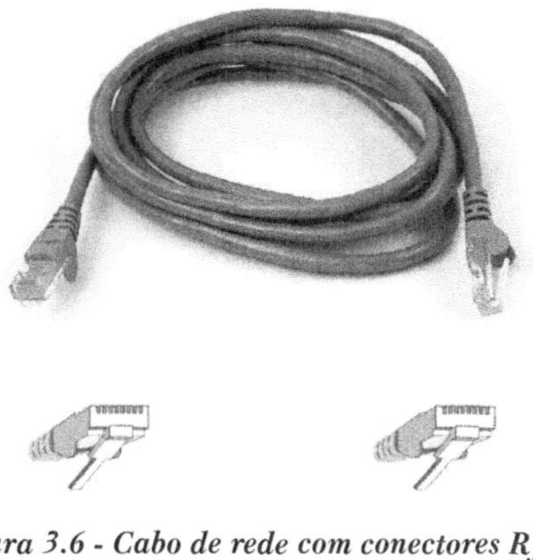

Figura 3.6 - Cabo de rede com conectores RJ-45.

Para trabalhar com esse cabeamento, basta saber:

- o padrão de ligação dos fios;
- crimpar o conector ao cabo.

3.11.2 Redes de Fibra Ótica

As redes de fibra ótica são usadas principalmente nas seguintes situações:

- quando o volume de dados é grande;
- quando a distância é longa;
- quando a interferência eletromagnética no local é forte (por exemplo: hospitais, fábricas etc.).

Para trabalhar com redes de fibra ótica, é necessário fazer um treinamento específico em que se aprende a fazer a soldagem dos delicados cabos óticos.

3.11.3 Redes Rádio

As redes por rádio são todas aquelas que usam ondas de radiofrequência (RF) como meio de transmissão de dados, exceto satélite, que recebe tratamento à parte.

Para trabalhar com redes de rádio de pequeno porte, basta um treinamento rápido de redes sem fio. Para trabalhar com redes rádio do tipo metropolitana, é preciso ter treinamento e habilitação em telecomunicações, para entender e usar corretamente o equipamento envolvido. A formação mínima requerida pelas empresas é a de técnico em eletrônica e/ou telecomunicações, tecnólogo ou engenharia.

A rede rádio pode ser uma rede local usando placas WiFi ou uma rede metropolitana, capaz de abranger toda uma cidade ou interligar via rádio uma empresa a outra.

3.11.4 Redes por Satélite

As redes por satélite são usadas para as conexões de muito longa distância, podendo ser entre cidades, estados e até mesmo países. Uma opção às redes por satélite são as redes por fibra ótica, mas a decisão final precisa levar em conta os custos e eventuais obstáculos à instalação da fibra ótica. Para trabalhar com redes por satélite, a formação mínima requerida pelas empresas é de curso superior em engenharia.

3.12 Classificação das Redes quanto ao Ambiente em que Operam

- Redes domésticas;
- Redes corporativas;
- Redes industriais.

3.12.1 Redes Domésticas

Elas se caracterizam pela pouca quantidade de dispositivos de rede e o uso de equipamento padrão, muitas vezes de baixa qualidade e menor preço. Outra característica das redes domésticas diz respeito à instalação e configuração, sem atenção às normas técnicas, cabeamento exposto, baixa performance, baixa disponibilidade e alta vulnerabilidade.

É cada vez mais comum em residências o uso das redes sem fio, infelizmente sem as devidas proteções de segurança. São inúmeros casos de pessoas que têm seus dados expostos por ação de vizinhos no raio do sinal WiFi. Pequenos escritórios e empresas com redes que possuem esse perfil, apesar de empresas, estão usando redes classificadas como domésticas.

3.12.2 Redes Corporativas

As redes corporativas apresentam grande número de dispositivos conectados, exigência de padrões, normas e alta segurança e disponibilidade. Enquanto na rede doméstica o fato de o cabo de rede ser exposto sequer é percebido, isso jamais poderia ocorrer em uma rede corporativa.

Na rede corporativa o profissional de rede precisa saber como usar patch panels e trabalhar com cabeamento estruturado. Também é onde o conhecimento de segurança é mais exigido.

Figura 3.7 - Rede sem cabeamento estruturado.

Figura 3.8 - Rede com cabeamento estruturado.

3.12.3 Redes Industriais

As redes industriais mostram um alto nível de interferência, exigindo soluções que geralmente só são possíveis quando projetadas por engenheiros. O profissional especializado em redes industriais precisa conhecer formas de detecção e mensuração de interferência e trabalha com material de rede não disponível no mercado comum.

3.13 Classificação das Redes quanto ao Método de Transferência de Dados

Quanto ao método de transferência de dados, as redes podem ser:

- Redes ponto a ponto (unicast ou anycast);
- Redes broadcast (multicast ou broadcast).

3.13.1 Redes Unicast (Ponto a Ponto)

Uma arquitetura de rede em que não existe um servidor central. Também pode ser usada para designar ligação entre redes de longa distância.

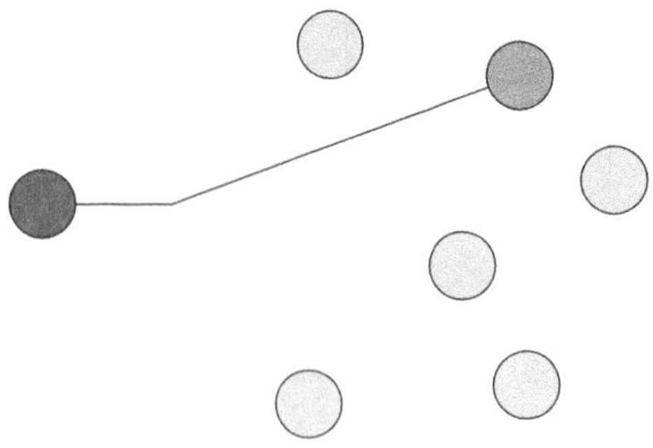

Figura 3.9 - Unicast.

3.13.2 Rede Anycast (Qualquer Ponto)

Anycast é uma forma de encaminhamento cujos dados são distribuídos ao destino mais próximo ou melhor rota, definida pelo roteamento da rede.

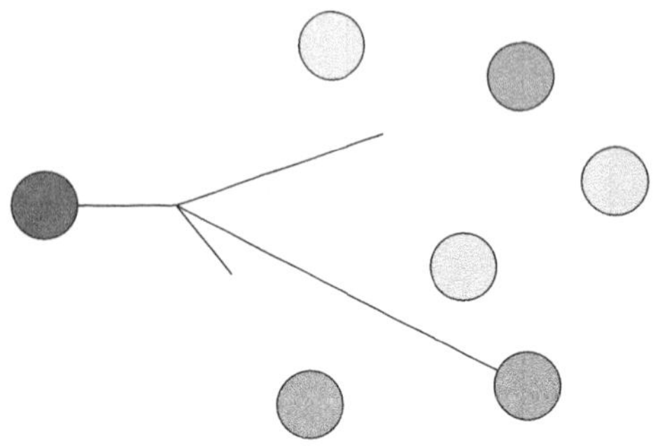

Figura 3.10 - Anycast.

3.13.3 Redes Multicast (Broadcast e Multiponto)

Uma arquitetura na qual os pacotes são enviados para todos os computadores conectados à rede. Na rede broadcast, todos recebem o mesmo sinal, como acontece na transmissão da TV aberta. Na rede multiponto, somente os pontos selecionados ou autorizados recebem o sinal, como ocorre na TV por assinatura.

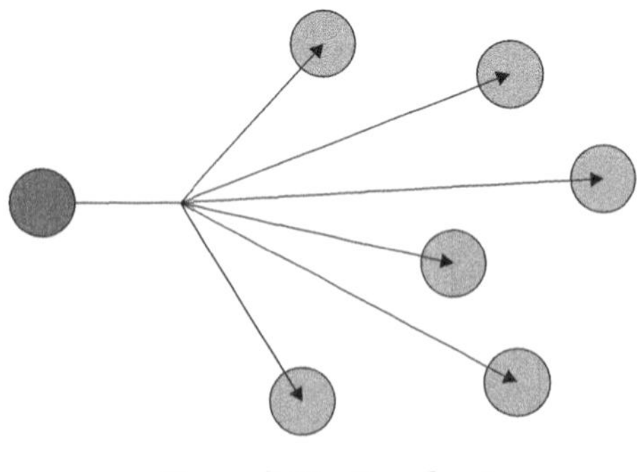

Figura 3.11 - Broadcast como a usada na TV aberta.

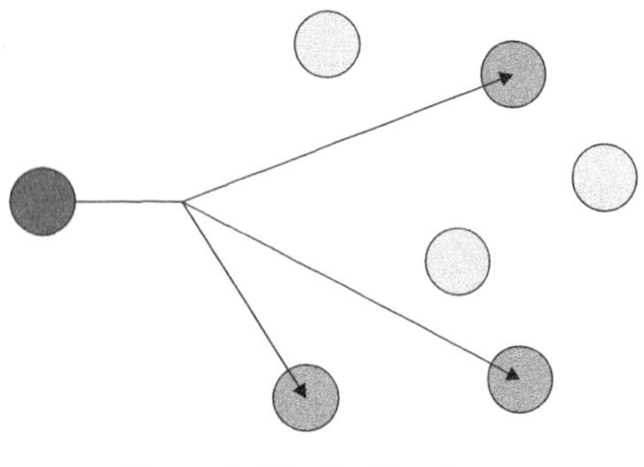

Figura 3.12 - Multicast como a usada na TV por assinatura.

3.14 Classificação das Redes quanto ao Método de Comutação

Quanto à comutação, pode ser por circuito, mensagem ou pacote. Na comutação por circuitos, um circuito físico real é formado entre os dois equipamentos que desejam se comunicar. Os elementos de comutação da rede unem (ou conectam) circuitos ponto a ponto independentes, até formar um cabo que interligue os dois pontos. Um exemplo de comutação por circuito é a ligação telefônica. Repare na linha tracejada a existência da conexão temporária. É também um exemplo de ligação ponto a ponto.

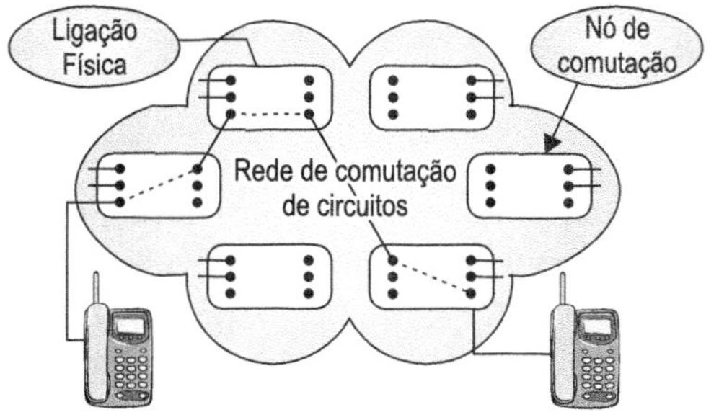

Figura 3.13 - Comutação por circuitos.

Na comutação por mensagem não é estabelecido um caminho dedicado entre os dois equipamentos que desejam trocar informações. A mensagem enviada é transmitida a partir do equipamento de origem para o primeiro elemento de comutação, que armazena a mensagem e a transmite para o próximo elemento. Assim, a mensagem é transmitida pela rede até que o último elemento de comutação entregue-a ao equipamento de destino. Nesse tipo de comunicação a rede não estabelece o tamanho da mensagem, a qual pode ser ilimitada.

A comutação por pacotes possui uma filosofia de transmissão semelhante à comutação de mensagem, ou seja, os pacotes são transmitidos por intermédio dos elementos de comutação da rede até o seu destino.

Os dados são reunidos em pacotes do mesmo tamanho e cada pacote é marcado com um número de controle:

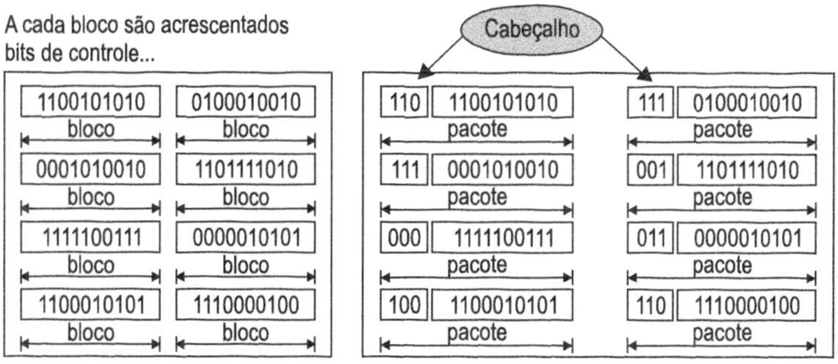

Figura 3.14 - Número de controle na comutação por pacotes.

A marcação nos pacotes indica para onde devem ir e, mesmo chegando fora de ordem, o sistema receptor sabe como colocá-los em ordem e montá-los no formato original.

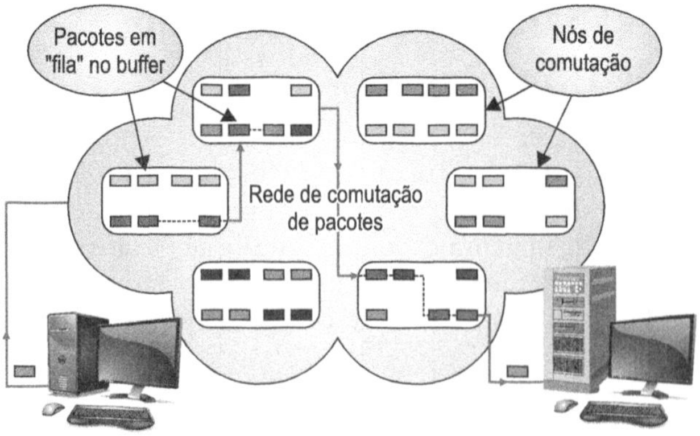

Figura 3.15 - Comutação por pacotes.

Como exemplo de comunicação por mensagens temos as redes de correio eletrônico. Como exemplo de comutação por pacotes temos o protocolo IP, que será visto no próximo capítulo.

O que você precisa recordar é que na comutação por pacotes as mensagens são divididas em pequenos pacotes e enviadas fora da ordem. Foram criados dispositivos que verificam os pacotes recebidos e colocam-nos em ordem novamente.

A principal diferença entre as redes de comutação por pacotes e as redes de comutação por mensagens é que na comutação por mensagens, a mensagem só é enviada ao próximo host quando chega por completo.

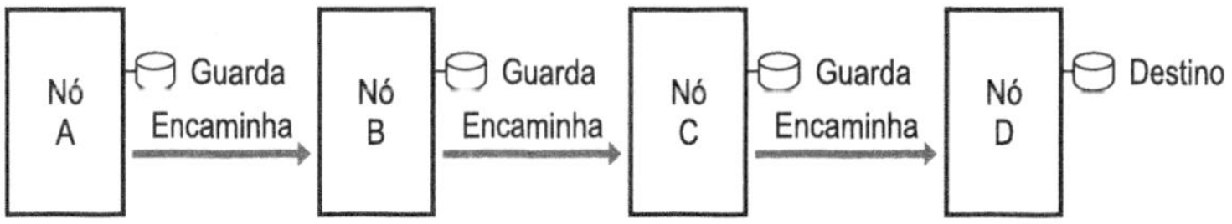

Figura 3.16 - Fluxograma da mensagem.

3.15 Classificação das Redes quanto à Tecnologia de Transmissão

As redes também se classificam de acordo com a tecnologia de transmissão adotada. São elas:

- Ethernet
- ARCNet (Attached Resource Computer Network)
- Token Ring
- FDDI (Fiber Distributed Data Interface)
- DQDB (Distributed-Queue Dual-Bus)
- SMDS (Switched Multi-megabit Data Service)
- ISDN (Integrated Services Digital Network) ou RDSI (Rede Digital de Serviços Integrados)
- ATM (Asynchronous Transfer Mode)

3.15.1 Ethernet

É uma tecnologia de interconexão para redes locais - Local Area Networks (LAN) - baseada no envio de pacotes. Ela define cabeamento e sinais elétricos para a camada física, e formato de pacotes e protocolos para a camada de controle de acesso ao meio (Media Access Control - MAC) do modelo OSI. A Ethernet foi padronizada pelo IEEE como 802.3. A partir dos anos de 1990, ela vem sendo a tecnologia de LAN mais amplamente utilizada e tem tomado grande parte do espaço de outros padrões de rede como Token Ring, FDDI e ARCNET.

O padrão Ethernet foi criado pela Xerox em 1976 e é usado atualmente em todas as redes locais ao redor do mundo. O nome Ether vem de Éter. Antigamente os cientistas pensavam que no espaço, onde hoje sabemos existir vácuo, haveria uma substância invisível que chamaram Éter (ou Ether em inglês). Com o avanço da exploração espacial, essa ideia do Ether foi deixada de lado, mas recentemente voltou com o nome matéria escura. Ninguém consegue provar que existe, mas gastam-se milhões em pesquisa para ver se conseguem. Então o nome Ether + Net (que quer dizer rede) surgiu dessa época, do começo da exploração espacial.

O padrão Ethernet original é o mais antigo com velocidade até 10 Mbps. O mais usado atualmente é o padrão Fast Ethernet, com velocidade até 100 Mbps. O Gigabit Ethernet ainda é pouco usado, mas chega a 1000 Mbps e está se tornando o padrão.

3.15.2 ARCNet

ARCnet, de Attached Resource Computer Network, também é uma tecnologia de interconexão de redes locais, amplamente usada na década de1980. Perdeu espaço para a tecnologia Ethernet.

3.15.3 Token Ring

Outra tecnologia de interconexão de redes locais que era usada pela IBM e perdeu espaço para o padrão Ethernet.

3.15.4 FDDI

FDDI de Fiber Distributed Data Interface é um padrão para o uso de cabos de fibra ótica em redes locais (LANs) e metropolitanas (MANs). O FDDI foi uma opção muito utilizada para backbones de alta velocidade, mas com o surgimento do padrão Fast Ethernet, essa tecnologia teve pouca penetração no mercado já que o custo é mais elevado.

3.15.5 DQDB

DQDB, de Distributed Queue Dual Bus (arquitetura de barramento duplo), é um padrão (IEEE 802.6) para redes multiponto usado para conexões por banda larga. Na arquitetura DQDB cada estação está conectada a dois barramentos. Cada um dos barramentos é unidirecional e os dados trafegam em sentidos opostos um em relação ao outro. Cada estação vai utilizar um dos barramentos para transmitir e o outro para receber dados, desta forma teremos um meio de comunicação Full-Duplex disponível a todas as estações.

3.15.6 SMDS

SMDS, de Switched Multi-megabit Data Service, é um serviço de comutação de pacotes orientado a datagrama projetado para redes de alta velocidade de longa distância (WAN).

3.15.7 ISDN

ISDN quer dizer Integrated Services Digital Network. Essa tecnologia também recebe o nome em português de Rede Digital de Serviços Integrados (RDSI). Trata-se de um serviço disponível em centrais telefônicas digitais, que permite acesso à Internet e baseia-se na troca digital de dados. Os pacotes são transmitidos por multiplexagem (possibilidade de estabelecer várias ligações lógicas numa ligação física existente) sobre condutores de par trançado.

A tecnologia ISDN já existe há algum tempo, e foi consolidada entre os anos de 1984 e 1986. Com o uso de um equipamento adequado, uma linha telefônica convencional é transformada em dois canais de 64 Kbps, em que é possível usar voz e dados ao mesmo tempo, e cada um ocupa um canal. Também é possível usar os dois canais para voz ou para dados. Grosso modo é como se a linha telefônica fosse transformada em duas.

Um computador com ISDN também pode ser conectado a outro que utilize a mesma tecnologia, um recurso interessante para empresas que desejem conectar diretamente filiais com a matriz, por exemplo.

A tecnologia ISDN possui um padrão de transmissão que possibilita aos sinais que trafegam internamente às centrais telefônicas serem gerados e recebidos em formato digital no computador do usuário, sem a necessidade de um modem. No entanto, para que um serviço ISDN seja ativado em uma linha telefônica, é necessária a instalação de equipamentos ISDN no local de acesso do usuário e a central telefônica deve estar preparada para prover o serviço de ISDN.

O ISDN foi lançado antes da Internet e tem limitações de desempenho em relação à ADSL. Ele chegou ao mercado bem padronizado, mas ultrapassado para os padrões atuais.

3.15.8 ADSL

ADSL, de Assimetric Digital Subscriber Line, é uma tecnologia largamente adotada no mundo como meio de acesso rápido à Internet de banda larga.

A grande vantagem do ADSL é permitir acessar a Internet ao mesmo tempo em que a linha telefônica fica livre para voz ou fax, ou mesmo uma ligação via modem, usando para as duas funções o mesmo fio telefônico.

Acontece que as chamadas de voz utilizam apenas frequências baixas, entre 300 e 3400 Hz, desperdiçando todas as demais frequências que poderiam ser transportadas pelo cabo. O ADSL consiste então em instalar dois modems ADSL, um na casa do assinante e outro na central telefônica, que se comunicam entre si utilizando apenas frequências acima de 5000 Hz, não interferindo nas chamadas normais de voz.

O cabo telefônico é usado apenas como um meio de comunicação entre os dois modems ADSL, somente para permitir a comunicação do seu modem com o da central. É justamente por isso que não são cobrados pulsos, apenas a taxa mensal. O sinal vai então para um roteador, para o provedor de acesso e em seguida para a Internet. É por isso que mesmo usando ADSL a pessoa continua pagando por um provedor de acesso. Como a comunicação entre os dois modems é contínua, basta ligar o micro e o modem para estar conectado.

O ADSL permite velocidades de 2 a até mais de 10 megabits, dependendo do quanto sua casa estiver distante da central, porém a velocidade de acesso sempre estará limitada ao plano que for contratado com a operadora: quanto maior a velocidade, maior a mensalidade.

Como o próprio nome sugere, uma das desvantagens do ADSL é o fato de o serviço ser assimétrico. O valor contratado do plano, como 300 Kbps, 600 Kbps, 1 Mbps ou mais, são apenas para download. O upload fica limitado a 128 Kbps.

Comparando com o ISDN (ou RDSI, que é o termo nacional), que também é uma tecnologia de acesso rápido surgida bem antes do ADSL, o ISDN continua usando o sistema telefônico comum, por isso continua o pagamento dos pulsos telefônicos. Ficam à disposição duas linhas de 64 Kbps cada uma, que podem ser usadas tanto para conexão à Internet quanto para chamadas de voz normais. Na hora de conectar, você tem a opção de usar as duas linhas, conectando-se a 128 Kbps, ou então deixar a segunda linha livre para uma chamada de voz, mas em compensação acessando a apenas 64 Kbps.

3.15.9 ATM

ATM, de Asynchronous Transfer Mode, é uma arquitetura de rede de alta velocidade, orientada a conexão e baseada na comutação de pacotes de dados. O ATM surgiu nos anos de 1990. Foi desenhado como um protocolo de comunicação de alta velocidade que não depende de nenhuma topologia de rede específica. Usa uma tecnologia de comutação de células de alta velocidade que pode tratar tanto dados como áudio e vídeo em tempo real.

As principais aplicações da tecnologia ATM são:

- Conexão entre mainframes;
- Circuitos de videoconferência;
- Conexão entre equipamentos de PABX;
- Conexão entre redes locais de alta demanda;
- Serviços multimídia entre dispositivos de alta velocidade.

3.16 Classificação das Redes quanto ao Modo de Comunicação

Essa característica na comunicação entre dois dispositivos de rede é importante, pois permite estabelecer as prioridades de transmissão de informação entre eles. Dependendo dos objetivos do sistema alvo, a transmissão pode se processar numa direção ou em ambas e ser alternada ou simultânea. Foram, então, definidos três principais modos de operação:

3.16.1 Simplex

A transferência de informação é feita num só sentido, de um transmissor para um receptor. É o mais simples, pois o papel de cada dispositivo está definido e não se altera. Podemos compará-lo a um megafone, pois quem recebe o som não pode responder pelo mesmo canal.

3.16.2 Half-Duplex

A transferência de informação pode se processar nos dois sentidos, mas alternada. Esse modo de operação obriga a existência de mecanismos que permitam a um dispositivo de rede passar de transmissor a receptor e vice-versa. Podemos compará-lo a um rádio de comunicação do tipo walkie-talkie. Os dois podem falar e ouvir, mas um por vez.

3.16.3 Full-Duplex ou apenas Duplex

A transferência de informação processa-se nos dois sentidos simultaneamente. Podemos compará-lo com o telefone, transmissor e receptor, em que se ouve e fala ao mesmo tempo.

3.17 Modos de Transmissão

A informação é geralmente transmitida sequencialmente na rede em blocos de tamanho fixo (normalmente múltiplo de 8 bits). Na presença de erros, isso permite que só os blocos corrompidos sejam retransmitidos, reduzindo o tempo de recuperação de erros de transmissão. Os dispositivos de rede recebem, então, essa sequência de blocos e tentam reconstruir a informação transmitida. Para que a recepção e a reconstrução da informação sejam possíveis, é necessário que os intervenientes da transmissão conheçam certos detalhes (débito da rede, princípio e fim de um bloco etc.) que permitam a decodificação e a interpretação dos conteúdos dos blocos.

A sincronização pode ser, depois, conseguida de duas maneiras diferentes. Se a informação for transmitida em intervalos aleatórios, cada dispositivo tem de ser capaz de se ressincronizar no início da recepção de cada bloco - transmissão assíncrona. Esse modo de transmissão obriga o encapsulamento do bloco em bits de sinalização especiais que vão indicar o princípio e o fim (start e stop bits).

Pelo contrário, se a informação for transmitida em intervalos de tempo fixos, os dispositivos transmissor e receptor podem estar em sincronia por muito tempo, sincronizando-se por meio de informação especial introduzida nos blocos de dados - transmissão síncrona.

3.18 O Modelo OSI

Quem estuda redes precisa conhecer o modelo OSI, nem que seja o básico. O quanto se aprofundar depende do quanto se quer entender de redes.

O modelo OSI é simples demais para representar a complexidade das redes, principalmente das atuais. Ele foi feito alheio ao TCP/IP, que conquistou o mercado. Assim, temos o modelo OSI e o modelo OSI comparado ao TCP/IP.

Vamos começar entendendo primeiramente o que vem a ser modelo. E podemos começar a fazer isso pensando num modelo humano. Os modelos humanos geralmente são pessoas que representam padrões de beleza e forma física supostamente desejados pela maioria.

Mas isso não quer dizer que as pessoas consigam se equiparar aos modelos humanos. O modelo é um padrão aceito ou imposto, que todo o resto deve se esforçar para alcançar. Mas não significa que será fácil ou alcançável o padrão imposto pelo modelo.

Resumindo, o modelo não é a realidade, é uma forma de tentar moldá-la e organizá-la. Se o modelo não é real e às vezes inalcançável, para que serve então?

O modelo serve para explicar um sistema e também como padrão de referência a ser alcançado. Veja o caso do átomo. O modelo proposto por Dalton, em 1808, era de uma esfera maciça e indivisível, muito longe do que hoje sabemos sobre o átomo. Mas, na época, esse modelo serviu para explicar o sistema atômico, até que a própria evolução do conhecimento trocou o modelo de Dalton por outros e outros, e hoje temos um modelo de átomo que é dividido em partículas subatômicas.

O modelo OSI é, então, uma forma de explicar a comunicação entre sistemas informatizados. Não corresponde à realidade, mas ajuda a entendê-la. Não é 100% alcançável, mas serve de norteador até surgir um modelo melhor, mais completo e, principalmente, aceito pela comunidade científica internacional.

Quando um sistema está em uso durante muito tempo, mesmo que não corresponda fielmente ao que existe de fato, a tendência é que queiram mantê-lo por medida de economia, conveniência, necessidade e comodidade. Imagine tentar estabelecer outro padrão de beleza para os modelos de passarela, apresentando os gordinhos, carecas e barrigudos como o novo padrão da beleza masculina. Padrões já estabelecidos levam tempo para serem substuídos.

Veja o caso da eletricidade. Quando foi descoberta, pensava-se que a eletricidade saía do polo positivo para o negativo. Depois descobriram que era o contrário: do negativo para o positivo. Para não causar uma confusão ainda maior, os dois sentidos da corrente foram mantidos: o real e o convencional. Um sentido verdadeiro e um convencional, que ficou por tanto tempo dado como correto que acabou se estabelecendo.

Depois de esclarecer o que é modelo, que modelo não é a realidade, que modelo serve até o dia em que é substituído, podemos tratar especificamente do modelo OSI.

3.18.1 O que é o Modelo OSI?

OSI quer dizer Open Systems Interconnection (OSI) ou Modelo Aberto para Interconexão. É um modelo conceitual de protocolo com sete camadas definido pela ISO (uma espécie de INMETRO com influência internacional), para a compreensão e o projeto de redes de computadores. Trata-se de uma padronização internacional para facilitar a comunicação entre computadores de diferentes fabricantes.

OSI é uma forma de tentar explicar como cada etapa da comunicação entre computadores deve funcionar.

A comunicação entre computadores é um procedimento complexo, feito em várias etapas, por isso o OSI tem várias camadas, no caso sete, conforme podemos ver na Figura 3.17.

Figura 3.17 - O modelo OSI.

Entender o modelo OSI é saber:

- o que é;
- descrever as sete camadas;
- relacionar as camadas OSI com o TCP/IP.

Você já sabe o que é o modelo OSI. Vamos, então, conhecer as camadas:

- **Camada 7:** Aplicação
- **Camada 6:** Apresentação
- **Camada 5:** Sessão
- **Camada 4:** Transporte
- **Camada 3:** Rede
- **Camada 2:** Enlace
- **Camada 1:** Física

Entenda as camadas como as etapas para a comunicação acontecer. Você envia um e-mail, o envio começa na camada 7 e termina na camada 1, quando a placa de rede libera o sinal elétrico no cabeamento. Repare que o pacote enviado vai da camada 7 para a camada 1. E quando é recebido, vai da camada 1 para a camada 7.

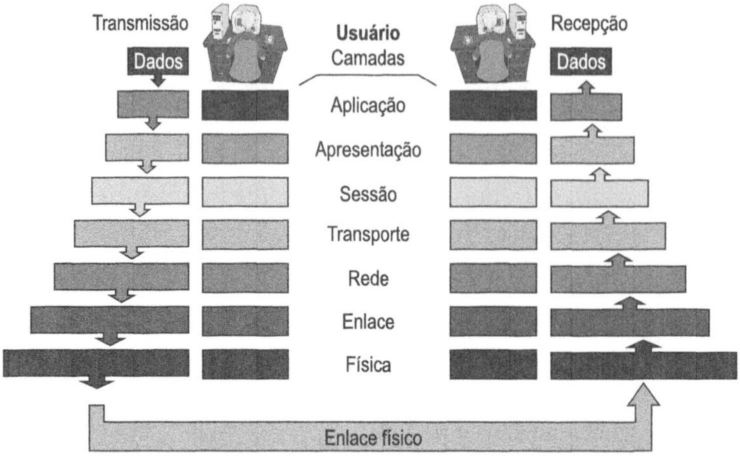

Figura 3.18 - Relação entre as camadas no envio e na chegada de dados.

Por que começa na camada 7 e não na camada 1? Porque a camada 7 é a responsável por criar o pacote e a camada 1 é responsável por encaminhar o pacote, já na forma de sinal elétrico. Quando o pacote é enviado, a última coisa a ser feita é a sua transformação em sinais elétricos. E quando ele chega ao destino, a primeira coisa a fazer é transformar os sinais elétricos novamente em bits compreendidos pelo computador. Vai da 7 para a camada 1 saindo do sistema e vai da 1 para a camada 7 entrando no sistema. As camadas 1 do transmissor e do receptor são conectadas física e logicamente para fazer trafegar os pacotes.

A Camada Física é responsável por transferir os bits por meio de ligações. Ela cuida de questões como o tipo de cabo em uso e como é feita a conexão entre o cabo e a máquina.

A Camada de Enlace de Dados é responsável por organizar os dados recebidos, colocando-os na ordem correta, detectando e talvez corrigindo eventuais erros de transmissão.

A Camada de Rede cuida do estabelecimento de rotas e do chaveamento dos dados ao longo da rede.

A Camada de Transporte é responsável por quebrar a mensagem em pacotes menores para que ela seja transmitida. Também é responsável por depois montar os diversos pacotes em uma única mensagem posteriormente.

A Camada de Sessão cuida das regras de comunicação entre os nós que estão trocando mensagens. Ela verifica quando é possível ou não mandar dados e também sabe que tipo de comunicação os nós possuem (simplex, duplex, semiduplex).

A Camada de Apresentação é responsável por formatar e estruturar os dados de uma forma que eles possam ser entendidos por outra máquina. Ela cuida da criptografia se necessário.

A Camada de Aplicação é responsável por cuidar das informações que chegam pela rede para cada programa que está sendo usado no computador.

É muito mais fácil entender as camadas por meio de diagramas. Na Figura 3.19 é feita a comparação entre o envio de uma carta e o modelo OSI. Repare que existem pequenas diferenças quando a informação está indo (transmitida) ou quando está voltando (recebida).

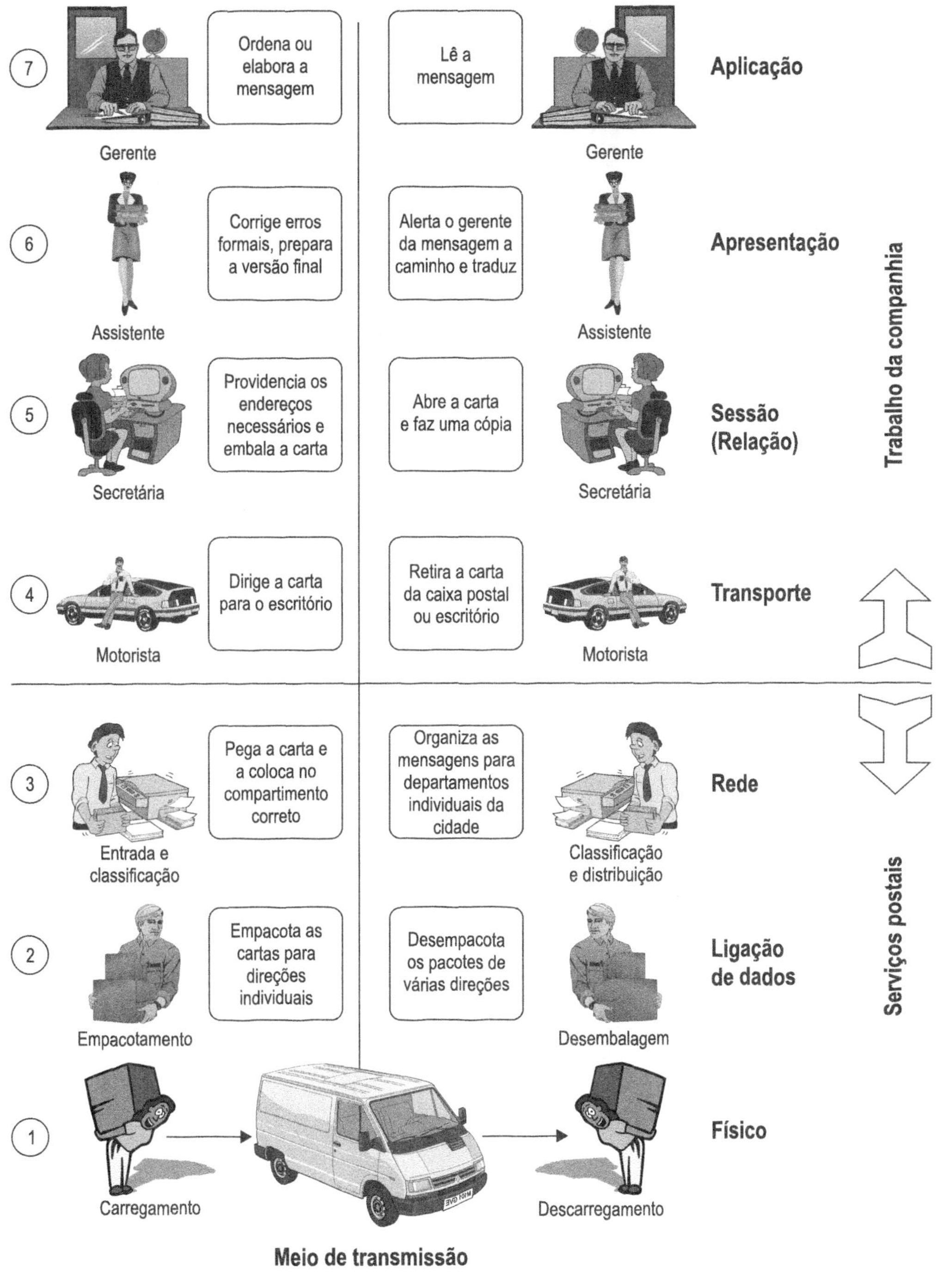

Figura 3.19 - Exemplo do modelo OSI comparado ao envio de uma carta.

O TCP/IP não equivale exatamente à divisão de sete camadas do OSI e a Figura 3.20 ajuda a entender as diferenças.

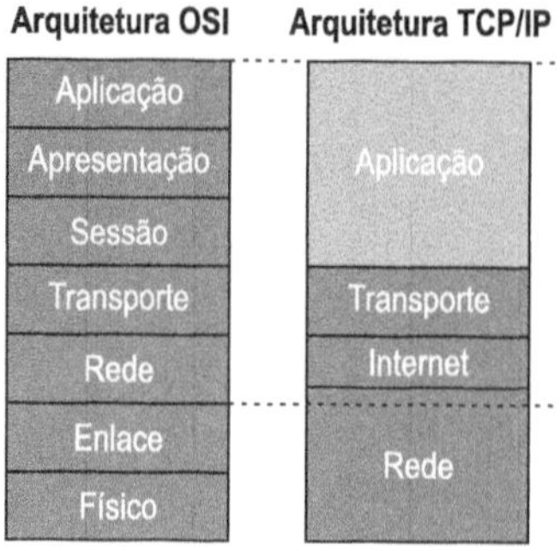

Figura 3.20 - Comparativo entre o modelo OSI e o TCP/IP.

Para esta revisão de redes, você precisa saber o que é o modelo OSI, como funciona e a função de cada camada. Outra informação importante é que tanto o ataque como a defesa das redes se baseiam nas camadas do modelo OSI ou do TCP/IP. Na prática, isso significa que se você fizer a proteção em uma camada, mas o ataque for direcionado a outra camada, sua proteção pode não ser suficiente.

Na tabela apresentada em seguida, você conhece a correlação entre as camadas OSI e os recursos da rede:

Camada	Exemplos	TCP/IP
7. Aplicação	HL7, Modbus	HTTP, SMTP, SNMP, FTP, Telnet, NFS, NTP, BOOTP, DHCP, RMON, TFTP, POP3, IMAP, HTTP, TELNET
6. Apresentação	TDI, ASCII, EBCDIC, MIDI, MPEG	XDR, SSL, TLS
5. Sessão	Named Pipes, NetBIOS, SIP, SAP, SDP	Estabelecimento da sessão TCP
4. Transporte	NetBEUI	TCP, UDP, RTP, SCTP
3. Rede	NetBEUI, Q.931	IP, ICMP, IPsec, RIP, OSPF, BGP
2. Enlace	Ethernet, Token Ring, FDDI, ARP, PPP, HDLC, Q.921, Frame Relay, ATM, Fiber Channel	MTP-2
1. Físico	RS-232, V.35, V.34, Q.911, T1, E1, 10BASE-T, 100BASE-TX, ISDN, SONET, DSL	

3.19 A Parte Física da Rede

O que é a parte física da rede? É tudo o que pode ser tocado, a parte da rede responsável pela conexão física. As redes de pequeno alcance, as redes locais ou LANs, possuem em sua parte física os seguintes dispositivos:

- Placa de rede;
- Cabo de rede;
- Hub;
- Switch;
- Modem;
- Roteador;
- Firewall.

3.19.1 Placa de Rede

As placas de rede devem ser apropriadas ao tipo da conexão que vai ser usada. Se a conexão é sem fio, a placa é sem fio. Se a conexão é com fio, a placa deve possuir o conector fêmea para segurar o conector macho no cabo de rede. Se a conexão é de fibra ótica, a placa deve ser específica para fibra ótica, que na prática quer dizer que ela vai ter um conector fêmea para segurar o conector macho da fibra ótica.

As antigas placas para redes cabeadas usavam um conector chamado BNC para cabo coaxial. Isso não se usa mais. Depois as placas passaram a usar o cabo de par trançado com conector RJ-45. Houve um momento em que a placa de rede possuía os dois conectores: RJ-45 e BNC. As primeiras placas eram capazes de transferir 10 Mbps (megabits por segundo). Não vendem mais esse tipo de placa.

As placas de rede fabricadas atualmente são do tipo Fast Ethernet, capazes de transferir até 100 Mbps, e as Gigabit Ethernet, capazes de transferir até 1000 Mbps. Isso não quer dizer que sempre alcancem tal taxa de transferência. Um cabo malfeito ou muito comprido, mau contato, drivers desatualizados e outros problemas da rede podem interferir na transferência.

Figura 3.21 - Modelo antigo de placa de rede, com conector BNC para cabo coaxial e RJ-45 para par trançado.

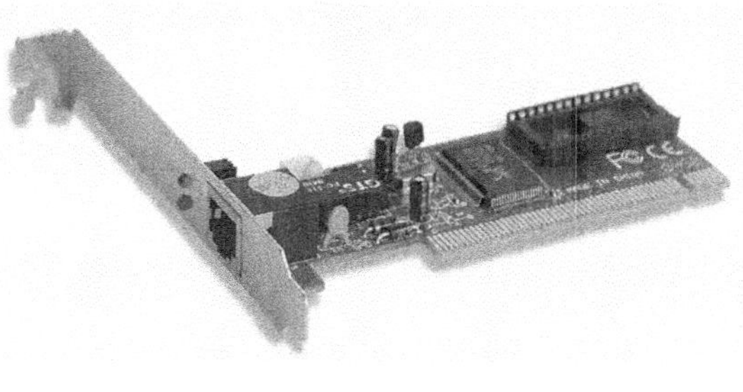

Figura 3.22 - Placa de rede para conector RJ-45.

Os micros populares saem de fábrica com a placa de rede embutida na placa-mãe. Placas de rede embutidas não são indicadas para servidores corporativos.

O principal dispositivo da rede é a placa de rede que pode ser para redes cabeadas, para redes óticas e para redes sem fio. Para uso doméstico a opção recai sobre os modelos Fast Ethernet, a tradicional placa PCI de 100 Mbps ou a placa para redes sem fio. Para uso com servidores são recomendados os modelos Gigabit Ethernet.

Figura 3.23 - Placa de rede sem fio.

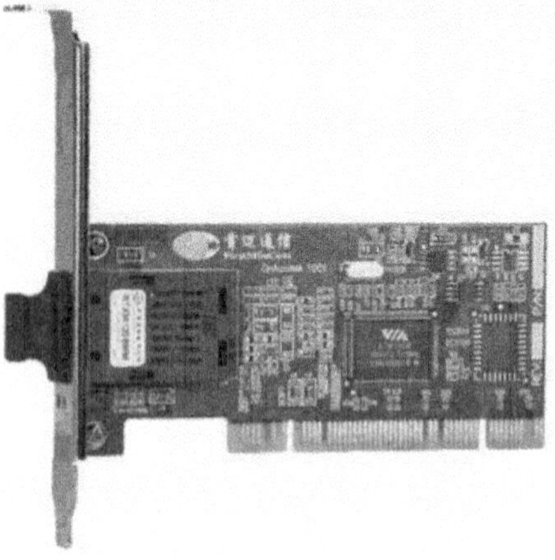

Figura 3.24 - Placa de rede para fibra ótica.

3.19.2 Conectores de Rede

Os conectores só se aplicam às redes cabeadas e óticas e as redes óticas exigem equipamento apropriado. Você pode montar redes de fibra ótica comprando cabos prontos, já com conectores. Vai se surpreender com a velocidade. Mas, para trabalhar profissionalmente com fibra ótica, é preciso treinamento prático.

O conector onipresente é o RJ-45. Quase idêntico ao conector do telefone que é o RJ-9, só que maior. Esse conector precisa ser crimpado, que é o ato de prender o cabo de redes dentro do conector. Uma vez que o conector esteja preso ele não poderá mais ser aproveitado.

Figura 3.25 - Conector RJ-45 macho preso ao cabo do tipo par trançado.

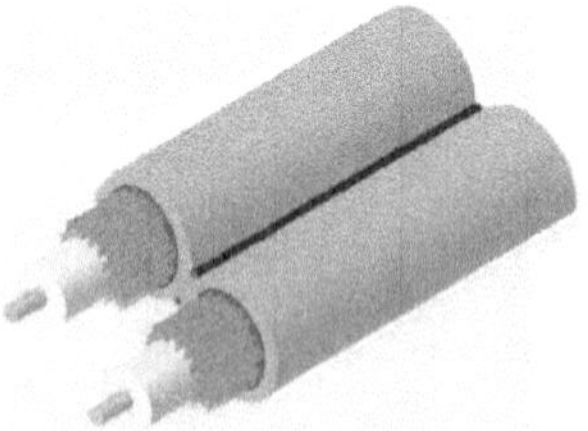

Figura 3.26 - Cabo de fibra ótica.

O cabo das redes é conhecido como par trançado. Teoricamente, você pode ligar os fios em qualquer sequência, desde que a sequência de ligação seja a mesma em ambas as pontas. Mas existe uma padronização de ligação desses fios e existem situações em que, se o padrão não for seguido, a rede fica mais lenta ou não alcança certas distâncias de cabo. Por falar nisso, a distância máxima recomendada para um cabo de rede é de cem metros. Nem toda rede consegue trabalhar com cabos de cem metros. O uso de hub, switch e repetidores pode aumentar o alcance dos cabos na rede.

Ocorre que o sinal elétrico dentro do cabo vai se perdendo com a distância. Quanto maior a distância, maior a perda. Chega um ponto, ou melhor, uma distância, em que a perda é tão grande que a placa não consegue separar o que é sinal do que é ruído. A conexão não se estabelece.

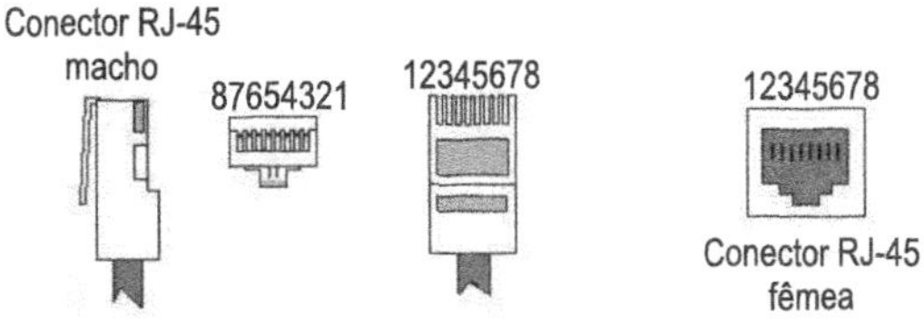

Cores Padrão EIA/TIA T568B

Cabo de Rede Ethernet

	COR NO RJ-45	Nº	Nº	COR NO RJ-45	
TX+	Laranja e branco	1	1	Laranja e branco	PAR2
TX-	Laranja	2	2	Laranja	PAR2
RX+	Verde e branco	3	3	Verde e branco	PAR3
	Azul	4	4	Azul	PAR1
	Azul e branco	5	5	Azul e branco	PAR1
RX-	Verde	6	6	Verde	PAR3
	Marrom e branco	7	7	Marrom e branco	PAR4
	Marrom	8	8	Marrom	PAR4

Cores Padrão EIA/TIA T568B

Cabo de Rede Crossover

COR NO RJ-45	Nº	Nº	COR NO RJ-45
Laranja e branco	1	1	Verde e branco
Laranja	2	2	Verde
Verde e branco	3	3	Laranja e branco
Azul	4	4	Marrom e branco
Azul e branco	5	5	Marrom
Verde	6	6	Laranja
Marrom e branco	7	7	Azul
Marrom	8	8	Azul e branco

Existe o padrão T568A, mas o padrão B é o mais recente.

Figura 3.27 - Tabela de equivalência de cores para ligação de cabos com conector RJ-45.

3.19.3 Hub

Hub ou concentrador é um dispositivo de rede bastante popular. Ele concentra os cabos de rede, formando a conexão do tipo estrela que nós estudamos anteriormente. A desvantagem do uso do hub é a falta de um controle de banda individual. Ou seja, se um dispositivo da rede começar a fazer um download, os demais terão pouca banda para trabalhar e ficarão lentos. Quando isso ocorre, os funcionários avisam que a rede está lenta.

O hub tem a função de interligar os computadores de uma rede local. Sua forma de trabalho é a mais simples se for comparado ao switch e ao roteador, pois o hub recebe dados vindos de um computador e os transmite às outras máquinas. No momento em que isso ocorre, nenhum outro computador consegue enviar sinal. Sua liberação acontece após o sinal anterior ter sido completamente distribuído.

Em um hub é possível ter várias portas, ou seja, entradas para conectar o cabo de rede de cada computador. Geralmente, há aparelhos com 8, 16, 24 e 32 portas. A quantidade varia de acordo com o modelo e o fabricante do equipamento.

Caso o cabo de uma máquina seja desconectado ou apresente algum defeito, a rede não deixa de funcionar, pois é o hub que a "sustenta". Também é possível adicionar outro hub ao já existente. Por exemplo, nos casos em que um hub tem oito portas e outro com igual quantidade de entradas foi adquirido para a mesma rede.

Hubs são adequados para redes pequenas e/ou domésticas. Havendo poucos computadores, é muito pouco provável que surja algum problema de desempenho.

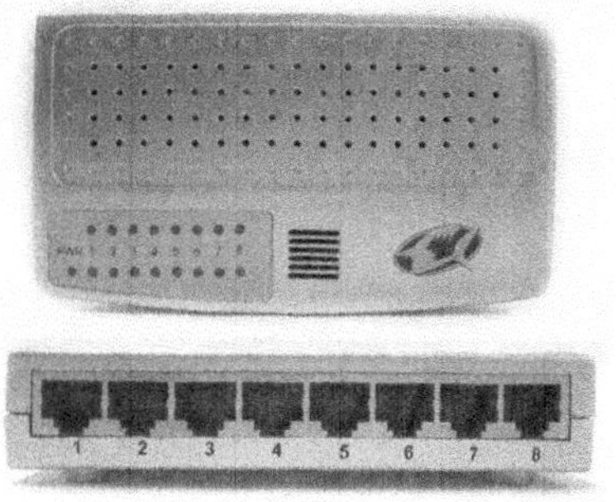

Figura 3.28 - Hub simples de oito portas.

3.19.4 Switch

Switch ou chaveador é um tipo de concentrador com a vantagem de poder limitar o quanto de banda será disponibilizado para cada dispositivo. Já foram bem mais caros que os hubs e se popularizaram tanto que é mais fácil encontrar o hub com switch embutido do que separados.

Tanto o hub quanto o switch, ou o hub-switch, são vendidos com um número de portas geralmente múltiplo de quatro. Então temos hub-switches de 4, 8, 12, 16, 24, 32 portas e até mais, sendo menos comuns numa LAN.

O switch é um aparelho muito semelhante ao hub, mas tem uma grande diferença, pois os dados vindos do computador de origem somente são repassados ao computador de destino. Isso porque os switches criam uma espécie de canal de comunicação exclusiva entre a origem e o destino. Desta forma, a rede não fica "presa" a um único computador no envio de informações. Isso aumenta o desempenho da rede já que a comunicação está sempre disponível, exceto quando dois ou mais computadores tentam enviar dados simultaneamente à mesma máquina. Essa característica também diminui a ocorrência de erros (colisões de pacotes, por exemplo).

Assim como no hub, é possível ter várias portas em um switch e a quantidade varia da mesma forma.

O hub está cada vez mais em desuso, porque o dispositivo hub-switch possui preço parecido com o de um hub convencional. Trata-se de um tipo de switch econômico, geralmente usado para redes com até 24 computadores. Para redes maiores, mas que não necessitam de um roteador, os switches são mais indicados.

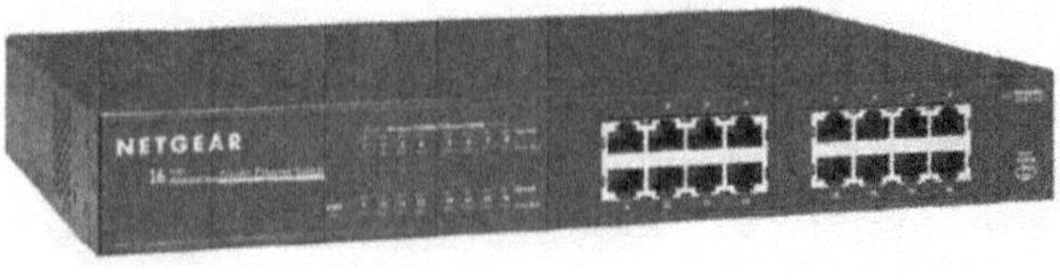

Figura 3.29 - Switch para empresas com 24 portas.

O hub-switch precisa suportar o tráfego da placa de rede. Se for uma placa 100 Mbps, o hub-switch é de 100 Mbps. Se for uma placa 1000 Mbps, o hub-switch deve ser de 1000 Mbps.

Hub-switches podem ser usados para conectar redes. Alguns modelos possuem um conector WAN que é usado para conectar um hub-switch no outro. Esse cascateamento forma aquela topologia de árvore, que já foi comentada, e precisa ser bem estudado. Se você não conhece as características do hub-switch, pode fazer a besteira de criar uma rede de vários micros trabalhando a 10 Mbps ou até menos.

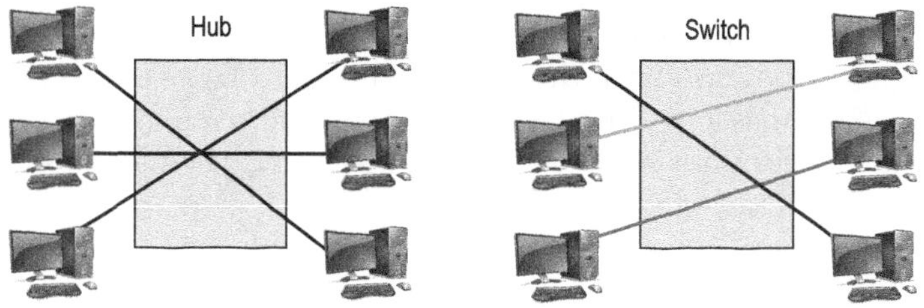

Figura 3.30 - Comparação da ligação interna entre hub e switch.

3.19.5 Modem

O modem conecta computadores e redes locais a computadores, mainframes e redes remotas. Você deve ter pensado que o modem serve apenas para conectar a Internet. Não é bem assim. O modem pode conectar seu computador a outro, fazendo uma rede de dois micros a partir da linha telefônica. Pode conectar seu computador a outro de grande porte, como um mainframe. Muitas empresas fazem essa conexão por modem ao computador do banco para diversas compensações, como folha de pagamento, baixa em boleto bancário, ordens de pagamento. E, finalmente, temos o modem ligando seu micro à rede ou à Internet, sempre por meio de um provedor, que é aquele que realmente está conectado ao backbone.

Para a linha telefônica comum o modem é limitado a 56 kbps. O modem ADSL precisa ter um na sua casa e outro na companhia telefônica. Estes alcançam até 8 Mbps nas redes cabeadas e se for rede de fibra ótica, a taxa de transferência pode superar os 1000 Mbps. É questão de alguns anos para haver Internet a 1000 Mbps e até mais. No Brasil várias cidades já contam com o Veloz de 8 Mbps e algumas operadoras oferecem conexões de 30 Mbps.

Visando a praticidade, os fabricantes colocaram no mercado o modem com hub-switch e firmware (programa armazenado) capaz de transformá-lo em roteador. Então, algo que em 1990 só podia ser feito por técnicos ou engenheiros treinados hoje está ao alcance de qualquer pessoa com mínimos conhecimentos.

3.19.6 Roteador

O roteador tanto pode ser um computador configurado para essa função como pode ser um programa embutido no hardware, como acontece nos modems de banda larga, que você tem acesso via http e configura com facilidade. Mas as grandes empresas são protegidas por roteadores bem mais sofisticados, e a exigência de conhecimento para configurá-los é bem maior que numa rede doméstica.

O roteador (ou router) é um equipamento utilizado em redes de maior porte. Ele é mais "inteligente" que o switch, pois além de ter a mesma função deste, também tem a capacidade de escolher a melhor rota que um determinado pacote de dados deve seguir para chegar em seu destino. É como se a rede fosse uma cidade grande e o roteador escolhesse os caminhos mais curtos e menos congestionados. Daí o nome de roteador.

Existem basicamente dois tipos de roteadores:

- **Estático:** é mais barato e focado em escolher sempre o menor caminho para os dados, sem considerar se aquele caminho tem ou não congestionamento.
- **Dinâmico:** é mais sofisticado (e, consequentemente, mais caro) e considera se há ou não congestionamento na rede. Ele trabalha para fazer o caminho mais rápido, mesmo que seja o mais longo. De nada adianta utilizar o menor caminho se ele estiver congestionado. Muitos dos roteadores dinâmicos são capazes de fazer compressão de dados para elevar a taxa de transferência.

Os roteadores são capazes de interligar várias redes e geralmente trabalham em conjunto com hubs e switches. Ainda, podem ser dotados de recursos extras, como firewall, por exemplo.

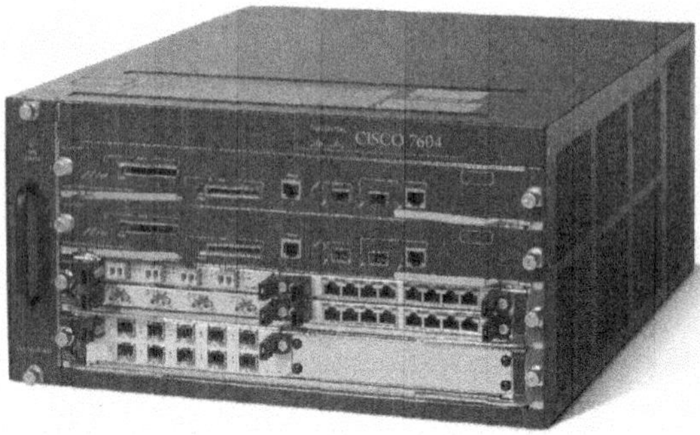

Figura 3.31 - Roteador profissional da CISCO. Só para grandes redes.

3.20 Firewall

Firewall vem do inglês parede corta-fogo. É um dispositivo de segurança que monitora o tráfego de informação entre uma rede de computadores e a Internet, impedindo o acesso de usuários não autorizados ou entrada de dados sem a prévia permissão. Baseia-se num servidor proxy para o qual toda a comunicação externa é direcionada antes de chegar à rede. Visa, principalmente, proteger um sistema de invasores.

O firewall na rede doméstica é sempre um programa de computador que funciona na maioria das vezes com a configuração de fábrica. O problema do firewall na forma de software é que ele não protege todas as camadas do modelo OSI. O firewall usado pelas grandes empresas envolve soluções combinadas de software e hardware, fazendo a proteção de camadas que o firewall doméstico não consegue alcançar.

Figura 3.32 - Firewall corporativo.

Você deve estar familiarizado com o firewall na forma de software, mas existe o firewall na forma de hardware, com proteção estendida a outras camadas do modelo OSI.

3.21 Como é a Parte Lógica da Rede?

A rede começa na parte física, quando todos os dispositivos são interligados. Mas uma rede física não funciona. É a parte lógica que vai possibilitar o trabalho da rede, a comunicação de dados.

A parte lógica é formada pela composição de dispositivos lógicos, o que inclui os sistemas operacionais da rede, drivers, protocolos, softwares e todas as configurações envolvidas.

Em uma rede doméstica, a parte lógica consiste em instalar o sistema operacional com suporte à rede, ou seja, qualquer um atual, e depois fazer os dispositivos se enxergarem e acessarem a Internet compartilhada.

Essa operação que já foi muito trabalhosa e hoje é feita com assistentes. Não são raros os casos de pessoas que ligam os micros na rede e sem nada fazerem, a não ser digitar usuário e senha, deixam tudo funcionando.

O perigo dessa configuração padrão, automática ou semiautomática, é que o fabricante tenta prever a menor incompatibilidade possível e acaba deixando a rede mais aberta do que as atuais políticas de segurança recomendam.

Daí a importância de conhecer mais de rede do que o simples uso dos assistentes de conexão. Principalmente para quem pretende atacá-las ou protegê-las.

Uma situação muito comum é quando o administrador inexperiente não consegue fazer os computadores se enxergarem, principalmente nas redes mistas, com Linux, Windows 98, XP, 2000, entre outros. A atitude mais comum é habilitar vários protocolos de rede, sem conhecimento ou preocupação com a falta de segurança que esse procedimento pode causar.

O protocolo é o que permite a conexão entre os dispositivos da rede. Se você tem um Mac, pode conectá-lo a um PC rodando Windows ou Linux usando o protocolo TCP/IP ou o protocolo AppleTalk. Mas vamos supor que você não tenha necessidade de conectar-se a um Mac e habilite o protocolo AppleTalk. Isso quer dizer que pessoas serão capazes de conectar-se ou explorar vulnerabilidades nessa conexão desnecessária.

Até o TCP/IP, obrigatório nas redes atuais, precisa ser configurado corretamente para não expor a máquina ou rede a conexões maliciosas.

A parte lógica é isto. É fazer a rede existir, segmentá-la, protegê-la, roteá-la. E tudo é feito por meio de configurações.

Para dominar a parte lógica, você deve ser capaz de:

- definir a função de cada dispositivo ou grupo de dispositivos da rede;
- segmentar a rede;
- instalar, atualizar e configurar os protocolos de rede, evitando a habilitação de protocolos desnecessários e configurando as ligações para obter máxima segurança;
- fazer os dispositivos de rede se enxergar ou ocultar os dispositivos que não devem ficar expostos;
- proteger a rede pela adoção e configuração adequada de sistemas de firewall;

- configurar proxys e roteadores;
- limitar a banda entre os segmentos de rede e dispositivos;
- medir o tráfego da rede;
- fazer diagnóstico da rede;
- detectar colisões anormais e saber como reduzi-la sou eliminá-las.

3.22 O que é Roteamento?

No contexto das redes de computadores, o encaminhamento (ou roteamento) de pacotes (em inglês routing) designa o processo de reencaminhamento de pacotes, que se baseia no endereço IP e máscara de rede deles. É, portanto, uma operação da terceira camada do modelo OSI.

3.23 O que é Switching?

Switch é um dispositivo utilizado em redes de computadores para reencaminhar frames entre os diversos nós. Possuem diversas portas, assim como os concentradores (hubs). A principal diferença entre o comutador e o concentrador é que o comutador segmenta a rede internamente, e a cada porta corresponde um segmento diferente, o que significa que não haverá colisões entre pacotes de segmentos diferentes - ao contrário dos concentradores, cujas portas partilham o mesmo domínio de colisão.

Os comutadores operam semelhantemente a um sistema telefônico com linhas privadas. Nesse sistema, quando uma pessoa liga para outra, a central telefônica vai conectá-las em uma linha dedicada, possibilitando um maior número de conversações simultâneas.

Um comutador opera na camada 2 (camada de enlace), encaminhando os pacotes de acordo com o endereço MAC de destino, e é destinado a redes locais para segmentação. Porém, existem atualmente comutadores que operam juntamente na camada 3 (camada de rede), herdando algumas propriedades dos roteadores (routers).

O termo switching quer dizer comutação ou chaveamento. Se fosse num sistema telefônico antigo, daqueles em que a telefonista precisava conectar um ao outro, a telefonista estaria fazendo o switching.

3.24 Visão Geral da Modelagem de Redes

Após todos estes anos treinando pessoas para trabalhar com tecnologia, lendo e escrevendo sobre tecnologia e fazendo palestras sobre tecnologia, ficou claro que existe uma defasagem entre o que é ensinado nas escolas técnicas e nas faculdades e o que existe no mundo real das corporações.

Alunos e leitores dos nossos livros que tratam de administração de redes alegam dificuldade para saber como incorporar o servidor a uma rede existente ou como tomar decisões a respeito da organização da rede.

Esta dificuldade existe porque os livros e cursos de rede geralmente tratam dos componentes da rede e da forma como interligá-los. Tratam também do modelo OSI e da pilha

TCP/IP. E os livros e cursos que tratam dos servidores Windows geralmente limitam a abordagem às funções e aos recursos do software.

Existe uma lacuna que responde pelo nome de modelagem, design ou projeto de rede. E este capítulo também se propõe a orientar sobre os aspectos da rede relacionados à modelagem. Porque não adianta saber como instalar e gerenciar o Windows Server 2012, saber como interligar os dispositivos da rede, se você não souber como organizar tudo isso para atender aos objetivos da empresa.

Muitas das redes problemáticas que conhecemos são fruto da falta de planejamento. A rede surgiu como resultado da interligação de dispositivos e instalação de sistemas operacionais, sem critérios além do bom-senso. Redes com este perfil costumam falhar mais do que deveriam, custar mais do que deveriam e os resultados para os negócios são abaixo do que deveriam oferecer. Redes com este perfil também apresentam falhas de segurança e em alguns casos em que fizemos auditoria, a recomendação foi de um novo projeto de rede, porque do jeito que a situação estava, qualquer solução era paliativa.

3.25 Como o Modelo de Negócio Define a Rede

As redes não são iguais. Podem ser iguais para quem está acostumado a instalar redes domésticas e em pequenos escritórios. O universo das redes é abrangente e formado por redes de diferentes tipos, como:

- Rede doméstica;
- Rede educativa;
- Rede comercial;
- Rede industrial;
- Rede de pesquisa;
- Rede mista;
- Rede predial;
- Provedor de acesso à Internet;
- Lan house e cibercafé;
- Centro de Internet comunitária.

3.25.1 Rede Doméstica

A rede doméstica tem como características a simplicidade, a opção cada vez maior pelo modelo de acesso sem fio (WiFi), a integração de dispositivos inteligentes como câmeras de segurança por IP, sistemas de alarme, segurança e vigilância remota usando dispositivos móveis, geladeiras com acesso à Internet, TV com acesso à Internet (smart TV), domótica etc.

3.25.2 Rede Educativa

Na rede educativa existe um ou mais laboratórios de informática e para maior segurança a configuração sugerida é de uma rede segmentada. A rede educativa precisa encontrar um equilíbrio entre a liberdade de utilização e o bloqueio de conteúdo impróprio ao ambiente.

3.25.3 Rede Comercial

A rede comercial apresenta como principal característica o uso de computadores no escritório, interligados via cabo, mas com tendências à popularização do WiFi, compartilhando a impressora e algumas pastas de trabalho em comum. É o tipo de rede que mais demanda profissionais de informática, seja na implantação ou na manutenção.

3.25.4 Rede Industrial

A rede industrial utiliza dispositivos de rede especialmente projetados ou adaptados para o trabalho sob condições adversas. O equipamento industrial gera interferências que bloqueiam, interferem ou limitam o funcionamento da rede. Outra questão a ser observada está relacionada à temperatura, que em muitos casos pode ultrapassar os 50 °C. O segredo para implantar redes industriais é conhecer bons fornecedores.

3.25.5 Rede de Pesquisa

A principal característica da rede de pesquisa é a necessidade de computadores configurados em cluster, de modo a disponibilizar grande capacidade de processamento aos pesquisadores. Redes em centros de pesquisa costumam gerar alto volume de tráfego e as conexões devem ser do tipo Gigabit Ethernet (1.000 a 10.000 Mb/s) ou usar fibra ótica (100.000 a 500.000 Mb/s).

3.25.6 Rede Mista

Tem-se rede mista quando o projeto prevê duas ou mais redes entre os tipos indicados. Uma rede de pesquisa pode estar integrada à rede comercial que será responsável pela administração da instituição. Quando você detecta no projeto uma rede mista, deve tratar as máquinas isoladamente e depois ver a melhor forma de interligar os computadores.

3.25.7 Rede Predial

A rede predial é outra que tem se tornado bastante comum e destina-se a fornecer Internet a todas as salas comerciais ou apartamentos do prédio. O segredo para esse tipo de rede ter um projeto bem-sucedido é o técnico calcular corretamente a demanda por tráfego e introduzir filtros que impeçam ou dificultem o consumo excessivo por parte de poucos usuários.

3.25.8 Provedor

O provedor é também um tipo de rede, mas cuja complexidade de configuração depende de um treinamento específico para lidar com essa rede. Por outro lado, está se popularizando o compartilhamento da Internet banda larga entre vizinhos, o que não deixa de ser um micromodelo de rede com a função de provedor de acesso.

3.25.9 Lan House e Cibercafé

São dois tipos de rede cuja proposta é fornecer acesso a transeuntes, em sua maioria completos desconhecidos. A lan house pressupõe a existência de jogos em rede e o cibercafé pressupõe a existência de serviços diversos, como, por exemplo, impressão, gravação de CD/DVD, VoIP etc. A segurança desse tipo de rede exige atenção redobrada, pois são bastante comuns as tentativas de fraudar a bilhetagem ou ações de hackers, presumindo o anonimato.

3.25.10 Centro de Internet Comunitária

Os centros de Internet comunitária, criados por iniciativa popular, pública ou privada, podem funcionar nos moldes das redes dos cibercafés e lan houses, mas sem a bilhetagem. E podem funcionar com um sistema parecido com o das redes educativas, em que um servidor de domínios registra o acesso com base em um cadastro prévio. Pelo fato de atenderem a uma comunidade, o uso de um servidor como controlador de domínios ajuda a identificar possíveis abusos, uma vez que todos devem estar cadastrados para fazer uso do serviço.

3.26 Planejamento da Rede Física

Você, na função de administrador da rede, não necessariamente é também o projetista da rede. A situação ideal é encontrar na empresa a rede física instalada e pronta para receber o sistema operacional e demais configurações. Mas pode ocorrer de esta situação ideal não existir, pode ocorrer também de a rede física ser mal planejada e dar problemas assim que começar a funcionar com o servidor.

Um caso que chamou a atenção foi o de uma empresa em que todos os telefones fixos tocavam ao mesmo tempo, embora apenas um recebesse a ligação. O problema foi causado por uma distribuição imprópria dos cabos de rede, passados pelo mesmo condutor dos cabos telefônicos. Em um fenômeno conhecido da física pelo nome de indução eletromagnética, os cabos da rede potencializaram a radiação eletromagnética dos cabos telefônicos e geravam o sinal de toque em todos os aparelhos. A separação entre o cabeamento da rede e o cabeamento telefônico resolveu o problema.

Em outra ocasião, logo no início das redes sem fio ainda no padrão 802.11b, o roteador wireless foi posicionado exatamente ao lado de uma base para telefone sem fio. Naquela época, a frequência dos telefones sem fio interferia no funcionamento das redes sem fio mais do que acontece hoje, tornando-as lentas e instáveis. Bastou reposicionar a base do telefone sem fio para ter o problema resolvido.

Nem todos os problemas de rede são assim simples e fáceis de resolver. Principalmente quando se trata de um Windows Server mal configurado. São pequenos deslizes, geralmente cometidos por descuido ou inexperiência, que podem dificultar seu trabalho. Porque eles só aparecem com a rede pronta e instalada. Como o último a mexer na rede será você, a responsabilidade tende a ser sua, mesmo que outro profissional seja o responsável pela instalação e configuração inicial.

O projeto da rede física envolve:

- dimensionar o alcance;
- posicionar os pontos de conexão e acesso (incluindo o perímetro da rede sem fio);
- dimensionar armários, gabinetes, cabos, caixas e conectores;
- prever a segurança física.

3.26.1 Dimensionar o Alcance

O alcance da rede diz respeito à área em que deve existir a possibilidade do acesso. Se for uma rede totalmente cabeada, essa área diz respeito ao lugar em que estará cada equipamento integrante da rede. Se for uma rede sem fio, diz respeito à área de cobertura do sinal WiFi. E se for uma rede formada por filiais distantes umas das outras, às vezes até entre países, este é o dimensionamento que deve ser levado em consideração.

3.26.2 Posicionar os Pontos de Conexão e Acesso

A partir da planta baixa da organização, servindo também um esboço criado por você em folha de papel tamanho A3 ou A4, distribua os pontos de conexão. Pontos de conexão são as tomadas em que as estações de trabalho, o servidor e demais dispositivos serão conectados.

No caso das redes sem fio, faz-se o posicionamento do ponto de acesso e em torno desenhamos o perímetro previsto para o equipamento que você pretende usar. Nos livros e treinamentos sobre redes sem fio, você aprende a calcular esse perímetro.

Uma forma interessante de posicionar os pontos de conexão é a partir da localização prevista para cada equipamento.

Não confie apenas na planta baixa, visite os locais em que estarão os computadores e demais equipamentos para ver se correspondem ao que está no desenho.

3.26.3 Dimensionar Armários, Gabinetes, Cabos, Caixas e Conectores

Supondo uma rede nova, após posicionar os pontos de conexão, daremos início à relação de tudo o que será necessário para a rede existir fisicamente. Uma conexão entre dois pontos, que no papel representa apenas uma linha, na prática representa duas tomadas para conectores RJ-45, dois conectores macho RJ-45, tantos metros de cabo coaxial, tantos metros de caneleta ou outro tipo de conduíte, curvas em L e tantos metros de fita adesiva de dupla face padrão industrial.

Se uma única linha no papel gerou esta lista de compras, imagine a lista final para uma rede com vários equipamentos, entre dispositivos de rede, estações de trabalho e servidores?

O dimensionamento inclui tudo o que for necessário para a parte física da rede e dá origem à planilha de custos.

3.26.4 Prever a Segurança Física

No exemplo anterior, verificou-se que o servidor será instalado em uma sala que também é usada como depósito, sem nenhum sistema de vigilância. Esta é uma situação em que o dimensionamento deve prever algum tipo de proteção física contra roubo, furto, incêndio, fenômeno natural e acesso indevido.

Contra furto e roubo é possível adotar soluções como armários ou gabinetes com chave ou cadeado. O armário deve ser apropriado para esse tipo de equipamento, prevendo alguma forma de ventilação. Controle de acesso, alarmes e câmeras de segurança também ajudam a promover a segurança física da rede, mas por falta de orientação adequada muitos projetistas ignoram esta necessidade e a rede só é protegida quando o pior acontece.

A prevenção contra incêndio inclui o uso de materiais antichamas, detectores de calor e fumaça, extintores de incêndio estrategicamente posicionados, treinamento de pessoal e sprinkler. O sprinkler tem a desvantagem de inundar o local e se for adotado, é interessante prever uma forma de proteger o equipamento contra a inundação.

Estas são algumas dicas sobre segurança física das redes. Para saber mais, procure livros e cursos que tratam especificamente de segurança, mas evite criar uma rede muito onerosa para seu cliente. As empresas possuem um limite de gastos para o que pretendem fazer e se você incluir todas as possibilidades e equipamentos de segurança, os custos podem ultrapassar o limite orçamentário da empresa.

Às vezes, soluções simples e criativas geram melhores resultados. Um servidor inicialmente previsto para funcionar em local fechado pode ser transferido para um corredor arejado. Esse procedimento simples elimina a necessidade de implantar a ventilação na sala usada como depósito em nosso exemplo, a qual também abrigará o servidor. O servidor em local de circulação de pessoas dificulta e inibe o acesso indevido.

Se a rede já existir, você pode usar estas informações como parte de uma inspeção preliminar e decidir se a rede pode continuar como está ou se necessita de atualização ou reorganização.

3.27 Planejamento da Rede Lógica

A rede lógica consiste na configuração dos dispositivos, servidores e estações necessários para a rede cumprir as funções para a qual foi destinada. O planejamento lógico inclui a previsão de nomes de domínio, nomes dos servidores, nomes das estações, nomes de grupos e usuários, faixas de IPs para o DHCP, gateway, DNS etc.

O planejamento lógico é influenciado pelo modelo organizacional da rede. Vamos descrever os modelos mais comuns, seus prós e contras e sugerir como a organização lógica pode ser feita.

Em relação aos IPs da rede, comece verificando se algum equipamento possui IP fixo pré-configurado de fábrica, como, por exemplo, o dos modems, roteadores e switches que costuma ser 192.168.0.1, 192.168.1.1, 192.168.1.254, 192.168.254.254, 10.1.1.1 etc.

3.27.1 Modelo de Organização Funcional: Planejamento da Rede com o que se Tem

O modelo de organização funcional modela a rede considerando a função de cada estação de trabalho. Supondo uma rede ponto a ponto prestes a ser convertida em cliente-servidor, o nome do servidor pode ser o próprio nome da empresa ou a palavra servidor. E o nome das estações descreve a função, por exemplo, vendas para o departamento de vendas, dp para departamento de pessoal, fin para financeiro, sec para secretaria e assim por diante. Se houver várias máquinas no mesmo departamento, basta acrescentar um número após o nome, como vendas1, vendas2 etc.

Esse modelo funciona bem em redes de pequenas empresas cuja estrutura e crescimento não afetam tanto a organização funcional. Ele também é usado quando a rede da empresa já existe, mas ainda não foi documentada. Redes que surgem e evoluem naturalmente tendem a existir na forma de organização funcional.

3.27.2 Modelo de Organização Funcional Estratégico: Planejamento da Rede com Base no que se Quer

O modelo de organização funcional estratégico planeja a rede considerando não apenas o que se tem, mas onde a empresa quer chegar. Esse tipo de projeto leva em consideração o planejamento da empresa para os próximos anos e prevê um formato que permita o crescimento da rede sem improvisos.

Ele também é indicado para as redes de pequenas empresas, com o diferencial de projetar as redes atual e futura, prevendo todas as implicações de uma expansão.

3.27.3 Modelo Geográfico: Planejamento da Rede Considerando a Localização

O modelo de organização geográfica é indicado para empresas com filiais ou franquias espalhadas pelo Brasil ou mundo. Nesse modelo está previsto o uso de vários domínios. A melhor forma de nomeá-los é fazer referência à localização: filial1, filial2, ou, melhor ainda, filialrio, filialsp, matriz, filialbh etc.

3.27.4 Modelo Político: Planejamento da Rede Considerando os Cargos e as Pessoas

O modelo político leva em consideração as pessoas e é diferente do modelo funcional, pois em vez de nomear setores e departamentos, nomeia funções dentro da empresa. A nomeação das estações pode fazer referência à pessoa, usando o nome próprio, ou a função, como vendedor1, vendedor2, secretaria, recepcionista, designer etc. Nesse tipo de rede os privilégios são definidos por máquina de forma que apenas a máquina financeiro tenha acesso aos arquivos do financeiro, independente de quem a esteja usando.

Essa restrição pode causar imprevistos, por exemplo, quando alguma estação se torna inoperante, impedindo o usuário qualificado de fazer o acesso a partir de outro equipamento que não seja o autorizado.

3.27.5 Modelo Neutro: Planejamento da Rede Considerando um Uso Comum

O modelo neutro é impessoal e as máquinas nomeadas como maq1, maq2, maq3, sem nenhuma referência à função ou pessoa.

Essa modelagem funciona bem em redes promíscuas e despersonalizadas, a exemplo dos centros comunitários, laboratórios de informática, lan houses e cibercafés.

Tem a vantagem do fácil gerenciamento, pois praticamente terão apenas um ou dois perfis de usuário: o administrador e os clientes. Quem acessa uma lan house não possui privilégios em relação a qualquer outro usuário e isso independe da máquina usada para o acesso.

3.27.6 Modelo Misto

O modelo misto pode reunir o melhor de cada modelo organizacional, como, por exemplo, uma faculdade modela o laboratório de informática usando um modelo neutro e a parte administrativa adota o modelo de organização funcional estratégico.

3.28 Inventariar a Rede

Ao ser contratado para gerenciar uma rede ou instalar um servidor de redes, a primeira coisa a ser feita é o mapeamento da rede na forma de inventário. O inventário, que inclui a parte física e a parte lógica, permite ter uma visão geral da rede, a classificação em um dos modelos de organização e serve como ferramenta de apoio à decisão entre manter a rede como está ou reestruturá-la.

Uma das maiores dificuldades encontradas no gerenciamento de informática é saber a dimensão exata do que está sendo gerenciado, no que diz respeito a software e hardware.

Inventariar o parque de informática e conhecer a situação exata de cada equipamento pode ser uma tarefa complexa até mesmo em organizações de médio porte, e com certeza é uma tarefa importante em se tratando de órgãos públicos estaduais, pois diversos órgãos possuem e exercem autonomia para adquirir seus próprios equipamentos e softwares.

As informações a serem coletadas são BIOS, processador, memória, periféricos instalados, portas seriais e paralelas, placa de rede, dispositivos de armazenamento incluindo informações sobre espaço utilizado e livre nos HDs, drives lógicos, placa de vídeo, placa de som, monitor, placa de fax/modem, impressoras, logs de acesso e todos os softwares instalados.

O inventário também auxilia ao combate à pirataria, pois a informação sobre todos os softwares instalados nos micros é o primeiro passo para identificar software ilegal e onde ele está instalado, para em seguida tomar as devidas providências. Alguns desses softwares são instalados pelos funcionários sem o conhecimento da direção da empresa.

Fazer esse inventário manualmente é trabalhoso e demorado. A boa notícia é que existem ferramentas que automatizam o processo, que podem ser encontradas com uma busca na Internet.

3.29 Custos e Cronograma

A fase inicial da implantação da rede com servidor inclui a elaboração de planilhas de custo e cronogramas. As planilhas de custo devem considerar a parte física (hardware), as licenças de uso (software), a força-tarefa para a implantação e o suporte técnico permanente ou por período.

A forma de apresentação inclui as planilhas em MS Excel, o MS Project para fazer o cronograma e o MS PowerPoint para apresentar a proposta à diretoria. Existem softwares que cumprem a mesma função destes, como, por exemplo, o LibreOffice, BrOffice, EasyOffice e algumas opções on-line, ficando por sua conta decidir qual irá usar.

Exemplo de planilha de custos:

Planilha de Custos para a Rede da Empresa ABCD	
HARDWARE Item 1 Item 2 Item 3	
SOFTWARE Licenciamento 1 Licenciamento 2	
MÃO DE OBRA (IMPLANTAÇÃO) Descrição 1 Descrição 2 Descrição 3	
SUPORTE TÉCNICO Contrato de 1 ano	
TOTAL	

O cronograma é feito a partir do fluxograma, que é a sequência de tarefas que vão tornar o projeto realidade. Um fluxograma do tipo:

TAREFA 1 → TAREFA 2 → TAREFA 3

torna-se um cronograma quando assume uma data:

TAREFA 1 até 10/set → TAREFA 2 até 15/set → TAREFA 3 até 19/set

Para projetos simples uma folha de papel branco é o suficiente para fazer esboços; projetos mais complexos podem contar com o MS Project ou software similar.

3.30 Documentação da Rede

Desde o seu primeiro contato com a rede ela precisa ser documentada. A documentação inclui o inventário, esboços, atas de reunião, anotações diversas, fotocópias dos licenciamentos de software e tudo o mais que diga respeito à rede.

A rede documentada reduz o tempo gasto em manutenção, ajuda a descobrir falhas de projeto e é imprescindível na recuperação de desastres. O Japão sofre com catástrofes naturais e consegue reconstruir a estrutura das suas redes corporativas e governamentais em pouco tempo, graças a um bom plano de recuperação de desastres, o que inclui a documentação da rede e dos procedimentos.

Tomando como parâmetro esta capacidade dos japoneses, pergunte a si mesmo até que ponto será possível reconstruir sua rede após ela ser completamente destruída?

Se um incêndio ou inundação é capaz de desaparecer com o patrimônio digital da empresa, existe alguma coisa errada nesse planejamento.

Resumo do Capítulo 3

Agora você já sabe que:

... precisa estar atualizado sobre redes para trabalhar com o Windows Server 2012.

... o Windows Server 2012 sempre fará parte de uma rede.

... é possível classificar as redes por diferentes critérios.

... o modelo OSI ajuda a compreender o funcionamento da rede.

... a rede física só entra em funcionamento após a configuração da rede lógica.

... modelagem de redes é uma importante ferramenta para a criação de redes corporativas bem-sucedidas.

capítulo

4

TCP/IP

Sabendo que vai trabalhar bastante com IPs, você decide fazer uma revisão do TCP/IP

O Windows Server 2012, bem como qualquer outro sistema operacional para servidor de redes, de certa forma está a serviço do TCP/IP. A maior parte dos capítulos deste livro e qualquer outro sobre sistemas operacionais para servidores de rede, na verdade, procuram esclarecer como o sistema operacional implementa os diversos protocolos da família TCP/IP. Tamanha a importância deste assunto para a compreensão das redes e do Windows Server 2012 que dedicamos um capítulo para instruí-lo ou atualizá-lo acerca do TCP/IP.

4.1 Entenda o TCP/IP

TCP/IP é o acrônimo para Transmission Control Protocol (Protocolo de Controle da Transmissão) e IP é o acrônimo para Internet Protocol (Protocolo Internet). Um nome tão grande precisou ser reduzido à sigla TCP/IP.

TCP e IP são tecnologias distintas, por sua vez formadas por outras tecnologias. Por trabalharem em conjunto, são tratadas todas como TCP/IP, mas ajuda no entendimento do assunto se você considerar que são várias as tecnologias que respondem por este nome.

A Internet surgiu e cresceu graças ao TCP/IP. A versatilidade e a robustez desse protocolo tornaram-no adequado a redes globais, já que ele verifica se os dados são transmitidos pela rede de forma correta, na sequência apropriada e sem erros.

Curiosamente o TCP/IP é a base da Internet, mas não foi criado com o propósito de criar a Internet. Existiam muitos computadores isolados ou se conectando de forma não padronizada. O que os programadores, engenheiros, técnicos e aficionados fizeram, na época, foi buscar formas seguras de fazer a comunicação entre redes, sistemas e computadores que, de alguma forma, estabeleciam comunicação local.

Não precisou de muito tempo para as organizações perceberem as vantagens do TCP/IP como solução para a conectividade. ARPANET deixou de ser exclusiva do Governo e passou para uso civil, já com o nome Internet. As empresas conectarem suas redes à Internet, as pessoas conectarem seus computadores através de provedores e assim a Internet foi surgindo, sem que as pessoas soubessem exatamente o que se tornaria. O uso comercial e todo tipo de aplicação que existem atualmente vieram com o tempo.

O TCP é um protocolo do nível da camada de transporte (camada 4) do modelo OSI e é sobre o qual se assenta a maioria das aplicações, como o SSH, FTP, HTTP - portanto, a World Wide Web. O IP é um protocolo do nível da camada de rede (camada 3) do modelo OSI. É o protocolo responsável pelas regras da formatação e uso do endereçamento IP. É importante não confundir protocolo IP com endereçamento IP. Um faz parte do outro, mas não são a mesma coisa.

No capítulo anterior, você conheceu a representação gráfica do modelo OSI de sete camadas. O modelo TCP/IP também possui a própria representação gráfica, mas a representação gráfica do TCP/IP aparece na literatura técnica, variando de três a cinco camadas, como na tabela apresentada em seguida.

<table>
<tr><th>OSI
7 camadas</th><th>TCP/IP
3 camadas</th><th>TCP/IP
4 camadas</th><th>TCP/IP
5 camadas</th></tr>
<tr><td>7. Aplicação</td><td rowspan="3">3. Aplicação</td><td rowspan="3">4. Aplicação</td><td rowspan="3">5. Aplicação</td></tr>
<tr><td>6. Apresentação</td></tr>
<tr><td>5. Sessão</td></tr>
<tr><td>4. Transporte</td><td rowspan="2">2. Rede/Inter-rede</td><td>3. Transporte</td><td>4. Transporte</td></tr>
<tr><td>3. Rede/Inter-rede</td><td rowspan="2">2. Internet</td><td>3. Rede/Inter-rede</td></tr>
<tr><td>2. Enlace</td><td>1. Interface da rede</td><td>2. Interface da rede</td></tr>
<tr><td>1. Física</td><td>N/A</td><td>1. Física</td><td>1. Física</td></tr>
</table>

Além desta representação entre três e cinco camadas, os nomes das camadas variam tanto no original em inglês quanto nas traduções. Para o iniciante que consultar várias fontes de pesquisa, isso causa uma grande confusão, pois encontrará diferentes números de camadas e a mesma camada com diferentes nomes. Na Figura 4.1 vemos a relação das camadas OSI e TCP/IP com os protocolos relacionados.

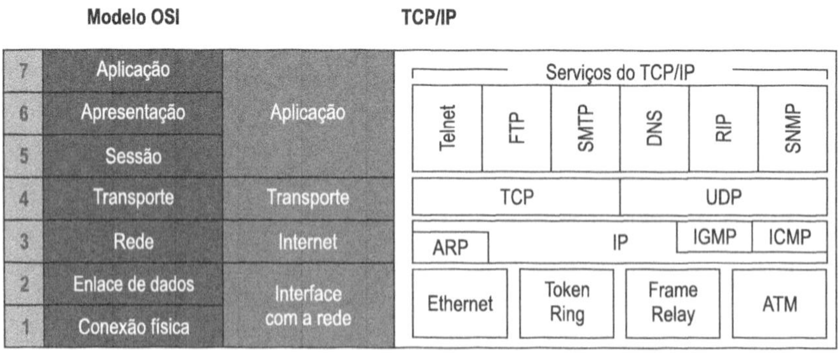

Figura 4.1 - Relação entre o modelo OSI, TCP/IP e os respectivos protocolos por camada.

Para este livro optamos pela descrição em cinco camadas, por ser a mais usada e recomendada para aprendizagem.

4.1.1 Camada de Aplicação ou Sessão (Application or Session Layer)

Essa camada permite que as aplicações tenham acesso às camadas inferiores por meio das portas TCP e UDP. Ela também define os protocolos utilizados por essas aplicações para envio e recepção de dados. É a camada que oferece serviços de rede às aplicações baseadas em protocolos e o seu estudo é dividido em três grupos:

- APIs: funções para desenvolvedores criarem aplicações que acessem recursos da rede, como Sockets e NetBIOS.
- Serviços de suporte às operações de rede, por exemplo, DNS, WINS, DHCP, BOOTP, SNMP e RMON.
- Serviços direcionados ao usuário final, por exemplo, HTTP, SMTP, POP, NNTP, TELNET, FTP e TFTP.

4.1.2 Camada de Transporte (Transport Layer)

Essa camada liga processos em computadores diferentes. Cria o conceito de ligação, estabelecendo a comunicação entre duas aplicações (ponto a ponto). Faz o controle de erros, de fluxo, segmentação e reagrupamento de mensagens. Os protocolos dessa camada são o UDP e o TCP.

- **UDP (User Datagram Protocol):** protocolo simples da camada de transporte que permite à aplicação escrever um datagrama encapsulado num pacote IPv4 ou IPv6, e enviá-lo ao destino. Mas não há garantia da entrega do pacote. Útil em transmissões do tipo broadcast, quando um usuário transmite vídeo ou voz para vários outros, sem destino certo.
- **TCP (Transmission Control Protocol):** protocolo com conexão e garantia de entrega do pacote. A versatilidade e a robustez desse protocolo tornaram-no adequado às redes globais, já que ele verifica se os dados são enviados de forma correta, na sequência apropriada e sem erros.

4.1.3 Camada Internet (Internet Layer)

Também é conhecida como camada de rede. Ela é a responsável pelo roteamento dos pacotes entre fonte e destino. O computador de origem localiza o computador de destino, com a camada Internet definindo a rota que as mensagens devem percorrer. Nessa camada existem os seguintes protocolos que recebem datagramas da camada de transporte e repassam para a camada interface de rede:

- **IP (Internet Protocol):** é o protocolo que contém informações de endereçamento e de controle que permitem o roteamento dos pacotes. Veremos mais sobre endereçamento IP ainda neste capítulo.
- **ICMP (Internet Control Message Protocol):** é integrante do protocolo IP, utilizado para fornecer relatórios de erros à fonte original. Qualquer computador que utilize IP precisa aceitar as mensagens ICMP e alterar o seu comportamento de acordo com o erro relatado. Os gateways devem estar programados para enviar mensagens ICMP quando receberem datagramas que provoquem algum erro.

As mensagens ICMP geralmente são enviadas automaticamente em uma das seguintes situações:

- Um pacote IP não consegue chegar ao seu destino (isto é, o tempo de vida do pacote expirou).
- O gateway não consegue retransmitir os pacotes na frequência adequada (isto é, gateway está congestionado).
- O roteador ou encaminhador indica uma rota melhor para a máquina enviar pacotes.

O Windows Server 2012 possui duas ferramentas baseadas nesse protocolo, sendo o Ping e o Traceroute.

- **ARP (Address Resolution Protocol):** é um protocolo usado para encontrar um endereço da camada de enlace com base no endereço da camada de rede. O emissor difunde em broadcast um pacote ARP contendo o endereço IP de outro host e espera uma resposta com um endereço MAC respectivo. Cada máquina mantém uma tabela de resolução em cache para reduzir a latência e carga na rede. O ARP permite que o endereço IP seja independente do endereço Ethernet, mas apenas funciona se todos os hosts o suportarem.
- **RARP (Reverse Address Resolution Protocol):** associa um endereço MAC conhecido a um endereço IP. Permite que os dispositivos de rede encapsulem os dados antes de enviá-los à rede. Um dispositivo de rede, como uma estação de trabalho sem disco, por exemplo, pode conhecer seu endereço MAC, mas não seu endereço IP. O RARP permite que o dispositivo faça uma solicitação para saber seu endereço IP. Os dispositivos que usam o RARP exigem que haja um servidor RARP presente na rede para responder às solicitações RARP.
- **IGMP (Internet Group Management Protocol):** é um protocolo participante do protocolo IP e sua função é controlar os membros de um grupo de multicast IP, gerenciando os grupos de multicast e controlando entrada e saída. Por questões de segurança, pode ser desativado, pois pode permitir alguns ataques.

4.1.4 Camada Interface de Rede (Data Link Layer ou Network Interface)

Essa camada define os padrões de transmissão de informações através do meio físico. A maioria dos protocolos dessa camada é implementada pelos drivers de dispositivos da placa de rede. Os seus protocolos variam de acordo com o tipo de rede:

- **Nas redes do tipo WAN:** protocolos ATM, FDDI, Frame Relay e X.25.
- **Nas redes do tipo LAN:** protocolos Ethernet, Fast Ethernet, Gigabit Ethernet, Token Ring e FDDI.
- **Nas redes de acesso discado:** protocolos SLIP e PPP.

4.1.5 Camada Física (Physical Layer)

É formada pelo hardware que compõe a rede, como modem, Bluetooth, USB, interfaces seriais e paralelas, hubs, cabos coaxiais. A função dessa camada é transformar bits em sinais elétricos a serem enviados pelos circuitos eletrônicos e o cabeamento que forma o hardware da rede.

Não se preocupe se você ler em algum outro lugar nomes diferentes para as camadas de rede ou encontrar distribuições diferentes das camadas do TCP/IP, como, por exemplo, modelos de três ou quatro camadas mesclando a camada física e interface como uma só. Não existe um consenso sobre esta distribuição. Para fins de aprendizado, basta você saber que existem diferentes apresentações das camadas, porém mantendo as principais funções e protocolos aqui descritos.

4.2 Considerações sobre a Distribuição de IPs nas Redes LAN

No bloco anterior você aprendeu que os computadores precisam dos protocolos para se comunicar entre si. Também aprendeu que a camada Internet, também conhecida como camada de rede, é a responsável pelo roteamento dos pacotes. De forma simplificada, roteamento é o mesmo que receber um pacote de um lado e enviar para o outro, não sem antes verificar o melhor caminho (rota) para cada pacote.

O protocolo IP é o principal protocolo das redes atuais e por este motivo será estudado no livro, já prevendo seu uso nos capítulos de configuração do Windows Server 2012.

O IP é um protocolo, mas é também um endereço de identificação na rede e na Internet, o endereçamento IP, sendo a versão 4 atualmente a mais usada, conhecida como IPv4.

O IPv4 é formado por um número de 32 bits com quatro octetos que vai de 00000000.00000000.00000000.00000000 a 11111111. 11111111. 11111111. 11111111 em representação binária, ou de 0.0.0.0 a 255.255.255.255 em representação decimal.

Um número IP pode ser qualquer número entre 0.0.0.0 e 255.255.255.255, perfazendo pouco mais de quatro bilhões de combinações possíveis de endereçamento.

Para usar os IPs corretamente nas redes com Windows Server 2012, você precisa saber que o endereço IP é dividido em classes e somente as três primeiras classes nos interessam:

Classe	Faixa de endereços	Número de endereços por rede
A	1.0.0.0 a 127.0.0.0	16.777.216
B	128.0.0.0 a 191.255.0.0	65.536
C	192.0.0.0 a 223.255.255.254	256
D	224.0.0.0 a 239.255.255.255	Multicast
E	240.0.0.0 a 247.255.255.254	Reservado para uso futuro

A segunda coisa que você precisa saber sobre o endereçamento IP é que uma parte do endereço representa a REDE e outra parte representa o HOST. Veja as tabelas em seguida:

Classe A	Rede	Host	Host	Host
Classe B	Rede	Rede	Host	Host
Classe C	Rede	Rede	Rede	Host

	Número de redes	Número de IPs	IPs por rede
Classe A	128	16.777.215	16.777.216
Classe B	16.384	1.048.576	65 534
Classe C	2.091.150	65.535	256

Teoricamente, você poderia atribuir qualquer endereçamento IP a um computador da rede. Mas, na prática, esses IPs já foram distribuídos e a maioria está em uso na Internet. Atribuir qualquer IP a um computador na rede causaria conflito com outro IP já existente.

Para facilitar a vida dos administradores, a IANA (Internet Assigned Numbers Authority), organização mundial que gerencia todos os IPs ao redor do mundo, criou faixas de IPs específicas para uso em redes internas. Esses IPs nunca serão encontrados na Internet e podem ser usados nas redes internas. São eles:

Classe	Faixa de endereços de IP	Notação CIDR	Número de redes	Número de IPs	IPs por rede
Classe A	10.0.0.0 a 10.255.255.255	10.0.0.0/8	128	16.777.215	16.777.216
Classe B	172.16.0.1 a 172.31.255.254	172.16.0.0/16	16.384	1.048.576	65 534
Classe C	192.168.0.0 a 192.168.255.255	192.168.0.0/24	2.091.150	65.535	256

Blocos de endereços reservados	
Bloco de endereços	**Descrição**
0.0.0.0/8	Rede corrente (só funciona como endereço de origem)
10.0.0.0/8	Rede privada
14.0.0.0/8	Rede pública
39.0.0.0/8	Reservado
127.0.0.0/8	Localhost
128.0.0.0/16	Reservado (IANA)
169.254.0.0/16	Zeroconf
172.16.0.0/12	Rede privada
191.255.0.0/16	Reservado (IANA)
192.0.2.0/24	Documentação
192.88.99.0/24	IPv6 para IPv4
192.168.0.0/16	Rede privada
198.18.0.0/15	Teste de benchmark de redes

Blocos de endereços reservados	
Bloco de endereços	**Descrição**
223.255.255.0/24	Reservado
224.0.0.0/4	Multicasts (antiga rede Classe D)
240.0.0.0/4	Reservado (antiga rede Classe E)
255.255.255.255	Broadcast

4.3 Endereços IPs Inválidos

Como foi possível perceber, nem todo endereço pode ser usado por estar reservado e também porque alguns endereços são inválidos:

- **0.xxx.xxx.xxx:** nenhum endereço IP pode começar com zero, pois ele é usado para o endereço da rede. A única situação em que um endereço que começa com zero é usado é quando um servidor DHCP responde à requisição da estação. Como ela ainda não possui um endereço definido, o pacote do servidor é enviado ao endereço MAC da estação e ao endereço IP "0.0.0.0", o que faz com que o switch o envie para todos os micros da rede.
- **127.xxx.xxx.xxx:** nenhum endereço IP pode começar com o número 127, pois essa faixa de endereços é reservada para testes e para a interface de loopback. O endereço 127.0.0.1 se refere à própria máquina.
- **255.xxx.xxx.xxx, xxx.255.255.255, xxx.xxx.255.255:** nenhum identificador de rede pode ser 255 e nenhum identificador de host pode ser composto apenas de endereços 255, seja qual for a classe do endereço, pois eles são usados para enviar pacotes de broadcast.
- **xxx.0.0.0, xxx.xxx.0.0:** nenhum identificador de host pode ser composto apenas de zeros, seja qual for a classe do endereço, pois eles são reservados para o endereço da rede.
- **xxx.xxx.xxx.255, xxx.xxx.xxx.0:** nenhum endereço de classe C pode terminar com 0 ou com 255, pois, como já vimos, um host não pode ser representado apenas por valores 0 ou 255, já que eles são usados para o envio de pacotes de broadcast.

A Figura 4.2 ajuda a entender ainda mais quais endereços IP são válidos.

Figura 4.2 - Endereços válidos.

Resumo do Capítulo 4

Agora você já sabe que:

... além do modelo OSI de sete camadas, há também o modelo TCP/IP que aparece na literatura técnica, variando entre três e cinco camadas, com diferentes nomes para a mesma camada.

... os computadores são localizados na rede por seus endereços IP.

... existem cinco classes de distribuição dos IPs, nomeadas de A até E, e apenas as classes A, B e C interessam ao profissional de redes.

... os IPs são distribuídos pela IANA.

... na rede local só podemos usar os IPs da faixa disponibilizada para as redes privadas.

... existem regras de uso dos IPs, e alguns deles são considerados inválidos. Daí a importância de conhecer as regras para usar corretamente.

capítulo

5

Criação de um Laboratório Virtual para Praticar

Você não pode fazer experiências em redes funcionais, por isso use um laboratório virtual

Instalar um sistema operacional novo é uma tarefa simples quando a empresa está iniciando as atividades. Neste cenário tudo é mais fácil, porque você faz a instalação da infraestrutura padrão e a rede e o servidor, crescem juntos com as necessidades da empresa.

O cenário mais provável que você vai encontrar é de uma empresa com a rede funcional, provavelmente rodando um sistema operacional de servidor mais antigo, como o Windows 2000 Server ou o Windows Server 2003. É pouco provável migrar do Windows Server 2008 por ser mais recente. Este cenário é mais preocupante, pois se não for bem planejado, existe o risco de as estações de trabalho terem problemas com licenciamento, a falta de drivers de dispositivo para o hardware do servidor e eventuais incompatibilidades entre o Windows Server 2012 e os softwares que já estão em uso.

Outro aspecto a considerar é a sua provável falta de experiência com esse sistema operacional. Você não pode aprender ou fazer experimentos na rede da empresa. As dúvidas sobre o Windows Server 2012 precisam ser tiradas antes da instalação na rede corporativa.

Este livro, por exemplo, foi pensado para ser usado com o leitor colocando em prática o que aprendeu. É impensável alguém querer fazer sua primeira instalação do Windows Server 2012 em uma rede funcional.

O que fazer então? A solução é justamente o assunto deste capítulo. Criar um laboratório virtual para fazer testes e simular redes de servidores com o Windows Server 2012. O laboratório é para você praticar o que está aprendendo no livro e também será útil para testes de infraestrutura, antes de fazer a instalação e a configuração final.

5.1 O Laboratório de Testes: Visão Geral

O laboratório de testes consiste em no mínimo duas máquinas virtuais, uma com a função servidor rodando o Windows Server 2012 e outra com a função estação de trabalho, rodando algum dos sistemas operacionais comuns em empresas, como o Windows XP, Windows Vista, Windows 7 ou Windows 8.

O laboratório ideal deveria incluir pelo menos quatro máquinas, sendo uma para o servidor e as outras três para três dos sistemas operacionais citados.

O laboratório de testes permite testar o servidor e também a forma de integração dos diferentes sistemas operacionais de uso nas estações. O obstáculo para criar um laboratório como este é o investimento necessário para adquirir quatro máquinas, tornando a proposta inviável, pelo menos para a maioria.

A boa notícia é que você pode ter as quatro máquinas em funcionamento dentro de um único computador, talvez só precisando aumentar a quantidade de memória e o espaço livre no HD. Considera-se usar máquinas virtuais para criar seu laboratório de testes, sem precisar de investimentos em software e eventualmente apenas melhorando a configuração da máquina que já possui em casa.

5.2 Máquina Virtual: Visão Geral

Explicando de forma fácil de entender, máquina virtual é um programa de computador que reproduz em memória o hardware de um computador real.

Se você parar e analisar, vai perceber que todos os recursos necessários para o computador funcionar executam em memória. Inclusive o sistema operacional e os drivers de dispositivos, necessários para o sistema operacional reconhecer o hardware.

De uns tempos para cá, os preços do disco rígido e da memória RAM reduziram drasticamente. A título de comparação, em 1996, as pessoas pagavam quarenta reais por apenas um megabyte de memória RAM. Hoje, conseguimos 512 vezes mais memória pelo mesmo preço. Se o preço da memória se mantivesse, hoje um pente de 512 MB custaria mais de vinte mil reais. Em 2003, um disco rígido de 80 GB custava trezentos reais. Hoje, com trezentos reais, você adquire um disco de 1,5 TB. Se o preço do disco rígido se mantivesse, hoje um disco rígido de 1,5 TB custaria mais de cinco mil reais.

As pessoas hoje estão tendo acesso a baixo custo, a muito espaço em disco, processadores muito melhores, de núcleo duplo ou quádruplo, e a muita memória RAM.

Não demorou para a supercapacidade dos PCs atuais popularizar os programas de virtualização. Programas que reproduzem em memória, o hardware necessário para um computador funcionar. É como se você tivesse um computador dentro do outro. Um só não, quantos o processador, a memória e o espaço em disco da máquina real permitir.

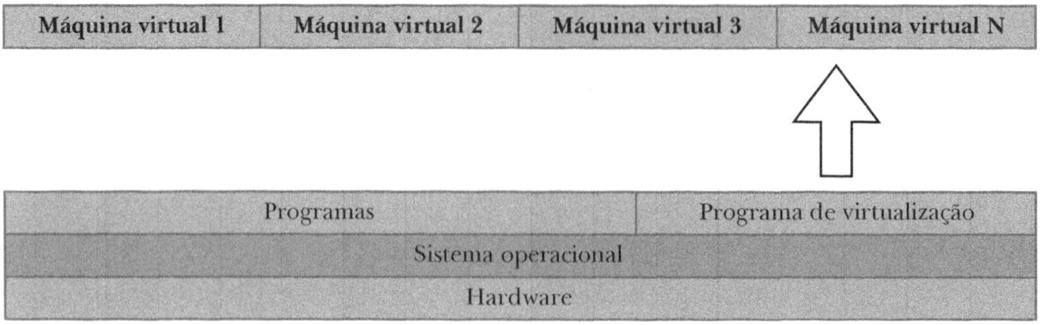

Máquina virtual é um programa de virtualização que permite criar máquinas virtuais dentro da máquina real.

5.3 Emulação e Virtualização

Além dos programas de virtualização, existem programas conhecidos como emuladores e é fácil fazer confusão entre um e outro. Emuladores implementam todas as instruções dadas pela máquina real em uma camada de software, localizada sobre um hardware, que pode ser completamente diferente do que está sendo emulado. Em outras palavras, um emulador simula uma máquina de características distintas do computador sobre qual o emulador opera, por meio de software, traduzindo todas as instruções para as instruções do sistema hospedeiro.

As máquinas virtuais também se baseiam em softwares que implementam instruções, porém, ao contrário do emulador, não são abstraídas todas as propriedades do hardware hospedeiro. O MMV, camada que cria o ambiente de máquina virtual, gerencia as instruções provenientes dos sistemas convidados e passa algumas para o processador real. Não ocorre a abstração de todo o hardware, como no emulador, pois máquinas virtuais ainda usufruem dispositivos de hardware do computador real.

5.3.1 Exemplos de Emuladores

- **Emulador de videogames:** permite reviver praticamente todos os videogames antigos, incluindo Megadrive, Atari, Nintendo, SuperNintendo etc.
- **Emulador de microcomputadores:** permite reviver microcomputadores do início da microinformática, incluindo o Altair, Sinclair, MSX, TRS80, Apple II etc.
- **Emulador de calculadoras:** permite reproduzir na forma de software diversos tipos de calculadoras, financeiras e científicas, incluindo a popular HP 12C.
- **Emulador de sistemas operacionais:** reproduz sistemas operacionais distintos, como o DOS EMU ou DOSBox, versões gratuitas do sistema operacional MS-DOS da Microsoft, que é pago.
- **Emulador de hardware:** útil para compatibilizar softwares antigos com sistemas operacionais mais modernos. Um exemplo é o emulador de placa de som Sound Blaster, que permite rodar jogos antigos compatíveis apenas com a Sound Blaster.

5.4 Escolha do Software de Virtualização

A virtualização é um recurso nativo do Windows Server 2012 sobre o qual falaremos quando estudarmos Hyper-V. Especificamente neste capítulo tratamos da virtualização em geral, com a finalidade de montar um laboratório virtual para a prática do Windows Server 2012 e redes.

Veremos agora, entre as opções de virtualização existentes, a mais indicada ao nosso projeto de laboratório virtual.

5.4.1 Virtual PC

O Virtual PC foi criado pela empresa Connectix e depois adquirido pela Microsoft. A vantagem em usar o Virtual PC para montar o laboratório é a integração natural com os produtos Microsoft.

O Virtual PC permite a você criar máquinas virtuais separadas em sua estação de trabalho Windows, cada uma das quais virtualizando um sistema operacional independente. Você também pode executar várias máquinas virtuais de uma só vez em uma única estação de trabalho física e alternar entre elas facilmente como se fossem aplicações - instantaneamente, com um clique do mouse.

5.4.2 Microsoft Enterprise Desktop Virtualization

O Microsoft Enterprise Desktop Virtualization (MED-V) acrescenta quatro componentes extras ao Virtual PC para possibilitar a implantação corporativa da virtualização de estações de trabalho:

- **Repositório e distribuição de imagem virtual:** simplificam o processo de criar, testar, distribuir e atualizar máquinas virtuais:
  - Repositório centralizado de imagens virtuais para criação e testes de imagem;
  - Pacote de autoinstalação para implementações remotas via mídia removível (por exemplo, DVD, chave USB);
  - Distribuição e atualizações de imagem eficientes por LAN ou WAN (usando tecnologia de desduplicação TrimTransfer, baseada no Microsoft IIS);
  - Automatiza a configuração inicial de máquina virtual (por exemplo, configuração de rede, nome de computador único, ingresso em domínio).
- **Gerenciamento e monitoramento centralizado:** gerencia o ciclo de vida de uma máquina virtual:
  - Servidor de gerenciamento centralizado para controlar as máquinas virtuais implantadas;
  - Aprovisionamento de imagem baseado em usuários e grupos do Microsoft Active Directory;
  - Autenticação do usuário antes de acessar a imagem virtual (on-line ou off-line);
  - Banco de dados centralizado para atividade e eventos de cliente.
- **Diretivas de uso e controle de transferência de dados:** um agente de extremidade impõe diretivas de uso para a máquina virtual:
  - Define datas de expiração para a máquina virtual e limites de tempo para trabalho off-line;
  - Controle de transferência de dados de entrada/saída (por exemplo, copiar/colar, transferência de dados, impressão) entre a máquina virtual e o ponto de extremidade;
  - Redirecionamento automático de sites da Web predefinidos (por exemplo, intranet corporativa) do navegador do ponto de extremidade à máquina virtual.
- **Experiência de usuário final direta:**
  - Aplicações publicadas: instaladas na máquina virtual, ficam disponíveis no Menu Iniciar do usuário;
  - Máquina virtual invisível: aplicações executadas em um Virtual PC são integradas diretamente à estação de trabalho do usuário e aparecem lado a lado com aplicações nativas.

5.4.3 VMware

O VMware é desenvolvido pela VMware Inc., uma subsidiária da EMC Corporation. O nome VMware é um jogo de palavras com Virtual Machine (máquina virtual) e hardware, software e vmware, formando Virtual Machine Ware, que é o nome técnico dado a um sistema operacional rodando sob o VMware.

O VMware tem a vantagem de ser uma tecnologia largamente utilizada, principalmente na criação de servidores virtuais em datacenters. Entre suas utilidades, podemos destacar:

- Ambientes de desenvolvimento, em que é necessário testar uma aplicação em várias plataformas. Muitas empresas têm produtos multiplataforma, que precisam ser testados em Windows e em diversas distribuições do Linux.
- Ambientes de suporte, em que é necessário dar suporte a diversas aplicações e sistemas operacionais. Um técnico de suporte pode rapidamente usar uma máquina virtual para abrir um ambiente Linux ou Windows.
- Migração e consolidação de servidores antigos: é muito comum vermos redes com diversos servidores antigos, que resultam em um custo de manutenção maior. Com o VMware podemos concentrá-los em uma máquina só.
- Manutenção de aplicações antigas e teste de sistemas novos: o uso do VMware para testar sistemas operacionais é um dos mais comuns do produto. Por exemplo, é possível usá-lo para executar o Windows dentro do Linux ou o oposto.
- Manter a compatibilidade de hardware. Alguns hardwares não têm drivers para o Linux ou para versões mais recentes do Windows. Neste caso, é possível usar hardwares (ligados pela porta paralela ou USB) com uma máquina virtual.
- Simulação de instalações complexas de rede.
- Apresentação de demonstrações de sistemas completos prontos a usar, tipicamente referidas como VMware appliances.
- Num ambiente protegido é típico usar balanceador de carga, várias firewalls e quatro servidores físicos para alojar com segurança um único site que use servidor Web e base de dados. Com máquinas virtuais é possível criar redundância contra falhas e segurança adicional contra intrusão, sem recorrer a tantas máquinas físicas e distribuindo e aproveitando melhor os recursos das máquinas hospedeiras.
- Desde a versão ESX 3.0, virtualização com VMware pode ser utilizado para produção com total segurança.

A tecnologia usada na VMware possui algumas funcionalidades que podem ser úteis na hora de decidir por esta solução de virtualização:

- **Hypervisor:** é o núcleo da solução de virtualização, responsável por particionar, encapsular e isolar os recursos da máquina para a utilização em ambientes virtualizados.
- **VMFS:** VMware File System é a base para criar o datacenter virtual e permite que sejam montados pools de recursos distribuídos.
- **Virtual SMP:** permite que máquinas virtuais tenham mais de um processador virtual.
- **Update Manager:** automatiza e facilita o update no ESX Server e em máquinas virtuais.
- **Virtual Center Agent:** agente que troca informações com o Virtual Center Management Server para gerenciamento do pool de recursos.

- **Consolidated Backup:** facilita a realização de backups do datacenter virtual.
- **High Availability (HA):** funcionalidade que permite que a infraestrutura do datacenter virtual identifique que houve uma queda de um servidor físico e em um tempo muito curto religue as máquinas virtuais que estavam naquele servidor físico ou em outro.
- **Vmotion:** funcionalidade que permite movimentar um servidor virtual entre servidores físicos, sem necessidade do desligamento do servidor virtual. Essa característica é muito importante, pois reduz significativamente as paradas planejadas de sistema, ao mesmo tempo em que se torna um excelente aliado na alocação dinâmica de recursos do pool (flexibilidade).
- **Storage Vmotion:** permite movimentar as máquinas virtuais entre dois storages para evitar gargalos de I/O, sem desligamento do servidor virtual.
- **Distributed Resource Scheduler (DRS):** é uma funcionalidade que permite ao datacenter virtual fazer balanceamento de carga das máquinas virtuais para adequar-se a mudanças na demanda de cada aplicação/máquina virtual.
- **Dynamic Power Management (DPM):** permite ao sistema reduzir o consumo de energia em momentos de baixo consumo de recursos.

5.4.4 Oracle VM VirtualBox

O Oracle VM VirtualBox é uma solução de virtualização atualmente desenvolvida pela Oracle. Ele também permite a instalação e utilização de um sistema operacional dentro de outro, compartilhando fisicamente o mesmo hardware.

O VirtualBox está disponível gratuitamente como software de código aberto sob os termos da GNU General Public License (GPL). Atualmente o VirtualBox roda em Windows, Linux, Macintosh e OpenSolaris e suporta um grande número de sistemas operacionais pré-configurados:

- Windows (3.1, 95, 98, ME, NT 4, 2000, XP (32 e 64 bits), 2003 (32 e 64 bits), 2008, 2008 R2 (64 bits), 7 (32 e 63 bits), 8 (32 e 64 bits) e 2012 (64 bits)
- Linux (kernel 2.2 a 2.6)
- Solaris
- BSD
- IBM OS/2
- Mac OS X
- Outros (DOS, Netware, L4 etc.)

O VirtualBox concorre com o Virtual PC da Microsoft, com o VMware da VMware e até com o Xen da XenSource. Apesar de menos robusto se comparado a outros softwares de virtualização, tem a vantagem de ser gratuito (licença GLP) e estar disponível em português.

5.5 Criação de um Laboratório Virtual Usando o VirtualBox

É preciso lembrá-lo de que cada máquina virtual criada compartilha recursos da máquina real. Vamos supor que você tenha um computador com o Windows 7 instalado, 4 GB de RAM e 60 GB de espaço livre no disco rígido.

Ao criar uma máquina virtual para o Windows Server 2012 com 2 GB de RAM e 40 GB de disco rígido virtual, vão sobrar para a máquina real 2 GB de RAM e 20 GB no disco rígido real. Dependendo da quantidade de recurso destinada para a máquina virtual, pode acabar comprometendo o desempenho da máquina real ou de ambas.

Computador real
4 GB de RAM
60 GB livres no HD real

−

Computador virtual
2 GB de RAM
40 GB de HD virtual

=

Disponível para o computador real
2 GB de RAM
20 GB livres no HD real

O ideal para o laboratório é um processador acima de 2,4 GHz, 64 bits, 4 GB ou 8 GB de memória RAM e mais de 100 GB de espaço livre no disco rígido. Esta configuração será suficiente para trabalhar com duas máquinas virtuais ativas ao mesmo tempo, sem degradar o desempenho da máquina real. Lembre-se de que o Windows Server 2012 é um sistema operacional exigente e de 64 bits. Não será possível virtualizá-lo com poucos recursos e considere a criação de uma segunda máquina virtual rodando Windows XP, Windows 7 ou Windows 8, para servir de cliente na rede virtual com o Windows Server 2012.

Dentro do que pretendemos, que é criar um laboratório simples para a prática do Windows Server 2012, o VirtualBox mostrou-se uma opção bastante viável por ser gratuito (licença GPL), por rodar até no Windows XP e por dar suporte ao Windows Server 2012. O primeiro passo é baixar o VirtualBox, em:

http://www.virtualbox.org/wiki/Downloads

Baixe também o Pacote de Expansão que aparece com o nome VirtualBox Oracle VM VirtualBox Extension Pack. Esse pacote será usado após a instalação do sistema operacional e tem por finalidade habilitar certos recursos, incluindo a comunicação via USB e drivers virtuais para a placa de vídeo.

Após fazer download do arquivo de instalação do VirtualBox em sua versão mais recente, o clique duplo no nome do arquivo dará início à instalação. Se você estiver usando o Windows 7 ou qualquer outra versão do Windows com UAC (User Account Control), vai precisar autorizar a modificação do sistema. Se receber o aviso de segurança para esse arquivo, neste caso deve ser ignorado. Clique em Executar para continuar.

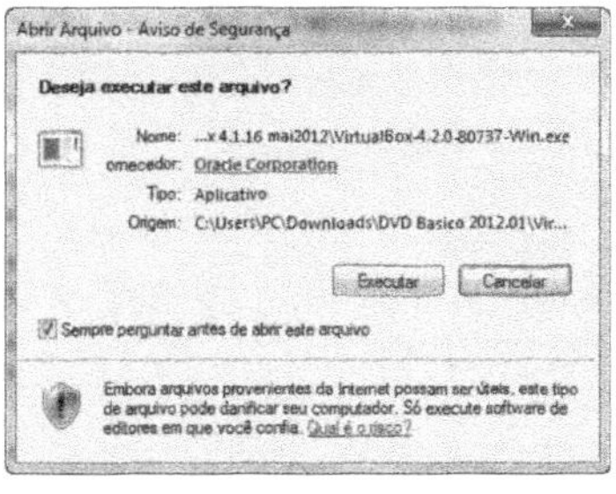

Figura 5.1 - Aviso do segurança do Windows 7.

A primeira tela do programa de instalação do VirtualBox é uma mensagem de boas-vindas. Não se preocupe com o fato de as telas do instalador estarem em inglês, pois até o final da instalação o idioma português será assumido. Clique em Next (Próximo) para continuar.

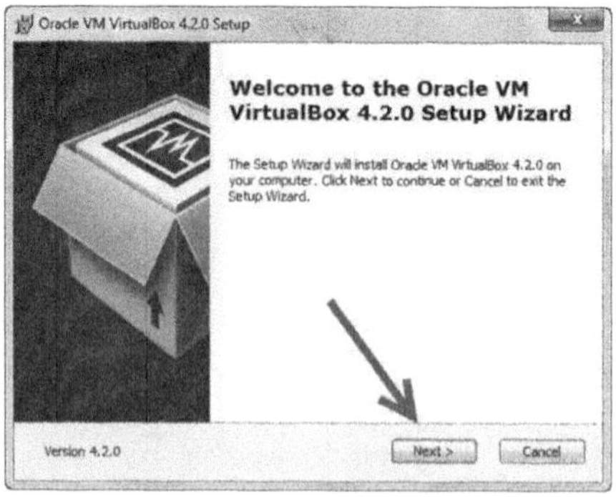

Figura 5.2 - Tela de boas-vindas do instalador.

A janela Custom Setup (Configuração Personalizada) permite fazer algumas escolhas referentes aos componentes da instalação. Não é necessário mexer nestas configurações, então clique em Next para continuar.

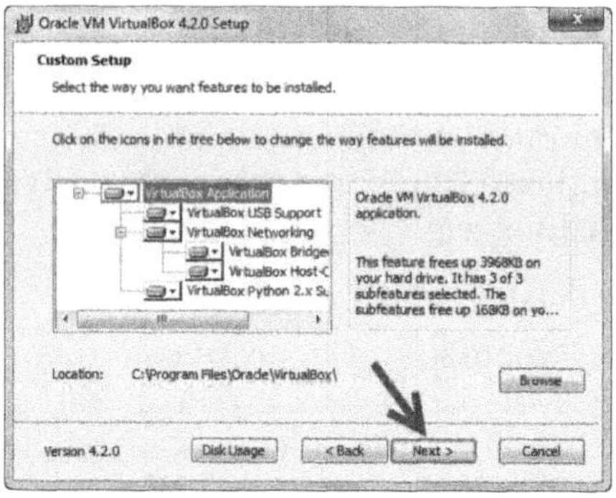

Figura 5.3 - Opções de personalização da configuração.

Neste ponto, o instalador informa que dois atalhos (shortcut) serão criados. Um na Área de Trabalho (Desktop) e outro na Barra de Inicialização Rápida (Quick Launch Bar). Clique em Next para continuar.

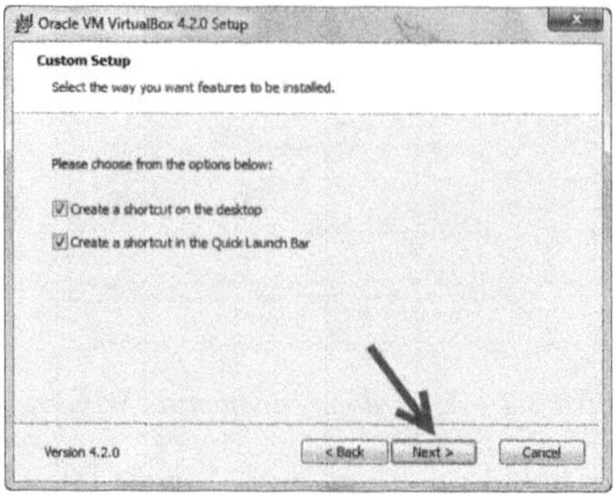

Figura 5.4 - Atalhos serão criados para facilitar o acesso ao VirtualBox.

Quando o instalador exibir a tela com a mensagem Warning (Aviso) em vermelho, é um alerta informando que as conexões de rede ficarão momentaneamente indisponíveis. Se você estiver acessando a Internet, transferindo arquivos pela rede ou fazendo downloads, talvez seja melhor concluir essas tarefas antes de prosseguir a instalação. Se a breve interrupção das conexões não representar problema para você, clique em Yes para continuar.

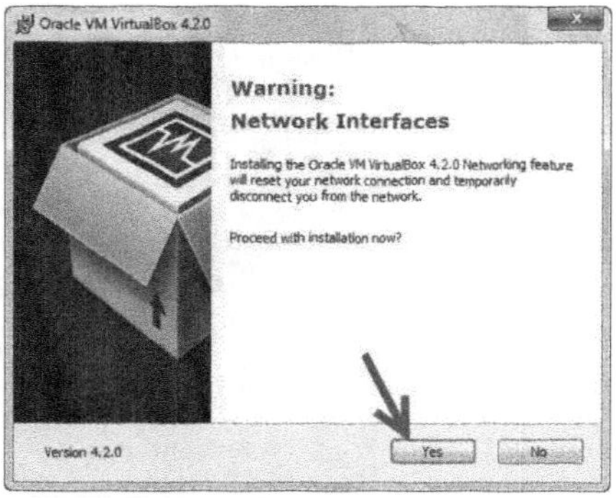

Figura 5.5 - Aviso do instalador sobre a perda momentânea das conexões de rede.

Clicando em Install, a instalação terá início.

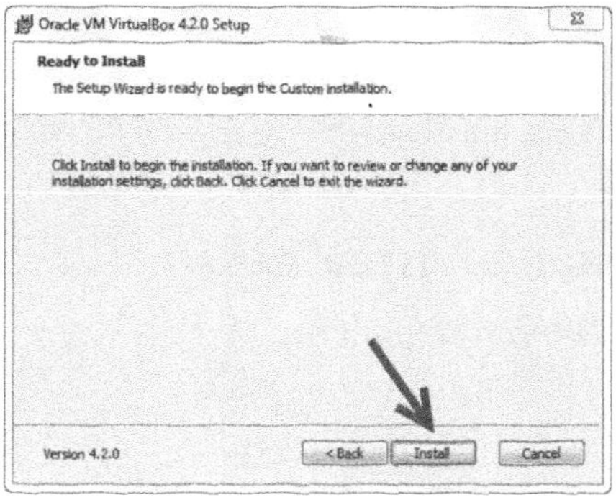

Figura 5.6 - Pronto para iniciar a instalação.

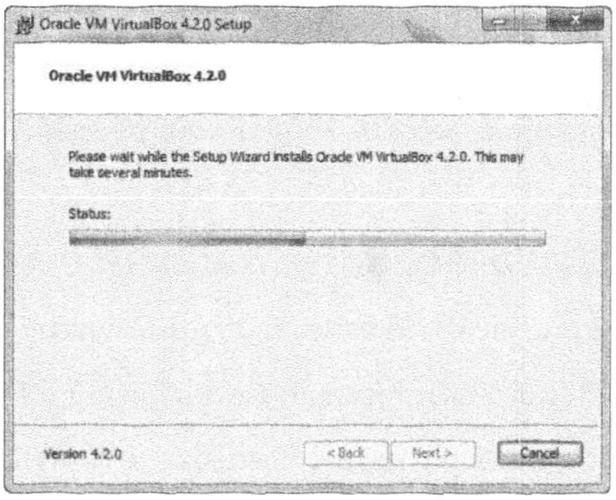

Figura 5.7 - Instalação em andamento.

Conclua a instalação clicando em Finish.

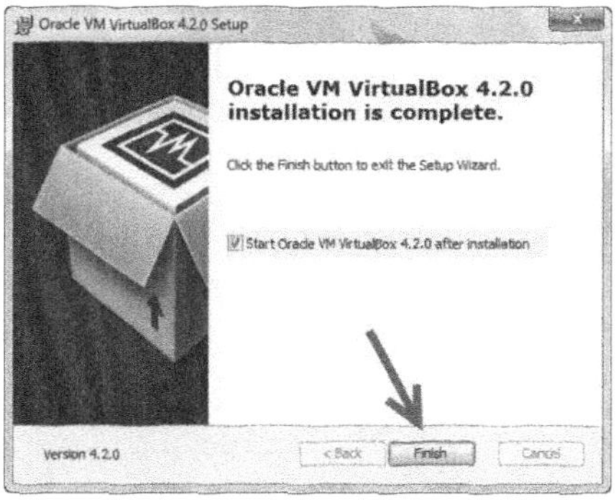

Figura 5.8 - Última etapa da instalação do VirtualBox.

5.5.1 Execução do VirtualBox

Para executar o VirtualBox, você pode usar o atalho criado na Área de Trabalho ou, no Windows 7, clicar em Iniciar → Todos os programas → Oracle VM VirtualBox.

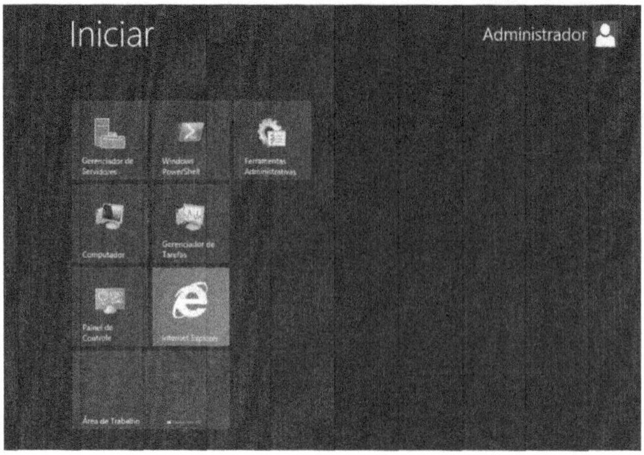

Figura 5.9 - Windows Server 2012 rodando no VirtualBox.

> **Dica** Talvez seja necessário instalar o VirtualBox usando a conta do Administrador e reiniciar o sistema. Se essas ações forem necessárias, você receberá um aviso.

5.5.2 Criação de Máquinas Virtuais com o VirtualBox

Para a criação de outra máquina virtual no VirtualBox, você pode:

- Usar a combinação de teclas CTRL + N.
- Acessar o menu Máquina → Novo...
- Dar um clique no botão Novo na barra de menu com botões.

Logo na primeira tela você deve informar um nome para a máquina virtual, selecionar o tipo de sistema operacional e qual versão do sistema operacional será instalada. Para o nosso laboratório informamos:

Nome: Windows 2012

Tipo: Microsoft Windows

Versão: Windows 2012 (64 bit)

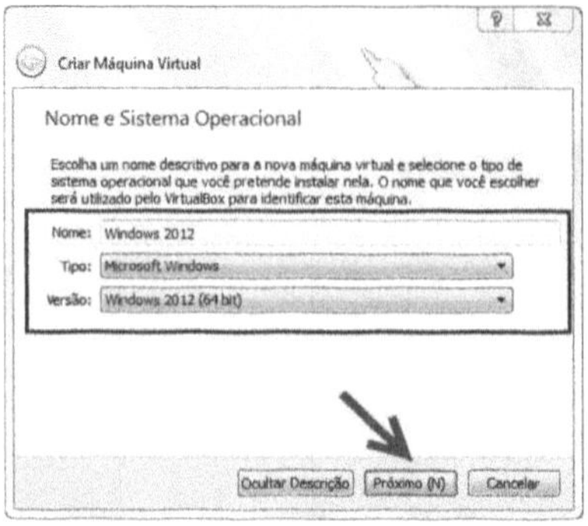

Figura 5.10 - Informando o nome e o sistema operacional a ser instalado.

Em seguida, selecione a quantidade de memória RAM que será atribuída à máquina virtual. Nossa máquina usada nos testes possui 8 GB de RAM, então vamos dedicar 2 GB para a instalação do Windows Server 2012 e ainda haverá sobra para outros sistemas operacionais.

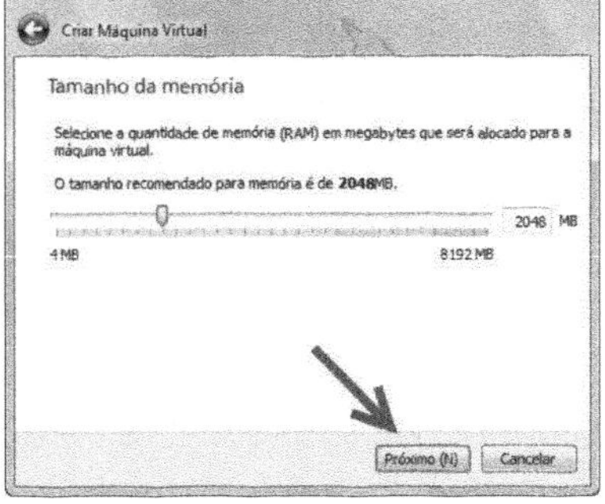

Figura 5.11 - Informando a quantidade de memória RAM disponível para a máquina virtual.

O próximo passo é criar o disco rígido virtual. As opções são Não acrescentar um disco rígido virtual, Criar um disco rígido virtual agora e Utilizar um disco rígido virtual existente. Para o nosso exercício queremos a opção Criar um disco rígido virtual agora.

Figura 5.12 - Criação do disco rígido virtual.

É preciso escolher também o tipo de disco rígido virtual a ser criado. As opções são:

- **VDI (VirtualBox Disk Image):** padrão do VirtualBox.
- **VMDK (Virtual Machine Disk):** padrão do VMWare.
- **VHD (Virtual Hard Disk):** padrão do Microsoft Windows Virtual PC.
- **HDD (Disco Rígido do Parallels):** padrão do Parallels.
- **QED (Disco do QEMU):** disco rígido virtual do QEMU.
- **QCOW (QEMU Copy-On-Write):** disco rígido virtual do QEMU.

Para o nosso exercício escolhemos o formato VDI por ser o padrão da VirtualBox. A opção por outros formatos só se justiça se houver interesse ou necessidade de rodar a mesma máquina virtual em diferentes softwares de virtualização.

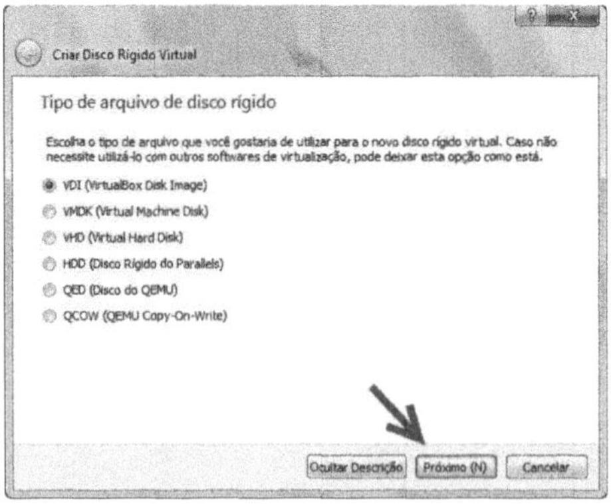

Figura 5.13 - Seleção do formato do disco rígido virtual.

O disco rígido virtual pode ser configurado para crescer conforme a necessidade (Dinamicamente alocado) ou existir com o tamanho total com que foi criado (Tamanho fixo). Para uso em laboratório de práticas, a melhor opção é Dinamicamente alocado porque não ocupa espaço desnecessário no disco rígido da máquina real. Para aplicações do mundo real que necessitam de desempenho, a opção seria Tamanho Fixo.

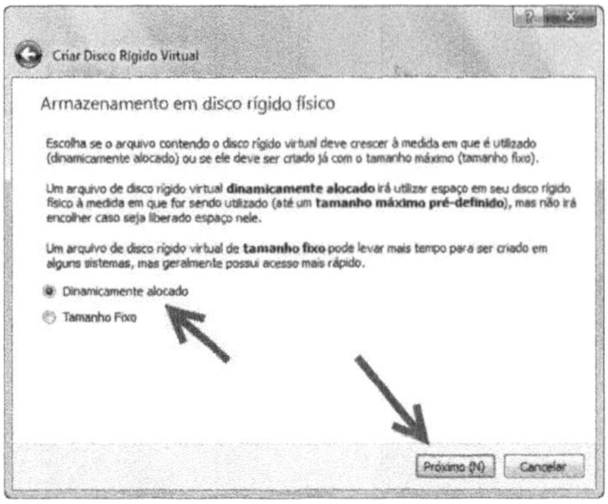

Figura 5.14 - A opção Dinamicamente alocado economiza espaço no disco rígido.

Chegou o momento de dar um nome para o disco rígido virtual, selecionar o local em que será criado e definir o tamanho total destinado ao disco. Neste exemplo estamos criando um disco virtual com 40 GB para a instalação do Windows Server 2012. É importante criar um disco com espaço além do necessário, porque se futuramente você precisar aumentar o tamanho do disco virtual, fique sabendo que não será uma tarefa fácil.

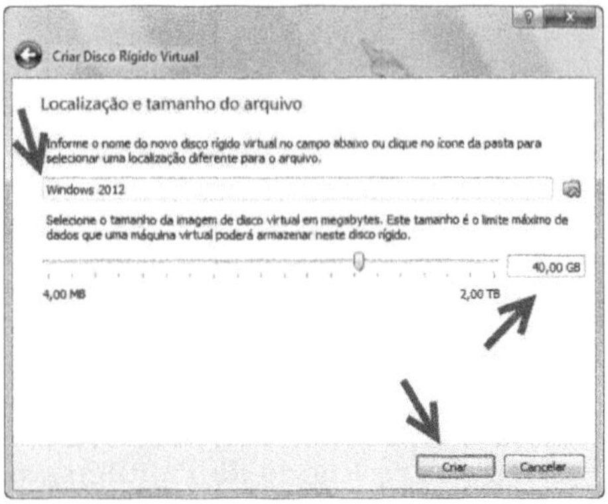

Figura 5.15 - Escolha do nome do disco rígido virtual, local da instalação e tamanho total dedicado ao arquivo do disco.

Esse procedimento encerra a criação da máquina virtual, que agora depende do DVD de instalação ou de um arquivo de imagem ISO para poder instalar o Windows Server 2012.

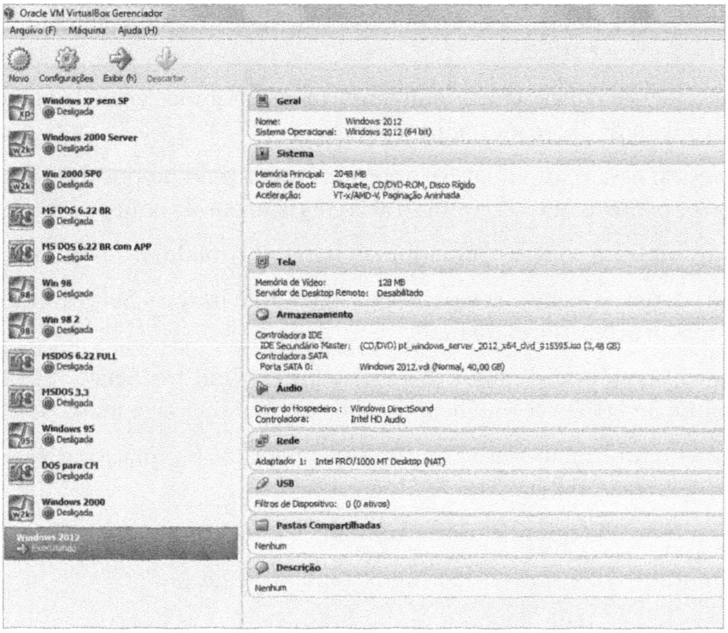

Figura 5.16 - A coluna da esquerda do VirtualBox exibe as máquinas virtuais conforme são criadas.

5.5.3 Entenda o Oracle VM VirtualBox

A barra de menus do VirtualBox tem somente três opções:

- **Arquivo:** também pode ser acessada pela combinação de teclas ALT + X.
- **Máquina:** também pode ser acessada pela combinação de teclas ALT + M.
- **Ajuda:** também pode ser acessada pela combinação de teclas ALT + H.

Em Arquivo temos as seguintes opções:

- **Gerenciador de Mídias Virtuais:** permite visualizar e gerenciar todos os disquetes e discos virtuais que foram criados.
- **Importar Appliance:** appliances são máquinas virtuais prontas que podem ser importadas e exportadas. Não usaremos esse recurso.
- **Exportar Appliance:** exporta a máquina virtual para uso posterior ou utilização em outro computador.
- **Preferências:** é possível definir a localização da pasta padrão para os discos e máquinas virtuais, a frequência de verificação de atualizações para o VirtualBox, a seleção do idioma, gerenciar a interface de rede, definir proxy. É possível ter mais de uma interface de rede virtual. Inicialmente deixe tudo do jeito como está.
- **Sair:** sai do programa.

Em Máquina existem as seguintes opções:

- **Novo:** inicia o assistente para criação de máquinas virtuais. Deve ser executado uma vez para cada máquina a ser criada. No laboratório vamos executá-la pelo menos três vezes, uma para o Windows Server 2012, uma para o Windows 7 e uma para o Windows XP ou Windows 8. Queremos esses sistemas para vê-los interagir com a rede virtual baseada no Windows Server 2012.

- **Acrescentar:** serve para incluir no inventário as máquinas virtuais preexistentes, que são arquivos com as extensões .xml e .vbox.
- **Configurações:** essa opção aparece após ter criado pelo menos uma máquina virtual. Permite fazer o ajuste fino da configuração padrão obtida com o assistente. Isso inclui:
  - Ajustar a interação entre a máquina virtual (hóspede) e a real (hospedeira).
  - Definir o número de processadores. Para o Windows Server 2012 recomendamos dois processadores virtuais.
  - Alterar a sequência de boot. Para instalar o Windows Server 2012 por meio de um leitor de DVD, a sequência de boot precisa incluir o leitor de DVD no início.
  - Definir quanta memória vai ficar disponível para a placa de vídeo virtual e se haverá aceleração 2D e 3D.
  - Configuração da administração remota.
  - Configuração das opções de armazenamento e áudio.
  - A configuração da rede é um ponto importante, pois permite trabalhar em diferentes modos, como não conectado, NAT, modo bridge etc. Também permite configurar mais de uma placa de rede, recurso muito útil no laboratório.
  - Habilitar e desabilitar portas seriais e USB.
- **Clonar:** faz a duplicação total ou parcial de uma máquina virtual do inventário. Esse recurso é bastante útil, porque você pode fazer experiências em máquinas clones sem afetar a máquina virtual matriz, que deve ser preservada.
- **Remover:** opção para remover máquinas virtuais já criadas. A remoção pode ficar limitada a sair do inventário ou incluir a remoção dos arquivos que foram gravados no disco, incluindo o disco virtual da máquina virtual.
- **Grupo:** permite organizar as máquinas virtuais em grupos, por exemplo, grupo de máquinas virtuais rodando Windows, grupo de máquinas virtuais rodando Linux, organização das máquinas virtuais por redes virtuais etc.
- **Iniciar:** tem o mesmo efeito de ligar um computador real. Lembre-se de que o fato de termos criado uma máquina virtual para o Server 2012 não significa que esse sistema operacional já está instalado.
- **Pausar:** a máquina virtual em uso pode ser pausada e retomada a qualquer momento. Isso quer dizer que você não precisa encerrar o sistema operacional instalado na máquina virtual. Pode pausá-lo e voltar ao ponto em que parou. Esse procedimento é útil quando algum procedimento feito no sistema operacional virtual está demorando e você precisa encerrar o expediente. Pode pausar e prosseguir no dia seguinte. Pausar também é útil quando em algum momento você precisa liberar recursos para a máquina real.
- **Reinicializar:** força a inicialização da máquina virtual. Útil para sistemas virtuais travados ou que não possuem opção de desligar, como o DOS por exemplo.
- **Fechar:** força o desligamento da máquina virtual.

- **Atualizar:** atualiza o sistema, incluindo eventuais novas configurações.
- **Exibir Log:** exibe informações sobre mudanças, mensagens e tudo o mais que interessa saber para acompanhar o funcionamento e uso da máquina virtual.

A opção Ajuda dispensa comentários, mas é bom que você saiba que a ajuda disponível está em inglês, independente de a interface do programa estar em outro idioma.

> **Dica**
> Observe que o hardware exibido pela máquina virtual não é exatamente o hardware da máquina real. Isso acontece porque até o hardware é virtualizado e os drivers serão instalados pelo pacote de expansão, após a instalação do sistema operacional.

5.6 Como Inserir um CD ou DVD de Instalação na Máquina Virtual?

Conforme já foi dito, após criar a máquina virtual ainda é necessário instalar o sistema operacional desejado. A máquina virtual, ao ser criada, é igual a um computador novo, com o disco rígido vazio. Para instalar qualquer sistema operacional você precisa do CD, DVD ou arquivo de imagem para fazer a instalação. Veremos então como inicializar um CD, DVD ou imagem de instalação na máquina virtual.

O primeiro passo é clicar com o botão direito do mouse no nome da máquina virtual e acessar a opção Configurações. A máquina virtual é escolhida no inventário formado pela coluna da esquerda. Em nosso exemplo que aparece na Figura 5.16, temos várias máquinas virtuais no inventário e escolhemos aquela em que vamos instalar o Windows Server 2012.

Você também pode dar um clique no nome da máquina virtual e clicar no botão Configurações que fica na parte de cima, no menu de botões. Ou selecionar a máquina virtual com um clique do mouse e usar a combinação de teclas CTRL + S. Todas essas opções vão dar acesso à janela de Configurações da máquina virtual.

Na janela Configurações, procure a opção Armazenamento e, do lado direito, clique no ícone da controladora IDE (1). Faz-se o carregamento da imagem ISO ou a escolha da unidade física de CD ou DVD clicando no ícone do CD, indicado pelo número 2 na Figura 5.17.

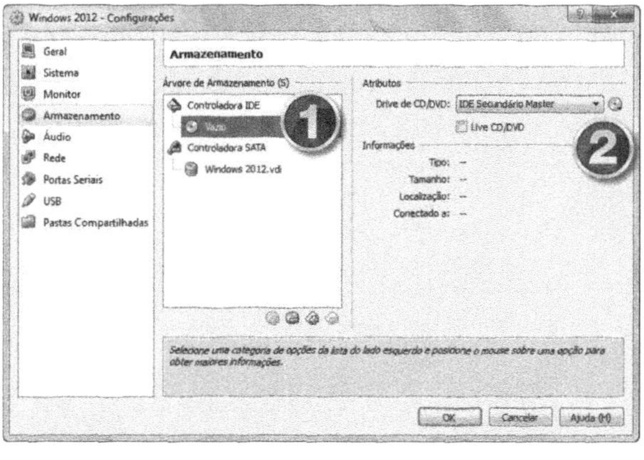

Figura 5.17 - Configurando a máquina virtual com a localização da imagem ISO ou fazendo o apontamento para a unidade de disco físico a ser usada.

Resumo do Capítulo 5

Agora você já sabe que:

... é contra o bom-senso aprender ou fazer testes com o Windows Server 2012 em uma rede que já esteja funcionando. Para isso usamos máquinas virtuais.

... máquinas virtuais são softwares usados para reproduzir estruturas de hardware em memória.

... sistemas virtualizados servem a diversos propósitos e este capítulo explorou a possibilidade de fazer as práticas do livro em redes virtuais, com o Windows Server 2012.

... entre as opções de virtualização disponíveis no mercado, optamos pelo Oracle VM VitualBox, por ser gratuito para uso pessoal, em português e estar pronto para o Windows Server 2012.

... os recursos da máquina virtual são tirados da máquina real, portanto é preciso dimensionar corretamente a capacidade do processador, o espaço livre no disco rígido e a quantidade de memória RAM.

5.7 Exercícios Propostos

1) Procure entender bem a diferença entre virtualização e emulação. Se algum dia precisar fazer exames de certificação, este entendimento é importante.

2) Instale e experimente também outras opções de virtualização disponíveis no mercado. O Oracle VM VirtualBox é uma excelente opção para começar a usar a virtualização de forma prática. Mas não é a melhor opção para empresas que precisam de virtualização. O mérito do VirtualBox é prepará-lo para entender os recursos avançados da virtualização, disponíveis em soluções de virtualização corporativas.

3) Alguns programas de máquina vitual são pagos e a instalação do Windows em sistemas virtualizados também precisa de licenciamento para cada máquina virtual. Para contornar este obstáculo, você pode baixar versões de teste, disponíveis no site dos fabricantes. Costumam ser totalmente funcionais, perdendo a funcionalidade somente após algumas semanas.

4) É imprescindível para o aproveitamento deste livro que você tenha acesso a um sistema em redes rodando o Windows Server 2012. Então, mãos à obra e comece pelo tutorial deste capítulo, preparando a máquina virtual que vai receber a instalação do Windows Server 2012.

capítulo

6

Instalação Profissional do Windows Server 2012

A empresa espera de você uma instalação profissional do Windows Server 2012

A instalação do Windows Server 2012, assim como as versões anteriores do Windows Server, foi bastante simplificada. Isso dá a falsa impressão de ser possível instalar o Windows Server sem nenhuma orientação. Basta clicar em Next ou Avançar, conforme a versão do sistema operacional. Esse tipo de instalação também termina com um servidor funcional, mas está longe de ser uma instalação aceita em empresa, além da grande propensão a problemas.

6.1 Como Obter uma Cópia Legal e Gratuita do Windows Server 2012

No capítulo sobre questões legais e licenciamento, é provável que, ao tomar conhecimento dos valores do licenciamento, você tenha ficado apreensivo sobre a maneira de obter uma cópia para estudos, sem incorrer na ilegalidade.

A solução para este problema é mais fácil do que você imagina, uma vez que a Microsoft disponibiliza cópias de demonstração totalmente funcionais. A limitação fica por conta do tempo de uso que costuma variar entre trinta e cento e oitenta dias, às vezes mais. Tempo mais que suficiente para você instalar e estudar o sistema durante a leitura do livro. E se precisar de mais tempo, basta fazer uma nova instalação para reiniciar a contagem do período de avaliação.

Cópias de avaliação só se prestam ao papel de auxílio aos estudos. Para o uso definitivo e comercial, a saída é investir no licenciamento. Em hipótese alguma instale na rede da empresa cópias não autorizadas de sistemas operacionais. O risco vai além da pirataria, porque você compromete a continuidade dos negócios, gerando um risco cujo prejuízo é maior que o investimento na licença de uso.

O local ideal para baixar a cópia legalizada do Windows Server 2012 é o site do fabricante, em http://technet.microsoft.com/pt-br/evalcenter/hh670538.aspx. Após um pequeno registro você baixa e instala a versão completa do Windows Server 2012 totalmente funcional por 180 dias.

Entre as opções de download você encontra o arquivo no formato VHD (Virtual Hard Disk), apropriado para uso em máquinas virtuais. E no formato ISO, apropriado para quem pretende queimar um DVD com o sistema.

Sugerimos a imagem no formato ISO por ser mais versátil. Serve para queimar o DVD de instalação e serve também em máquinas virtuais, pois praticamente todas aceitam imagens ISO no lugar do CD ou DVD.

Se você está frequentando alguma faculdade com cursos de tecnologia, informe-se sobre a existência de parcerias com a Microsoft. O programa MSDN Academic Alliance disponibiliza a estudantes e professores versões completas dos produtos Microsoft. Foi uma dessas cópias que usamos nas demonstrações e ilustrações deste livro.

O software de avaliação do Windows Server 2012 está disponível nas edições Standard e Datacenter. Você deve escolher uma versão durante o processo de instalação e registro.

A imagem ISO está disponível em chinês (simplificado), inglês, francês, alemão, italiano, japonês, russo, espanhol. E a imagem para máquina virtual no formato VHD está disponível em inglês. Pode ser que a versão em português já esteja disponível na ocasião em que você estiver lendo este livro; consulte o site indicado para saber.

Agora que você já sabe onde obter uma cópia legalizada do Windows Server 2012, vejamos como fazer a instalação do sistema.

6.2 Preparo para Instalar o Windows Server 2012

6.2.1 Drivers de Dispositivo

O sistema operacional comunica-se com o hardware por pequenos programas, chamados drivers de dispositivo. Desde que surgiu a tecnologia PnP (Plug and Play), a instalação de periféricos deixou de ser fonte de aborrecimento, pelo menos se compararmos com o tempo em que o técnico ou administrador é quem precisava definir canais de DMA, IRQ e os endereços de memória.

Nos sistemas atuais, a alocação de recursos é negociada entre o firmware do hardware e o sistema operacional. O Windows Server 2012 é capaz de reconhecer o hardware e instalar automaticamente os drivers de dispositivo para a maioria deles. Por outro lado, há ocasiões em que a instalação automática do driver não acontece e isso precisa ser previsto desde o início da instalação. Esta situação é mais crítica quando um sistema operacional é lançado, pois muitos dos produtos que estão no mercado não são previstos para o novo sistema operacional.

Os fabricantes mais conhecidos são os primeiros a lançar drivers de dispositivos. O problema de indisponibilidade de drivers é mais comum quando:

- a marca ou modelo é de fabricante pouco conhecido;
- o equipamento é antigo, já foi descontinuado pelo fabricante e não haverá drivers nativos para o Windows Server 2012;
- o suporte da empresa não é ágil o suficiente para acompanhar as mudanças na tecnologia de servidores.

O que se faz nestes casos é experimentar drivers dos sistemas antecessores. No caso do Windows Server 2012, na falta de drivers apropriados, experimentam-se drivers para o

Windows Server 2008 R2, Windows Server 2008 e até para o Windows 7, dando preferência aos drivers para sistemas de 64 bits.

> *Dica*
>
> Fique atento em relação à instalação de drivers compatíveis, pois quando isso ocorre o sistema operacional vai trabalhar em modo de compatibilidade. Um driver em modo de compatibilidade não é uma condição desejada. Um driver de rede em modo de compatibilidade, por exemplo, pode ter dificuldade para fazer trafegar os pacotes na rede com o máximo de desempenho proporcionado pelo driver ideal. Habilitar drivers de dispositivos em modo de compatibilidade é um recurso útil somente enquanto aguardamos o lançamento do driver apropriado.

Antes da instalação, você precisa listar os dispositivos que necessitam de drivers, por exemplo:

- Placa-mãe
- Placa de vídeo
- Monitor
- Placa de som
- Placa de rede
- Unidade externa de armazenamento
- Nobreak inteligente
- Impressora
- Webcam
- Equipamentos de biometria

Os drivers da placa-mãe habilitam certos recursos, como USB 2.0 ou 3.0, RAID e atualizações da BIOS. O driver da placa de vídeo habilita melhores configurações de vídeo, recurso útil quando ligamos o servidor a um monitor LED com no mínimo 32 polegadas. Vale a pena instalar também o driver do monitor, se houver, para reduzir as chances de conflito com a placa de vídeo.

Servidores normalmente não usam placa de som, mas por outro lado o driver da placa de rede deve ser o mais compatível possível, de preferência indicado para o Windows Server 2012. O dispositivo de rede é a parte mais exigida do servidor e você deve evitar drivers problemáticos ou em modo de compatibilidade.

Os nobreaks inteligentes e as unidades externas de armazenamento, como as unidades de fita e discos de backup, por exemplo, costumam vir com drivers e aplicações próprias.

Ligar uma impressora no servidor só se justifica se for um servidor de impressão. A nossa sugestão é que você compare a relação custo-benefício entre usar um servidor de impressão baseado em Windows Server 2012 e adquirir uma impressora pronta para a rede.

Em pequenos escritórios a impressora com rede embutida é uma opção mais econômica e prática do que montar um servidor. Em empresas de médio e grande portes, nas quais é necessário ter um controle sobre quem e o que está sendo impresso, a escolha recai sobre o servidor de impressão baseado em Windows Server.

A webcam é outro dispositivo pouco comum em servidores, a não ser quando se trata de um servidor de mídia que vai usar a webcam para fazer transmissões ao vivo ou como câmera de segurança.

Por fim temos os equipamentos de biometria que também dependem de drivers e às vezes de aplicativos para poder funcionar.

Esses equipamentos costumam vir com CD ou DVD de instalação, mas considerando o tempo entre a montagem desse CD/DVD e a data da compra, o melhor a fazer é procurar drivers atualizados diretamente no site do fabricante.

Agora que as considerações iniciais foram feitas, precisamos falar do planejamento da rede.

6.3 Planejamento de Redes Baseadas em Servidores Windows

Quando você é contratado para instalar um servidor de redes, pode ser que as suas atribuições incluam a implantação da rede como um todo. Isso não será problema se você for um profissional de redes, mas se o seu conhecimento de redes se resume à instalação de algumas redes domésticas, a inexperiência pode ter consequências desagradáveis durante e após a instalação.

Não é o objetivo deste livro tratar das redes além do produto Windows Server 2012, mas, para evitar erros comuns, que possam vir a comprometer o objetivo maior de fazer funcionar o servidor, sentimo-nos na obrigação de fazer alguns comentários a respeito das redes corporativas.

1) Não comece a rede sem um plano.

   Toda rede precisa ter um plano, um projeto. O projeto da rede é dividido em parte física e parte lógica. O projeto da parte física trata do cabeamento e da distribuição dos equipamentos nas instalações da empresa. O projeto da parte lógica trata da nomeação dos dispositivos e da distribuição de privilégios: por grupo, por máquina, por usuário.

   O primeiro erro do administrador pouco experiente é instalar o servidor sem consultar o projeto da rede física e da rede lógica. Pode ser que esse projeto não exista ou não esteja documentado o suficiente, principalmente o projeto da rede lógica.

   Use algum tempo dedicado à instalação para traçar pelo menos um esboço da rede. Crie um para a parte física e outro para a parte lógica. Isso é o mínimo que toda rede precisa ter.

2) Entenda a função da rede antes de criá-la.

   O Windows Server 2012 é um produto multifuncional. Na mesma instalação você pode criar um servidor de impressão, um servidor de arquivos, um servidor Web etc. As inúmeras possibilidades não representam obrigatoriamente as necessidades da empresa e o segundo grande erro do administrador inexperiente é instalar serviços e recursos que não vão ser utilizados na empresa.

   Entender a função da empresa é determinante para a definição correta de quais serviços e funções o servidor deve ter. Habilitar serviços desnecessários consome recursos, aumenta as chances de conflito e torna o servidor mais susceptível a ataques e invasões. Pergunte a si mesmo: qual é a função desta rede? Qual é o papel deste servidor? e só prossiga quando estiver seguro e satisfeito com as respostas. Instalar um servidor vai além da instalação do software.

3) Do servidor antigo aproveite apenas o necessário.

   Uma situação comum nas empresas é a aquisição da licença do Windows Server 2012 para substituir um servidor mais antigo, como o Windows Server 2008 ou Windows Server 2003. O que deve ser evitado nestes casos é a replicação cega da estrutura do servidor antigo porque cada novo sistema operacional possui características que o diferem do anterior. Isso inclui recursos que tornam obsoletos alguns dos recursos do sistema antecessor.

O que temos visto acontecer é o administrador pouco experiente tentar reproduzir exatamente a estrutura do servidor anterior, ignorando a possibilidade de o servidor mais recente conseguir fazer a mesma coisa de uma forma melhor, porém diferente.

A explicação para essa atitude costuma incluir prazos apertados, comodismo e o desconhecimento dos novos recursos.

O resultado final é um sistema com recursos novos trabalhando em modo de compatibilidade, como se fosse um sistema mais antigo. Se for para ser assim, melhor seria deixar a rede como estava.

Com base no projeto lógico da rede e no mapeamento das funções do servidor, procure descobrir se existe uma nova maneira de lidar com o recurso pretendido. No Windows Server 2012 algumas dessas inovações são óbvias, como, por exemplo, o próprio gerenciamento do servidor, exibido após o login. Outras inovações não são óbvias, nem visíveis, com as quais você corre o risco de fazer o Windows Server 2012 comportar-se como se fosse uma versão mais antiga.

4) Use e abuse da virtualização antes de partir para a instalação definitiva.

Quando se é inexperiente em instalação de redes e sistemas operacionais, o recomendável é fazer algumas simulações antes de partir para a instalação definitiva.

A virtualização permite executar o projeto lógico sem o compromisso e a pressão dos sistemas prestes a funcionar. Você pode fazer anotações durante o processo e, no caso das máquinas virtuais, guardar uma cópia intacta da imagem do disco, podendo retornar a ela sempre que necessário.

Essa rede virtual pode ser usada posteriormente, quando houver necessidade de fazer testes de desempenho e de segurança. Alguns testes, como os de segurança (*pen test*) e de estresse, podem causar instabilidade. Realizando testes em sistemas virtualizados, você pode transferir para a rede real apenas as configurações que deram resultado no sistema virtual.

Leve em consideração restrições relacionadas ao licenciamento. Instalar o mesmo sistema operacional em máquinas diferentes pode invalidar a licença original. Para os testes sugerimos o uso da cópia de avaliação.

Após estas dicas relacionadas ao planejamento, veremos passo a passo como instalar o Windows Server 2012. Acompanhe:

1) Certifique-se de que a sequência de boot comece pela unidade de DVD e não se esqueça de, ao término da instalação, voltar à sequência de boot para iniciar pela unidade de disco. Placas-mãe recentes permitem selecionar a sequência de boot sem a necessidade de entrar na BIOS. Basta pressionar alguma tecla de função, em geral F11 ou F12. Informe-se no manual da placa-mãe ou observando informações na tela do monitor durante a sequência de boot.

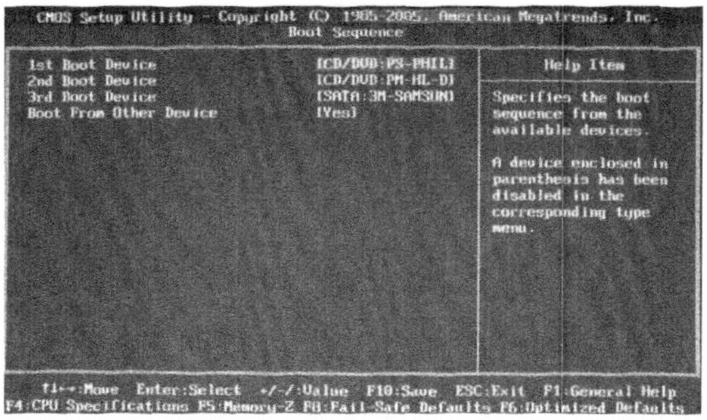

Figura 6.1 - Configure a BIOS para iniciar a leitura pela unidade de DVD.

2) Sua primeira decisão diz respeito ao idioma do sistema operacional. Há quem prefira manter o Windows no idioma original em inglês. A instalação e os exemplos do livro são baseados na versão brasileira do Windows Server 2012, com o idioma português, Figura 6.2.

3) A tela inicial da instalação do Windows Server 2012 traz também uma opção de recuperação do sistema, recurso útil se houver falha de inicialização que comprometa o servidor, Figura 6.3.

Figura 6.2 - Selecione o idioma do Windows Server 2012.

Figura 6.3 - A mesma tela de início da instalação exibe a opção Reparar o computador.

4) O próximo passo é informar a chave do produto (Product Key) para ativar o Windows Server 2012, tendo o bom-senso de não inserir chaves pesquisadas na Internet. O uso de chaves de procedência duvidosa, como as pesquisadas na Internet e adquiridas em sites de leilão, representam risco para a empresa. O sistema instalado sem a chave original pode deixar de funcionar a qualquer momento, causando transtornos e tornando o profissional e a empresa sujeitos a ações penais e civis.

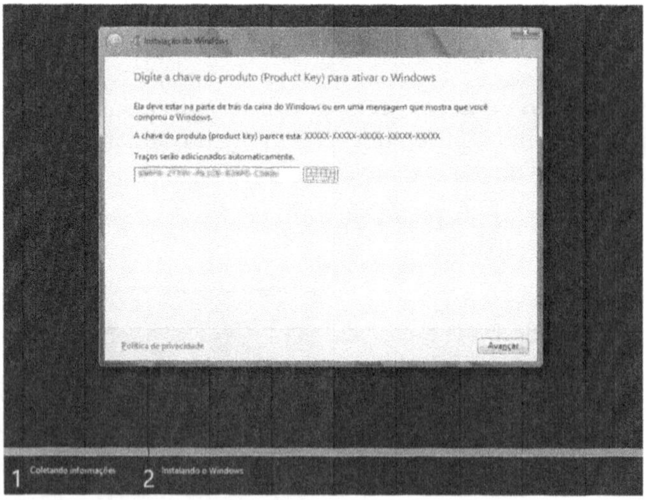

Figura 6.4 - Digite a chave do produto.

5) O próximo passo da instalação é escolher entre a instalação baseada em núcleo (Server Core) e a instalação completa com interface gráfica do usuário (GUI). As imagens apresentadas em seguida comparam a tela de opção da instalação do Windows Server 2012 Edição Standard com a do Windows Server 2012 Edição Datacenter.

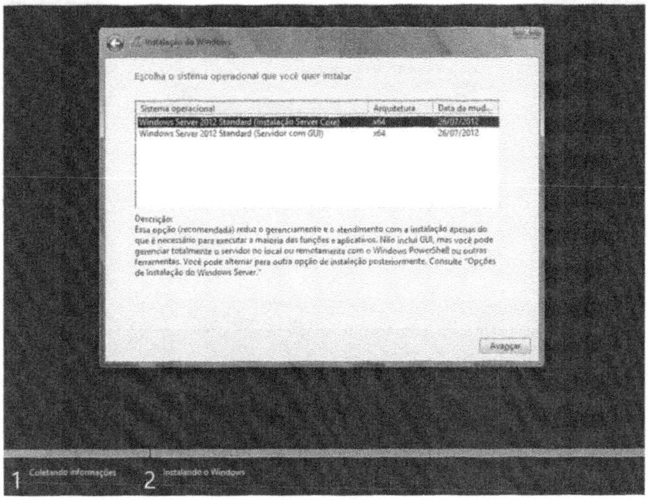

Figura 6.5 - Tela de instalação do Windows Server 2012 Edição Standard.

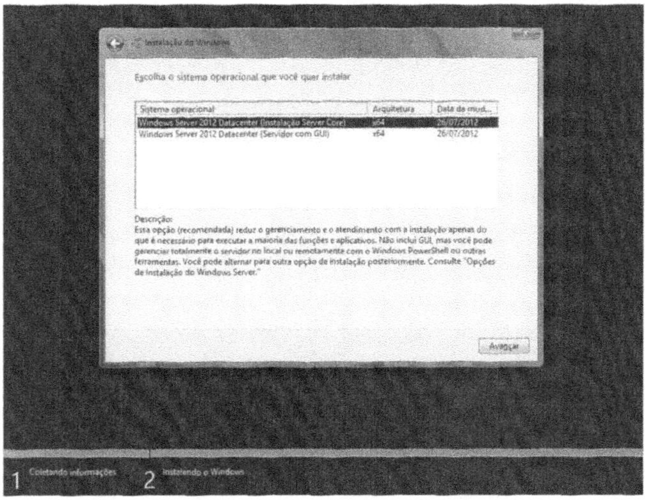

Figura 6.6 - Tela de instalação do Windows Server 2012 Edição Datacenter.

6) O passo seguinte é ler e aceitar o contrato de licenciamento. A aceitação consiste em marcar a caixa com a opção Aceito os termos da licença.

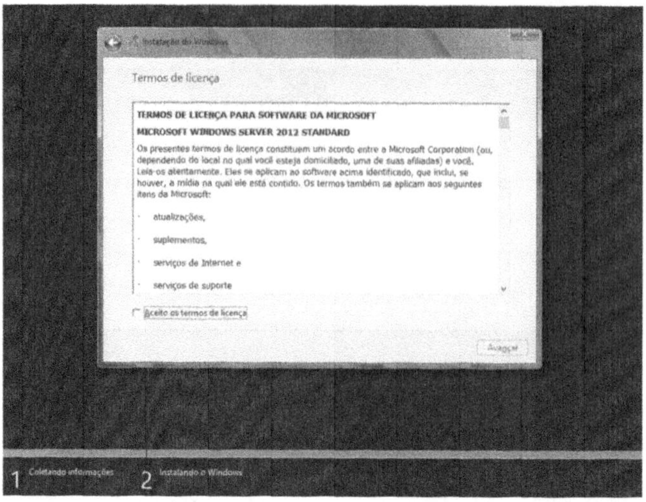

Figura 6.7 - O licenciamento é um contrato que define a forma de uso do software.

7) Agora você confirma a decisão tomada na fase do planejamento, ou seja, fazer uma instalação limpa ou atualização? No exemplo, estamos supondo a instalação em computador novo, sem nenhum sistema operacional instalado. Apesar de existir a opção de atualização, esse recurso não se aplica a todo e qualquer sistema operacional que estiver instalado.

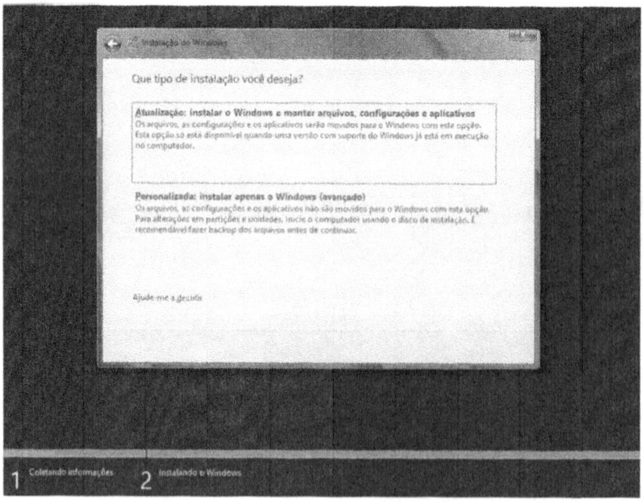

Figura 6.8 - A decisão entre instalação limpa ou atualização foi tomada na fase de planejamento, antes de começar a instalação.

8) O próximo passo é selecionar a unidade de disco para a instalação. No exemplo da Figura 6.9, como estamos usando uma máquina virtual apenas para ilustrar o livro, estamos trabalhando com um disco rígido virtual de apenas 30 GB. Para uma instalação real o mais provável é usar um disco igual ou acima de 500 GB, não necessariamente por

causa do espaço, mas por ser um disco com tecnologia recente. Os antigos discos abaixo de 320 GB são considerados ultrapassados para trabalhar com o Windows Server 2012. São mais lentos e sujeitos a falhas se comparados com os discos rígidos mais atuais.

Você pode clicar em Avançar para prosseguir a instalação ou clicar em Opções da unidade caso queira ter um controle maior do particionamento e da formatação do disco.

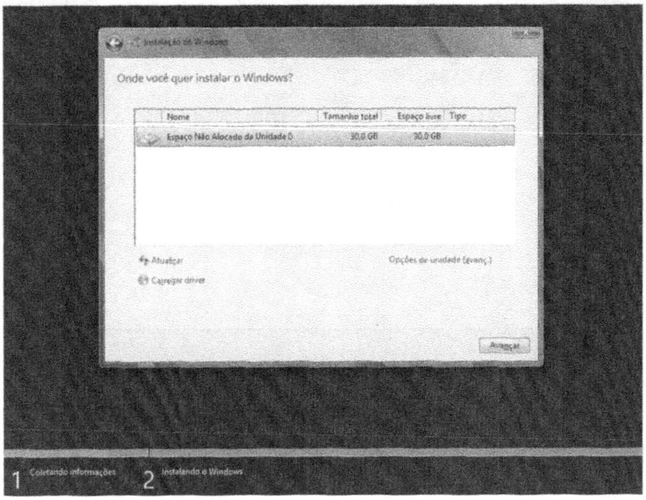

Figura 6.9 - Preparação do disco para receber o Windows Server 2012.

9) Após selecionar o disco, a instalação entra em modo automático, realizando todos os procedimentos para deixar o Windows Server 2012 pronto para o primeiro uso, quando deve ser configurado. O tempo estimado até o final da instalação oscila entre sessenta e cento e vinte minutos; o computador eventualmente reinicia durante o processo. Fique atento aos eventuais travamentos e caixas de diálogo e, posteriormente, tornar a sequência de boot, fazendo a unidade de disco como primeira opção.

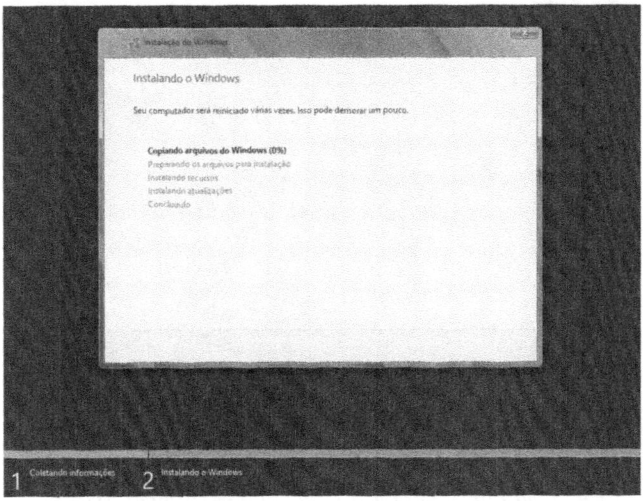

Figura 6.10 - Após a configuração inicial, o Windows Server 2012 começa a ser instalado.

10) O passo seguinte é criar a senha do administrador. O Windows Server 2012 não aceita senhas fracas ou fáceis de quebrar. A senha ideal inclui números, letras com caracteres minúsculos e maiúsculos, além de um ou mais caracteres especiais. O inconveniente de algumas senhas fortes é a necessidade de que seja anotada. Senhas anotadas podem terminar no lixo ou ser vistas por quem não deveria.

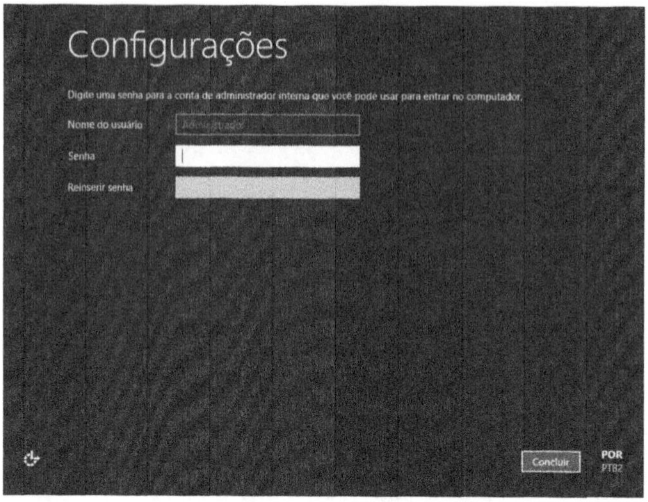

Figura 6.11 - Crie uma senha forte para a conta Administrador.

11) Encerrando a instalação, você estará diante da Nova Interface com o Usuário, aquela que inicialmente foi chamada de Metro até pela Microsoft e depois deixou de ter nome próprio. Pressione a combinação de teclas Ctrl + Alt + Delete para fazer o primeiro login.

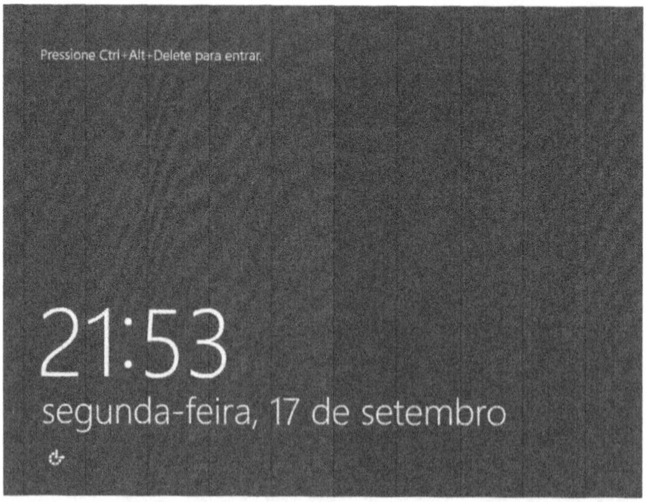

Figura 6.12 - Uma das novidades do Windows Server 2012 é a Nova Interface com o Usuário (ex-codinome Metro).

Figura 6.13 - Acesse a conta Administrador usando a senha previamente criada.

12) O visual do Windows Server 2012 é bem diferente dos seus antecessores. Após login você tem acesso à Área de Trabalho com a janela Gerenciamento do Servidor. A disposição dos elementos não segue o padrão tradicional do Windows 7 nem do Windows Server 2008 ou R2. Para não perder tempo localizando-se na Nova Interface do Usuário, criamos um capítulo para descrever as novidades e mostrar onde estão as coisas. Para você entender a importância deste capítulo de apresentação da Nova Interface, experimente sair do Windows Server 2012 ou localizar o Painel de Controle.

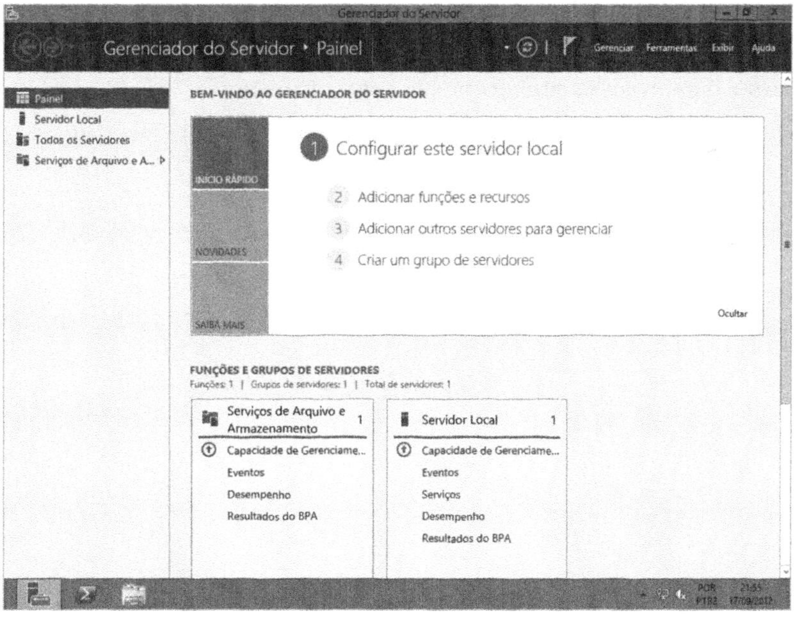

Figura 6.14 - A Nova Interface com o Usuário do Windows Server 2012 difere das versões anteriores e talvez você precise de algum tempo para localizar os recursos.

Resumo do Capítulo 6

Agora você já sabe que:

...é preciso planejar a instalação do Windows Server 2012 desde o início.

...a instalação pode ser limpa ou personalizada, que é a instalação para atualização.

... o hardware do servidor precisa considerar as necessidades do Windows Server 2012 mais as necessidades dos demais softwares de uso.

... é preciso negociar a paralisação da rede. Alguns técnicos e administradores não levam em conta a paralisação da rede e isso gera transtornos para a empresa.

... você precisa ser capaz de desfazer uma instalação problemática, o que pode ser feito reservando um backup em disco com a instalação antiga.

6.4 Exercícios Propostos

1) Consiga uma cópia legalizada do Windows Server 2012 para você praticar. Lembre-se de que em hipótese alguma se fazem testes e práticas na rede da empresa.

2) Supondo que você não possua um computador extra para praticar a instalação do Windows Server 2012, reiteramos nossa sugestão de usar máquinas virtuais para esta finalidade.

3) A configuração do servidor para as mais diversas finalidades é o tema dos próximos capítulos. Por enquanto você deve ser capaz de:

   a) Conectar o Windows Server 2012 à Internet.

   b) Configurar IPs fixos ou obtidos automaticamente.

   c) Localizar o gateway da atual conexão com a Internet.

Se tiver dúvida sobre qualquer um destes assuntos, experimente fazer uma nova leitura.

capítulo

7

A Nova Interface de Usuário

Você percebe que a interface do Windows mudou e pede ajuda para localizar-se

Desde o Windows 95, que popularizou o botão Iniciar, os sistemas operacionais da Microsoft não passavam por uma mudança tão radical em seu visual. Inicialmente divulgada como Metro e agora conhecida como Modern, a nova interface está presente no Windows 8, no Windows Phone e também no Windows Server 2012.

É um design que implementa a experiência dos tablets no desktop e, como sempre acontece com as novidades, uns gostaram, outros nem tanto.

O Windows em modo gráfico é feito para ser intuitivo. Usuários inquietos e curiosos logo vão descobrir onde foi parar o botão Iniciar, como fazer para sair do sistema e todas as outras tarefas do dia a dia.

Mas o que você acha de não perder tempo e dominar rapidamente a Nova Interface do Usuário do Windows Server 2012? Foi para isso que criamos este capítulo. Queremos deixar você preparado para instalar servidores profissionais e quanto antes você se familiarizar com a Nova Interface do Usuário, mais próximo estará do que realmente interessa que é a instalação de servidores.

7.1 A Nova Interface Gráfica do Usuário no Windows Server 2012

Inicialmente apresentada pelo codinome Metro UI (Metro User Interface), logo após o lançamento do Windows Server 2012 a Microsoft emitiu nota à imprensa e aos colaboradores, solicitando que o nome da nova interface fosse apenas Nova Interface do Usuário, abandonando o nome Metro que, diga-se de passagem, já estava bastante popularizado. Algumas semanas após este comunicado, a Microsoft redefiniu o nome como Modern UI.

Independente do real motivo que levou a Microsoft a abandonar o nome Metro, o que realmente interessa é familiarizar-se com a Nova Interface, o que faremos partir de agora.

Figura 7.1 - Nova Interface do Usuário, ex-Metro UI.

Usuários acostumados com a aparência antiga do Windows, que desde a versão 95 possui o botão Iniciar, vão gastar algum tempo descobrindo a localização de elementos básicos, como, por exemplo, a mudança do botão Iniciar e como sair do sistema.

Este capítulo vai facilitar essa adaptação, ajudando você a entender as mudanças estéticas e novas funcionalidades do Windows Server 2012.

7.2 Onde Está o Iniciar?

Partindo da premissa de que você já instalou o Windows Server 2012 na máquina virtual ou em um computador real, a tela inicial do sistema exibe, em fundo cinza, a mensagem Pressione Ctrl + Alt + Delete para entrar, além da hora local, da data por extenso e de um ícone para as opções de acessibilidade do sistema.

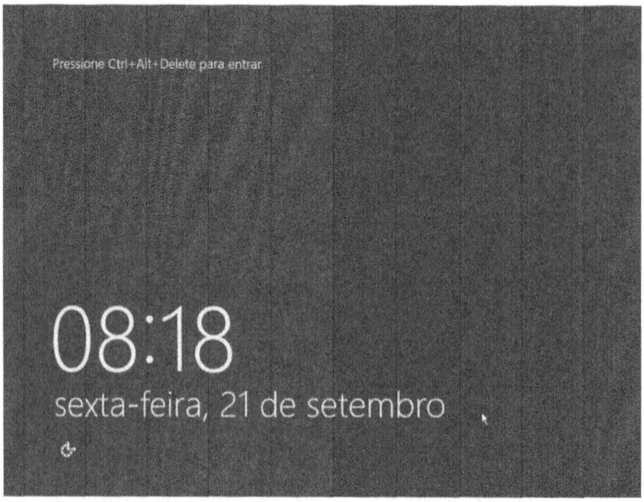

Figura 7.2 - Tela inicial do Windows Server 2012, após o processo de inicialização (boot).

A partir daí só resta pressionar a combinação Ctrl + Alt + Delete e digitar a senha da conta Administrador, escolhida durante a instalação do sistema. Boas práticas de segurança incluem criar uma conta para administração, evitando os superpoderes da conta Administrador. No capítulo sobre administração de redes você aprende como fazer isso.

Dica	Se você estiver praticando no VirtualBox, conforme sugerimos, a combinação Ctrl + Alt + Delete é obtida pressionando a combinação de teclas Ctrl (direito) + Delete ou acessando o menu Máquina → Inserir Ctrl-Alt-Del.

Após o login, você terá acesso à Área de Trabalho do Windows Server 2012 com a execução automática da janela Gerenciador do Servidor.

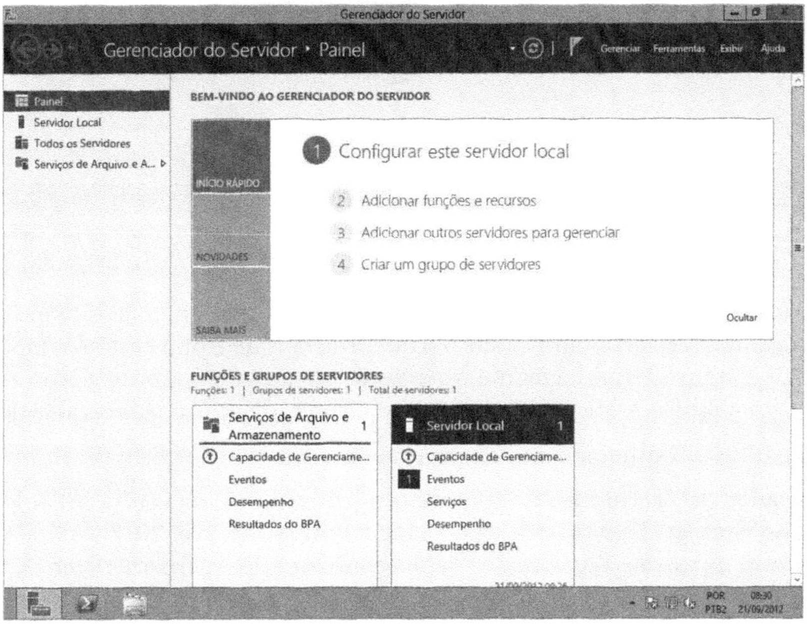

Figura 7.3 - O Gerenciador do Servidor inicia com o Windows.

A primeira coisa que chama a atenção é a ausência do botão Iniciar. Sem o botão Iniciar não é possível saber como desligar o computador e sair do sistema.

Por incrível que pareça e como os curiosos de plantão logo irão descobrir, o botão Iniciar encontra-se no mesmo lugar, porém não basta clicar no local. Para que o botão Iniciar apareça, é preciso levar o ponteiro do mouse até o canto inferior esquerdo da tela - ou o dedo, se estiver usando um tablet ou monitor sensível ao toque (*touch screen*). Uma das novidades da geração atual de sistemas operacionais Microsoft é justamente o amplo suporte a tablets e monitores *touch screen*.

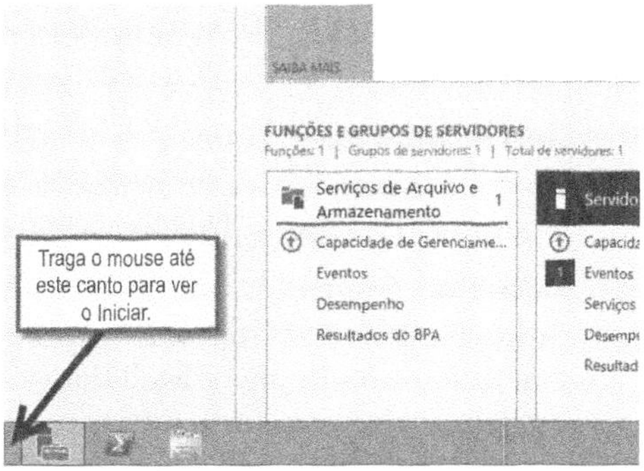

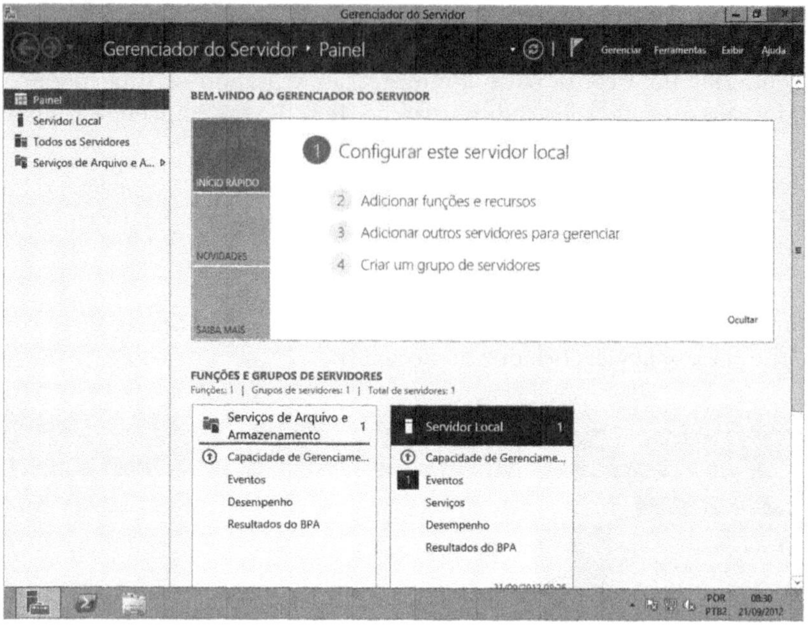

Figura 7.4 - O Iniciar aparece ao levar o ponteiro do mouse para o canto inferior esquerdo da tela.

O Iniciar não tem a mesma função do botão Iniciar da interface antiga do Windows. O Iniciar da Nova Interface serve para exibir o painel Iniciar que é onde estão os blocos para os recursos mais comuns. Posteriormente, você pode adicionar e remover blocos, criando um mosaico personalizado. A Microsoft chama esses ícones de aplicativos de azulejos (tiles).

O mosaico padrão do sistema inclui os seguintes blocos, como já visto na Figura 7.1:

- **Gerenciador de Servidores:** a mesma janela padrão exibida com a Área de Trabalho, como observado na Figura 7.3, após o login no Windows Server 2012. Utiliza-se para permitir acesso rápido aos recursos de criação, configuração e gerenciamento de servidores.
- **Windows PowerShell:** serve para criar, editar e gerenciar os scripts de administração do servidor.
- **Ferramentas Administrativas:** com várias opções de configuração relacionadas ao computador local. Para trabalhar com as funções e recursos do servidor, use o Gerenciador de Servidores.
- **Computador:** é um novo nome para o Meu Computador e dá acesso a uma versão pouco modificada do Windows Explorer, acesso às unidades de disco e outras ações relacionadas.
- **Gerenciador de Tarefas:** tem a mesma função do Gerenciador de tarefas que você já conhece das versões anteriores do Windows. Também pode ser acessado pela combinação Ctrl + Alt + Delete a qualquer momento durante a execução do Windows.
- **Painel de Controle:** manteve o nome e as funções antigas, como Sistema e Segurança; Rede e Internet; Hardware; Programas; Contas de Usuário; Aparência; Relógio, Idioma e Região; Facilidade de Acesso. Se você está procurando o Windows Update, o Gerenciador de Dispositivos ou a opção Instalar e Remover Programas, pode encontrá-los no Painel de Controle.

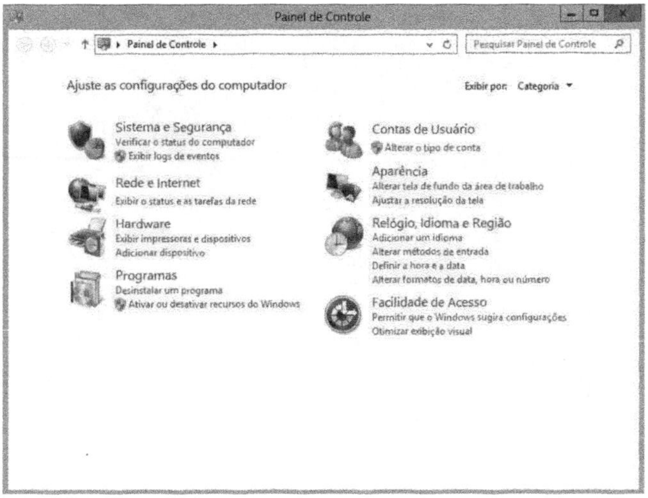

Figura 7.5 - Painel de Controle do Windows Server 2012.

Completam o painel Iniciar um bloco para o navegador Internet Explorer 10 e outro para a Área de Trabalho.

Clique com o botão direito em qualquer área livre do painel Iniciar para ter acesso ao ícone Todos os aplicativos, em substituição ao antigo Todos os programas do botão Iniciar.

Figura 7.6 - A opção Todos os aplicativos substitui Todos os programas da versão anterior do Windows.

Agora leve o ponteiro do mouse até o canto inferior direito do Iniciar para visualizar as opções:

- Pesquisar
- Iniciar
- Configurações

Figura 7.7 - Levando o ponteiro do mouse até o canto inferior direito da tela, uma coluna de opções aparece.

A ferramenta Pesquisar é bem diferente da que estamos acostumados e permite fazer pesquisas por Aplicativos, Configurações e Arquivos, além de uma opção de pesquisa usando o navegador Internet Explorer.

A opção Iniciar retorna ao painel Iniciar e a opção Configurações dá acesso rápido às configurações da rede, áudio, brilho da tela, área de notificações, desligamento do sistema e idioma do teclado, útil se estiver tendo problemas com acentuação.

Figura 7.8 - Opções disponíveis em Configurações.

Essa coluna de configurações é a barra de charms (literalmente, "encantos"), uma barra de ferramentas que aparece à direita na tela. Ela oferece opções de configuração, busca e outras que, no Windows 7, residem no menu Iniciar. Quando a barra de charms é exibida, surge também um quadro com o relógio, um indicador da carga da bateria e outro que mostra a intensidade do sinal da conexão sem fio.

Há três maneiras de ativar a barra de charms. Num tablet, isso é feito deslizando o dedo da direita para a esquerda. Num PC, o caminho mais prático é teclar Win+C (a tecla com o símbolo do Windows junto com a letra C, de charm). Outro caminho é mover o cursor do mouse para um dos cantos à direita, conforme orientamos.

7.3 Como Desligar Corretamente o Windows Server 2012

Por conta da mudança no visual, até uma tarefa simples, como desligar o computador, pode levar algum tempo para ser entendida, se o usuário decidir descobrir isso por conta própria, sem o auxílio de um livro ou de um programa de treinamento.

A dúvida começa com o botão Iniciar que não é tão explícito como nas versões anteriores do Windows. Após descobrir que o Iniciar agora é um painel, acessível posicionando o ponteiro do mouse no canto inferior esquerdo da Área de trabalho, o usuário ainda teria de descobrir onde foi parar o Desligar do computador.

Se for apenas sair da conta ou bloquear o terminal continuando logado, basta clicar no nome do usuário na parte superior direita que a opção aparece.

Para encerrar o sistema e desligar o computador, faça assim:

1) No painel Iniciar ou na Área de Trabalho do Windows Server 2012, leve o ponteiro do mouse (ou o dedo) até o canto inferior direito da tela.
2) Quando aparecer a barra lateral com *widgets*, clique no ícone da engrenagem (Configurações), conforme visto na Figura 7.8.
3) Entre as opções disponíveis está Liga/Desliga, que permite reiniciar ou sair do Windows.

7.4 Personalização do Painel Iniciar da Nova Interface de Usuário

O painel Iniciar é bastante versátil e se você ainda não o experimentou, saiba que é possível reposicionar os blocos dos aplicativos. Basta usar o mouse para arrastar e soltar os blocos onde quiser, posicionando-os de uma forma que seja mais confortável para você trabalhar. Esse recurso se mostra ainda mais útil quando você estiver gerenciando o servidor de um tablet ou monitor *touch screen*.

Clicando no bloco, você executa o aplicativo e, clicando com o botão direito do mouse no bloco, as seguintes opções aparecem:

Figura 7.9 - Opções disponíveis após clicar com o botão direito do mouse em qualquer um dos blocos.

- **Desafixar da Tela Inicial:** remove o bloco do aplicativo sem remover o aplicativo do disco.
- **Fixar na barra de tarefas:** cria um atalho para o aplicativo na barra de tarefas da Área de trabalho.

- **Desinstalar:** remove o bloco, mas também remove o aplicativo do disco, ou seja, faz a desinstalação por meio do Painel de Controle.
- **Abrir nova janela:** tem o mesmo efeito de executar o aplicativo.
- **Executar como outro usuário:** mostra a sua utilidade quando precisamos executar o aplicativo por meio de uma conta do sistema com mais ou menos privilégios que a conta que estiver usando.

Você também encontra o ícone para acessar a opção Todos os aplicativos. Uma vez em todos os aplicativos, basta clicar com o botão direito no bloco do aplicativo desejado para integrá-lo à tela inicial.

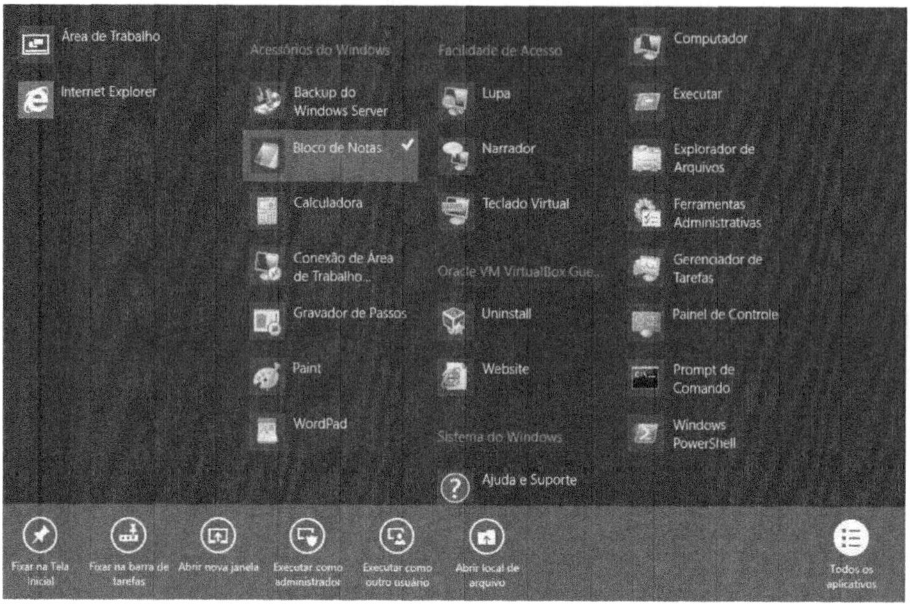

Figura 7.10 - Neste exemplo, o Bloco de notas está prestes a ser integrado à tela inicial do Windows Server 2012.

7.5 Domínio da Nova Interface de Usuário no Windows Server 2012

Agora que você já conhece as funções do painel Iniciar, já sabe entrar e sair do sistema, vamos conhecer as outras opções disponíveis a partir do painel Gerenciador do Servidor.

Precisamos deixá-lo familiarizado com a Nova Interface de Usuário para chegar aos capítulos que tratam de criação e administração de servidores sem dúvidas simples como: onde está o Windows Explorer? O Gerenciador de Dispositivos? O Windows Update? etc.

O Gerenciador do Servidor é a porta de entrada após o login para quem prefere a administração por interface gráfica. Conforme você vai adquirindo experiência, sugerimos que aprenda e acostume-se a trabalhar com o Windows no modo Server Core, por ser a opção que oferece maior controle e maior segurança para o servidor.

Vamos começar entendendo o Gerenciador do Servidor a partir da barra superior e descrevendo cada recurso da esquerda para a direita da tela.

Figura 7.11 - Barra superior do Gerenciador do Servidor.

O Gerenciador do Servidor possui um sistema de navegação por setas e por caixa de seleção, um botão de atualização da página (*refresh*), acesso rápido à área de notificações (o ícone da bandeirola) e os menus Gerenciar, Ferramentas, Exibir e Ajuda.

7.5.1 Menu Gerenciar

O menu Gerenciar serve para adicionar funções e recursos ao servidor ou removê-los. Serve também para centralizar a administração adicionando servidores e criando grupos de servidores.

O carregamento automático da janela Gerenciador do Servidor pode ser ligado e desligado em Gerenciar → Propriedades do Gerenciador do Servidor.

7.5.2 Menu Ferramentas

Em Ferramentas encontramos:

- **Agendador de Tarefas:** conhecido de outras versões do Windows, serve para gerenciar tarefas comuns que o computador executará automaticamente nos dias e horários predefinidos. Você pode criar scripts de administração e usar o Agendador de Tarefas para executá-los rotineiramente.

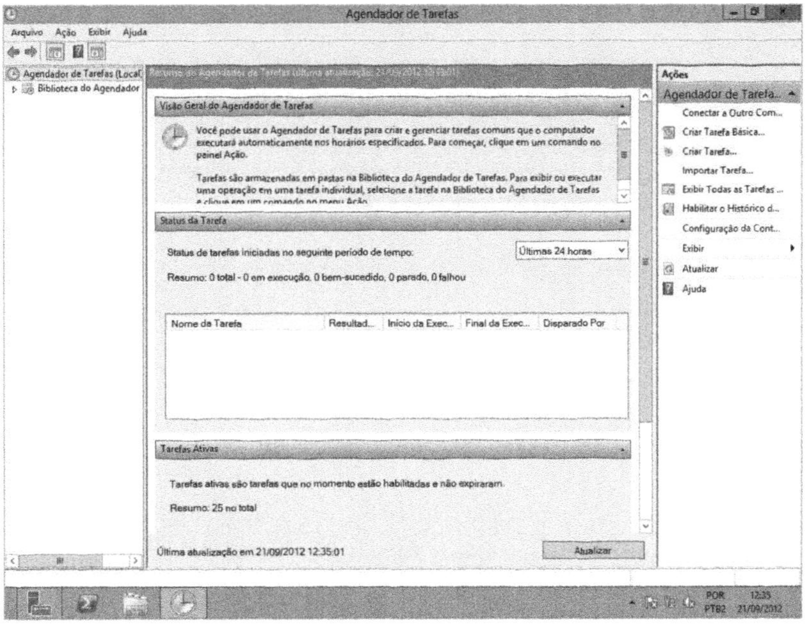

Figura 7.12 - Agendador de tarefas.

- **Assistente de Configuração de Segurança:** em uma tentativa de auxiliar o administrador a manter o servidor seguro, o Assistente de Configuração de Segurança ajuda a criar políticas de segurança que podem ser aplicadas a qualquer servidor da rede. É um aplicativo simples que mescla a varredura com auditoria do sistema e contribui para a gestão da segurança.

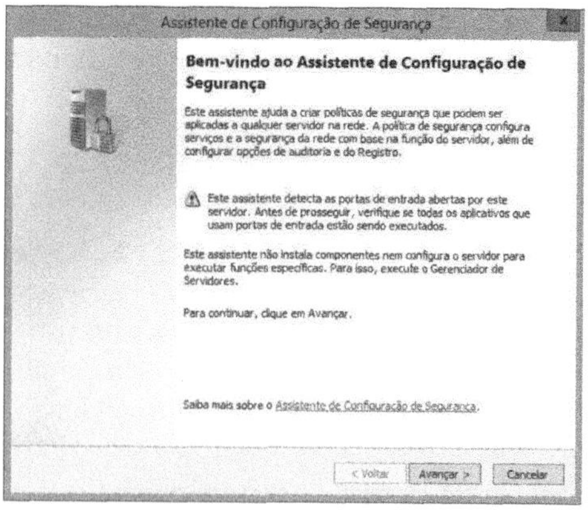

Figura 7.13 - Assistente de Configuração de Segurança.

Dica
Quando se trata de segurança da informação envolvendo servidores, toda ajuda é bem-vinda, mas considere usar ferramentas de terceiros, especificamente aquelas com mais tradição e recursos para fazer auditoria de segurança, como o Nessus, Retina ou a distribuição Linux BackTrack.

- **Backup do Windows Server:** também conhecido de outras versões do Windows, trata-se de uma ferramenta de backup integrada ao sistema operacional. Para usá-la é preciso adicionar esse recurso ao servidor. Veremos como fazer isso no decorrer dos capítulos. O backup pode ser local ou on-line, reafirmando a estratégia da Microsoft em integrar o Windows Server 2012 ao paradigma da computação em nuvem.

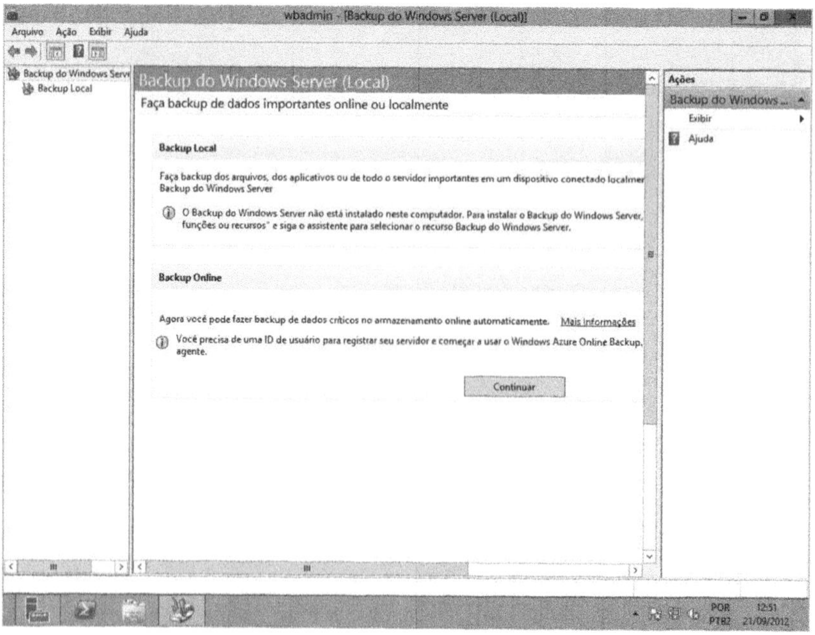

Figura 7.14 - Backup do Windows Server.

- **Configuração do Sistema:** possui guias distribuídas entre Geral, Inicialização do Sistema, Serviços, Inicialização de Programas e Ferramentas. Tradicionalmente os sistemas Windows oferecem várias maneiras de acesso ao mesmo recurso, e um passeio pelas guias da janela Configuração do Sistema será suficiente para você identificar recursos existentes em outras janelas do Windows.

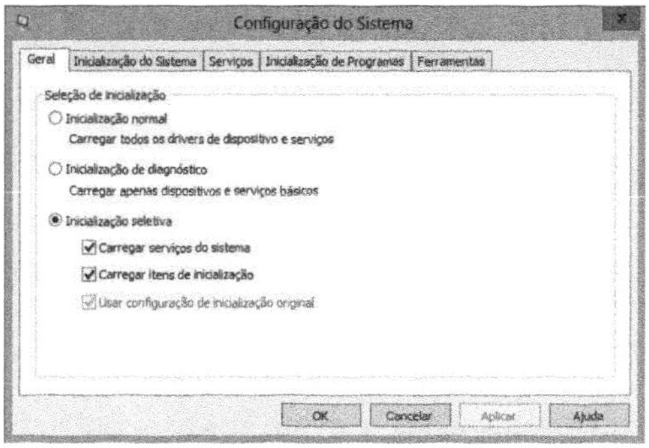

Figura 7.15 - Configuração do Sistema.

- **Desfragmentar e Otimizar Unidades:** caso você não saiba, um arquivo, quando é gravado em disco, costuma ser fragmentado em pequenos blocos de memória e armazenado conforme a disponibilidade do espaço livre. O espaço livre no disco assemelha-se a caixas de tamanho fixo e tem o nome de *cluster*. Os arquivos, quando salvos, são alocados nos *clusters* liberados para gravação e na maioria das vezes isso só é possível fragmentando o arquivo, porque não é sempre que o sistema encontra *clusters* livres lado a lado, na quantidade suficiente para conter todos os bytes do mesmo arquivo. Com o passar do tempo e as operações realizadas no disco, a fragmentação é tão expressiva que o sistema começa a tornar-se lento. É quando surge à necessidade de acionar a ferramenta Desfragmentar e Otimizar Unidades, que pode ser configurada para realizar essa operação de forma automática em períodos de tempo pré-configurados.

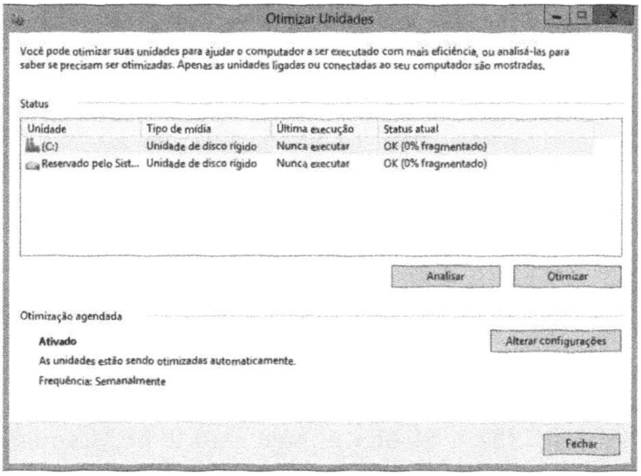

Figura 7.16 - Desfragmentar e Otimizar Unidades.

➡ **Diagnóstico de Memória do Windows:** é outra ferramenta sem grandes novidades cuja única função é verificar a confiabilidade dos pentes de memória instalados. Use como parte de uma rotina de manutenção ou sempre que suspeitar de falhas e travamentos causados por falhas de memória.

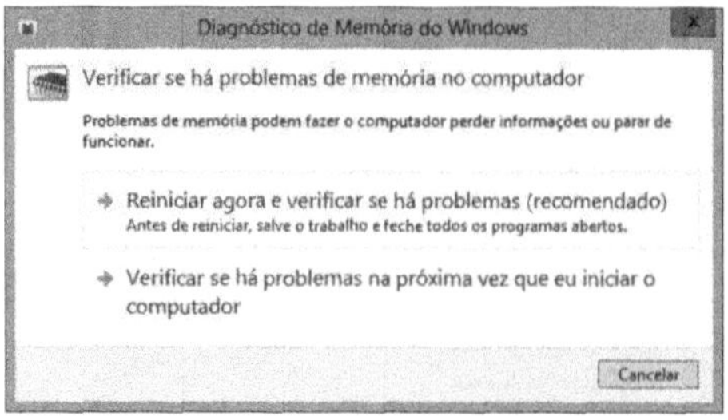

Figura 7.17 - Diagnóstico de Memória do Windows.

➡ **Firewall do Windows com Segurança Avançada:** apesar de algumas melhorias internas, a aparência e o funcionamento do Firewall do Windows não sofreram grandes modificações, se fizer uma comparação com o Windows em sua versão anterior. Para um servidor profissional você vai precisar de uma solução de Firewall com mais recursos do que essa ferramenta pode oferecer.

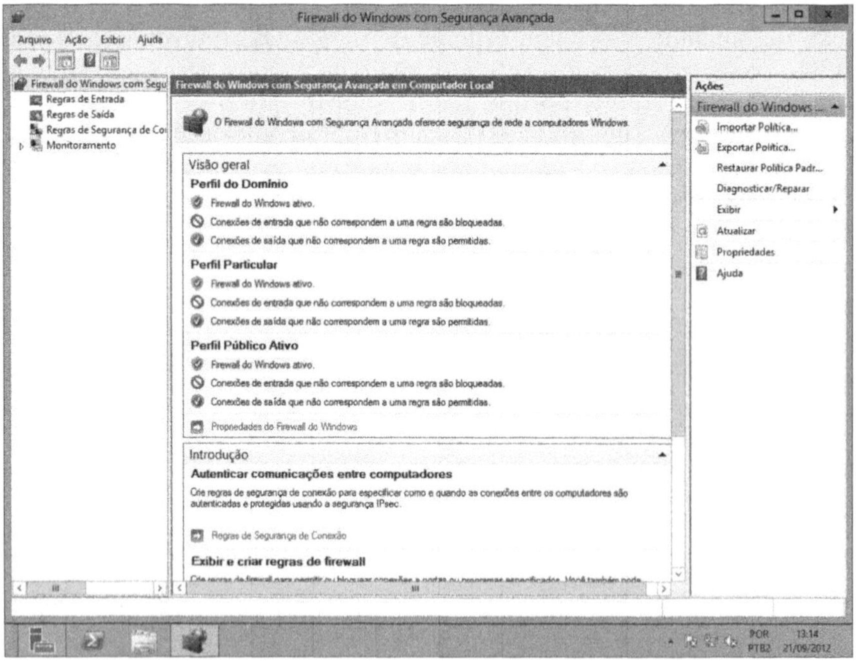

Figura 7.18 - Firewall do Windows com Segurança Avançada.

➡ **Fonte de Dados ODBC (32 e 64 bits):** Open Data Base Connectivity (ODBC) é um padrão de acesso a sistemas gerenciadores de bancos de dados. Você só vai precisar dessa ferramenta se estiver envolvido com a programação de aplicativos e páginas dinâmicas em sites que necessitem de fontes de dados ODBC.

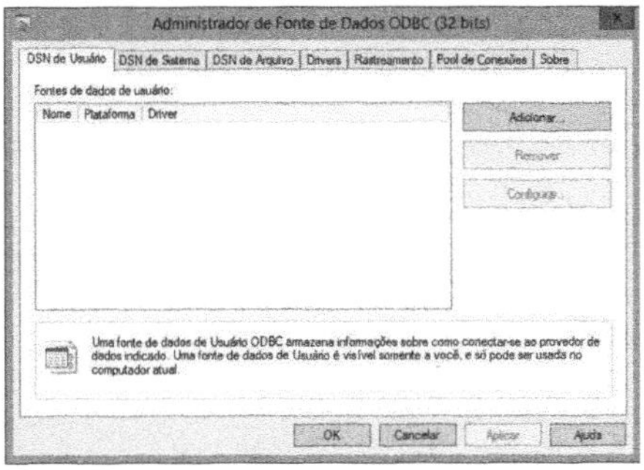

Figura 7.19 - Fonte de Dados ODBC.

- **Gerenciamento do computador:** essa ferramenta é dividida em três blocos:
  - **Ferramentas do sistema:** mais uma opção de acesso ao Agendador de Tarefas, ao Visualizador de Eventos, às Pastas compartilhadas, aos Usuários e Grupos Locais, ao Desempenho e ao Gerenciador de Dispositivos. São ferramentas típicas da administração do dia a dia e também estão presentes em outras áreas e menus do Windows.
  - **Repositório:** mais uma forma de acessar a ferramenta de Backup do Windows Server e o Gerenciamento de disco, necessário quando precisamos criar, gerenciar e particionar, converter e formatar unidades de disco físico e lógico.
  - **Serviços e aplicativos:** você encontra a opção Roteamento e acesso remoto, que precisa ser instalada como recurso do servidor antes de poder ser usada, além das opções Serviços e o Controle WMI (Windows Management Instrumentation), um serviço de instrumentação de gerenciamento do Windows.

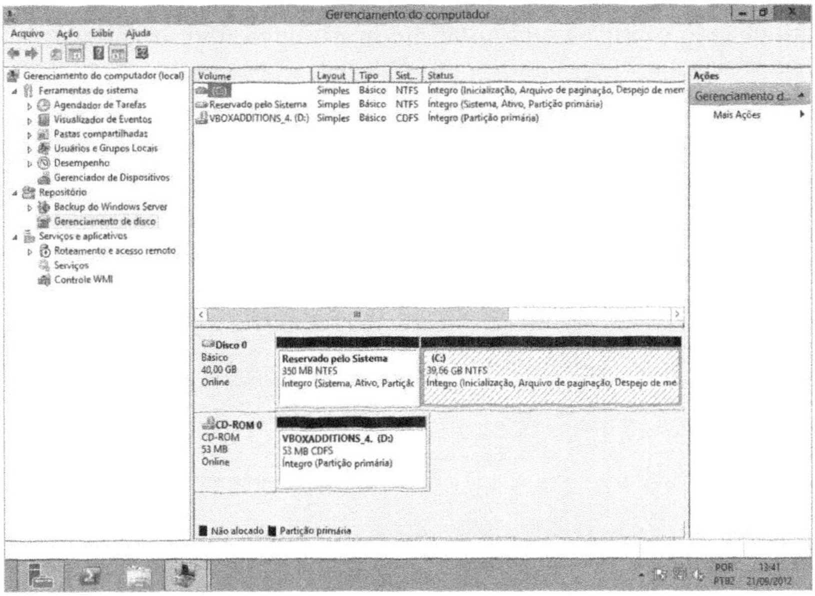

Figura 7.20 - Tela Gerenciamento do computador, destacando a opção Gerenciamento de disco.

- **Informações do sistema:** essa opção é antiga conhecida dos usuários Windows e exibe informações distribuídas nas categorias Recursos do Hardware, Componentes e Ambiente de Software.

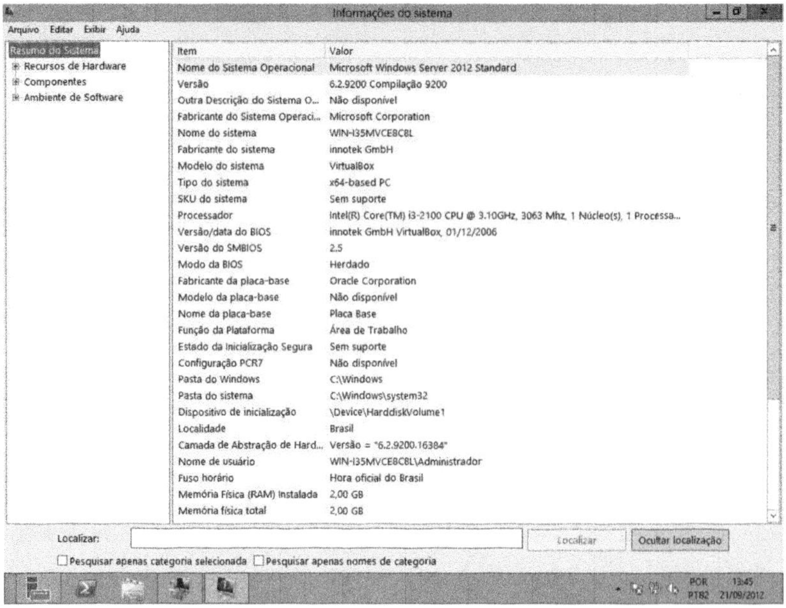

Figura 7.21 - Informações do sistema.

- **Iniciador iSCSI (Internet Small Computer System Interface):** habilita um protocolo usado no contexto das redes do tipo SAN (Storage Area Network).
- **Monitor de Desempenho e Monitor de Recursos:** essas ferramentas servem para monitorar o desempenho do servidor em tempo real ou fazer análise de arquivos de log. Útil quando o sistema está instável e procuramos informações que nos levem à causa do problema.

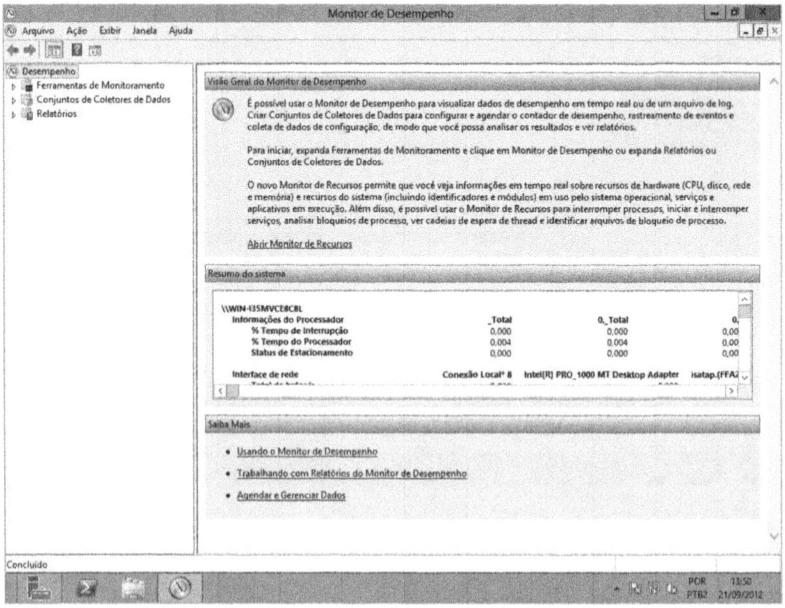

Figura 7.22 - Monitor de Desempenho.

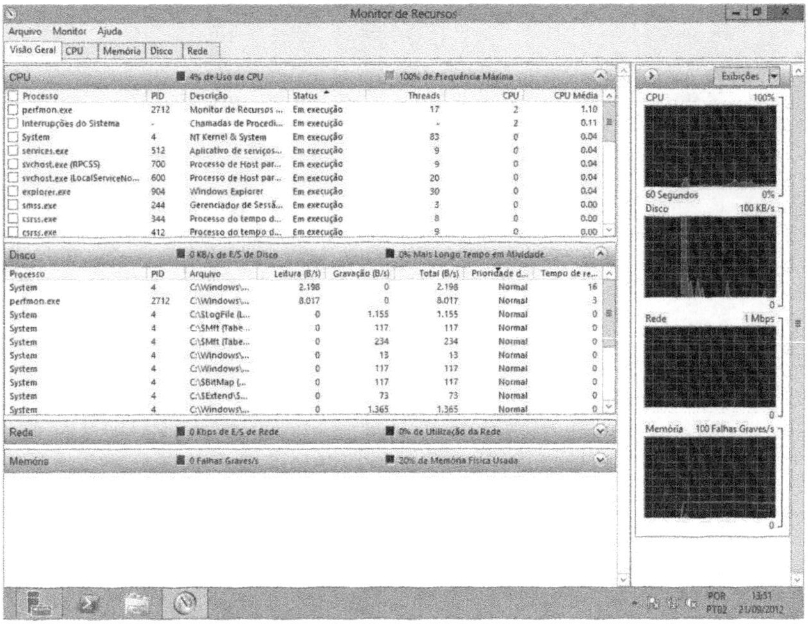

Figura 7.23 - Monitor de Recursos.

- **Política de Segurança Local:** permite fazer configurações de segurança em áreas críticas, incluindo outra opção de acesso ao Firewall do Windows com Segurança Avançada.

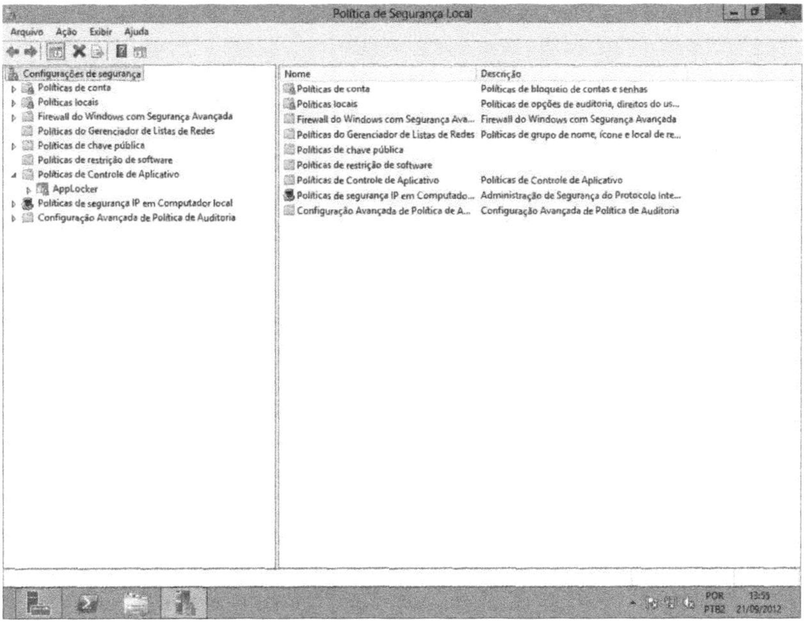

Figura 7.24 - Política de Segurança Local.

- **Serviços:** serve para visualizar e gerenciar os serviços ativos no servidor.

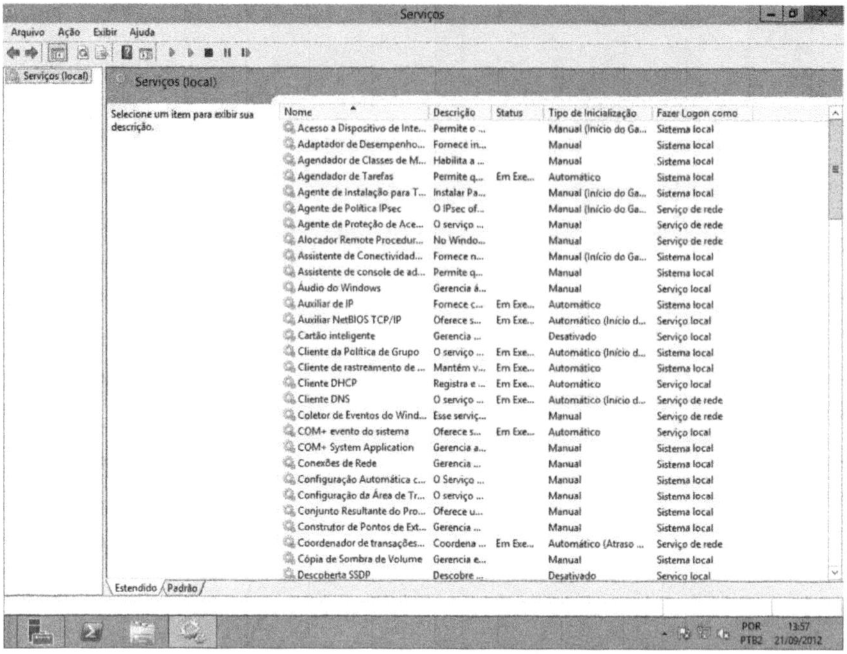

Figura 7.25 - Serviços.

- **Visualizador de Eventos:** outra importante ferramenta de apoio ao administrador, porque permite investigar eventos passados em busca de eventuais quebras na segurança ou falhas no sistema causado pelo hardware ou outros fatores.

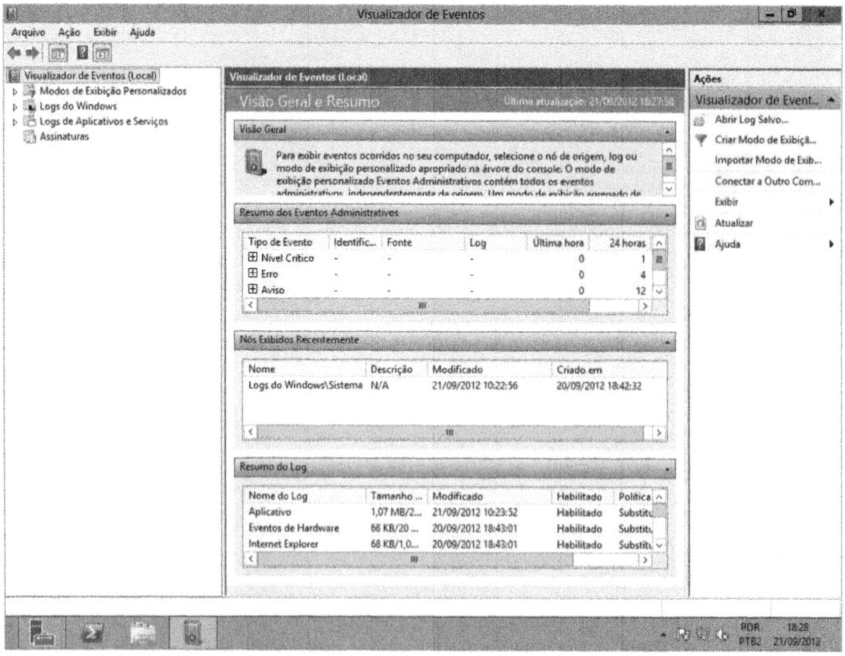

Figura 7.26 - Visualizador de Eventos.

O administrador de redes consciente de suas responsabilidades interage com as ferramentas Serviços de Componentes, Visualizador de Eventos e Serviços como parte da sua rotina de trabalho. Isso inclui o acompanhamento e a pesquisa de soluções para resolver anomalias na rede e no servidor.

- **Windows PowerShell:** aparece em quatro opções, sendo uma relacionada à arquitetura de 32 ou 64 bits ou x86 e x64, respectivamente, e duas opções com o Ambiente de Script Integrado do Windows, o PowerShell (PowerShell Integrated Scripting Environment), que permite criar, executar e depurar comandos e scripts.

E assim concluímos a apresentação das ferramentas disponíveis na opção do menu Ferramentas do Gerenciador do Servidor. Algumas foram apenas introduzidas porque serão aprofundadas nos capítulos específicos de gerenciamento do servidor.

A opção Exibir aumenta ou diminui o tamanho dos blocos de informação do Gerenciador do Servidor. Experimente as opções de tamanho até encontrar uma que seja confortável para trabalhar, principalmente se estiver usando dispositivos do tipo tablet ou smartphone.

A opção Ajuda é dividida em:

- **Ajuda do Gerenciador do Servidor:** também acessível pressionando a tecla de função F1 e remete ao Help do sistema.
- **Windows Server Marketplace:** um link para o Windows Server Catalog no endereço www.windowsservercatalog.com, com informações, em inglês, sobre compatibilidade de drivers e aplicativos, os chamados Certified for Windows.
- **Windows Server TechCenter:** também remete a um endereço externo, o popular fórum de tecnologia sobre produtos da Microsoft, em http://technet.microsoft.com/en-us. Se o idioma inglês não for familiar a você, o mesmo conteúdo está disponível em português no endereço http://technet.microsoft.com/pt-br/.
- **Fórum do Gerenciador de Servidor:** é mais um link para página externa no idioma inglês. Sugerimos que você acesse o endereço http://social.technet.microsoft.com/Forums/pt-br/w8serverpt/threads, que é o mesmo fórum indicado na Ajuda, mas em português.
- **Sobre o Gerenciador do Servidor:** exibe a data e a versão da compilação.

Assim encerramos a descrição da barra superior do Gerenciador do Servidor. Vejamos, agora, as opções da barra lateral esquerda:

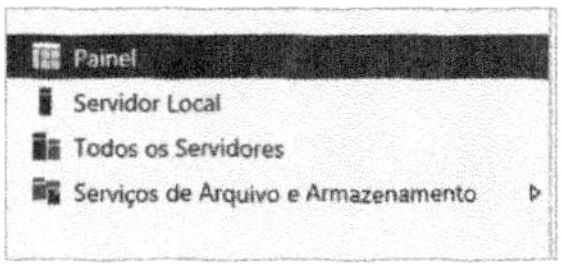

Figura 7.27 - Coluna esquerda do Gerenciador do Servidor.

- Em Painel, a visualização inclui todos os blocos disponíveis, sendo um bloco de boas-vindas e blocos separados para cada servidor.
- Em Servidor Local, você tem acesso aos blocos relacionados à máquina local e respectivos servidores que estiverem instalados, incluindo Propriedades, Eventos, Serviços,

Analisador de Práticas Recomendadas, Desempenho e Funções e Recursos. A personalização desses blocos pode ser feita clicando na caixa de seleção TAREFAS do bloco que deseja personalizar.

- A opção Todos os Servidores inclui no painel central blocos de todos os servidores, locais e remotos, que você tiver agrupado.
- O item Serviços de Arquivo e Armazenamento provê acesso rápido às opções relacionadas aos volumes de trabalho do servidor. Veremos mais sobre esse recurso no capítulo que trata de servidor de arquivos.

Encerramos a apresentação dos elementos da coluna esquerda do Gerenciador do Servidor. Veremos, a seguir, as opções da coluna principal.

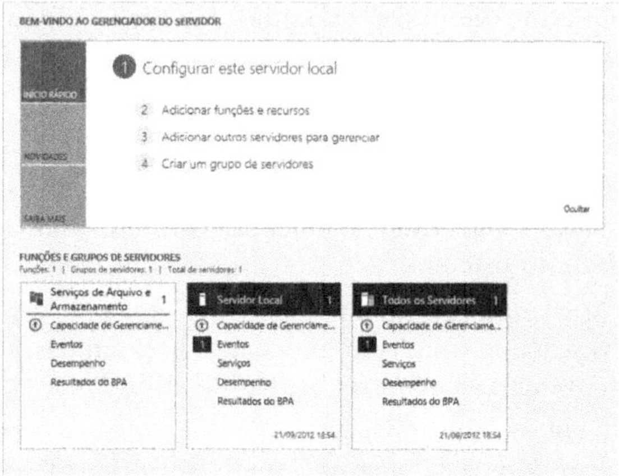

Figura 7.28 - Coluna principal do Gerenciador do Servidor.

As informações estão distribuídas em blocos, sendo o primeiro o bloco de boas-vindas. Para aumentar a área de visualização global, esse bloco pode ser desabilitado. Para fazer isso, clique em Ocultar, disponível no próprio bloco de boas- vindas, ou entre no menu Exibir → Ocultar Bloco de Boas-vindas. Se a intenção for exibir o bloco oculto, no mesmo menu Exibir você encontra a opção Mostrar Bloco de Boas-vindas.

O bloco de boas-vindas é dividido em:

- Início Rápido, com as opções:
  1) Configurar este servidor local
  2) Adicionar funções e recursos
  3) Adicionar outros servidores para gerenciar
  4) Criar um grupo de servidores
- Novidades, com links para o arquivo de Ajuda do Windows.
- Saiba Mais, com links que serão abertos no Internet Explorer.

A distribuição das opções tem uma sequência lógica de trabalho, em que você começa fazendo as configurações padrão, adiciona funções e recursos, adiciona outros servidores, se houver, e termina criando o grupo de servidores, se houver. Após estar familiarizado com essas tarefas e ter o servidor configurado, não há motivo para manter o Bloco de Boas-vindas visível, ocupando espaço.

Além do Bloco de Boas-vindas, a coluna principal do Gerenciador do Servidor exibe tantos blocos quantos forem os servidores criados ou agrupados no Gerenciador. Com a primeira instalação aparecem o bloco Servidor Local, o bloco Serviços de Arquivo e Armazenamento e o bloco Todos os Servidores. Repare que essas opções também estão na coluna esquerda do Gerenciador.

Clicando no cabeçalho do bloco, você tem acesso a funções globais, e clicando apenas no link dentro do bloco, você acessa informações e configurações específicas. Para navegar entre as telas de informação, use as setas de navegação da barra superior do Gerenciador.

Encerramos a visão geral do Windows Server 2012, incluindo a nova maneira de iniciar e encerrar o sistema e a descrição completa de tudo o que aparece no painel Iniciar e no Gerenciador do Servidor.

Uma vez familiarizado com as novidades e inovações estéticas, é possível dar início à parte prática, criando e colocando o servidor para funcionar.

Figura 7.29 - Tela de login do Windows Server 2012.

Resumo do Capítulo 7

Agora você já sabe que:

... desde 1995, o Windows não passa por uma mudança tão radical no visual.

... o nome Metro UI foi abandonado pela Microsoft, que passou a usar Nova Interface do Usuário.

... o Iniciar deixou de ser um botão e tornou-se um painel, mas o acesso continua quase no mesmo lugar, bastando levar o ponteiro do mouse até o canto inferior esquerdo da tela.

... desligar o computador agora faz parte de um conjunto de opções que aparecem quando o ponteiro do mouse vai para o canto inferior direito da tela.

... o painel Iniciar é totalmente personalizável e pode exibir apenas os blocos que você escolher.

... a Nova Interface do Usuário foi pensada para tablets e outros dispositivos de tela sensível ao toque (*touch screen*).

7.6 Exercícios Propostos

1) Pratique as diferentes formas de sair do Windows: sair para desligar, sair da conta (logoff) e trocar de usuário.

2) Personalize o painel Iniciar, redistribuindo os blocos com atalhos para os programas.

3) Instale um programa no Windows e faça com que um atalho para ele apareça no painel Iniciar.

4) Experimente as novas formas de pesquisar do Windows Server 2012.

5) Experimente usar o Windows Server 2012 por um ou dois dias em substituição ao seu computador pessoal. A ideia é tornar a nova interface o mais familiar possível.

capítulo 8

Procedimentos Pós-Instalação

Você já fez a instalação do Windows Server 2012, agora deve cuidar da pós-instalação

A instalação do sistema operacional não encerra com o sistema instalado. É preciso executar as tarefas da pós-instalação, que podem levar tanto ou mais tempo que a instalação. Um erro comum do administrador iniciante é estimar o tempo de instalação baseado apenas no tempo em que o sistema operacional leva para ser copiado para o disco rígido.

Uma instalação profissional benfeita pode levar vários dias até deixar tudo testado e funcionando. Tenha esta informação em mente para a próxima vez que prometer entregar o servidor funcionando em um prazo apertado.

Supondo que tudo correu bem na instalação do Windows Server, o próximo passo é verificar se os drivers de dispositivos foram instalados corretamente, e a verificação será feita acessando o Gerenciador de Dispositivos. Para acessar o Gerenciador de Dispositivos pelo Gerenciador do Servidor, acesse Ferramentas → Gerenciamento do computador. Os dispositivos com drivers problemáticos ou que não foram instalados aparecem em destaque.

Mesmo quando o driver não apresenta problemas, use algum tempo conferindo a situação dos drivers para descobrir se foram instalados drivers genéricos ou em modo de compatibilidade.

A lista de verificação dos drivers deve incluir:

- Driver da placa-mãe (chipset)
- Driver do(s) adaptador(es) de redes
- Driver do modem (se houver)
- Driver do dispositivo de áudio (opcional)
- Driver do adaptador de vídeo
- Outros drivers de dispositivo

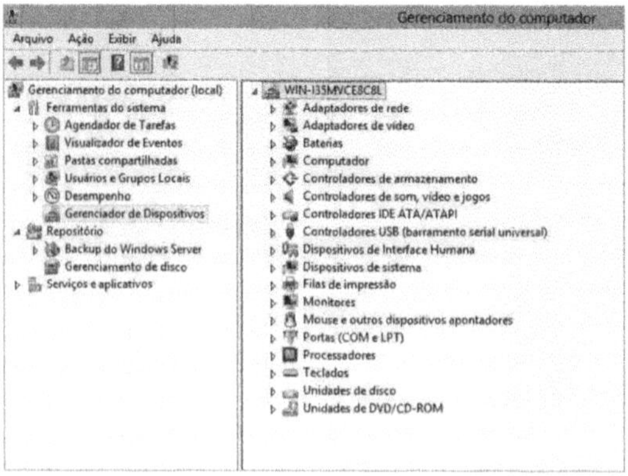

Figura 8.1 - Gerenciador de dispositivos do Windows Server 2012.

O driver da impressora pode ser deixado para mais tarde, após as configurações iniciais ou quando você estiver - e se estiver - configurando um servidor de impressão.

Dê atenção ao driver do adaptador de vídeo, pois é bastante comum ser instalado automaticamente um driver genérico. A verificação serve para confirmar se realmente foi instalado o driver correto para o adaptador de vídeo. Um driver genérico degrada o desempenho gráfico do servidor.

Você vai perceber que, mesmo com o driver do dispositivo de áudio corretamente instalado, o ícone do alto-falante localizado na bandeja do sistema, próximo ao relógio, estará desabilitado. Um x sobre o ícone do alto-falante significa que o driver não foi instalado ou que o dispositivo não está ativo.

Isso ocorre porque o dispositivo de áudio não é habilitado por padrão. Em uma situação de uso normal o servidor não necessita de som. Para habilitar o som no Windows Server 2012, basta clicar com o botão direito do mouse no ícone do alto-falante e selecionar a opção Dispositivos de reprodução.

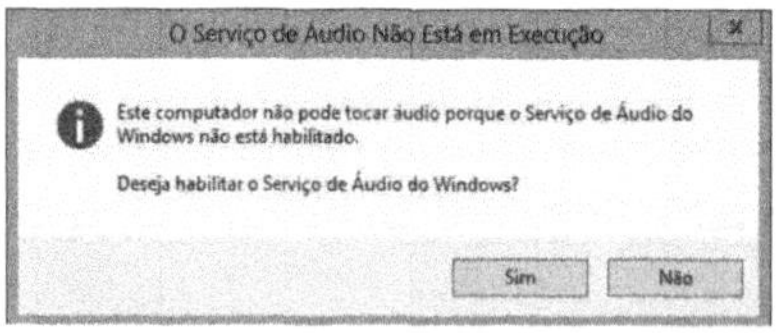

Figura 8.2 - Habilitando o alto-falante no Windows Server 2012.

O Windows Server 2012 é um sistema operacional de 64 bits e nem todo fabricante disponibiliza drivers de dispositivo para essa plataforma. Se o hardware selecionado para o servidor for antigo, as chances de existirem drivers próprios para 64 bits são menores ainda.

O que pode ser feito é experimentar os drivers do Windows 2008 R2 que é de 64 bits. Se não funcionar, testamos também os drivers de 64 bits para o Windows 8 e Windows 7. As chances de algum driver funcionar aumentam bastante, pelo menos até que seja lançado um driver certificado para o Windows Server 2012.

O Windows Update também costuma encontrar, instalar e atualizar drivers. Use esse recurso na busca por drivers novos e para conferir os drivers instalados. Consulte também o Windows Server Catalog em www.windowsservercatalog.com, onde pode encontrar informações sobre hardware problemático e dicas para a solução dos problemas de drivers mais comuns.

Na falta do manual da placa-mãe você pode identificar o hardware do servidor sem a necessidade de abrir o gabinete, usando o programa FinalWire Unveils AIDA64, disponível para download em http://www.aida64.com/news/finalwire-unveils-aida64.

Finalizando a parte relacionada aos drivers, o melhor caminho para o iniciante começar a trabalhar no servidor é pelo Gerenciador do Servidor. As tarefas de configuração inicial incluem:

- Informações iniciais para identificação e funcionamento do servidor;
- Configuração da rede;
- Acesso à Internet;
- Instalação do antivírus;
- Configuração do Firewall;
- Ativação do Windows Server 2012;
- Atualização do servidor;
- Personalização do servidor.

Essas etapas são apenas uma sugestão de roteiro a respeito do que fazer após a instalação do sistema. Com o tempo e conforme você adquire experiência, pode ajustar as etapas de pós-instalação aos seus interesses e necessidades. Se não tem a menor ideia do que fazer após a instalação do Windows Server 2012, use essas etapas para começar.

8.1 Informações Iniciais para Identificação e Funcionamento do Servidor

8.1.1 Alterar o Nome do Servidor

Durante a instalação o Windows Server 2012 recebeu um nome qualquer. Vamos saber que nome foi este. Em Iniciar você dá um clique no bloco Painel de Controle, no qual acessa Sistema e Segurança → Sistema. Procure computador, domínio e nome do grupo de trabalho. No exemplo da Figura 8.3, o nome dado automaticamente ao servidor é WIN-I35MVCE8C8L.

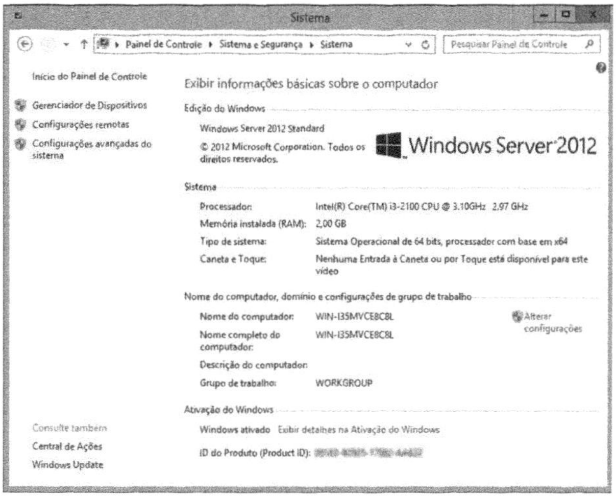

Figura 8.3 - A janela Sistema auxilia nas configurações iniciais pós-instalação.

O mais provável é que você queira adotar um nome mais de acordo com o seu projeto de rede. Para os exemplos deste livro vamos usar o nome Servidor1 e para fazer a alteração do nome, clique em Alterar configurações para exibir a janela Propriedades do Sistema. Em Propriedades do Sistema, clique na guia Nome do computador, em seguida no botão Alterar. A janela Alterações de Nome/Domínio do Computador vai permitir a alteração do nome e do grupo de trabalho, que é WORKGROUP por padrão, ou a inclusão desse servidor em um domínio preexistente.

Figura 8.4 - Propriedades do Sistema.

Figura 8.5 - Alterações de Nome/Domínio do Computador.

Você vai precisar reiniciar o computador para as alterações surtirem efeito.

8.1.2 Definir o Fuso Horário

É possível que o fuso horário esteja configurado corretamente. Por via das dúvidas, verifique e ajuste, se necessário. Essa opção está disponível via Painel de Controle ou na Área de Trabalho, clicando com o botão direito do mouse na data/hora e acessando a opção Ajustar data/hora. Para um servidor é importante a hora do sistema estar sincronizada com a hora local para garantir a integridade dos arquivos de log, entre outras coisas.

Figura 8.6 - Verificando a sincronização data/hora e a necessidade de desabilitar a entrada automática no Horário de Verão.

8.1.3 Configurar a Rede Local

Ainda no Painel de Controle, clique na opção Rede e Internet, em seguida acesse a Central de Rede e Compartilhamento. A outra forma de fazer isso é clicar com o botão direito do mouse no ícone da rede na bandeja da Barra de Tarefas e selecionar Abrir a Central de Rede e Compartilhamento.

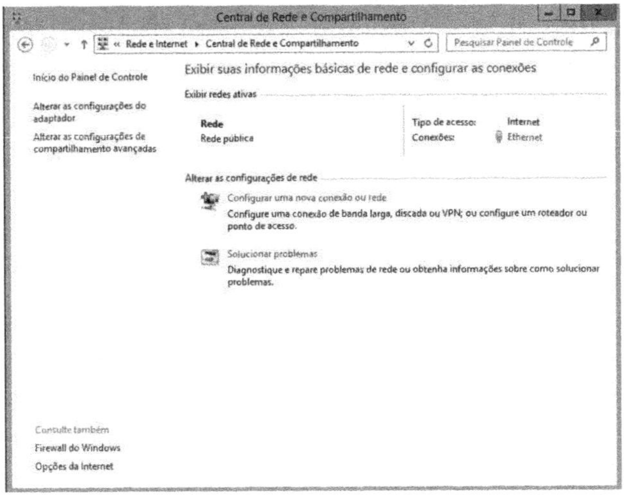

Figura 8.7 - Central de Rede e Compartilhamento.

A configuração consiste em definir os protocolos e atribuir um IP estático ou dinâmico a cada um dos adaptadores de rede. A recomendação é que o servidor possua no mínimo dois adaptadores de rede e um deles esteja configurado com o IP estático. Se você não alterar, a configuração padrão para cada adaptador de rede será Obter um endereço IP automaticamente.

Clique em Ethernet na Central de Rede e Compartilhamento. Quando aparecer a janela Status de Ethernet, clique no botão Propriedades para ter acesso a Propriedades de Ethernet.

Figura 8.8 - Status de Ethernet.

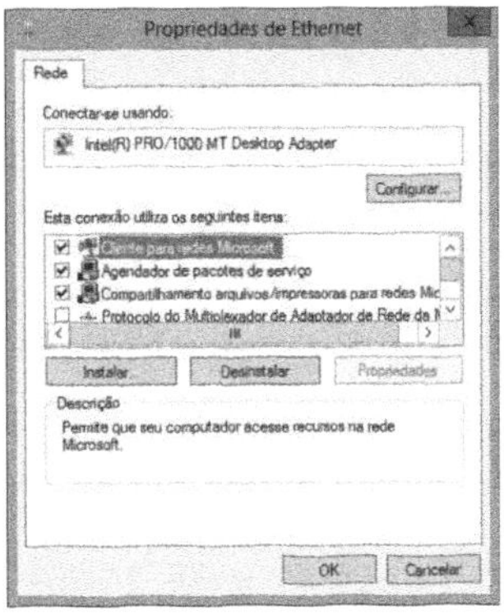

Figura 8.9 - Propriedades de Ethernet.

Em Propriedades de Ethernet é possível incluir, configurar e remover clientes de rede, protocolos de rede e serviços de rede. Inicialmente o Windows Server 2012 habilita clientes, protocolos e serviços básicos em configuração padrão. O que você deve fazer a respeito é analisar os recursos de rede instalados para desabilitar os desnecessários, configurar quando necessário e incluir os ausentes. Para fazer isso com segurança, é preciso entender de redes de computadores, conhecimento que não é o foco deste livro.

A configuração que interessa no momento é a atribuição de um IP fixo ao servidor. Muitas das configurações necessárias ao funcionamento do servidor exigem um IP fixo e é isso que devemos fazer.

Na lista de clientes, protocolos e serviços de Propriedades de Ethernet, procure Protocolo TCP/IP Versão 4 (TCP/IPv4). Clique em Propriedades e informe um IP local à sua escolha, que será o IP fixo desse servidor.

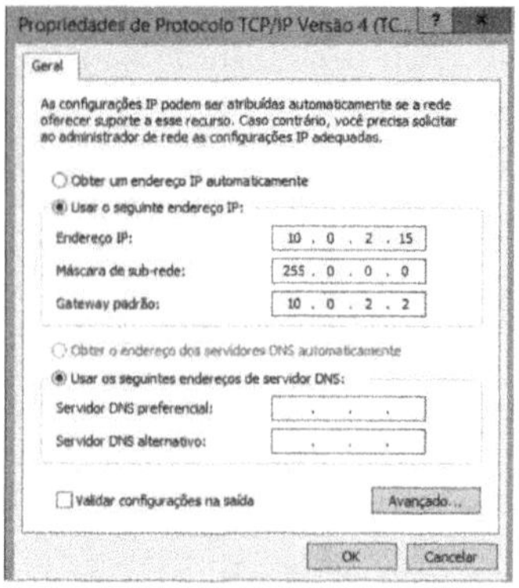

Figura 8.10 - Exemplo de configuração em Propriedades de Protocolo TCP/IP Versão 4.

Se você tiver dúvidas sobre a escolha do endereço IP estático e não tem a menor ideia do IP a informar como Gateway padrão e como DNS, pode inicialmente deixar esses campos em branco, informando só o IP fixo. Ou se já houver uma rede funcionando, à qual o servidor vai se integrar, pode verificar essas informações na própria rede, em algum outro servidor ou mesmo na estação de trabalho. Se trabalhar em equipe, consulte alguém mais experiente que possa informar o IP do Gateway padrão e do DNS.

Se você estiver usando máquina virtual, como sugerimos para os exercícios, pode verificar no hospedeiro, sua máquina real, informações sobre o Gateway padrão e o DNS.

É bastante provável que a sua conexão doméstica com a Internet seja feita por um modem de banda larga e que esse modem esteja configurado para ser o roteador da Internet. Se este for o seu caso, tanto o IP do Gateway padrão como os IPs para DNS serão fornecidos pelo modem-router. Verifique esta informação acessando o modem-router pelo Internet Explorer ou visualizando as configurações do sistema operacional da máquina hospedeira.

Para os exemplos usaremos o IP fixo 10.0.2.15 em um adaptador de rede e deixaremos o outro configurado para Obter um endereço IP automaticamente.

> **Dica**
> Se você precisar criar um segundo adaptador de redes na VirtualBox, acesse Configurações da máquina virtual e na opção Redes habilite e configure até quatro adaptadores de rede virtual.

8.1.4 Acessar a Internet com o Windows Server 2012

As formas disponíveis para acessar a Internet com o Windows Server 2012 são parecidas com as opções dos sistemas domésticos com Windows Vista, Windows 7 ou Windows 8. O acesso pode ser feito por:

- **Conexão por banda larga:** está se tornando a mais comum no Brasil e é bastante indicada para o uso doméstico e das pequenas e médias empresas sem necessidades específicas que requeiram outro tipo de conexão.

- **Conexão via rede local:** a conexão com a Internet usando a rede local é feita quando já existe uma rede em casa ou na empresa e o servidor fará a conexão com a Internet usando a rede existente.
- **Conexão discada (dial-up):** para as necessidades de acesso atuais, a conexão do tipo discada, usando linhas de telefone comum, já pode ser considerada obsoleta.
- **Conexão via rede sem fio (wireless):** a boa prática de segurança sugere que servidores não tenham placas de rede sem fio. O motivo é bem simples; além de ser uma rede que às vezes se mostra instável em razão da interferência eletromagnética, não é possível controlar o perímetro do alcance do sinal, podendo acontecer tentativas de acesso não autorizado até mesmo de fora do prédio da empresa.
- **Conexão por linha dedicada:** esse tipo de conexão é indicado para empresas de médio para grande porte e principalmente quando existe a necessidade de interligar filiais distantes geograficamente. A decisão por esse tipo de conexão deve ser feita levando em consideração a disponibilidade em sua região, o nível de segurança necessário entre a comunicação das filiais e o custo-benefício entre essa opção e a VPN em uma conexão típica da Internet.

Qualquer que seja a conexão disponível e a escolhida, para configurar vá até o Painel de Controle → Rede e Internet → Central de Rede e Compartilhamento → Configurar uma nova conexão ou rede.

Para os exercícios deste livro usamos o Windows Server 2012 em máquina virtual com o acesso à Internet feito por banda larga, com o próprio modem fornecendo o endereço IP para o acesso compartilhado.

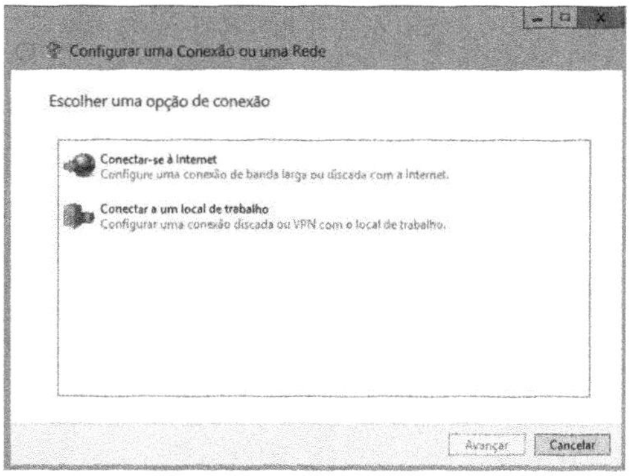

Figura 8.11 - Configurar uma Conexão ou uma Rede.

> **Dica**
> No VirtualBox, é provável que a conexão com a Internet esteja configurada automaticamente durante a instalação do Windows Server 2012. Verifique acessando algum site com o Internet Explorer.

8.1.5 Ativar o Windows Server 2012

O processo de ativar o Windows foi simplificado na versão Windows Server 2012. Dependendo da Edição do servidor que você estiver usando, a ativação será feita automaticamente com o acesso à Internet.

Para ver os detalhes da ativação, versão e edição do servidor, acesse o Painel de Controle → Sistema e Segurança → Sistema → Exibir detalhes na Ativação do Windows.

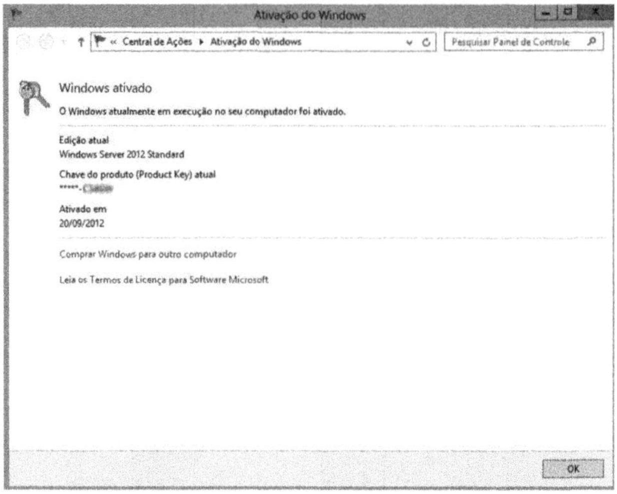

Figura 8.12 - Ativação do Windows.

É tentador poder usar um sistema excepcional como o Windows Server 2012 sem pagar nada por isso. Fora os casos já citados das parcerias com as universidades e as cópias da avaliação, a única forma de ter o Windows Server 2012 legalizado é pagando a licença de uso.

Existem na Internet pessoas que se apresentam como profissionais e prometem burlar a segurança da ativação do Windows, independente da versão, tornando-o uma 'cópia legalizada'. A certeza da impunidade é tão grande que anúncios oferecendo esses serviços são comuns nos sites de leilão.

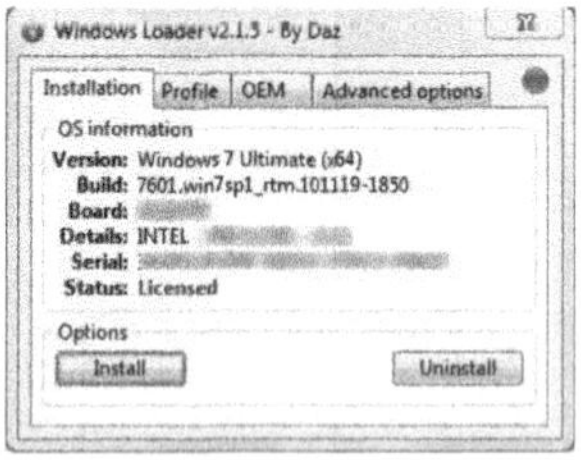

Figura 8.13 - Boot loader.

Também na Internet é possível baixar os conhecidos *loaders*, programas que fazem alterações no sistema operacional e aparentemente o tornam uma cópia genuína.

Nos dois casos a cópia é ilegal, independente de constar a validação na Ativação do Windows. A cópia só é aceita como legalizada se houver uma nota fiscal ou contrato que confirme esta informação.

Nem sempre a direção da empresa dá atenção a estes detalhes. Muitos empresários confiam na equipe técnica que cuida da rede da empresa e acabam surpreendidos por notificações com prazo para legalizar os softwares, paralisação do servidor após uma atualização que removeu a suposta ativação; existe até o risco de invasão em virtude de brechas (*back doors*) criadas pelo software ativador.

Ética tem a ver com confiança. E para ser reconhecido como um profissional ético você precisa ficar atento a possíveis fraudes envolvendo a ativação do Windows, que podem ocorrer com ou sem o seu conhecimento. Procure informar-se sobre o licenciamento de todos os softwares com os quais venha a trabalhar.

8.1.6 Atualizar o Servidor

Uma vez que o acesso à Internet e a Ativação do Windows já estejam garantidos, o próximo passo é atualizar o servidor e habilitar as atualizações automáticas. Esses procedimentos podem ser feitos no Painel de Controle → Sistema e Segurança → Windows Update.

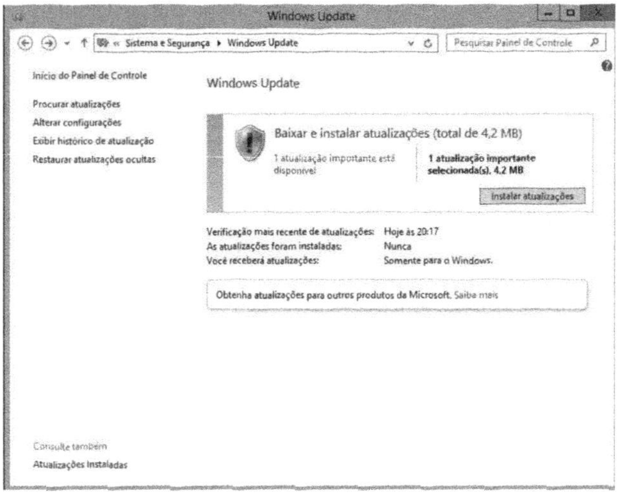

Figura 8.14 - Windows Update.

Antes do primeiro uso, é necessário configurar a forma como o Windows Update deve funcionar. As opções vão de deixar tudo no automático, ou seja, o sistema baixa e instala as configurações em segundo plano, sem a sua interferência, a desabilitado, em que nenhuma atualização será baixada ou instalada.

Desabilitar as atualizações automáticas só se justifica quando queremos um Windows Server para usar em testes de segurança, fazendo testes de penetração autorizados. Mas deixar tudo em automático pode causar transtornos provenientes de atualizações malsucedidas, ataques que se aproveitam da atualização automática e eventuais reinicializações do servidor em momentos inoportunos. A decisão final é sua. Para a finalidade deste livro marcaremos a opção de baixar as atualizações, mas deixando que o administrador decida quando instalar.

> **Dica**
> O Windows Update também pode procurar atualizações para outros produtos Microsoft que estejam instalados. É só marcar essa opção ao configurar.

8.1.7 Gerenciar Dispositivos

O Gerenciador de Dispositivos pode ser acessado via Painel de Controle clicando em Hardware → Gerenciador de dispositivos. Você terá acesso à lista de dispositivos de hardware instalados, podendo verificar se as instalações de drivers estão corretas ou se precisam ser revisadas.

Em relação aos drivers de dispositivo, considere as seguintes informações:

- O Windows Server 2012 é um sistema operacional de 64 bits, o mais recente sistema operacional para servidores lançado pela Microsoft. Na prática, isso quer dizer que nas primeiras semanas ou meses após o lançamento, é provável que drivers para alguns dispositivos não estejam disponíveis.

- As fontes tradicionais de drivers de dispositivo são: o CD/DVD de instalação do hardware, fóruns especializados espalhados pela Internet, o Windows Update e a área de suporte no site do fabricante. A atualidade do driver segue a ordem inversa, ou seja, o mais atual está no site do fabricante e o menos atual no CD/DVD de instalação.
- Na impossibilidade de encontrar drivers específicos para o Windows Server 2012, experimente drivers de outros sistemas operacionais, nesta ordem: Windows 8, Windows Server 2008 R2, Windows Server 2008, Windows 7, Windows Vista e Windows XP, dando preferência à versão do driver para 64 bits.
- O Gerenciador de Dispositivos assinala quando o driver está ausente ou causando problemas. Às vezes é necessário remover o dispositivo da lista de hardware, na esperança de que, ao reiniciar o computador, a tecnologia Plug and Play deixe o problema resolvido.
- Não se deve instalar um driver sobre outro que se mostrou problemático. A situação ideal é remover o hardware da lista no Gerenciador de Dispositivos para depois então instalar o driver atualizado.
- Hardware antigo não está preparado para trabalhar com o Windows Server 2012 e nem sempre a mensagem de erro do sistema é clara o suficiente para fazer você perceber isso. Há casos em que o sistema sequer instala. Pesquise na Internet ou no Windows Server Catalog por informações sobre compatibilidade.
- Se você estiver usando máquina virtual para conhecer o Windows Server 2012, lembre-se de que o hardware que aparece no Gerenciador de Dispositivos pode não ser o mesmo que está em seu computador real.

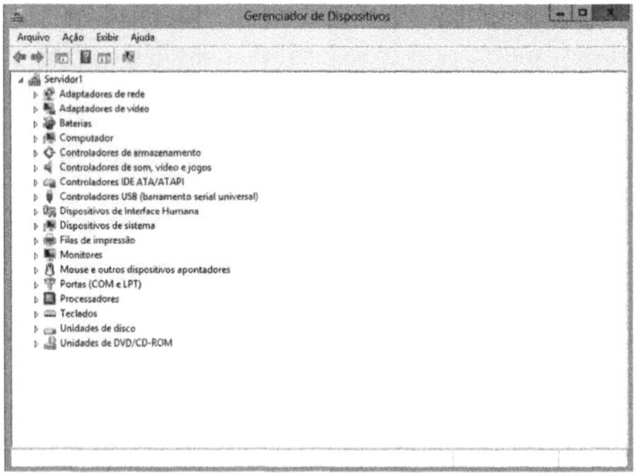

Figura 8.15 - Gerenciador de Dispositivos.

8.1.8 Central de Ações

Acesse Painel de Controle → Sistema e Segurança → Central de Ações. Nessa janela você define a forma como o sistema operacional vai se comportar em relação a permissões de aplicativos e interação com o usuário administrador.

No bloco Segurança você define o comportamento do Windows SmartScreen, um recurso de segurança que monitora os arquivos desconhecidos baixados para o computador. Um servidor não é o tipo de computador para o qual se baixam arquivos, o que torna o Windows SmartScreen mais indicado para sistemas operacionais de uso doméstico.

Por outro lado, é sabido que o excesso de mensagens do servidor ou do computador pessoal condiciona o usuário a aceitar arquivos quase que automaticamente, com menor preocupação sobre o tipo de arquivo que está autorizando. Tenha isso em mente ao selecionar uma das opções de interação do Windows SmartScreen.

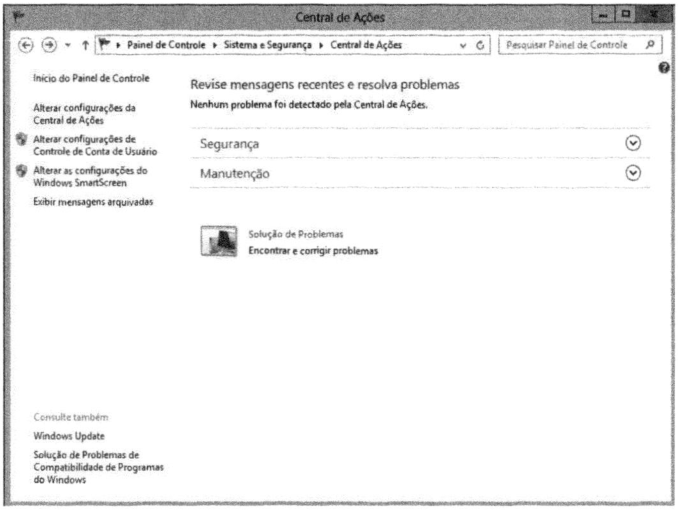

Figura 8.16 - Central de Ações.

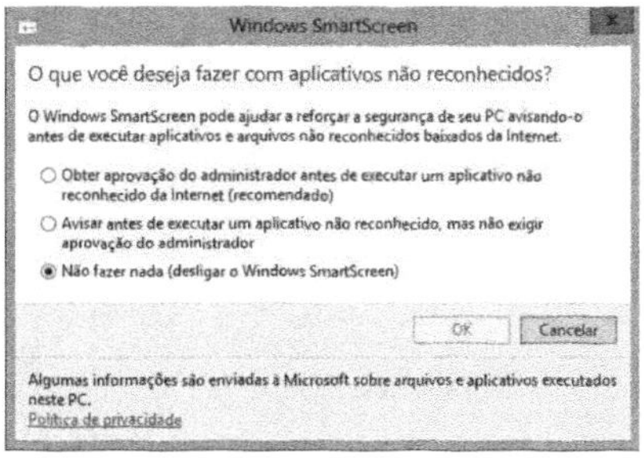

Figura 8.17 - Windows SmartScreen.

8.1.9 Firewall do Windows com Segurança Avançada

O Windows Server 2012, bem como as últimas versões do Windows para uso doméstico e em servidores de redes, vem com um firewall integrado, conhecido atualmente como Firewall do Windows com Segurança Avançada. O Firewall do Windows é ativado com a instalação do sistema.

Especificamente no caso do Windows Server, esse firewall em sua configuração inicial mantém o máximo de portas e serviços bloqueados. Na pós-instalação você deve conferir essas configurações de forma a evitar que posteriormente algum recurso necessário deixe de funcionar corretamente porque está bloqueado no firewall.

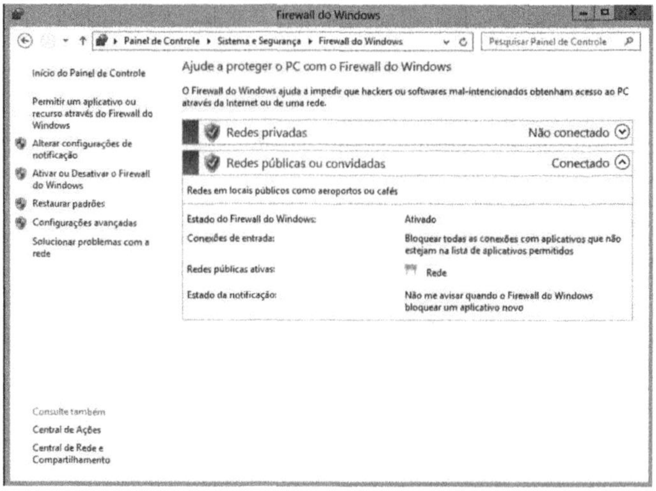

Figura 8.18 - Firewall do Windows.

O outro motivo para conhecer essa ferramenta é que, dependendo do projeto da rede de onde estiver trabalhando, é provável que o Firewall do Windows não seja a solução indicada. A própria Microsoft possui uma solução de segurança mais robusta, como, por exemplo, o Forefront TMG 2010.

Para acessar o Firewall do Windows, entre em Painel de Controle → Sistema e Segurança → Firewall do Windows.

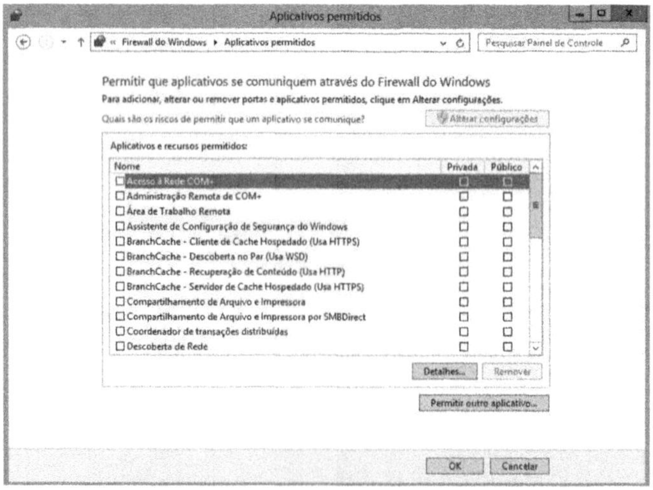

Figura 8.19 - Aplicativos permitidos.

Clique em Permitir um aplicativo ou recurso através do Firewall do Windows para visualizar a lista de Aplicativos permitidos por tipo de rede (Público e Privada).

Clique em Configurações avançadas para ter acesso a todos os recursos do Firewall do Windows.

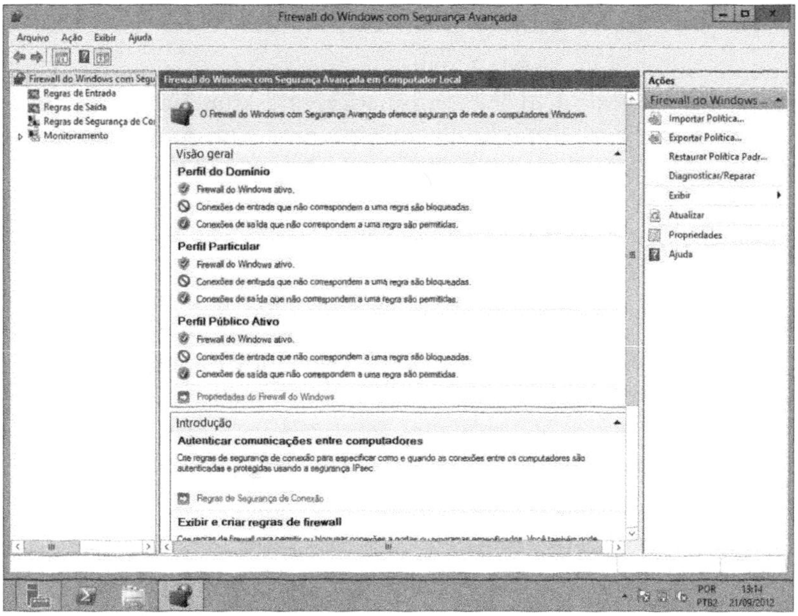

Figura 8.20 - Firewall do Windows com Segurança Avançada.

8.1.10 Monitor de Confiabilidade

O funcionamento do servidor é monitorado pelo Windows de diversas formas. Acesse Painel de Controle → Sistema e Segurança → Central de Ações → Manutenção → Exibir histórico de confiabilidade. Alguns eventos são de registros automáticos e outros dependem de sua configuração para que existam nos logs de eventos.

Sugerimos o acesso periódico ao Monitor de Confiabilidade para acompanhar o desempenho do servidor em vários aspectos importantes e assim prevenir surpresas ocasionadas por mau funcionamento.

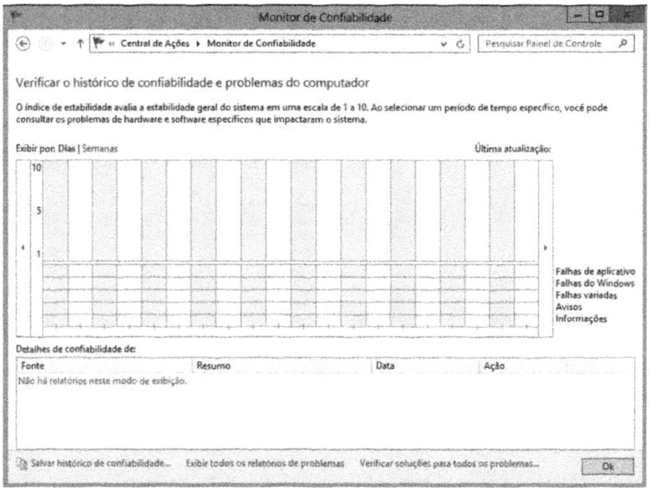

Figura 8.21 - Monitor de Confiabilidade.

8.1.11 Administração Remota do Servidor

Em geral, a administração do servidor é feita remotamente e, no caso do Windows Server 2012, essa funcionalidade vai além dos computadores desktop, netbooks e notebooks, pois inclui dispositivos móveis como tablets e smartphones. Em um dos próximos capítulos veremos em detalhes como administrar remotamente o servidor.

8.2 Configuração do Servidor Local

Quem está iniciando em administração de rede de servidores não deve desprezar os assistentes e as orientações do sistema operacional. Após adquirir experiência o suficiente você terá condições de gerenciar o servidor quase ou sem ajuda da interface gráfica, podendo resolver tudo em linha de comandos.

Começaremos o servidor do painel Gerenciador do Servidor, acessando as opções Início rápido → Configurar este servidor local.

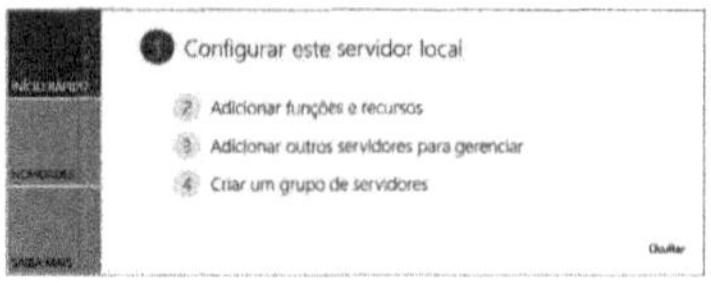

Figura 8.22 - Configurar este servidor local.

A janela de configuração do servidor local possui blocos de informações organizados em:

- Propriedades
- Eventos
- Serviços
- Analisador de práticas recomendadas
- Desempenho
- Funções e recursos

No canto direito de cada bloco você encontra o botão TAREFAS com atalhos para algumas tarefas de rotina relacionadas ao bloco.

8.2.1 Bloco PROPRIEDADES

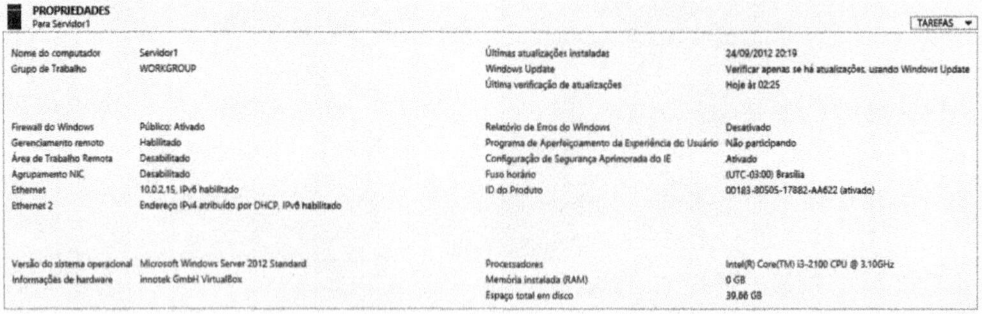

Figura 8.23 - Bloco PROPRIEDADES.

O bloco PROPRIEDADES do servidor exibe o status e algumas configurações. Em Nome do computador é possível ver o nome Servidor1 que alteramos logo nos primeiros capítulos.

Neste momento o servidor está vinculado ao grupo de trabalho padrão, o WORKGROUP, até criarmos o primeiro domínio. O Firewall do Windows está ativo. O Gerenciamento Remoto está habilitado. A Área de Trabalho Remota está desabilitada. O Agrupamento NIC está desabilitado. Trata-se de um recurso interno do Windows Server 2012 que permite adicionar tolerância a falhas aos adaptadores de rede.

Conforme orientamos, o servidor está operando com dois adaptadores de rede nomeados pelo sistema como Ethernet e Ethernet 2. O primeiro adaptador foi configurado com o IP fixo 10.0.2.15 e o segundo adaptador está recebendo o IP via DHCP. O IPv6 está habilitado. Tudo de acordo com as orientações dos capítulos anteriores.

Ainda em PROPRIEDADES encontramos a versão do sistema operacional, que no caso do exemplo é o Microsoft Windows Server 2012 Standard Edition. Há também informações sobre o hardware.

Na coluna da direita temos informações sobre a última atualização do servidor, o status da configuração do Windows Update e a previsão da próxima busca por atualizações.

O Relatório de Erros do Windows está desativado. Não estamos participando do Programa de Aperfeiçoamento da Experiência do Usuário e a Configuração de Segurança Aprimorada do Internet Explorer está ativa.

O Fuso horário está configurado para o horário de Brasília, que é UTC -03:00, e a ID do produto foi gerada automaticamente, com base na chave de ativação.

Vemos, ainda, informações sobre o processador, a memória instalada e o espaço total em disco.

Tamanha quantidade de informação exige uma resolução de tela apropriada e sugere um monitor de dimensões generosas incluindo 32 e 42 polegadas. Uma tela desse tamanho favorece a visualização das informações de vários servidores no mesmo monitor.

Por outro lado, um monitor de grandes dimensões favorece também o uso de uma técnica conhecida como Shoulder Surfing ou Surf de Ombro, em que a pessoa mal-intencionada observa o que a outra está digitando. No Brasil, o uso mais comum do Shoulder Surfing é como parte dos golpes conhecidos como "saidinha bancária".

Resumindo, um monitor maior favorece o gerenciamento considerando grande quantidade de informações simultâneas, mas favorece também a perda da privacidade na tela do servidor. Decida o que for melhor para você e estiver dentro do orçamento da empresa.

Após esta apresentação do bloco PROPRIEDADES do servidor, veremos as opções de ajustes e configuração.

Há duas formas de trabalhar com esses blocos. A primeira é clicando em TAREFAS, que fica na parte superior direita de cada bloco. A segunda forma de trabalhar com esses blocos é clicando diretamente no nome da propriedade a ser configurada.

As propriedades que permitem ajustar atributos estão em azul-claro, similar a um link de página da Internet. As propriedades em cinza são apenas informativas, não permitem ajustes ou o ajuste não pode ser feito desse local.

O botão TAREFAS do bloco PROPRIEDADES do servidor possui as seguintes opções:

- **Desligar Servidor Local:** essa opção permite sair da conta de usuário, sair do Windows Server 2012 para desligar o computador, trocar de usuário e reiniciar o Windows. Para as opções Desligar e Reiniciar, é obrigatório selecionar um motivo na caixa Opção. Também é possível escrever um comentário, mas isso é opcional.

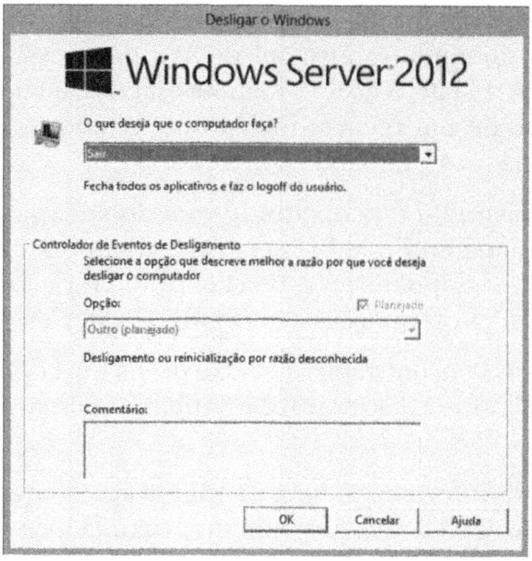

Figura 8.24 - Desligar o Windows.

- **Windows PowerShell:** clicando nessa opção, abre-se a janela do prompt para utilização dos comandos do Windows PowerShell 3.0. O Windows PowerShell no Windows Server 2012 tem mais de 2300 command-lets, em comparação com cerca de 200 no Windows Server 2008 R2.

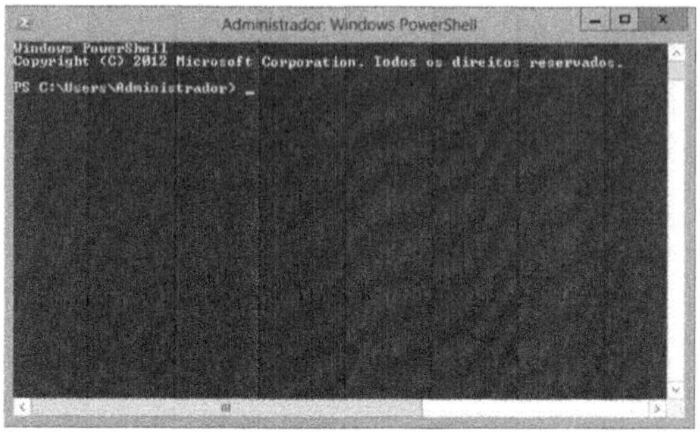

Figura 8.25 - Windows PowerShell.

- **Gerenciamento do computador:** dá acesso a algumas ferramentas administrativas distribuídas entre Ferramentas do sistema, Repositório, Serviços e aplicativos. Esses recursos já foram abordados nos capítulos anteriores.

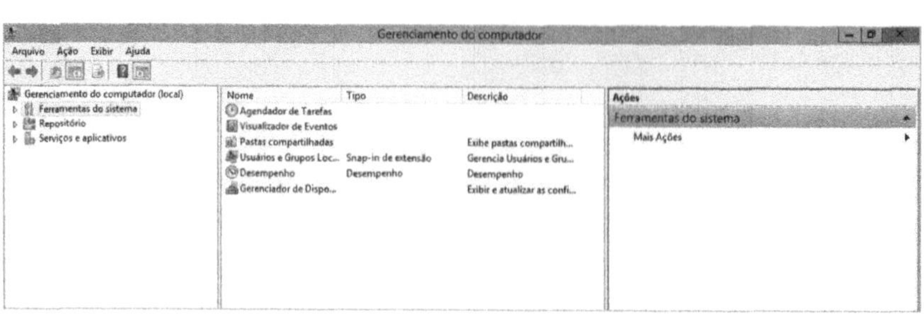

Figura 8.26 - Gerenciamento do computador.

- **Atualizar:** recarrega o bloco PROPRIEDADES e atualiza os dados.

A outra forma de interagir com o bloco PROPRIEDADES é usando o mouse para clicar no link da opção desejada. Por exemplo, para alterar o nome do Grupo de Trabalho, basta clicar no nome atual WORKGROUP para abrir a janela Propriedades do Sistema e fazer a alteração desejada.

Imaginemos que você queira alterar os atributos do Relatório de Erros do Windows. Basta clicar no link dessa opção para abrir a janela Configuração do Relatório de Erros do Windows e fazer a alteração desejada.

Vamos supor que você queira alterar a Configuração de Segurança Aprimorada do Internet Explorer. No Windows Server 2012 é possível ter uma configuração diferente para administradores e usuários. Basta clicar no link dessa opção para abrir a janela Configuração de Segurança Reforçada do Internet Explorer. Em nosso exemplo, optamos por Desligada para Administradores e Ligada para Usuários.

Os links do bloco PROPRIEDADES permitem acesso rápido a vários recursos que podem ser configurados. Use algum tempo para conhecê-los e aproveite para fazer os ajustes que julgar necessários.

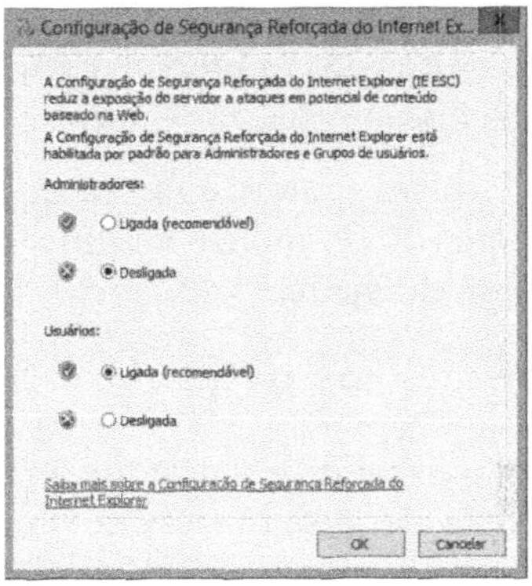

Figura 8.27 - Configuração de Segurança Reforçada do Internet Explorer.

8.2.2 Bloco EVENTOS

O segundo bloco do Gerenciador do Servidor é o EVENTOS. Ele é dividido em duas colunas horizontais. Se você clicar em algum dos eventos registrados, vai poder visualizar na coluna inferior detalhes sobre o evento, incluindo alguma orientação sobre o que fazer a respeito.

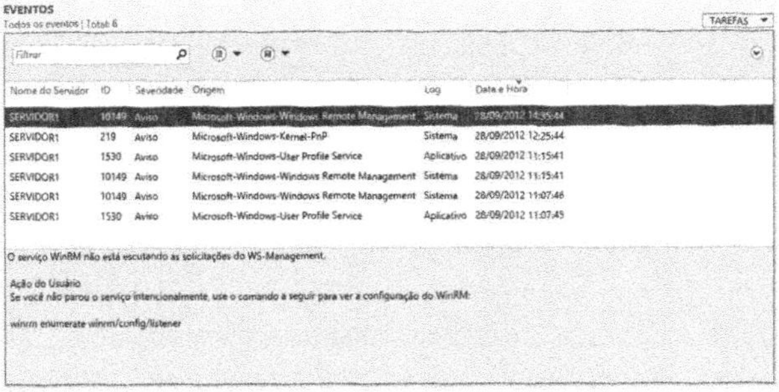

Figura 8.28 - Bloco EVENTOS.

As informações de cada evento estão distribuídas nas colunas Nome do Servidor, ID, Severidade, Origem, Log, Data e Hora.

Clicando no cabeçalho de cada coluna, você faz uma nova ordenação das informações, classificando de acordo com a coluna selecionada.

Por exemplo, clicando no cabeçalho da coluna Data e Hora, os eventos são classificados por data e hora crescente. Se você clicar uma segunda vez, a classificação é decrescente.

Com o passar do tempo, e havendo vários servidores reunidos no mesmo gerenciador, a lista de eventos pode ficar imensa. Isso não representa problema porque é possível fazer e salvar pesquisas usando o campo de buscas da parte superior do bloco.

Vamos supor que você queira visualizar apenas os eventos do dia 29/09/2012. Basta digitar a data desejada no campo de buscas para filtrar a exibição do resultado.

Os critérios de pesquisa são muito flexíveis; podem ser por data, hora, nome do servidor, severidade, origem, log ou qualquer palavra que você queira pesquisar.

Para salvar a pesquisa, basta clicar no ícone do disquete. Fazendo isso, a consulta é salva para consulta posterior.

O botão TAREFAS do bloco EVENTOS permite configurar os dados do evento e possui também a opção Atualizar.

Uma informação interessante é que os blocos são redimensionáveis. Basta clicar com o botão esquerdo do mouse na linha que delimita o bloco, arrastar e soltar quando atingir a dimensão desejada.

8.2.3 Bloco SERVIÇOS

O terceiro bloco do Gerenciador do Servidor é o SERVIÇOS. De uma forma fácil de entender, serviços são programas que têm alguma utilidade para o sistema operacional. É diferente dos programas que têm utilidade para o usuário, a exemplo do MS Word e MS Excel.

O bloco SERVIÇOS possui uma lista de programas e informações distribuídas entre as colunas Nome do Servidor, Nome para Exibição, Nome do Serviço, Status e Tipo de Início.

Da mesma forma que o bloco anterior, clicando no cabeçalho, você classifica a lista pelo critério exibido no título. Por exemplo, para listar os serviços ordenados por status, basta clicar nesse cabeçalho. Um novo clique e a ordem de classificação é inversa.

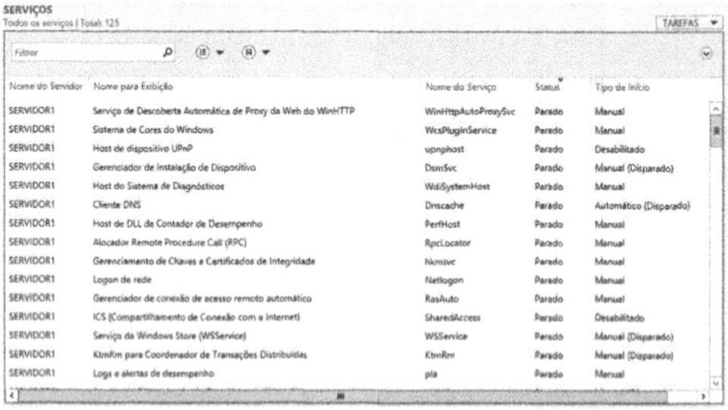

Figura 8.29 - Bloco SERVIÇOS.

Clicar com o botão direito do mouse na linha do serviço dá acesso às opções:

- Iniciar Serviços
- Parar Serviços
- Reiniciar Serviços

- Pausar Serviços
- Retomar Serviços
- Copiar

Esse bloco também possui uma caixa de pesquisa com a opção de salvar as pesquisas realizadas. O botão TAREFAS só possui a opção Atualizar.

8.2.4 Bloco ANALISADOR DE PRÁTICAS RECOMENDADAS

Esse bloco estará vazio até que você instale algumas funções do servidor e execute o Exame do BPA (Best Practices Analyzer). Para iniciar o exame, acesse o botão TAREFAS e clique em Iniciar Exame do BPA.

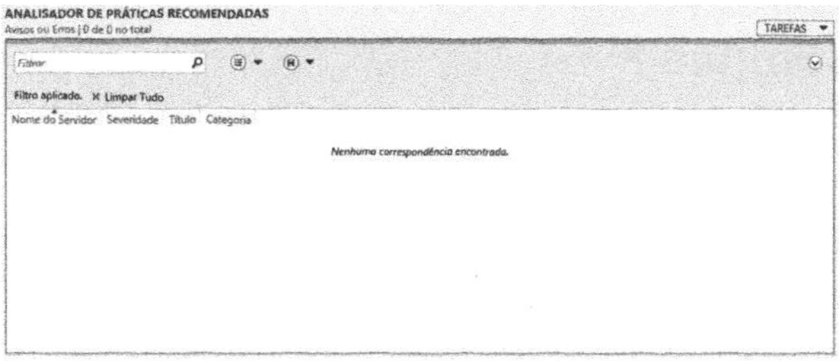

Figura 8.30 - Exame do BPA.

8.2.5 Bloco DESEMPENHO

O bloco DESEMPENHO encontra-se inicialmente desabilitado. Para ativá-lo, primeiramente clique em TAREFAS para Configurar Alertas de Desempenho, em seguida clique com o botão direito do mouse na linha do servidor desejado e acesse Iniciar Contadores de Desempenho.

As orientações sobre classificar clicando no cabeçalho de cada coluna, pesquisar e salvar as pesquisas realizadas e redimensionar também se aplicam a esse bloco.

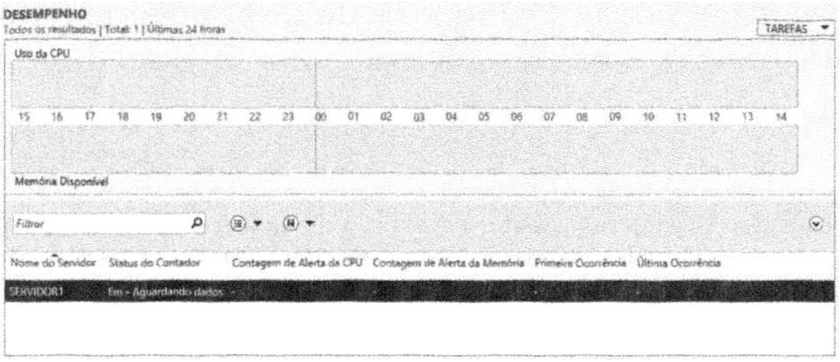

Figura 8.31 - Bloco DESEMPENHO.

8.2.6 Bloco FUNÇÕES E RECURSOS

O último bloco do Gerenciador do Servidor é o FUNÇÕES E RECURSOS. Pressionando o botão TAREFAS ou clicando com o botão direito do mouse em algum nome da lista, você pode adicionar ou remover funções e recursos.

O bloco FUNÇÕES E RECURSOS exibe uma lista de recursos instalados por padrão com a instalação do Windows Server 2012. Novas funções e recursos precisam ser incluídos para o servidor cumprir seu papel na rede. No próximo capítulo discutiremos as Funções e Recursos do servidor. Por enquanto você só precisa saber que eles existem.

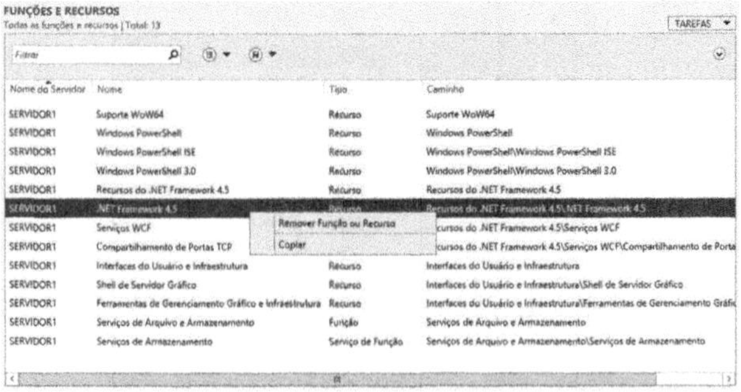

Figura 8.32 - Bloco FUNÇÕES E RECURSOS.

Resumo do Capítulo 8

Agora você já sabe que:

... as tarefas de pós-instalação podem consumir mais tempo que o gasto na instalação.

... não encontrando drivers de dispositivo certificados para o Windows Server 2012, experimentam-se drivers de 64 bits de outras versões do Windows.

... o nome escolhido para o servidor nessa fase serve para identificá-lo na rede; ainda não é um domínio.

... servidores em rede precisam estar com a data e hora sincronizadas.

... servidores funcionam com pelo menos dois adaptadores de rede.

... a maioria dos tipos de servidores precisa de pelo menos um adaptador de rede configurado com IP estático.

8.3 Exercícios Propostos

1) Habilite o alto-falante do sistema e reflita se ele realmente é necessário em um servidor.
2) No Painel de Controle procure os drivers de dispositivo não instalados ou funcionando em modo de compatibilidade. Regularize a situação desses drivers.
3) Altere o nome do servidor, já pensando em como ele será identificado dentro do projeto da rede.
4) Verifique o acesso do Windows Server 2012 à Internet e faça a atualização do sistema usando o Windows Update.
5) Adicione um segundo adaptador de rede ao servidor, principalmente se estiver usando o laboratório virtual para fazer as práticas.
6) Configure pelo menos um dos adaptadores de rede com IP estático, respeitando a tabela de atribuições de IPs para redes locais e de acordo com o projeto da rede.
7) Configure o Windows Update para fazer atualizações automáticas do sistema.
8) Descubra qual o IP do Gateway padrão da sua conexão com a Internet.

capítulo 9

Funções e Recursos do Servidor

Você precisa criar servidores e quer saber quais estão disponíveis

Você já passou pela experiência de chegar em casa após uma longa jornada de trabalho, com fome, e, por um descuido qualquer, não ter nada pronto para comer? Dependendo de onde você mora e do seu estilo de vida, é possível pedir comida usando o telefone. Mas, às vezes, essa opção não está disponível em sua região ou, por causa do horário, não será possível fazer a entrega. O que se faz nessas horas é ver o que há na despensa e montar um prato qualquer usando os ingredientes disponíveis.

Trazendo para o mundo da tecnologia da informação, montar os diversos servidores possíveis com o Windows Server 2012 tem um pouco a ver com isso. Você possui ingredientes que, no caso, são chamados de Recursos e Funções, com os quais monta o servidor como ele foi previsto no projeto de rede.

Este capítulo tem por objetivo apresentar todas as funções e os recursos do Windows Server 2012. Sabendo o que está disponível, você decide o que usar.

9.1 Funções do Windows Server 2012

Conforme já comentamos em um dos capítulos anteriores, a definição de função no Windows Server 2012 está relacionada à tarefa que o servidor vai realizar. Servidor DHCP, servidor DNS, servidor de impressão, servidor de arquivos, são todos exemplos de funções que o servidor pode assumir. Instalar uma função é o mesmo que preparar o servidor. E conhecer as funções disponíveis é o que você precisa para poder usá-las.

Antes da apresentação das funções do Windows Server 2012, é interessante saber mais duas coisas. Em primeiro lugar, nem toda função pode existir no mesmo servidor. Quando isso ocorrer, informaremos no texto, mas, às vezes, a instalação sequer prossegue e o sistema operacional exibe a mensagem de erro. A segunda informação importante é que não se deve sobrecarregar um servidor com funções. O Windows Server 2012 é um sistema operacional robusto, capaz de atender a diferentes exigências e projetos de rede. Mas o uso excessivo de funções no mesmo hardware pode criar gargalos que prejudicam o funcionamento. A situação será pior se o hardware não for corretamente dimensionado. O melhor a fazer quando existe a necessidade de habilitar várias funções de servidor é distribuí-las entre dois ou mais servidores independentes.

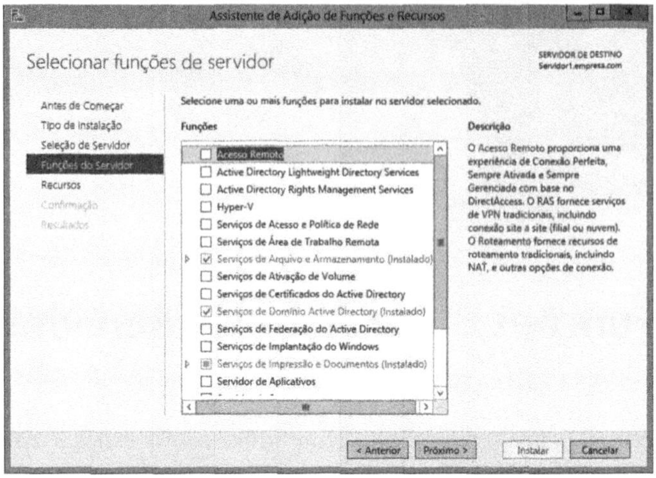

Figura 9.1 - Funções do Servidor.

Vejamos, agora, as funções disponíveis no Windows Server 2012. A lista a seguir é baseada na edição Standard, podendo variar para mais ou para menos se comparada com as edições Datacenter, Foundation e Essentials:

1) Acesso Remoto
2) AD CS (Active Directory Certificate Services/Serviços de Certificados do Active Directory)
3) AD DS (Active Directory Domain Services/Serviços de Domínio Active Directory)
4) AD FS (Active Directory Federation Services/Serviços de Federação do Active Directory)
5) AD LDS (Active Directory Lightweight Directory Services/Serviços de Diretório Leve do Active Directory)
6) AD RMS (Active Directory Rights Management Services/Serviços de Gestão de Direitos do Active Directory)
7) Hyper-V
8) Serviços de Acesso e Política de Rede
9) Serviços de Área de Trabalho Remota
10) Serviços de Arquivo e Armazenamento
11) Serviços de Ativação de Volume
12) Serviços de Implantação do Windows
13) Serviços de Impressão e Documentos
14) Servidor de Aplicativos
15) Servidor de Fax
16) Servidor DHCP

17) Servidor DNS

18) Servidor Web (IIS)

19) Windows Server Update Services (WSUS)

Do total de dezenove funções disponíveis para o Windows Server 2012 Standard Edition, podemos organizá-las em:

- **Serviços padrão do servidor:** Serviços de Acesso e Política de Rede, Serviços de Arquivo e Armazenamento, Serviços de Impressão e Documentos, Servidor DHCP e Servidor DNS.
- **Serviços do Active Directory:** AD CS, AD DS, AD FS, AD LDS e AD RMS.
- **Serviços relacionados a gerenciamento remoto:** Acesso Remoto, Serviços de Área de Trabalho Remota, Serviços de Implantação do Windows e Windows Server Update Services (WSUS).
- **Serviços ocasionais:** Hyper-V, Serviços de Ativação de Volume, Servidor de Aplicativos, Servidor de Fax, Servidor Web (IIS) e algumas opções do AD.

9.2 Serviços Padrão do Servidor

Servidor básico ou padrão é aquele que exerce as funções típicas de servidor nas redes de pequeno e médio portes. A implantação dessas funções é a mais exigida ao administrador de redes, por isso dedicamos a maior parte do conteúdo do livro a este assunto.

- **Serviços de Acesso e Política de Rede:** esse serviço tem por finalidade estabelecer os critérios para o acesso à rede, inclusive os serviços de função específicos de NPS (Servidor de Políticas de Rede), HRA (Autoridade de Registro de Integridade) e protocolo HCAP (Host Credential Authorization Protocol). Use a função de servidor Serviços de Acesso e Política de Rede para implantar e configurar NAP (Proteção de Acesso à Rede), pontos de acesso seguros com ou sem fio, servidores e proxies RADIUS (Remote Authentication Dial In User Service).
- **Serviços de Arquivo e Armazenamento:** é instalado por padrão com a instalação do Windows Server 2012. Os Serviços de Arquivo e Armazenamento incluem tecnologias que ajudam a configurar e gerenciar um ou mais servidores de arquivos, os quais são servidores que fornecem localizações centrais na rede onde é possível armazenar arquivos e compartilhá-los com os usuários. Se os usuários precisam ter acesso aos mesmos arquivos e aplicativos, ou se o backup centralizado e o gerenciamento de arquivos são importantes para sua organização, você deve configurar um ou mais servidores como servidor de arquivos, instalando a função de Serviços de Arquivo e Armazenamento e os serviços de função apropriados.
- **Serviços de Impressão e Documentos:** esse serviço permite que você centralize o servidor de impressão e as tarefas de impressora da rede. Com essa função também é possível receber documentos digitalizados dos scanners da rede e rotear os documentos para um recurso de rede compartilhado, para o site do Windows SharePoint Services ou para endereços de e-mail.
- **Servidor DHCP:** os servidores DHCP gerenciam centralmente endereços IP e informações afins, fornecendo-as automaticamente aos clientes. Isso permite que você defina configurações de rede cliente em um servidor, em vez de configurá-las em cada

computador cliente. Se você quiser que o servidor distribua endereços IP aos clientes da rede, configure-o como um servidor DHCP.

- **Servidor DNS:** os servidores DNS (sistema de nomes de domínio) abrigam registros de um banco de dados DNS distribuído e usam os registros que abrigam para resolver consultas de nomes DNS enviadas por computadores clientes DNS, como consultas sobre nomes de sites da Web ou de computadores da rede ou da Internet. Se você planeja implantar o Active Directory ou precisa de um computador para responder às consultas DNS de computadores da rede, adicione a função servidor DNS.

Não se preocupe se estas breves descrições parecem insuficientes. Essas funções possuem capítulos próprios para você se aprofundar no assunto.

9.3 Serviços do Active Directory

O Active Directory é peça-chave na infraestrutura das redes baseadas em servidores Windows desde a versão Windows 2000 Server. No Windows Server 2012, o Active Directory oferece as seguintes opções de serviços:

- **AD CS:** o Active Directory Certificate Services, ou Serviços de Certificado do Active Directory, fornece serviços personalizáveis para criação e gerenciamento de certificados de chaves públicas usados em sistemas de segurança de software que empregam tecnologia de chave pública. As organizações podem usar o AD CS para aumentar a segurança, vinculando a identidade de uma pessoa, um dispositivo ou serviço a uma chave particular correspondente. O AD CS também inclui recursos para permitir o gerenciamento do registro e da revogação de certificados em diversos ambientes escaláveis.

- **AD DS:** o Active Directory Domain Services, ou Serviços de Domínio Active Directory, é a principal função do AD e faz parte dos serviços básicos da maioria das redes. Esse serviço armazena informações sobre usuários, computadores e outros dispositivos existentes na rede. O AD DS ajuda os administradores a gerenciar com segurança essas informações e facilita o compartilhamento de recursos e a colaboração entre usuários. Também é necessário que o AD DS esteja instalado na rede para a instalação de aplicativos habilitados no diretório, como, por exemplo, o Microsoft Exchange Server, e para a aplicação de outras tecnologias do Windows Server tais como a Diretiva de Grupo.

- **AD FS:** o Active Directory Federation Services, ou Serviços de Federação do Active Directory, é uma função de servidor que você pode usar para criar uma solução de acesso a identidades que seja segura, altamente extensível e escalonável na Internet. Capaz de operar em várias plataformas, inclusive em ambiente Windows e não Windows.

  O AD FS deve ser implantado em organizações de médio e grande portes que tenham o seguinte:

  - Pelo menos um serviço de diretório: AD DS ou AD LDS;
  - Computadores que executam diversas plataformas de sistema operacional;
  - Computadores associados a um domínio;
  - Computadores conectados à Internet;
  - Um ou mais aplicativos baseados na Web.

- **AD LDS:** o Active Directory Lightweight Directory Services, ou Serviços de Diretório Leve do Active Directory, oferece às organizações suporte flexível para aplicativos habilitados em diretório. Um aplicativo habilitado em diretório usa um diretório, em vez de um banco de dados, arquivo simples ou outra estrutura de armazenamento de dados, para conter seus dados. Os serviços de diretório (como o AD LDS) e os bancos de dados relacionais oferecem armazenamento e recuperação de dados, mas têm otimização diferente. Os serviços de diretório são otimizados para processamento de leitura, enquanto os bancos de dados relacionais são otimizados para processamento de transações.
- **AD RMS:** o Active Directory Rights Management Services, ou Serviços de Gestão de Direitos do Active Directory, é uma tecnologia agnóstica de aplicativo e formato, fornece serviços para permitir a criação de soluções de proteção de informações. Ele funciona com qualquer aplicativo habilitado para AD RMS a fim de fornecer diretivas de uso persistente para informações confidenciais. O conteúdo que pode ser protegido pelo uso do AD RMS inclui sites de intranet, mensagens de e-mail e documentos. O AD RMS inclui um conjunto de funções principais que permite que os desenvolvedores adicionem proteção de informações para a funcionalidade de aplicativos existentes.

  O AD RMS depende dos Serviços de Domínio Active Directory (AD DS) para verificar se o usuário que está tentando consumir conteúdo protegido por direitos está autorizado a fazer isso.

A maioria das opções do serviço Active Directory é indicada para projetos de redes muito específicos. Para a finalidade deste livro demonstraremos a instalação do Active Directory Domain Services (AD DS), com um capítulo inteiro para tratar do assunto.

9.4 Serviços Relacionados a Gerenciamento Remoto

O acesso remoto no Windows Server 2012 tem várias funções. Permite ao administrador fazer acesso remoto para gerenciamento, acessar remotamente e gerenciar as estações de trabalho. E permite aos usuários acessar aplicativos que rodam no servidor por meio de um serviço de terminal. As funções que tornam isso possível são:

- **Acesso Remoto:** o serviço de Acesso Remoto do Windows Server 2012 oferece para usuários remotos acesso a recursos da sua rede privada por meio de conexões VPN (rede virtual privada) ou dial-up. Os servidores configurados com o serviço de Roteamento e Acesso Remoto podem oferecer serviços de roteamento de LAN (rede local) e de WAN (rede de longa distância) usados para conectar segmentos de rede de um escritório pequeno ou para conectar duas redes privadas via Internet.
- **Serviços de Área de Trabalho Remota:** os Serviços de Área de Trabalho Remota aceleram e ampliam as implantações de área de trabalho e de aplicativos para qualquer dispositivo, melhorando a eficiência de trabalho remoto, enquanto ajuda a manter a propriedade intelectual crítica segura e a simplificar a compatibilidade regulatória. Os Serviços de Área de Trabalho Remota habilitam uma VDI (infraestrutura de área de trabalho virtual) e as áreas de trabalho baseadas em sessão, permitindo que os usuários trabalhem em qualquer lugar.
- **Serviços de Implantação do Windows e Windows Server Update Services (WSUS):** o WSUS (Windows Server Update Services) permite que os administradores implan-

tem as atualizações mais recentes dos produtos Microsoft. Utilizando o WSUS, os administradores podem gerenciar totalmente a distribuição de atualizações para os computadores na rede. Na prática, permite gerenciar as atualizações remotamente, incluindo a possibilidade de impedir o login das máquinas que não atendam as especificações de atualização.

9.5 Serviços Ocasionais

Os serviços ocasionais são aqueles pouco usados na maioria dos projetos de rede. Seja porque concorrem com soluções mais viáveis, seja pela especificidade do serviço, cujo uso depende de fatores ausentes na maioria dos projetos de rede.

- **Hyper-V:** o Hyper-V é uma tecnologia que vem amadurecendo a cada versão do Windows Server e que também está presente no Windows 8, em versão para usuários. De forma bastante simplificada, o Hyper-V é uma máquina virtual nos moldes da VirtualBox, que usamos para criar o laboratório de práticas do livro.

  A utilidade dessa função para o usuário é poder virtualizar sistemas operacionais antigos, mantendo a compatibilidade com jogos e programas de uso, mesmo que inicialmente não rodem no Windows 8.

  Para as empresas as possibilidades vão além, pois permite criar um pool de servidores virtualizados, todos rodando no mesmo hardware ou em um número de máquinas físicas inferior ao total de servidores. Com o Hyper-V a computação em nuvem passa a ser oferecida também localmente, não só na Internet.

  Dizer que o Hyper-V é mais uma máquina virtual é exagerar na simplificação do seu potencial. Porque na verdade se trata de uma plataforma de virtualização bastante versátil e fundamental para os propósitos da Microsoft de tornar o Windows Server 2012 o sistema operacional orientado para a nuvem.

  O Hyper-V é uma tecnologia de virtualização baseada em Hypervisor. O Hypervisor é a plataforma de processamento de virtualização que permite que múltiplos sistemas operacionais compartilhem uma única plataforma de hardware. A pilha de virtualização é executada com a partição pai e tem acesso direto aos dispositivos de hardware. A partição pai cria partições filho, que hospedam os Sistemas Operacionais convidados.

  A instalação da função Hyper-V na empresa só se justifica se houver a necessidade de vários servidores e a decisão de mantê-los virtualizados.

- **Serviços de Ativação de Volume:** uma rede pequena com poucos computadores pode receber as chaves de ativação manualmente sem causar transtornos. Agora pense em dezenas, centenas ou milhares de chaves a serem ativadas; não será difícil concluir que algum tipo de automatização é necessário para dar conta dessa tarefa.

  A função Ativação de Volume do Windows Server 2012 é a maneira inteligente criada pela Microsoft e que vai permitir ao administrador da rede gerenciar uma grande quantidade de licenças e a ativação de dezenas, centenas ou até milhares de computadores em vários locais.

  A ativação do produto é o processo de validar o software com o fabricante. A ativação confirma que um produto é original e que a chave do produto não foi comprometida.

Ela estabelece uma relação entre a chave de produto do software e uma instalação específica desse software em um dispositivo. Em versões anteriores do sistema operacional Windows, a ativação e a validação (usando a ferramenta de Windows original) ocorriam separadamente. Isso deixava os usuários confusos, pois eles pensavam que os termos eram sinônimos. No Windows Server 2012 e no Windows 8, a ativação e a validação ocorrem ao mesmo tempo, facilitando bastante a vida não só dos administradores, mas também dos usuários que adotarem o Windows 8 como plataforma de trabalho e lazer.

O que nos parece é que a Microsoft ouviu as inúmeras reclamações sobre licenciamento, validação e ativação e decidiu resolver isso, pelo menos em parte, no Windows Server 2012 e no Windows 8.

Reduziu e simplificou as edições do Windows Server 2012 e tornou a ativação do Windows um procedimento único e transparente. A conexão com a Internet será usada para validar e ativar o Windows sem a intervenção do usuário.

A instalação da função Serviços de Ativação de Volume só se justifica se houver na empresa a necessidade de lidar com um número expressivo de licenças de uso.

- **Servidor de Aplicativos:** o Servidor de Aplicativos fornece um ambiente integrado para implantação e execução de aplicativos comerciais personalizados com base em servidor.

Esses aplicativos respondem a solicitações que chegam em rede, de computadores clientes remotos ou de outros aplicativos. Geralmente, os aplicativos implantados e executados no Servidor de Aplicativos tiram proveito de uma ou mais das seguintes tecnologias:

- Serviços de Informações da Internet (IIS)
- Microsoft .NET Framework versões 3.0 e 2.0
- ASP.NET
- COM+
- Serviço de enfileiramento de mensagens
- Serviços Web integrados ao WCF (Windows Communication Foundation)

A função Servidor de Aplicativos é útil quando o Windows Server 2012 executa aplicativos que dependam de serviços ou recursos que façam parte da função de Servidor de Aplicativos integrada e aquela selecionada por você durante o processo de instalação. Por exemplo, você pode fazer uma configuração específica do Microsoft BizTalk Server que utilize um conjunto de serviços ou recursos integrantes do ambiente do Servidor de Aplicativos.

Normalmente, a função Servidor de Aplicativos é exigida na implantação de um aplicativo financeiro desenvolvido em sua organização (ou por um fornecedor independente de software) e quando o desenvolvedor tiver indicado a exigência de serviços de função específicos. Por exemplo, sua organização pode ter um aplicativo de processamento de pedidos que acesse registros de clientes armazenados em um banco de dados. O aplicativo acessa as informações de clientes por meio de um conjunto de serviços Web WCF. Nesse caso, você pode configurar um computador com Windows Server 2012 como servidor de aplicativos e pode instalar o banco de dados na mesma máquina ou em outro computador.

Nem todos os aplicativos de servidor exigem a instalação da função de Servidor de Aplicativos para serem corretamente executados. Por exemplo, a função Servidor de Aplicativos não é necessária para o suporte ao Microsoft Exchange Server ou Microsoft SQL Server no Windows Server 2012.

Para determinar se a função Servidor de Aplicativos é necessária aos aplicativos de negócios de sua organização, você precisa trabalhar em conjunto com os desenvolvedores de aplicativos a fim de entender os requisitos do aplicativo, por exemplo, se utilizam o Microsoft .NET Framework 3.0 ou componentes COM+.

A instalação da função Servidor de Aplicativos só se justifica se existirem aplicativos a serem compartilhados entre os usuários e que sejam compatíveis com esse recurso ou dependentes dele.

- **Servidor de Fax:** o uso do serviço de fax vem diminuindo, pois tem se tornado mais prático enviar arquivos e documentos por e-mail. Mas você pode usar um servidor de fax para configurar dispositivos de fax e permitir que usuários enviem e recebam fax.

  Depois de ter criado um servidor de fax, pode usá-lo para fazer o seguinte:

  - Configurar dispositivos de fax;
  - Gerenciar usuários;
  - Configurar políticas de roteamento para faxes de entrada;
  - Configurar regras para faxes de saída para grupos de dispositivos específicos;
  - Configurar o arquivamento de faxes que foram enviados ou recebidos previamente;
  - Configurar a geração de log para acompanhar o uso dos recursos de fax.

  Os usuários de fax podem, então, enviar, receber e gerenciar faxes usando um dispositivo de fax de rede gerenciado pelo servidor de fax.

  Lembre-se de que a instalação do servidor de fax depende de hardware adicional, como uma linha telefônica e uma placa de fax-modem.

  A instalação da função Servidor de Fax só se justifica se a empresa tiver uma forte demanda por envio e recebimento de fax e prefira ter um servidor com essa função, no lugar do aparelho de fax convencional.

- **Servidor Web (IIS):** a sociedade cada vez mais conectada, indiferente à classe social das pessoas, torna a presença na Internet praticamente obrigatória qualquer que seja o tamanho da empresa ou o modelo do negócio.

  Serviços on-line como o Google Maps chegam ao requinte de registrar até a presença do vendedor de cachorro-quente nas imediações do endereço pesquisado.

  Apenas aparecer como referência em um mapa é insuficiente para empresas de maior porte, que muitas vezes mantêm contato com clientes e fornecedores usando a Internet. Para isso, precisam de um endereço, um domínio, a exemplo do www.editoraerica.com.br.

  Esse endereço precisa ter algum tipo de conteúdo, que será acessado pela Internet.

  A função de Servidor Web (IIS) no Windows Server 2012 é oferecer uma plataforma segura, fácil de gerenciar, modular e extensível para hospedagem confiável de sites, serviços e aplicativos. Com o IIS 8 você pode compartilhar informações com usuários pela Internet, por uma intranet ou por uma extranet. O IIS 8 é uma plataforma Web unificada que integra o IIS, o ASP.NET, os serviços FTP, o PHP e o WCF (Windows Communication Foundation).

IIS é a sigla para (Internet Information Services - anteriormente denominado Internet Information Server). Existe desde o Windows NT 3.51, conforme pode ser visto nesta lista de versões:

Versões do IIS	
IIS 1.0	Windows NT 3.51
IIS 2.0	Windows NT 4.0
IIS 3.0	Windows NT 4.0 (Service Pack 3)
IIS 4.0	Windows NT 4.0 (Atualização Opcional)
IIS 5.0	Windows 2000
IIS 5.1	Windows XP Professional
IIS 6.0	Windows Server 2003 e Windows XP Professional (64 bits)
IIS 7.0	Windows Server 2008 e Windows Vista (exceto as versões Starter e Home Basic)
IIS 7.5	Windows Server 2008 R2 e Windows 7
IIS 8	Windows Server 2012 e Windows 8

A lista a seguir mostra alguns dos benefícios que você obterá se usar o IIS 8:

- Maximiza a segurança da Web por meio de um consumo de servidor reduzido e do isolamento automático de aplicativo.
- Implanta e executa facilmente o ASP.NET, o ASP clássico e os aplicativos Web do PHP no mesmo servidor.
- Faz o isolamento de aplicativo concedendo aos processos de trabalho, por padrão, uma identidade exclusiva e uma configuração de área restrita, reduzindo ainda mais os riscos de segurança.
- Adiciona e remove facilmente os componentes internos do IIS, e até mesmo os substitui por módulos personalizados, adequados às necessidades do cliente.
- Agiliza o site por meio de um cache dinâmico interno e de uma compactação avançada.

Sempre que possível, o ideal é contratar a hospedagem de uma empresa especializada. Manter um servidor Web na própria empresa exige uma estrutura que funcione 24 horas durante os 365 dias do ano.

A instalação da função Servidor Web (IIS) só se justifica se a empresa pretende hospedar o próprio site, gerir uma Intranet ou Extranet ou como dependência para alguma outra função do servidor, como, por exemplo, o WSUS. Essa decisão precisa ser pensada com cautela, pois envolve a presença de no mínimo dois servidores de DNS, preferencialmente que não sejam usados em outras funções internas ou críticas.

Um dos próximos capítulos trata da instalação do Servidor Web no Windows Server 2012.

9.6 Entenda os Recursos da Função

Até aqui descrevemos todas as funções disponíveis para o Windows Server 2012. Algumas funções serão descritas com pormenores nos próximos capítulos. Outras são de uso muito específico e tudo o que você precisava saber por enquanto já foi dito.

Antes de prosseguirmos com a descrição dos recursos do servidor, é interessante você saber o que são recursos da função. Os recursos da função são opções de recursos dentro da função que está sendo instalada.

No servidor de impressão, por exemplo, além do Servidor de Impressão você pode selecionar os seguintes recursos da função:

- Impressão via Internet;
- Serviço LPD;
- Servidor de Digitalização Distribuída.

Esta situação vai ocorrer com diversas outras funções. As opções extras de cada função são o que a Microsoft convencionou chamar de recurso da função.

9.7 Recursos do Windows Server 2012

Além das Funções e dos Recursos da função o Windows Server 2012 possui uma lista de recursos que podem ser instalados no servidor. Alguns deles tornam o Windows Server 2012 um tipo de servidor, o que nos leva a crer que o nome Função e Recurso não é tão diferente quanto parecia à primeira vista.

O mais indicado é dizer que as opções relacionadas em Funções do Servidor representam os serviços prioritários e imprescindíveis, e as opções relacionadas em Recursos do Servidor representam serviços de auxílio, complementação e até alguns servidores, porém menos populares.

Você pode ver a lista de Recursos do Servidor acessando o menu Gerenciar → Adicionar Funções e Recursos.

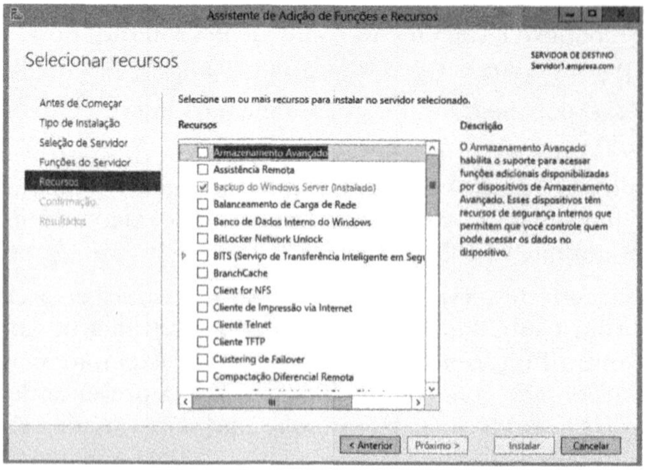

Figura 9.2 - Os 51 recursos do Windows Server 2012 Standard Edition.

Recurso	Descrição
Armazenamento Avançado	Dispositivos de armazenamento avançados são os que suportam o protocolo IEEE 1667 para fornecer funções como autenticação no nível do hardware do dispositivo de armazenamento. Esses dispositivos podem ser muito pequenos, como unidades flash USB, para fornecer uma maneira conveniente para armazenar e transportar dados. Ao mesmo tempo, o tamanho pequeno facilita muito para que o dispositivo seja perdido, roubado ou extraviado. As configurações de acesso de armazenamento aprimoradas no Windows Server 2012 permitem que você use a diretiva de grupo para administrar políticas para dispositivos de armazenamento avançado que suportam o certificado e a senha da sua organização.
Assistência Remota	A Assistência Remota permite que você (ou uma pessoa do suporte) ofereça assistência aos usuários com problemas no computador que tenham dúvidas. Ela possibilita exibir e compartilhar o controle da área de trabalho do usuário para solucionar e corrigir os problemas. Os usuários também podem solicitar a ajuda de amigos ou colegas de trabalho.
Backup do Windows Server	Os recursos de Backup do Windows Server fazem o backup e a recuperação do sistema operacional, dos aplicativos e dos dados. Você pode programar os backups para serem executados uma vez por dia ou com mais frequência e proteger todo o servidor ou os volumes específicos.
Balanceamento de Carga de Rede	O recurso NLB no Windows Server 2012 distribui o tráfego entre vários servidores usando o protocolo de rede TCP/IP. Ao combinar dois ou mais computadores que executam aplicativos no Windows Server 2012 em um único cluster virtual, o NLB fornece confiabilidade e desempenho para servidores Web e outros servidores de missão crítica. Os servidores em um cluster NLB se chamam hosts, e cada host executa uma cópia separada dos aplicativos de servidor. O NLB distribui as solicitações de entrada dos clientes pelos hosts do cluster. É possível configurar a carga que será tratada por cada host. Você também pode adicionar hosts dinamicamente ao cluster para tratar aumentos de carga. Além disso, o NLB pode direcionar todo o tráfego para um único host designado, chamado de host padrão.
Banco de Dados Interno do Windows	O Windows Internal Database é um repositório de dados relacionais que pode ser usado somente por funções e recursos do Windows, como AD RMS, Serviços de Atualização de Servidor do Windows e Gerenciador de Recursos de Sistema do Windows.
BitLocker Network Unlock	Um novo tipo de protetor de chave permite a utilização de uma chave de rede especial para desbloquear e ignorar o prompt de inserção de PIN quando os computadores são reiniciados em redes com fio seguras. Isso permite a manutenção remota em computadores protegidos por meio da utilização de um PIN durante as horas ociosas, além de possibilitar autenticação com dois fatores sem exigir a presença física no computador, mas sem deixar de assegurar a obrigatoriedade da autenticação quando o computador não está conectado a uma rede segura.
BITS (Serviço de Transferência Inteligente em Segundo Plano)	O Serviço de Transferência Inteligente em Segundo Plano (BITS) permite a transferência assíncrona de arquivos em primeiro ou segundo plano, acelerando as transferências para preservar a resposta de outros aplicativos de rede e continuando automaticamente a transferência do arquivo após falhas da conexão de rede ou reinicialização do computador.

Recurso	Descrição
BranchCache	O BranchCache habilita os computadores de uma filial a recuperarem conteúdo de forma segura e local, em vez de recuperarem de um servidor da matriz. Como as filiais normalmente são conectadas por links WAN mais lentos, o BranchCache reduz o tráfego WAN e aumenta a resposta de aplicativos nos computadores cliente.
Client for NFS	O Client for NFS fornece a um computador baseado no Windows a capacidade de agir como um cliente para o servidor NFS. Com o Client for NFS, você pode acessar arquivos em um ambiente misto de computadores, sistemas operacionais e redes. Acessar arquivos em servidores NFS exige que cada usuário do Windows também tenha uma identidade no estilo UNIX. Para permitir que os usuários acessem recursos compartilhados NFS usando Client for NFS, você pode incluir atributos de identidade no estilo UNIX no Active Directory.
Cliente de Impressão via Internet	O Cliente de Impressão via Internet permite que os usuários se conectem e imprimam em impressoras da rede local ou via Internet usando o Protocolo de Impressão via Internet (IPP). Use o Cliente de Impressão via Internet e o IPP para conectar-se à impressora compartilhada usando um navegador da Web (se o servidor de impressão tiver o serviço de função Impressão via Internet instalado) ou usando o Assistente de Instalação de Impressora de Rede.
Cliente Telnet	O Cliente Telnet usa o protocolo Telnet para se conectar a um servidor telnet remoto e executar aplicativos nesse servidor.
Cliente TFTP (protocolo de transferência de arquivos simples)	O cliente TFTP (protocolo de transferência de arquivos simples) é usado para ler arquivos de um servidor TFTP remoto ou gravar arquivos nesse servidor. O TFTP é usado principalmente por sistemas ou dispositivos incorporados que recuperem firmware, informações de configuração ou uma imagem do sistema durante o processo de inicialização de um servidor TFTP.
Clustering de Failover	O Clustering de Failover permite que vários servidores funcionem ao mesmo tempo para fornecer grande disponibilidade de serviços e aplicativos. É geralmente usado em serviços de arquivo e impressão, aplicativos de banco de dados e correio. Eles fornecem alta disponibilidade e escalabilidade a muitas cargas de trabalho de servidor. Incluem armazenamento de compartilhamento de arquivos para aplicativos de servidor como Hyper-V e Microsoft SQL Server e aplicativos de servidor que são executados em servidores físicos ou em máquinas virtuais. O Clustering de Failover permite a criação, configuração e gerenciamento de clusters de failover em até 4.000 máquinas virtuais ou até 64 nós físicos.
Compactação Diferencial Remota	O recurso Compactação Diferencial Remota (RDC) é um conjunto de APIs que os aplicativos podem usar para determinar se um conjunto de arquivos foi alterado e, se for o caso, para detectar quais partes dos arquivos contêm as alterações.
Criptografia de Unidade de Disco BitLocker	A Criptografia de Unidade de Disco BitLocker ajuda a proteger dados em computadores perdidos, roubados ou retirados de serviço inadequadamente, criptografando o volume e verificando a integridade inicial dos componentes de inicialização. Os dados só serão descriptografados se esses componentes forem verificados com êxito e a unidade criptografada estiver localizada no computador original. A verificação de integridade requer um TPM (Trusted Platform Module) compatível.

Recurso	Descrição
Encaminhador de Comentários do Windows	Usando o recurso Encaminhador de Comentários do Windows disponível no Windows Server 2012, até 15.000 computadores em uma ou mais unidades organizacionais ou de domínio podem aceitar automaticamente participar do Programa de Aperfeiçoamento da Experiência do Usuário da Microsoft por meio das configurações da Política de Grupo. Ao participar do Programa de Aperfeiçoamento da Experiência do Usuário, você pode ajudar a Microsoft a melhorar a qualidade, a confiabilidade e o desempenho de seus sistemas operacionais. A Microsoft coleta informações estatísticas sobre a configuração do seu sistema, o desempenho de alguns recursos do Windows e determinados tipos de eventos. Depois que você aceitar participar do Programa de Aperfeiçoamento da Experiência do Usuário, o Windows Server 2012 carregará periodicamente um pequeno arquivo para a Microsoft com um resumo das informações coletadas. O arquivo é transferido com segurança usando a Internet. Os dados carregados não contêm informações que identifiquem você ou a sua empresa. A Microsoft não entra em contato com você e tudo isso ocorre automaticamente. Você nunca é interrompido, nem tem perda de desempenho. Se o seu computador não estiver conectado à Internet, eventualmente os dados serão descartados após vários dias. A Microsoft compartilha essas informações somente com parceiros selecionados, conforme descrito na política de privacidade do Windows Server 2012; elas são usadas pela Microsoft apenas em formato agregado para fins de aprimorar os softwares para nossos clientes.
Enfileiramento de Mensagens	O serviço de enfileiramento de mensagens oferece uma entrega de mensagens garantida, roteamento eficiente, segurança e enfileiramento de mensagens baseado em prioridade entre os aplicativos. O serviço de enfileiramento de mensagens acomoda a entrega de mensagens entre aplicativos executados em diferentes sistemas operacionais, que usem infraestruturas de rede diferentes, que estejam temporariamente off-line, ou seja, executados em momentos diferentes.
Extensão do IIS do Management OData (Open Data Protocol)	Atualmente existe uma infinidade de dados disponíveis eletronicamente. O problema é fazer a integração desses dados de forma fácil e padronizada. O Open Data Protocol (OData) veio para isso. Ele nada mais é que um protocolo Web baseado em padrões amplamente difundidos, tais como HTTP, Atom Publishing Protocol (AtomPub) e JavaScript Object Notation (JSON). O OData é uma iniciativa de código aberto da Microsoft e outras empresas para criar um padrão de intercâmbio de dados entre aplicações on-line. Ele consiste em chamadas HTTP, como GET, POST, UPDATE e DELETE, que são usadas para fazer uma consulta, inserção, atualização e exclusão de dados. Como o OData é baseado em padrões já utilizados, fica fácil fazer a integração de aplicações em várias Plataformas de Desenvolvimento e Sistemas Operacionais. Além disso, o seu uso se torna interessante por existirem SDKs disponíveis em .NET, Java, PHP, Ruby e várias outras linguagens. Além disso, várias aplicações como SharePoint, WebSphere e SQL Azure já implementam serviços compatíveis.
Extensão IIS do WinRM	A extensão IIS Windows do Gerenciamento Remoto do Windows (WinRM) habilita um servidor a receber solicitação de gerenciamento de um computador cliente usando o protocolo WS-Management. WinRM é a implementação da Microsoft do protocolo WS-Management. Ele ajuda a garantir a comunicação entre computadores locais e remotos usando serviços baseados em Web.
Ferramentas de Administração de Servidor Remoto	O Ferramentas de Administração de Servidor Remoto faz o gerenciamento remoto do Windows Server 2012, permitindo a execução de algumas ferramentas de gerenciamento e snap-ins para funções, serviços de função e recursos.

Recurso	Descrição
Ferramentas de Migração do Windows Server	O Ferramentas de Migração do Windows Server permite que um administrador migre algumas funções de servidor, recursos, configurações do sistema operacional, compartilhamentos e outros dados por computadores que estejam executando algumas edições do Windows Server 2003, do Windows Server 2008 ou do Windows Server 2008 R2 para computadores executando o Windows Server 2012.
Gerenciador de Recursos de Sistema do Windows	O WSRM (Gerenciador de Recursos de Sistema do Windows) é uma ferramenta administrativa do sistema operacional Windows Server que pode controlar como os recursos de CPU e memória são alocados. O gerenciamento da alocação de recursos aumenta o desempenho do sistema e reduz o risco de os aplicativos, serviços ou processos interferirem entre si, diminuindo a eficiência do servidor e a resposta do sistema.
Gerenciamento de Armazenamento Baseado em Padrões do Windows	Permite descobrir, gerenciar e monitorar dispositivos de armazenamento usando interfaces de gerenciamento que estão em conformidade com o padrão SMI-S (Storage Management Initiative Specification). Essa funcionalidade é exposta como um conjunto de classes WMI (Instrumentação de Gerenciamento do Windows) e Cmdlets do Windows PowerShell.
Gerenciamento de Política de Grupo	O Gerenciamento de Política de Grupo facilita a implantação, o gerenciamento e a solução de problemas de implementação de Diretiva de Grupo. A ferramenta padrão é o GPMC (Console de Gerenciamento de Diretiva de Grupo), um snap-in programável do Console de Gerenciamento Microsoft, que fornece uma ferramenta administrativa exclusiva para o gerenciamento de Diretiva de Grupo em toda a empresa.
IFilter TIFF do Windows	O Windows Tagged Image File Format (TIFF) iFilter usa um software de reconhecimento ótico de caracteres (OCR) para habilitar usuários a pesquisarem documentos TIFF com base no conteúdo textual das imagens.
Interfaces do Usuário e Infraestrutura	Este item contém as opções disponíveis de Experiência do Usuário e Infraestrutura.
Kit de Administração do Gerenciador de Conexões	O Kit de Administração do Gerenciador de Conexões (CMAK) gera perfis do Gerenciador de Conexões.
Media Foundation	Microsoft Media Foundation (MF) é uma framework multimídia baseada em COM e uma plataforma de infraestrutura para mídia digital.
Monitor de Porta LPR	O Monitor de Porta LPR (Line Printer Remote) permite que usuários com acesso a computadores baseados em UNIX imprimam em dispositivos anexados a esses computadores.
MPIO	Multipath I/O (MPIO), junto com o Módulo Específico de Dispositivo (DSM) da Microsoft ou um DSM de terceiros, fornece suporte para o uso de vários caminhos de dados para um dispositivo de armazenamento no Windows.
Ponte de Data Center	A DCB (Ponte de Data Center) é um conjunto de padrões IEEE (Institute of Electrical and Electronics Engineers) que permitem Estruturas Convergidas no data center, em que o armazenamento, a rede de dados, a IPC de cluster e o tráfego de gerenciamento compartilham a mesma infraestrutura de rede Ethernet. A DCB disponibiliza alocação de largura de banda baseada em hardware para um determinado tipo de tráfego e melhora a confiabilidade do transporte Ethernet com o uso de controle de fluxo em função da prioridade.

Recurso	Descrição
Protocolo PNRP	O protocolo PNRP permite que os aplicativos façam registro e solucionem nomes no seu computador, para que outros computadores possam se comunicar com esses aplicativos.
Quality Windows Audio Video Experience	O Quality Windows Audio Video Experience (qWave) é uma plataforma de rede para aplicativos de fluxo de áudio e vídeo (AV) em redes domésticas baseados em IP. Ele melhora o desempenho e a confiabilidade do fluxo AV por garantir a qualidade do serviço de rede para aplicativos de áudio e vídeo. Ele fornece controle de admissão, monitoramento e imposição de tempo de execução, comentários sobre aplicativos e priorização de tráfego. Em plataformas do Windows Server, o qWave fornece somente serviços de priorização e taxa de fluxo.
Recursos do Microsoft .NET Framework 3.5	O Microsoft .NET Framework 3.5 combina a força das APIs do .NET Framework 2.0 com novas tecnologias para criar aplicativos que ofereçam interfaces de usuário atraentes, protejam as informações de identidade pessoais dos seus clientes, permitam uma comunicação sem problemas e segura e ofereçam a capacidade de modelar uma série de processos corporativos.
Recursos do Microsoft .NET Framework 4.5	O .NET Framework 4.5 é uma atualização local altamente compatível com o .NET Framework 4. Usando o .NET Framework 4.5 com a linguagem de programação C#, Visual Basic ou F#, você pode gravar aplicativos do Windows. O .NET Framework 4.5 contém aprimoramentos significantes de idioma e estrutura para C#, Visual Basic e F# (para que você possa gravar código assíncrono mais facilmente), a combinação de controle de fluxo em código síncrono, uma interface do usuário que responde positivamente e escalabilidade para aplicativos Web. O .NET Framework 4.5 agrega aprimoramentos substanciais a outras áreas funcionais, como ASP.NET, Managed Extensibility Framework, Windows Communication Foundation, Windows Workflow Foundation e Windows Identity Foundation. O .NET Framework 4.5 fornece melhor desempenho, confiabilidade e segurança.
RPC sobre Proxy HTTP	O RPC sobre Proxy HTTP é um proxy usado por objetos que recebem chamadas de procedimento remoto (RPC) sobre protocolo HTTP. Esse proxy permite que os clientes descubram esses objetos mesmo que eles sejam movidos entre servidores ou se eles existirem em áreas discretas da rede, geralmente por motivos de segurança.
Serviço de Ativação de Processos do Windows	O WAS (Serviço de Ativação de Processos do Windows) generaliza o modelo do processo IIS, removendo a dependência no HTTP. Todos os recursos do IIS anteriormente disponíveis somente a aplicativos HTTP, agora estão disponíveis a aplicativos que hospedem serviços Windows Communication Foundation (WCF), usando protocolos não HTTP. O IIS 7.5 também usa o WAS para ativação baseada em mensagem sobre HTTP.
Serviços do iSNS Server	O protocolo iSNS (Internet Storage Name Service) é usado para a interação entre os servidores e clientes iSNS. Os clientes iSNS são computadores, também conhecidos como iniciadores, que tentam descobrir dispositivos de armazenamento, denominados destinos, na rede Ethernet. O iSNS facilita a descoberta, o gerenciamento e a configuração automatizados de dispositivos iSCSI e Fibre Channel (usando gateways iFCP) em uma rede TCP/IP.
Serviço LAN sem Fio	O Serviço WLAN (LAN sem Fio) configura e inicia o serviço Configuração Automática de WLAN, independentemente de o computador ter adaptadores sem fio. A Configuração Automática de WLAN enumera adaptadores sem fio

Recurso	Descrição
	e gerencia conexões sem fio e perfis sem fio que contenham as configurações necessárias para configurar um cliente sem fio para se conectar a uma rede sem fio.
Serviços SNMP	O SNMP é o protocolo padrão da Internet para troca de informações de gerenciamento entre os aplicativos do console de gerenciamento, como o HP Openview, Novell NMS, IBM NetView ou Sun Net Manager, e as entidades gerenciadas, as quais podem incluir hosts, roteadores, pontes e hubs.
Serviço Windows Search	Nova versão do Windows Search, um buscador que ajuda a localizar arquivos no computador rapidamente como e-mails, compromissos do calendário, fotos, documentos e outros.
Serviços de Reconhecimento de Manuscrito	Os Serviços de Reconhecimento de Manuscrito fornecem suporte ao reconhecimento de manuscrito em vários idiomas, além de suporte para uso de canetas com interface de computação sensível à pressão, tais como tablets e smartphones.
Serviços TCP/IP Simples	Os Serviços TCP/IP Simples oferecem suporte aos seguintes serviços TCP/IP: Character Generator, Daytime, Discard, Echo e Quote of the Day. Os Serviços TCP/IP Simples são fornecidos para compatibilidade com versões anteriores e não devem ser instalados a menos que seja necessário.
Servidor de Gerenciamento de Endereços IP (IPAM)	O IPAM no Windows Server 2012 é uma nova estrutura integrada para descobrir, monitorar, fazer auditoria e gerenciar o espaço de endereço IP usado em uma rede corporativa. O IPAM fornece a administração e o monitoramento de servidores que executam o protocolo DHCP e o DNS (Serviço de Nomes de Domínio).
Servidor SMTP	O Servidor SMTP fornece suporte à transferência de mensagens de e-mail entre os sistemas de e-mail.
Servidor Telnet	O Servidor Telnet permite que usuários remotos, como os que executam sistemas operacionais baseados em UNIX, realizem tarefas de administração de linha de comando e executem programas usando um cliente telnet.
Servidor WINS	O Servidor do Serviço de Cadastramento na Internet do Windows (WINS) fornece um banco de dados distribuído para registrar e enfileirar mapeamentos dinâmicos de nomes NetBIOS para computadores e grupos usados na rede. O WINS mapeia nomes NetBIOS para endereços IP e soluciona os problemas resultantes da resolução de nome NetBIOS em ambientes roteados.
SUA (Subsistema para Aplicativos Baseados em UNIX)	O Subsistema para Aplicativos Baseados em UNIX (SUA) permite que você execute programas baseados em UNIX e compile e execute aplicativos baseados em UNIX personalizados no ambiente Windows.
Suporte WoW64	WoW64 (**W**indows 32 bits **O**n **W**indows **64** bits) é um subsistema do Windows que permite executar aplicações de 32 bits em sistemas de 64 bits.
Visualizador XPS	O formato de documento XML Paper Specification (XPS) pode ser usado para visualizar, salvar, compartilhar, assinar digitalmente e proteger o conteúdo de um documento. Você pode usar o visualizador de XPS para visualizar, pesquisar, definir permissões e assinar digitalmente os documentos XPS.
Windows Biometric Framework	O Windows Biometric Framework (WBF) permite que dispositivos de impressão digital sejam usados para identificar e verificar identidades e efetuar logon no Windows. O WBF inclui sub-recursos necessários para permitir o uso de dispositivos de impressão digital.

Recurso	Descrição
Windows Biometric Framework	O WBF (Windows Biometric Framework) é um conjunto de serviços e interfaces que permitem o desenvolvimento e o gerenciamento consistentes de dispositivos biométricos, como leitores de impressão digital, no Windows Server 2012. O WBF melhora a confiabilidade e a compatibilidade com os serviços biométricos e drivers. O WBF permite que os desenvolvedores de dispositivos possam interagir com o lado do cliente da estrutura para oferecer suporte a cada solução biométrica.
Windows Identity Foundation 3.5	O WIF permite que desenvolvedores .NET terceirizem a lógica de acesso (login) em suas aplicações.
Windows PowerShell	O Microsoft Windows PowerShell é um novo prompt de comando do Windows com muito mais recursos e flexibilidade que o cmd.exe. O PowerShell é voltado para a automatização via scripts e canalização de objetos por uma sequência de comandos. Largamente utilizado por administradores experientes para a manutenção dos sistemas baseados em Windows Server.

Não se preocupe se você não conseguir memorizar as dezenove funções e os cinquenta e um recursos disponíveis no Windows Server 2012. Desta lista com quase noventa tecnologias, se considerarmos ainda os recursos da função, algumas quase não são usadas e devem desaparecer nas próximas versões do Windows Server. Outras são de uso muito específico, como, por exemplo, as ferramentas de interação com datacenters. Existem ferramentas que só interessam aos programadores ou quando administramos uma rede mista, com sistemas Windows e Unix convivendo.

Quando dissemos em outro capítulo que descrever todas as tecnologias do Windows Server 2012 daria um livro com mais de duas mil páginas, não foi sem motivo. Precisamos manter o foco no que é importante, no que é necessário e no que você vai precisar para criar e manter uma rede básica funcionando.

Sugerimos que você use algum tempo lendo e entendendo esta lista de funções e recursos para saber o que está disponível. Com o tempo e o aumento da sua experiência em administração de redes Windows, alguns desafios que possam aparecer talvez sejam resolvidos por uma dessas ferramentas.

Comparando com uma caixa de lápis de cor com doze ou quarenta e oito cores, talvez seu desenho use menos de doze cores entre as disponíveis. Mas é bom saber se podemos contar com doze ou com quarenta e oito. Um número maior de cores não significa um desenho melhor. Bons desenhistas conseguem belas obras com poucas cores, usando o que têm e muita criatividade. Bons administradores de rede também não dependem de um grande número de ferramentas.

Não dá para antecipar tudo o que você vai precisar em seu cotidiano. Uma rede nunca é igual a outra. O que dá para prever é o que você precisa para qualquer rede. São essas ferramentas, funções e recursos, realmente necessários, que estamos tratando neste livro.

9.8 Como Instalar Rapidamente Qualquer Recurso ou Função do Servidor

O Windows Server 2012 tem duas maneiras para permitir a instalação rápida de recursos e funções do servidor. Instalação rápida não quer dizer instalação às pressas ou sem planejamento. Entendemos que, havendo um planejamento sólido e consistente dos recursos e funções da rede, não há motivo para perder tempo com os procedimentos de instalação.

A primeira forma de fazer instalações rápidas no Windows é usando scripts de instalação e configuração. Esses scripts podem ser feitos em várias linguagens de programação, sendo indicado o PowerShell em virtude da integração com o Windows. Sobre o PowerShell vamos falar mais à frente.

A segunda forma de fazer instalações rápidas de recursos e funções no servidor é usando o Assistente de Adição de Funções e Recursos, que está disponível no menu Gerenciar do painel Gerenciador do Servidor.

O que você precisa saber é que as etapas iniciais são iguais para qualquer instalação, então você pode poupar tempo indo diretamente ao que interessa. Vejamos isso na prática:

1) Vamos supor que você queira instalar qualquer função ou qualquer recurso no servidor. O primeiro passo é abrir o Assistente de Adição de Funções e Recursos, Figura 9.3.

2) A página inicial, Antes de começar, é totalmente dispensável e você pode fazer com que ela não mais apareça, marcando a opção Ignorar esta página por padrão.

3) Em Tipo de Instalação, na maior parte das vezes será escolhido Instalação baseada em função ou recurso. A segunda opção é usada em virtualização e acesso remoto. Para este livro todas as instalações são demonstradas no servidor local. Na segunda instalação no mesmo servidor você pode ignorar essa tela, porque ela estará sempre com essa opção, até ser modificada para o outro tipo, Figura 9.4.

4) Já nos livramos de duas telas durante a instalação de qualquer recurso ou função. Em Seleção de Servidor as opções são entre instalar no servidor local, em algum dos servidores do pool de servidores, se existir mais de um, ou em disco rígido virtual. Considerando uma rede com um só servidor, essa opção sempre será a mesma e é mais uma tela que você pode ignorar a partir da segunda instalação no mesmo servidor, Figura 9.5.

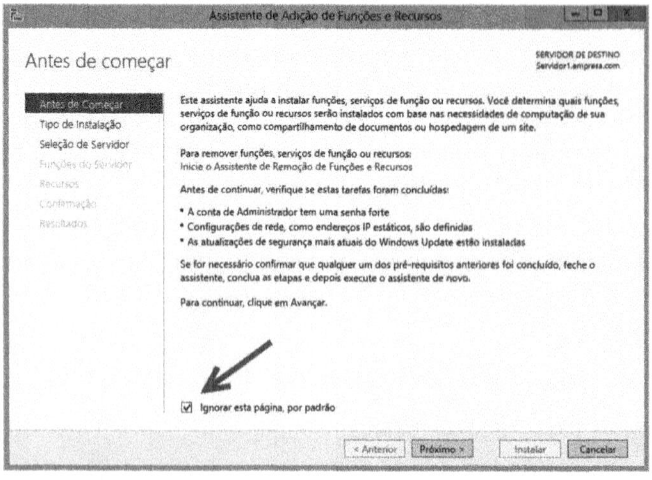

Figura 9.3 - Assistente de Adição de Funções e Recursos.

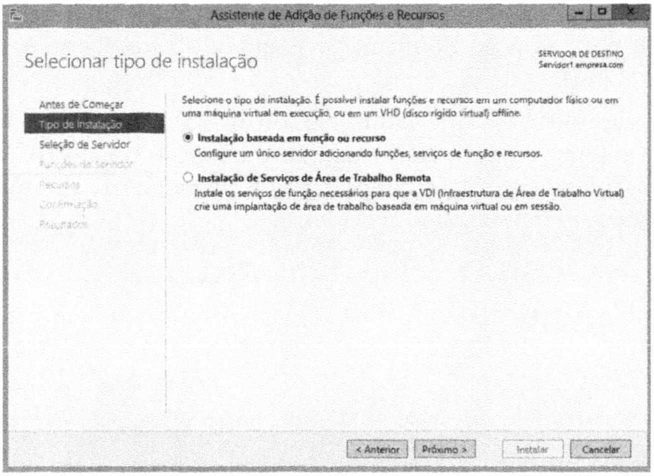

Figura 9.4 - Tipo de instalação.

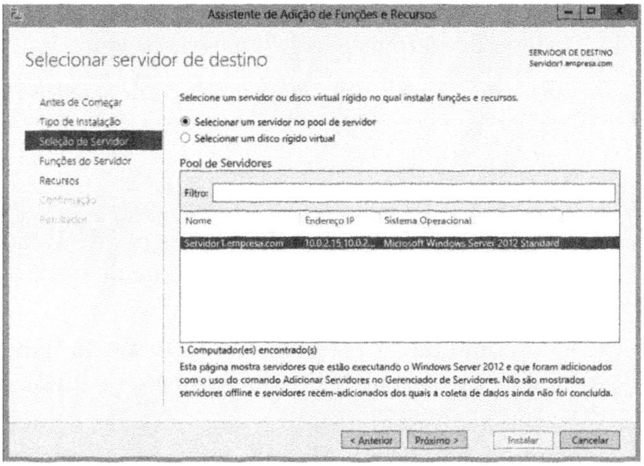

Figura 9.5 - Seleção de servidor.

5) As telas anteriores são iguais em qualquer instalação, considerando a instalação no mesmo servidor e a partir da segunda instalação. Isso quer dizer que, a partir da segunda instalação, qualquer função ou recurso que você quiser instalar, pode ir diretamente para a opção Funções do Servidor ou Recursos, sem precisar passar pelas telas anteriores.

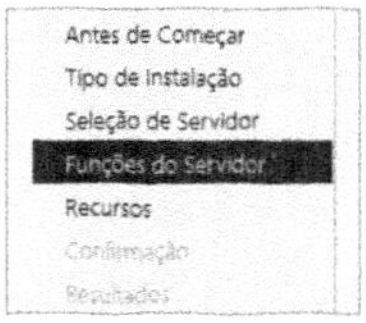

Figura 9.6 - Na segunda instalação no mesmo servidor, vá diretamente para Funções do Servidor ou Recursos, sem precisar passar pelas telas iniciais.

6) Após selecionar uma ou mais entre as opções de função ou recurso, o próximo passo sempre será ir para a opção Confirmação e, quando a instalação terminar, ler o relatório em Resultados.

Para os próximos capítulos, em que vamos demonstrar a instalação de vários servidores, vamos diretamente para a opção de instalação da função ou do recurso, sem perder tempo com as telas inicias da instalação, pois, como acabamos de ver, são sempre as mesmas quando a instalação é no mesmo servidor.

Resumo do Capítulo 9

Agora você já sabe que:

... o Windows Server 2012 oferece dezenas de ferramentas, recursos, funções e recursos de função.

... apesar desse grande número de tecnologias, o administrador de redes trabalha apenas com aquelas que têm utilidade em seu projeto de rede.

... função do servidor é o nome dos serviços prioritários, mais comuns em qualquer rede baseada em servidores.

... recurso do servidor são serviços e ferramentas de uso menos comum.

... recurso de função são opções que aparecem durante a instalação de algumas funções do servidor.

9.9 Exercícios Propostos

1) Use algum tempo lendo cada uma das opções de Funções do Windows Server 2012. A leitura pode ser feita na própria interface do assistente de instalação, que exibe um resumo da função ao clicar no nome.

2) Use algum tempo lendo cada uma das opções de Recursos do Windows Server 2012. A leitura pode ser feita na própria interface do assistente de instalação, que exibe um resumo do recurso ao clicar no nome.

3) Aproveite a flexibilidade do laboratório de práticas e experimente instalar (para entender) cada uma das funções, recursos e recursos da função. Se você estiver usando o VirtualBox, como sugerimos, pode clicar com o botão do mouse no nome da máquina virtual com o Windows Server 2012 e cloná-la. Esse clone pode ser copiado por cima de outra instalação, o que permite experimentar o que quiser no Windows Server 2012, retornando-o ao seu estado original com facilidade, pois basta copiar os arquivos clonados por cima da instalação experimental.

4) Supondo que você já tem um projeto de redes, ou caso não tenha, que crie um projeto de redes simples, usando as orientações do livro, procure identificar como as funções e recursos podem contribuir para o seu projeto. Ou seja, procure, entre os recursos e funções, aqueles que, de alguma maneira, vão servir ao seu propósito de administrar a rede.

capítulo 10

Servidor de Arquivos e Armazenamento

Toda empresa precisa de um servidor de arquivos e você aprende a criá-los

Se você pensar na função mais básica de uma rede com servidor, vai descobrir que é o gerenciamento de computadores, grupos e usuários e o controle do compartilhamento de pastas, arquivos e impressoras.

A função de roteamento para compartilhar a Internet, que já foi imprescindível em qualquer instalação de servidor, teve o seu auge no tempo da conexão discada (Dial-Up). Atualmente, as conexões disponíveis nas principais capitais chegam facilmente aos 10 Mbps e são compartilhadas pelo modem disponibilizado pela prestadora do serviço.

Este capítulo trata especificamente do servidor de arquivos. Dividimos a informação em duas partes. Na primeira, vamos apresentar as tecnologias relacionadas aos discos rígidos. Na segunda parte, abordaremos a administração da função Servidor de Arquivos e Armazenamento, uma função tão importante para o funcionamento da rede que é instalada por padrão no Windows Server 2012.

10.1 Sistema de Arquivos

Um sistema de arquivos é um conjunto de estruturas lógicas e de rotinas, que permite ao sistema operacional controlar o acesso ao disco rígido. Existem diferentes sistemas de arquivos para atender diferentes arquiteturas de sistemas operacionais, representando as diferentes fases dessa tecnologia:

- **FAT (ou FAT16):** FAT é a sigla de File Allocation Table ou Tabela de Alocação de Arquivos. Um sistema de arquivos desenvolvido para o MS-DOS e usado em versões do Microsoft Windows até (e inclusive) o Windows Me. Atualmente não é mais usado.
- **FAT32:** é um sistema de arquivos criado em 1996 pela Microsoft para substituir o FAT16. O FAT32 foi implementado nos sistemas Windows 95 (OSR2), Windows 98 e

Millennium e ainda possui compatibilidade com os sistemas Windows 2000 e Windows XP. Foi substituído por um sistema de arquivos mais moderno, o NTFS.

- **NTFS:** ou New Technology File System, é o sistema de arquivos padrão para o Windows NT. Foi desenvolvido para substituir o sistema FAT, que não é tão confiável e possui várias limitações.
- **EFS:** Encrypting File System, ou Sistema de Arquivos com Criptografia, fornece a tecnologia de criptografia principal que permite criptografar arquivos armazenados em volumes NTFS. O EFS é integrado ao sistema de arquivos NTFS, fácil de gerenciar e difícil de atacar. Os arquivos criptografados são protegidos mesmo se um invasor ganhar a posse física do computador. Além disso, mesmo os usuários que são autorizados a acessar o computador (como administradores) não têm acesso a arquivos criptografados com EFS por outros usuários. Entretanto, o EFS oferece suporte a agentes de recuperação designados (DRAs). Um agente de recuperação de dados (Data Recovery Agent ou DRA) é um usuário do Microsoft Windows ao qual foi concedido o direito de descriptografar os dados que foram criptografados por outros usuários. A cessão de direitos DRA para um indivíduo aprovado fornece, em um departamento de TI, uma forma de desbloquear os dados criptografados em caso de uma emergência. Ao configurar DRAs corretamente, uma organização tem a segurança de que os dados podem ser recuperados quando necessário.
- **CDFS:** Compact Disk File System é um sistema de arquivos imagens que apresentam, no caso do CDFS, a extensão .iso, formato amplamente difundido na Internet. Os arquivos CDFS são documentados pela ISO 9660 que estabelece um conjunto de especificações relacionadas com a organização lógica dos dados de um CD e permite a criação de um sistema de arquivos hierárquico, capaz de proporcionar a organização da informação contida num CD em arquivos e pastas. O sistema de arquivos concebido pelas especificações desta norma visa funcionar da forma mais compatível possível com todos os sistemas operacionais. Desta forma, um CD com o sistema de arquivos ISO 9660 pode ser lido em qualquer outro sistema operacional.
- **UDF:** formato utilizado em DVD e em CD-R e CD-RW. Tem por base padrões abertos, permitindo a troca de informação entre sistemas operacionais e entre suportes de armazenamento de informação.
- **DFS:** Distributed File System, ou Sistema de Arquivos Distribuído, permite a criação de unidades lógicas combinando pastas e unidades físicas de disco. É implementado como um serviço da função Serviços de Arquivo. O Sistema de Arquivos Distribuídos consiste em dois serviços de função: Namespaces DFS e Replicação DFS. Para gerenciar os Namespaces DFS e a Replicação DFS, você pode usar o snap-in Gerenciamento DFS no Gerenciador de Servidores ou o snap-in Gerenciamento DFS do menu Ferramentas. Ou ainda, pode usar as ferramentas de prompt de comando.
- **Ext, Ext2 e Ext3:** Ext2 (Second Extended file System) é um sistema de arquivos para dispositivos de blocos (disco rígido, disquete, pen drive). Foi desenvolvido para o Linux por Rémy Card, para substituir o Ext (Extended File System), também criado por Rémy Card. O sistema de arquivo Ext3 é essencialmente uma versão melhorada do sistema de arquivo Ext2, popular entre os usuários de Linux.
- **ReiserFS:** é outro sistema de arquivos comum em em sistemas Linux.
- **XFS:** é um sistema de arquivos inicialmente desenvolvido pela Silicon Graphics, Inc. para o seu sistema operacional IRIX. Posteriormente teve seu código-fonte liberado e foi adaptado para funcionar no Linux.

- **JFS:** ou Journaling FileSystem, é um sistema de arquivos desenvolvido pela IBM para o sistema operacional AIX, utilizado também no Linux e, posteriormente, teve seu código-fonte liberado.

10.2 Arquitetura dos Discos Rígidos

Os discos rígidos são provavelmente o ativo mais precioso em um sistema de informação, por conta do volume de dados e informações que são capazes de armazenar.

Um disco rígido atualmente custa entre 200 e 300 reais, mas podem conter milhares de reais em informações ou centenas de horas de trabalho.

O preço desses dispositivos teve uma queda surpreendente, com o HD de 500 GB chegando a custar apenas 100 reais, subindo para 200 a 300 reais em razão da enchente na Ásia, em 2011, exatamente na região onde se encontram os principais fornecedores do mundo.

O nome disco rígido ou HD, que é uma derivação de HDD, do inglês Hard Disk Drive, já foi chamado de winchester, memória de massa, memória secundária e até de disco duro.

O acesso ao HD é feito por interface e existem vários tipos de interfaces para discos rígidos, como:

- **IDE/ATA - IDE**, do inglês Integrated Drive Electronics, foi o primeiro padrão que integrou a controladora com o disco rígido. Inicialmente as interfaces IDE suportavam apenas a conexão de discos rígidos. Com o surgimento do CD-ROM os fabricantes passaram a oferecer também kits multimídia, que eram compostos por uma placa de som, CD-ROM, caixa de som e microfone. O protocolo ATAPI foi criado para fazer a integração desse tipo de drive com o IDE, de forma que se tornou rapidamente o padrão.
- **ATA**, do inglês Advanced Technology Attachment, é um padrão para interligar dispositivos de armazenamento, como discos rígidos e drives de CD-ROMs. A evolução do padrão fez com que se reunissem em si várias tecnologias antecessoras, como EIDE (Extended Integrated Drive Electronics), ATAPI (Advanced Technology Attachment Packet Interface) e UDMA (Ultra Direct Memory Access).
- **SATA**, também conhecido como Serial ATA, de Serial AT Attachment, é uma tecnologia de transferência de dados entre um computador e dispositivos de armazenamento como unidades de disco rígido e drives óticos. O SATA substituiu a tecnologia ATA e existe nas versões:
  - **SATA-I** ou **SATA-150** ou **SATA 1,5 Gb/s** com capacidade de transferência de dados de 187,5 MB/s, porém consideramos 150 MB/s porque 20% de banda corresponde à paridade.
  - **SATA-II** ou **SATA-300** ou **SATA 3 Gb/s** com capacidade de transferir 375 MB/s, porém consideramos 300 MB/s porque 20% de banda corresponde à paridade.
- **SCSI** (pronuncia-se *scãzi*) é a sigla para Small Computer System Interface, uma tecnologia que permite ao usuário conectar uma larga gama de periféricos, tais como discos rígidos, unidades CD-ROM, impressoras e scanners.
- **Fibre Channel**, ou **FC**, é uma tecnologia de comunicação de alta velocidade que é utilizada para redes de armazenamento. Ele foi desenhado para permitir a conexão e a desconexão de dispositivos, sem causar parada no funcionamento do barramento

como um todo. A combinação efetiva das vantagens do Storage Area Network (ou Rede de Área de Armazenamento) e do Fibre Channel tornou-se a solução de armazenamento mais adotada na atualidade.

- **USB**, que significa Universal Serial Bus, ou Barramento Serial Universal, é uma porta que permite a conexão de diversos dispositivos, incluindo unidades de disco e armazenamento externo: HD, CD/DVD, SSD, pendrive etc.

Figura 10.1 - Disco rígido por dentro.

10.3 Capacidade Anunciada x Capacidade Informada

A capacidade de armazenamento do disco rígido é medida em bytes. Na verdade os discos rígidos atuais são tão espaçosos que a medida em gigabyte e terabyte são as mais comuns, no entanto existe uma disparidade entre a capacidade anunciada pelo fabricante e o que é exibido pelo sistema operacional.

A diferença reside no fato de que o sistema operacional calcula tendo como referência 1024 bytes. Assim temos:

Para 1 MB = 1024 bytes, 1 GB = 1024 * 1024 * 1024 = 1 073 741 824 de bytes.

E os fabricantes calculam com base mil. Assim:

Para 1 MB = 1000 bytes, 1 GB = 1000 * 1000 * 1000 = 1 000 000 000 (1 bilhão de bytes).

Na prática o disco rígido aparece no sistema com uma capacidade menor do que a anunciada pelo fabricante. Em um disco rígido de 3 TB a diferença para menos chega a 200 GB:

Capacidade anunciada	Capacidade exibida pelo sistema operacional
1 GB	0,93 GB
2 GB	1,86 GB
3 GB	2,79 GB
4 GB	3,72 GB
5 GB	4,65 GB

Capacidade anunciada	Capacidade exibida pelo sistema operacional
6 GB	5,58 GB
7 GB	6,51 GB
8 GB	7,41 GB
9 GB	8,38 GB
10 GB	9,31 GB
15 GB	13,97 GB
20 GB	18,63 GB
30 GB	27,94 GB
40 GB	37,25 GB
50 GB	46,56 GB
60 GB	55,87 GB
70 GB	65,19 GB
80 GB	74,53 GB
100 GB	93,13 GB
120 GB	111,76 GB
160 GB	149,01 GB
200 GB	186,26 GB
250 GB	232,83 GB
300 GB	279,40 GB
400 GB	372,53 GB
500 GB	465,66 GB
640 GB	596,17 GB
750 GB	698,49 GB
1 TB	931,32 GB
1.5 TB	1.396,98 GB
2 TB	1.862,64 GB
2.5 TB	2.328,30 GB
3 TB	2.793,96 GB

10.4 RAID

Você já entendeu que os discos rígidos armazenam informações avaliadas em muitas vezes o valor do disco. Esta preocupação não é só sua, pois a indústria de software e de hardware sempre buscou formas de proteger o conteúdo dos discos rígidos, sob diversas circunstâncias.

Uma das soluções é o uso de dois ou mais discos rígidos em uma disposição conhecida como RAID, de Redundant Array of Independent Drives, também denominado Redundant Array of Inexpensive Drives, ou, em português, Conjunto Redundante de Discos Independentes, ou Conjunto Redundante de Discos Econômicos, ou, ainda, Arranjo Redundante de Discos

Independentes. É uma maneira de criar um subsistema de armazenamento composto por vários discos individuais, com a finalidade de ganhar segurança e desempenho.

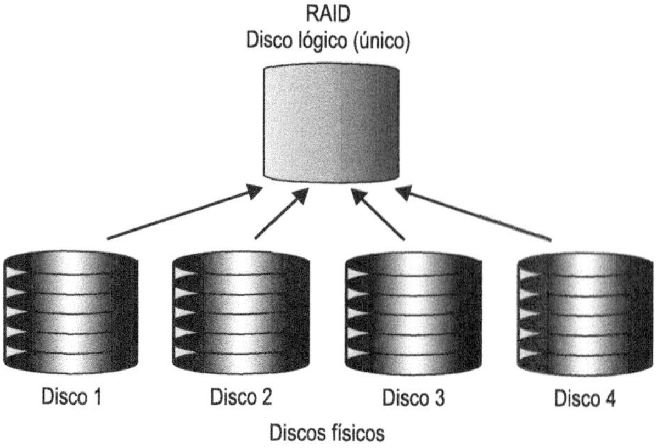

Figura 10.2 - Com o sistema RAID vários discos são reconhecidos pelo sistema operacional como se fosse um só.

As vantagens obtidas com o uso da disposição dos discos em RAID são:

1) Acesso mais rápido, com ganho de desempenho.
2) Maior tolerância a falhas. Caso um disco apresente problemas, basta substituí-lo sem nenhuma perda de dados.
3) Uso de várias unidades de disco com a mesma informação gravada, tornando praticamente impossível a perda de dados.

Tome como exemplo as redes dos grandes serviços da Internet, como YouTube, Twitter, Facebook etc. com milhões de usuários e dados armazenados, sem nenhum registro de perdas.

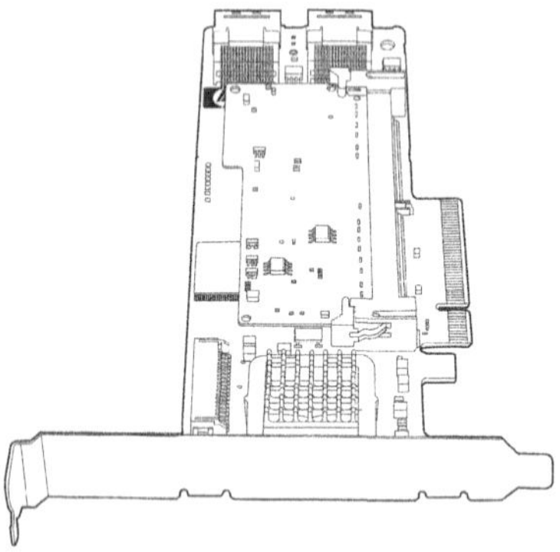

Figura 10.3 - Controlador RAID.

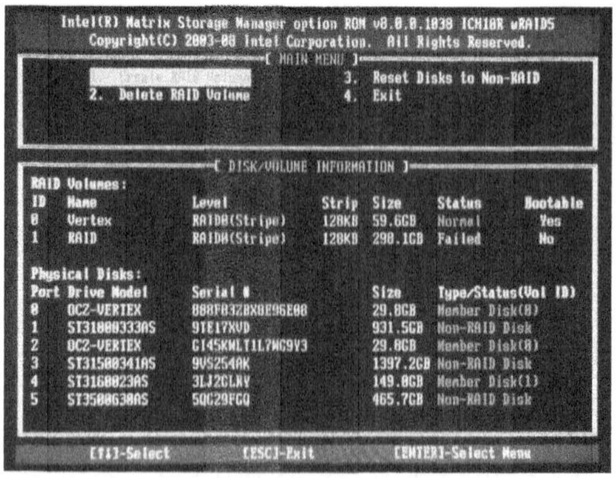

Figura 10.4 - Configuração de RAID via software.

A disposição dos discos em RAID pode ser implementada via software, via hardware ou com uma combinação dos dois. O primeiro tipo é o que oferece melhores resultados, não depende de sistema operacional e é mais rápido. A principal desvantagem é o preço dos controladores RAID, mas atualmente não é difícil encontrar placas-mãe com suporte a RAID, habilitadas e configuradas via SETUP.

Existem vários níveis de RAID, numerados de acordo com a disposição dos discos e a forma como são combinados. Acompanhe:

- **RAID Nível 0 ou, apenas, RAID 0:** conhecido como striping (distribuição). Os dados são divididos em pequenos segmentos e distribuídos entre os discos. Esse nível não oferece tolerância a falhas, pois não existe redundância. Isso significa que uma falha em qualquer um dos HDs pode ocasionar perda de informações. Por essa razão, o RAID 0 é usado para melhorar a performance do computador, uma vez que a distribuição dos dados entre os discos proporciona grande velocidade na gravação e leitura de informações. Quanto mais discos houver, mais velocidade é obtida. Isso porque, se os dados fossem gravados em um único disco, esse processo seria feito de forma sequencial. Com o RAID 0 as operações de leitura e escrita ocorrem ao mesmo tempo em cada unidade. Em virtude dessas características, o RAID 0 é recomendado para aplicações de CAD e tratamento de imagens e vídeos.

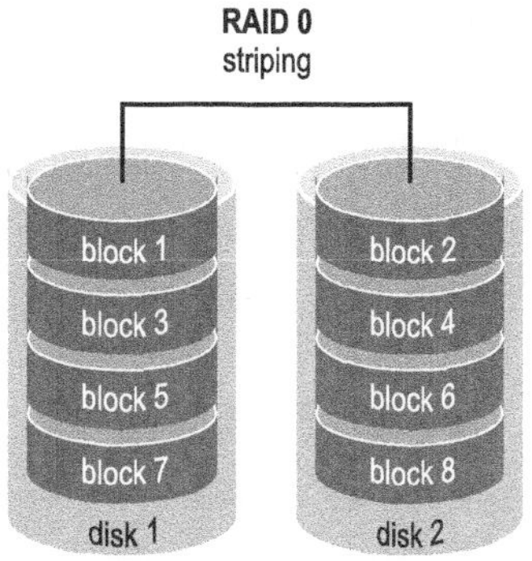

Figura 10.5 - RAID 0 (striping): os dados são distribuídos entre os discos.

- **RAID Nível 1 ou RAID 1:** conhecido como mirroring (espelhamento). O RAID 1 funciona adicionando HDs paralelos aos HDs principais existentes no computador. Se, por exemplo, um computador possui duas unidades de disco, para atingir RAID 1 precisa de mais duas unidades, totalizando o dobro do total de discos inicial.

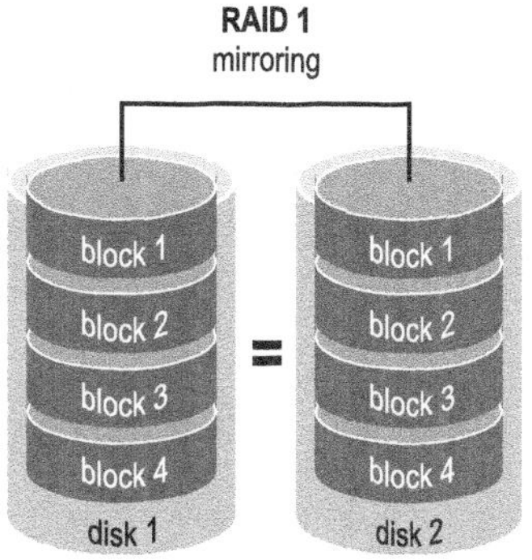

Figura 10.6 - RAID 1 (mirroring): cada disco é uma cópia do outro.

Os discos adicionados trabalham como uma cópia do primeiro, daí o nome espelhamento. Se um dos discos apresentar falha, o outro imediatamente assume o seu lugar sem interromper as atividades do sistema. O administrador da rede só precisa remover a unidade de disco problemática colocando um novo disco em seu lugar. Dependendo de como o servidor foi montado, se existe ou não fácil acesso à reposição de discos, essa operação pode ser feita sem desligar o computador (hot-swap).

A desvantagem do RAID 1 é ser mais lento na gravação, porém mais rápido na leitura, tornando essa configuração indicada para servidores de arquivo.

- **RAID Nível 2 ou RAID 2:** tem como principal característica um mecanismo de detecção de falhas que age monitorando os discos. O RAID 2 caiu em desuso porque praticamente todos os discos rígidos atuais saem de fábrica com mecanismos de detecção de falhas.

- **RAID Nível 3 ou RAID 3:** nele, os dados são divididos entre os discos da matriz, exceto um disco, que serve para armazenar informações de paridade. Assim, todos os bytes dos dados têm sua paridade (acréscimo de 1 bit, que permite identificar erros) armazenada em um disco específico. Pela verificação dessa informação é possível assegurar a integridade dos dados, em casos de recuperação. Por isso, e por permitir o uso de dados divididos entre vários discos, o RAID 3 consegue oferecer altas taxas de transferência e confiabilidade das informações. Para usar o RAID 3, pelo menos três discos são necessários.

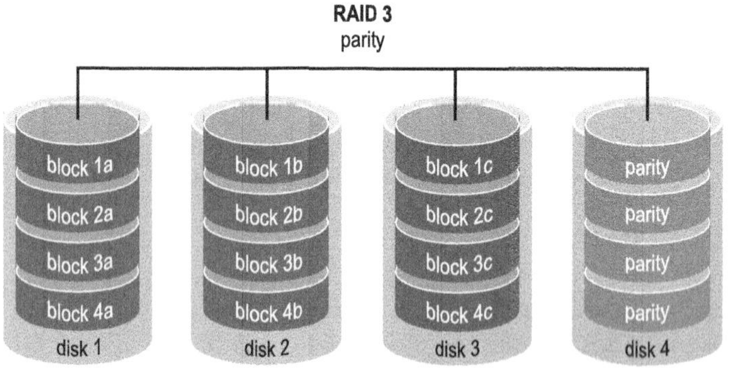

Figura 10.7 - RAID 3: paridade em disco separado.

- **RAID Nível 4 ou RAID 4:** também possui um disco reservado para registro de paridade. A diferença entre os níveis 4 e 3 é que, em caso de falha de um dos discos, os dados podem ser reconstruídos em tempo real com a utilização da paridade calculada com base nos outros discos. Cada um pode ser acessado de forma independente. O RAID 4 é indicado para o armazenamento de arquivos grandes, quando for necessário assegurar a integridade das informações. Nesse nível, cada operação de gravação requer um novo cálculo de paridade, dando maior confiabilidade ao armazenamento.

- **RAID Nível 5 ou RAID 5:** este é muito semelhante ao nível 4, exceto o fato de que a paridade não fica destinada a um único disco, mas a toda a matriz. Isso faz com que a gravação de dados seja mais rápida, pois não é necessário acessar um disco de paridade em cada gravação. Apesar disso, como a paridade é distribuída entre os discos, o nível 5 tende a ter um pouco menos de performance que o RAID 4. O RAID 5 é o nível mais utilizado e que oferece resultados satisfatórios em aplicações não muito pesadas. Esse nível também precisa de pelo menos três discos para funcionar.

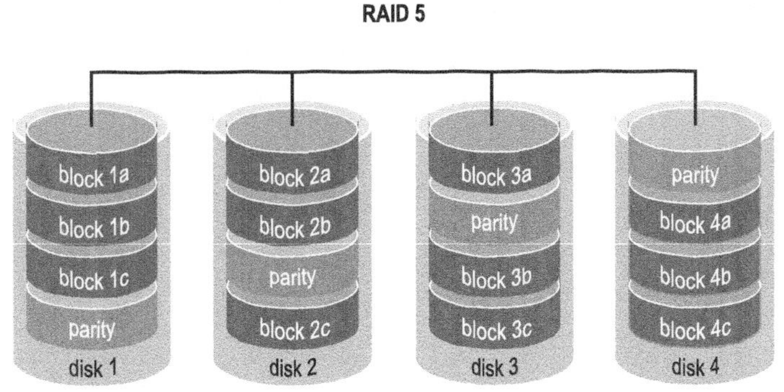

Figura 10.8 - RAID 5: paridade em discos distribuídos.

- **RAID Nível 6 ou RAID 6:** é um padrão relativamente novo, suportado por apenas algumas controladoras. Ele é semelhante ao RAID 5, porém usa o dobro de bits de paridade, garantindo a integridade dos dados caso até dois dos HDs falhem ao mesmo tempo. Ao usar 7 HDs de 500 GB em RAID 6, por exemplo, teríamos 2.5 TB para dados mais 1 TB de códigos de paridade.
- **RAID 0 + 1:** é uma combinação dos níveis 0 (striping) e 1 (mirroring), cujos dados são divididos entre os discos para melhorar o rendimento, mas também utilizam outros discos para duplicar as informações. Essa combinação reúne o bom rendimento do nível 0 com a capacidade de redundância do nível 1, sendo necessário pelo menos quatro discos para montar essa configuração. Tais características fazem do RAID 0 + 1 o mais rápido e seguro, porém o mais caro de ser implantado.

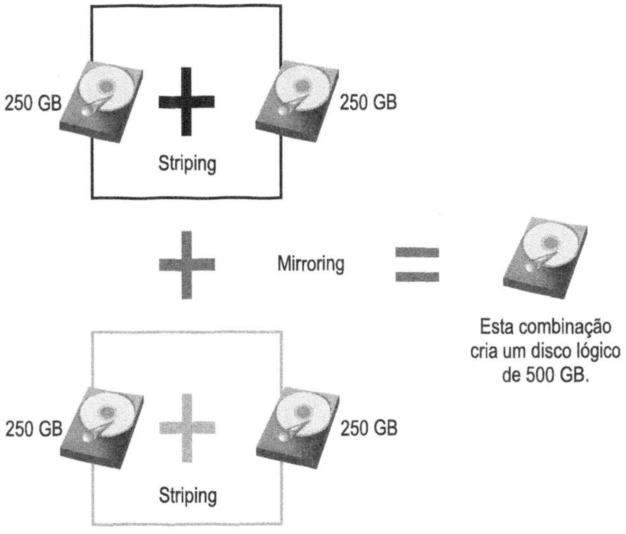

Figura 10.9 - RAID 0+1: combina as vantagens do fracionamento com as vantagens do espelhamento.

A tabela a seguir resume as principais características de cada uma das opções de RAID:

RAID	Mínimo de discos	Eficiência de armazenamento (%)	Custo	Desempenho de leitura	Desempenho de gravação	Penalidade de gravação
0	2	100	Alto	Muito bom para leitura sequencial e aleatória	Muito bom	Não
1	2	50	Alto	Bom; melhor que um disco único	Bom; mais lento que um disco único, já que cada gravação deve ser confirmada em todos os discos	Moderada
3	3	(n-1)*100/n, em que n = número de discos	Moderado	Bom para leituras aleatórias e muito bom para leituras sequenciais	Fraco a razoável para gravações pequenas aleatórias; bom para gravações sequenciais grandes	Alta
4	3	(n-1)*100/n, em que n = número de discos	Moderado	Muito bom para leituras aleatórias; bom a muito bom para gravações sequenciais	Fraco a razoável para gravações aleatórias; razoável a bom para gravações sequenciais	Alta
5	3	(n-1)*100/n, em que n = número de discos	Moderado	Muito bom para leituras aleatórias; bom para leituras sequenciais	Razoável para gravações aleatórias; mais lento em razão da sobrecarga de paridade; razoável a bom para gravações sequenciais	Alta
6	4	(n-2)*100/n, em que n = número de discos	Moderado, maior que RAID 5	Muito bom para leituras aleatórias; bom para leituras sequenciais	Bom para gravações aleatórias pequenas (tem penalidade de gravação)	Muito alta
1+0 e 0+1	4	50	Alto	Muito bom	Bom	Moderada

Além destes, há também o RAID 10, o RAID 50 e o RAID 100, os quais, por terem menor uso, não serão comentados.

10.5 Indexação

O serviço de indexação no Windows Server 2012 foi substituído pela pesquisa do Windows. O serviço de indexação é fornecido apenas para compatibilidade com versões anteriores e não é instalado por padrão. A finalidade da indexação é varrer as unidades de disco e gerar índices, mais rápidos de serem consultados do que fazer novas varreduras a cada pesquisa de arquivo.

10.6 Criptografia

Além da preocupação com perda de dados, as empresas também se preocupam com o risco permanente de que arquivos sigilosos ou confidenciais acabem em mãos erradas. A preocupação existe em vários níveis, como, por exemplo, impedir que funcionários de um departamento tenham acesso a documentos que não lhes dizem respeito ou que causem algum constrangimento se revelados. Uma lista de funcionários temporários que não serão efetivados, o fluxo de caixa da empresa, a folha de pagamento, planilhas de vendas, cadastros de clientes e fornecedores, são exemplos de informações estratégicas que só devem circular entre os funcionários autorizados.

As empresas pequenas e médias costumam lidar com isso baseando as relações de trabalho na ética, na confiança. Com a popularização das redes o uso de pastas compartilhadas entre os grupos autorizados reduziu as chances de algum arquivo ser lido por quem não deveria.

Infelizmente as ameaças não vêm apenas de alguns funcionários, pois existem os casos cada vez mais comuns de perdas, furtos e roubos, que se mostram ainda mais desastrosos quando o objeto perdido ou roubado é um pendrive, netbook, tablet ou notebook repleto de arquivos da empresa.

Arquivos que o vendedor, gerente, secretária, ou quem quer seja, foi autorizado a transportar em seu dispositivo pessoal, mas não esperava ter perdido ou ser roubado.

Em 2008, a Petrobrás teve notebooks e HDs externos roubados e, segundo foi noticiado pela imprensa na época, leilões foram cancelados e o preço das ações caiu, gerando um prejuízo de alguns milhões de reais.

Mais ou menos da mesma época é a notícia de que um agente secreto britânico esqueceu em um táxi um notebook que continha a localização de vários agentes ao redor do mundo.

Até a NASA já apareceu na imprensa em razão de um roubo de notebooks que continham códigos de acesso a satélites.

Criptografia é um meio de aprimorar a segurança de uma mensagem ou arquivo embaralhando o conteúdo de modo que ele só possa ser lido por quem tenha a chave de criptografia correta para desembaralhá-lo. Por exemplo, se você comprar algo em um site, as informações da transação (como endereço, número de telefone e número do cartão de crédito) são criptografadas para ajudar a mantê-la segura. Use a criptografia quando desejar um alto nível de proteção para as suas informações.

O Windows Server 2012 possui ferramentas de criptografia que vão ajudar você a proteger o patrimônio digital da empresa, principalmente nos casos em que os arquivos foram extraviados.

O EFS (Sistema de Arquivos com Criptografia) fornece a tecnologia de criptografia principal, que permite criptografar arquivos armazenados em volumes NTFS. O EFS é integrado ao sistema de arquivos NTFS, fácil de gerenciar e difícil de atacar. Os usuários selecionam os arquivos a serem criptografados, mas eles não são obrigados a descriptografar os arquivos manualmente antes de usar - eles podem simplesmente abrir e alterar um arquivo como fariam normalmente.

Se a conta do usuário que tentar abrir o arquivo não estiver autorizada, o arquivo não estará acessível e as perdas da organização vão se limitar à reposição do equipamento roubado ou perdido.

Além do sistema de arquivos com criptografia, há também a tecnologia BitLocker, com potencial para criptografar um disco inteiro, impedindo o acesso indevido nas piores situações.

Sugerimos que você domine esses recursos para ser um profissional apto a orientar a direção da empresa a respeito de diferentes estratégias de segurança. O BitLocker está disponível como recurso do Windows Server 2012 e o uso do EFS é transparente, bastando acessar essa opção em Propriedades quando fizer a configuração do compartilhamento de pastas e discos.

10.7 Compactação

O NTFS também permite compactar pastas e arquivos. Habilitando esse recurso, os arquivos passam a ocupar menos espaço em disco e, diferente de métodos de compressão como o ZIP e RAR, os arquivos continuam a ser acessados normalmente, pois a descompactação é transparente para o usuário.

A desvantagem é a queda no desempenho, principalmente se você compactar arquivos do sistema, arquivos muito grandes ou arquivos usados com frequência. Isso se deve ao fato de que o Windows terá de descompactar os arquivos antes do uso e voltar a compactar quando terminar.

Por isso, não é recomendado comprimir arquivos ou pastas muito acessados ou essenciais ao funcionamento do sistema. É um recurso com mais utilidade para arquivos antigos, quase sem acesso. Note também que os arquivos são descompactados antes de serem transferidos através da rede, ou seja, a compactação não terá efeito sobre a largura de banda.

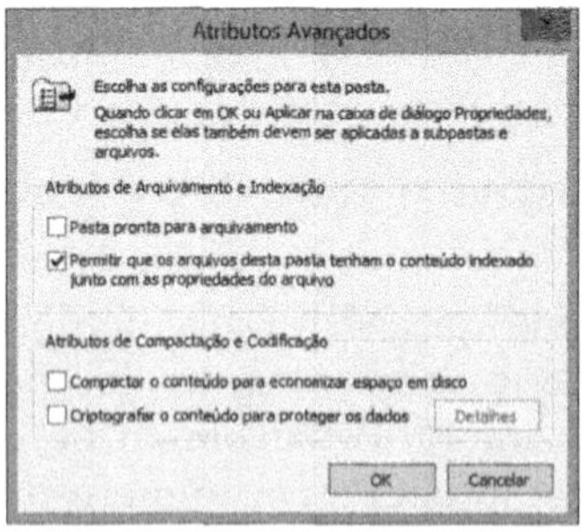

Figura 10.10 - Em Atributos Avançados de Propriedades da pasta compartilhada você habilita as opções de criptografia e/ou compactação.

10.8 Compartilhamento

Os discos, pastas e impressoras são exemplos de recursos do computador que podem ser compartilhados na rede, atribuindo diferentes níveis de permissão para diferentes grupos e usuários. No Windows Server 2012, o compartilhamento é mais flexível e seguro que as opções disponíveis para sistemas operacionais domésticos.

Os critérios do compartilhamento podem ser definidos por políticas de grupo local ou pelo Active Directory. Em outro momento deste livro mostramos como fazer isso.

10.9 Cotas

Para evitar que usuários ocupem discos e pastas compartilhadas com uma quantidade de arquivos além do bom-senso, você pode configurar um sistema de cotas no disco para manter limitado o uso do espaço.

O espaço permitido deve ser corretamente dimensionado para evitar a interrupção das atividades por falta de espaço para os arquivos resultantes do trabalho do funcionário. Esse recurso é extremamente útil em instituições de ensino e laboratórios de informática, pois evita o arquivamento desmedido.

Esse procedimento, além de proteger o disco contra falta de espaço, dificulta o arquivamento indevido de músicas, filmes e programas baixados da Internet, muitas vezes sem autorização, deixando a empresa ou instituição de ensino involuntariamente cúmplice de algum esquema de pirataria.

Para habilitar o uso de cotas no disco rígido, acesse Propriedades do disco desejado e na guia Cotas marque a opção Ativar gerenciamento de cota.

Figura 10.11 - Ativando o gerenciamento de cota no Windows Server 2012.

10.10 Cópias de Sombra

Cópias de Sombra de Pastas Compartilhadas proporcionam cópias datadas de arquivos que estão localizados em recursos compartilhados, como um servidor de arquivos. Com Cópias de Sombra de Pastas Compartilhadas, os usuários podem exibir pastas e arquivos compartilhados do modo como existiam em datas e momentos anteriores. O acesso a versões anteriores de arquivos ou cópias de sombra é útil porque os usuários podem:

- recuperar arquivos que foram acidentalmente excluídos;
- recuperar arquivos que foram acidentalmente substituídos;
- comparar versões de um arquivo enquanto trabalha;
- reverter arquivos a um estado anterior, qualquer que seja o motivo.

Para habilitar o uso de cópias de sombra no disco rígido, acesse Propriedades do disco desejado e na guia Cópias de Sombra clique na opção Habilitar.

Figura 10.12 - Ativando Cópias de sombra no Windows Server 2012.

10.11 Backup

Backup é o nome da cópia de segurança que deve ser feita para preservar os dados da empresa, mesmo nos casos das piores catástrofes. Para que o backup cumpra seus objetivos, é preciso que seja preservado em ambiente protegido contra todo tipo de ameaça, incluindo roubo, furto, inundação, incêndio etc.

O Windows Server 2012 possui a própria ferramenta de backup que oferece suporte a cinco métodos para backup de dados no computador, na rede ou on-line.

- **Backup normal:** copia todos os arquivos selecionados e marca-os como arquivos que passaram por backup. Com backups normais, você só precisa da cópia mais recente do arquivo ou da fita de backup para restaurar todos os arquivos. Geralmente, o backup normal é executado quando você cria um conjunto de backup pela primeira vez.
- **Backup de cópia:** copia todos os arquivos selecionados, mas não os marca como arquivos que passaram por backup. A cópia é útil caso você queira fazer backup de

arquivos entre os backups normal e incremental, pois ela não afeta essas outras operações de backup.

- **Backup diário:** copia todos os arquivos selecionados que foram modificados no dia de execução do backup diário. Os arquivos não são marcados como arquivos que passaram por backup.
- **Backup diferencial:** copia arquivos criados ou alterados desde o último backup normal ou incremental. Não marca os arquivos como os que passaram por backup. Se você estiver executando uma combinação dos backups normal e diferencial, a restauração de arquivos e pastas exigirá o último backup normal e o último backup diferencial.
- **Backup incremental:** copia somente os arquivos criados ou alterados desde o último backup normal ou incremental e marca-os como arquivos que passaram por backup. Se você utilizar uma combinação dos backups normal e incremental, vai precisar do último conjunto de backup normal e de todos os conjuntos de backups incrementais para restaurar os dados.

Para usar o serviço de Backup do Windows Server 2012, primeiramente você precisa fazer a instalação acessando o Assistente de Instalação de Funções e Recursos → Recursos → Backup do Windows Server.

Com o recurso instalado, a configuração do backup é feita acessando o menu Ferramentas → Backup do Windows Server.

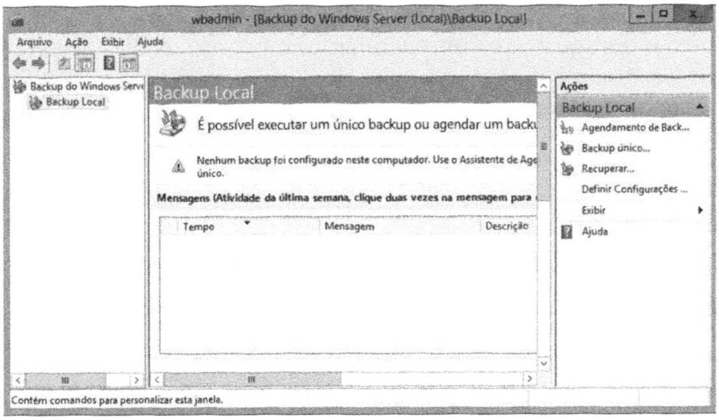

Figura 10.13 - Ferramenta de Backup do Windows Server 2012.

10.12 Instalação do Servidor de Arquivos e Armazenamento

O Servidor de Arquivos é uma função do Windows Server 2012 com o propósito de disponibilizar arquivos na rede de forma controlada e segura. Arquivos são documentos do processador de textos, planilhas, imagens, arquivos de áudio e vídeo, arquivos compactados e tudo o mais que possa ser salvo em uma pasta de computador.

Conceitualmente, quando fazemos o compartilhamento de arquivos em qualquer computador da rede, inclusive estações de trabalho, estamos criando um servidor de arquivos.

Qual é, então, a diferença entre compartilhar arquivos em uma estação de trabalho e fazer esse compartilhamento em um servidor?

Quanto à vantagem de usar um micro como servidor de arquivos é que tanto o hardware quanto o software usados para montar o servidor são muito mais confiáveis do que as máquinas e sistemas operacionais destinados aos usuários. Estas são algumas vantagens de usar o Windows Server 2012 como servidor de arquivos:

- A segurança do acesso ao servidor é maior.
- O controle de quem acessa arquivos no servidor é melhor.
- A centralização favorece a segurança e o gerenciamento.
- O servidor tende a ficar mais tempo on-line.
- O servidor consegue lidar com mais conexões simultâneas do que os sistemas operacionais de uso doméstico.
- O backup é integrado às tarefas do servidor.
- Proteção contra apagamento usando cópias de sombra.

10.12.1 Servidor Dedicado x Servidor Compartilhado

O servidor de arquivos pode ser dedicado, ou seja, só possui essa função, como também pode ser um servidor compartilhado. Servidor compartilhado, como o nome já sugere, é aquele que possui outras funções além do compartilhamento de arquivos.

Para decidir entre o dedicado e o compartilhado, é preciso avaliar as necessidades atuais e futuras da rede, estimar o tamanho médio dos arquivos, frequência de troca e quantos usuários ou estações estarão envolvidos nesse processo.

Arquivos muito grandes, comuns em bureau de impressão, fábricas de games, videoprodutoras, centros de pesquisa, entre outros, podem congestionar a rede de duas formas: sobrecarregando o servidor ou esgotando a capacidade de tráfego do cabeamento.

A sobrecarga do servidor pode ser resolvida adotando um sistema dedicado e redimensionando o adaptador de rede. É possível usar vários adaptadores de rede para balancear o tráfego no servidor. Também é possível fazer dois adaptadores funcionarem como se fossem um adaptador único de maior capacidade (veja Agrupamento NIC).

Outra possível solução é redimensionar o cabeamento da rede ou adotar fibra óptica no lugar do cabeamento metálico. E se mantiver o cabeamento metálico, trocar as tradicionais redes de 100 Mbps por modelos de 1000 Mbps.

O servidor dedicado se justifica quando há muitos usuários requisitando arquivos ou quando os arquivos são muito grandes e a rede precisa manter-se estável.

No cenário em que poucos usuários acessam poucos arquivos ou fazem isso eventualmente, o servidor de arquivos pode incorporar outras funções que não sejam críticas a ponto de também exigirem um servidor dedicado.

10.12.2 Como Criar um Servidor de Arquivos

No Windows Server 2012, com a instalação em modo gráfico é criado também um servidor de arquivos. O acesso para configuração de discos e volumes é feito pelo painel Gerenciador do Servidor, opção Serviços de Arquivo e Armazenamento.

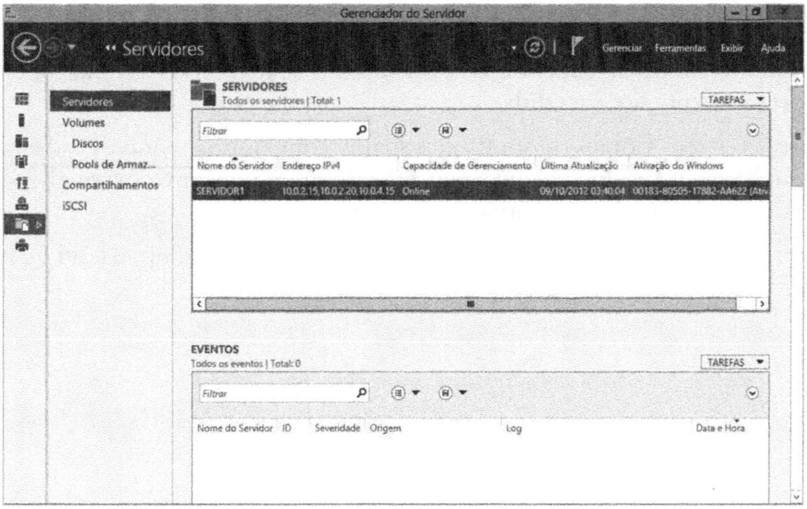

Figura 10.14 - Serviços de Arquivo e Armazenamento do Windows Server 2012.

Resumo do Capítulo 10

Agora você já sabe que:

... sistema de arquivos é a forma como os dados são organizados no disco e interagem com o sistema operacional.

... o sistema de arquivos do Windows Server 2012 é o NTFS reforçado pela criptografia do EFS.

... arquitetura do disco rígido é a forma como o disco foi construído.

... a capacidade informada pelo fabricante do disco é diferente da capacidade reconhecida pelo sistema operacional.

... isso acontece porque o fabricante calcula mil bytes igual a 1000 e o sistema operacional calcula mil bytes igual a 1024, além de subtrair do total os bytes destinados à paridade.

... a tecnologia RAID permite o uso de vários discos simultâneos que aparecem como um só disco para o sistema operacional.

... a tecnologia RAID procura proteger dados e informações contra defeitos que possam aparecer em qualquer das unidades de disco.

... criptografia é um recurso implementado pelo Windows Server 2012 por meio do EFS e da tecnologia BitLocker.

... compactação é um recurso usado para economizar espaço em disco, mas que deve ser evitada nas pastas e arquivos de sistema ou de uso intensivo.

... o recurso de cotas do Windows Server 2012 ajuda a coibir abusos relacionados a gravação de arquivos no disco.

... as cópias de sombra mantêm várias cópias dos arquivos que podem ser recuperadas caso ocorra algum problema com o arquivo mais recente.

... o Windows Server 2012 possui uma eficiente ferramenta de backup, que estará disponível em Ferramentas após ser instalada como recurso.

... um Servidor de Arquivos é instalado automaticamente junto com o Windows Server 2012 em modo gráfico.

10.13 Exercícios Propostos

1) Experimente estipular cotas de uso do disco e veja como o sistema operacional se comporta se a cota for excedida.

2) Habilite o recurso Cópias de sombra, trabalhe com alguns arquivos, salve-os e volte a fazer modificações. Depois de algum tempo apague o arquivo original e verifique se consegue recuperá-lo como cópia de sombra.

3) Configure pelo menos dois entre os tipos disponíveis de backup, usando a ferramenta de Backup do Windows Server.

capítulo 11

Servidor de Impressão e Fax

É preciso organizar melhor o uso das impressoras e você sugere um servidor de impressão

As organizações estão cada vez mais competitivas, principalmente depois que a concorrência deixou de ser local, a exemplo dos inúmeros produtos chineses que concorrem com os fabricados no Brasil.

Para aumentar a competitividade, existem várias fórmulas. Uma delas é evitar o desperdício. Isso inclui evitar desperdício de papel, toner e cartuchos usados nos serviços de impressão.

O Windows Server 2012 pode ajudar a empresa de duas formas: organizando os serviços de impressão e limitando o uso das impressoras para evitar abusos e desperdícios. Se houver a necessidade de organizar também os serviços de fax e de digitalização, o mesmo Windows Server torna isso possível.

11.1 Gerenciamento de Impressoras sem o Servidor

Em primeiro lugar, vamos entender como é gerenciar impressoras sem o servidor, pois assim fica mais fácil entender os benefícios do Windows Server 2012 nessa função.

Quando a impressora faz parte de uma rede de computadores, a intenção é compartilhá-la entre os funcionários. O que costuma ocorrer é instalarem a impressora no computador aparentemente mais ocioso, considerando também se o usuário vai dar conta de manter a impressora alimentada e funcionando.

Vamos supor que a impressora seja instalada no computador da recepção. Feito isso, automaticamente a recepcionista tornou-se a encarregada de cuidar da impressora, providenciando papel, repondo a tinta ou toner, organizando as impressões e ignorando as impressões dos colegas para consumo próprio, toleradas, mas geralmente não autorizadas pela empresa.

Ficamos imaginando um(a) funcionário(a) com personalidade introspectiva recebendo ligações no ramal perguntando se pode mandar imprimir, se a impressão já está pronta, se pode fazer o favor de trazer os impressos (o que, com o tempo, acaba virando obrigação) etc.

Este cenário não é interessante para a empresa, porque, a não ser que o movimento nessa fictícia recepção seja pequeno, as chances de a recepção não atender bem os clientes aumentam por causa das interrupções para cuidar da impressora, das eventuais ausências para repor papel, cartucho, toner, entregar material impresso etc.

Também não se deve indispor um funcionário com outros, pedindo para vigiar e anotar o nome de quem está abusando da impressora. A última consideração é até que ponto o volume de impressão vai interferir no desempenho do computador, que certamente está ali para atender as necessidades de impressão da recepção.

Uma forma de tirar a impressora da responsabilidade de um só funcionário é instalá-la em um local neutro, usando um adaptador de rede integrado. Impressoras desse tipo não necessitam de um computador para funcionar em rede. E alguns modelos permitem a conexão WiFi, usada em redes sem fio.

Mesmo quando a impressora não possua o adaptador de rede integrado, existe no mercado de equipamento profissional um dispositivo chamado de servidor de impressão que você pode pesquisar pelos nomes Fast Ethernet Print Server, Port Print Server, Single Port Print Server, 3-Port Print Server, USB Print Server, WiFi Print Server etc. Esses dispositivos compartilham uma ou mais impressoras na rede sem a necessidade de manter a impressora instalada em um computador. Dependendo do modelo, há um sistema operacional embutido que permite gerenciar os serviços de impressão digitando o IP do dispositivo em qualquer navegador da Internet.

A segunda opção liberou um computador, mas ainda é uma solução descentralizada. Qualquer funcionário pode mandar imprimir o que quiser, com pouco ou nenhum controle. Nas organizações com poucos funcionários ou quando os serviços de impressão estão sob controle, essa solução pode ser o suficiente. Mas nas grandes organizações em que se requer um controle mais preciso dos serviços de impressão, a solução recomendada é pelo servidor de impressão.

11.2 Instale a Impressora antes de Começar

Antes de o servidor de impressão existir, é preciso ter pelo menos uma impressora instalada. Instale a impressora antes de começar o servidor de impressão. Mas vamos supor que você esteja fazendo as práticas deste livro com o laboratório virtual, que é a orientação desde os primeiros capítulos. Como instalar uma impressora na máquina virtual?

Isso é perfeitamente possível, pois você pode instalar uma impressora qualquer e direcionar as impressões para arquivo. Esse procedimento simples é o mesmo que criar uma impressora virtual. Para o Windows Server 2012 não faz diferença se a impressora é real ou virtual. Ele irá tratá-la do mesmo jeito. Ainda neste capítulo demonstraremos como instalar uma impressora virtual.

11.3 Servidor de Impressão e Documentos

A Função Servidor de Impressão e Servidor de Fax do Windows Server 2012 tem por finalidade centralizar, organizar e controlar os serviços de fax e impressão. Este capítulo orienta como implementar essas funções no ambiente do Windows Server 2012, começando pelo serviço de impressão.

A necessidade de um servidor de impressão pode surgir na empresa de duas maneiras. A primeira é quando uma ou mais estações compartilham suas impressoras e a segunda é quando a demanda da empresa por impressão já inclui o serviço de impressão dedicada no projeto da rede.

Uma empresa de pequeno ou médio porte, com pouca demanda por impressão, pode compartilhar a impressora conectada à máquina da secretária ou de algum outro departamento. Esse compartilhamento torna a máquina um servidor de impressão não dedicado.

Essa solução pode dar certo se a demanda por impressão for realmente pequena. Se o volume de impressão for um pouco maior, a tendência é afetar a produtividade da pessoa ou do departamento. Isso ocorre em razão das inúmeras interrupções relacionadas aos serviços de impressão. Como exemplos, podemos citar os colegas de trabalho ligando para avisar que enviaram material para imprimir, ou para perguntar se já imprimiu, pedirem para alimentar a impressora (com papel), resolver problemas de folhas presas, trocas de cartucho e ainda tem o entra e sai de pessoas a todo instante.

Não é uma boa ideia compartilhar a impressora do computador que alguém está usando para outras atividades na empresa.

11.4 Compartilhar a Impressora ou Usar um Servidor de Impressão?

Quando a estação de algum funcionário é também um servidor de impressão não dedicado, o surgimento dos problemas descritos é sinal de que a empresa precisa do servidor de impressão dedicado.

Existem no mercado impressoras prontas para trabalhar em rede, as quais possuem adaptador de rede e sistema operacional embutido, dispensando a presença de um computador para aparecerem como dispositivo na rede. Outra opção é usar um servidor de impressão na forma de hardware, que também dispensa um computador para controlar as impressoras. Mais recentemente se popularizou o uso de impressoras sem fio. Pelo menos por enquanto não recomendamos esse tipo de impressora para empresas com alta demanda de impressões. A comunicação sem fio é mais sujeita a gargalos que a opção cabeada.

Outro cenário que leva ao servidor de impressão dedicado é quando a empresa ou algum setor da empresa já nasce prevendo o volume de impressão de médio para alto. Como exemplos, podemos citar as gráficas, empresas de fotocópias, de impressão sob demanda, de plotagem, cursos e escolas que imprimem as próprias apostilas, material de propaganda, formulários, avaliações etc.

Quanto às vantagens entre servidor de impressão e impressora compartilhada, o servidor de impressão permite um gerenciamento muito melhor, incluindo a opção de montar um pool de impressoras, como veremos mais adiante.

11.5 O que Fazer antes de Configurar o Servidor de Impressão e Documentos?

No Windows Server 2012 essa função aparece com o nome Servidor de Impressão e Documentos. A primeira coisa a ser feita é instalar a impressora no computador a ser usado como servidor de impressão dedicado ou semidedicado, caso venha a compartilhar outras funções de servidor na mesma máquina. Por exemplo, a mesma máquina do servidor de arquivos acumula a função de servidor de impressão.

A instalação da impressora segue os procedimentos tradicionais de instalação. Uma das opções é apenas conectar a impressora do tipo plug and play e aguardar seu reconhecimento pelo sistema operacional. No momento certo será informada a necessidade do disco de instalação e em poucos minutos a impressora é instalada.

Se você quiser praticar usando o laboratório virtual que aprendeu a criar nos primeiros capítulos, pode instalar uma impressora qualquer e direcionar a impressão para arquivos.

Fazendo isso, consegue realizar todas as tarefas de impressão sem gastar papel e sem ter sequer uma impressora de verdade instalada.

Para instalar uma impressora virtual, vá até o Painel de Controle do Windows Server 2012, em Dispositivos e Impressoras acesse a opção Configuração Avançada de Impressora e clique em A minha impressora não está na lista.

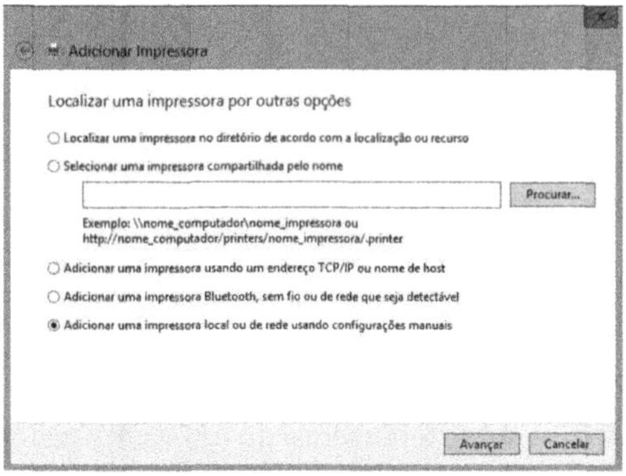

Figura 11.1 - Escolha instalar uma impressora local.

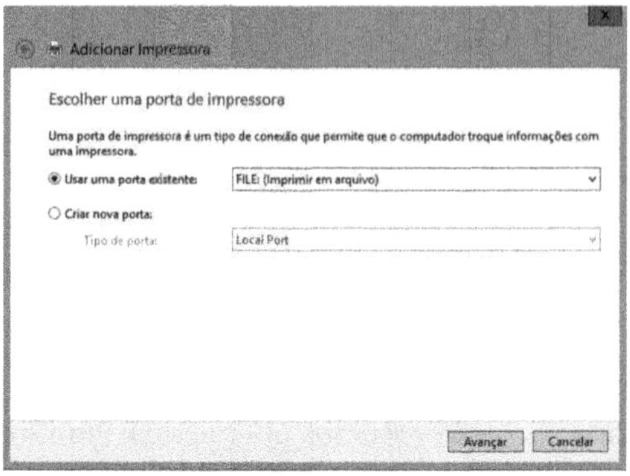

Figura 11.2 - Para usar a impressora virtual, escolha imprimir em arquivo.

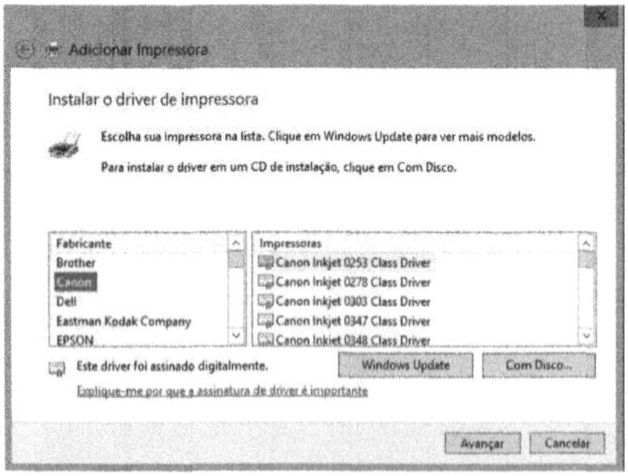

Figura 11.3 - Para uso virtual qualquer impressora da lista serve.

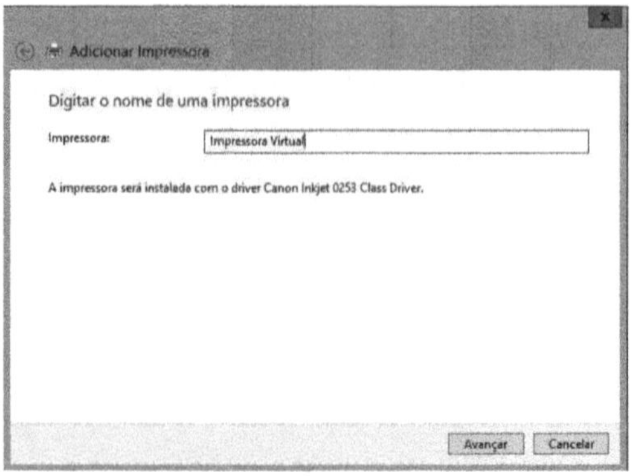

Figura 11.4 - Dê um nome à impressora virtual.

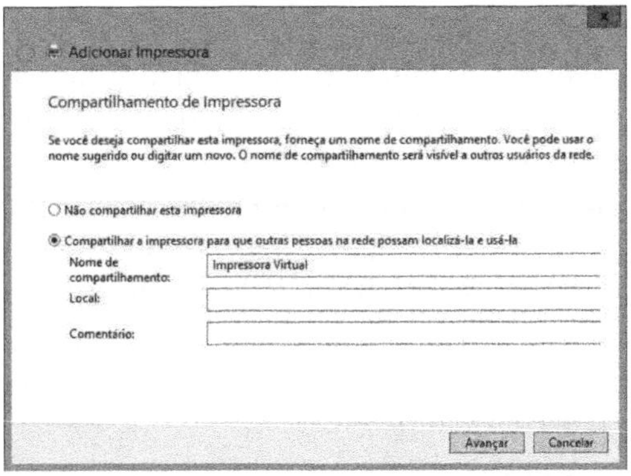

Figura 11.5 - Compartilhe a impressora.

Com a impressora instalada e testada, o próximo passo é tornar o que, até o momento, é um computador com impressora um servidor de impressão.

1) Para fazer isso, a próxima etapa é clicar no menu Gerenciar do Gerenciador do Servidor e selecionar a opção Adicionar Funções e Recursos. Esse procedimento executa o Assistente de Adição de Funções e Recursos.

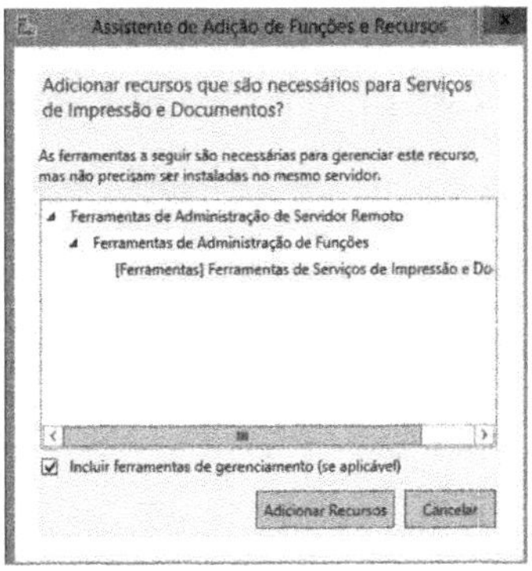

Figura 11.6 - Aviso da instalação da ferramenta de gerenciamento de impressão

2) Além da opção padrão, que é Servidor de Impressão, o serviço permite incluir Impressão via Internet, Serviço LPD e Servidor de Digitalização Distribuída. A seleção sempre deve considerar o projeto de rede da empresa. Evite instalações de recursos extras por impulso, sem que eles estejam previstos no projeto de rede.

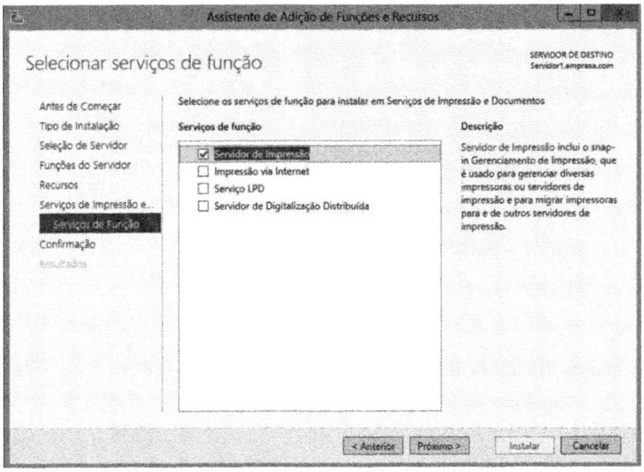

Figura 11.7 - Seleção dos serviços a instalar.

Vamos conhecer as opções:

- **Servidor de Impressão:** é o mínimo a ser instalado quando queremos um serviço de impressão. O compartilhamento de impressora no Windows Server 2012 tem o mesmo efeito de instalar apenas essa função.
- **Impressão via Internet:** disponibiliza uma página Web para os usuários se conectarem e imprimirem no servidor de impressão. Ao selecionar essa opção, automaticamente são instalados funções e serviços adicionais, incluindo o servidor Web.
- **Serviço LPD:** do inglês Line Printer Daemon, ou LDP, Impressora de Linha Daemon, deve ser instalado quando existir na rede computadores rodando UNIX ou Linux que necessitem dos serviços de impressão.
- **Servidor de Digitalização Distribuída:** é útil quando existe demanda por digitalização na rede. Para que esse serviço seja instalado, é necessário que o servidor já faça parte de um domínio e que exista um scanner instalado no servidor, podendo ser uma impressora multifuncional.

Para o nosso propósito, a função Servidor de Impressão é o suficiente.

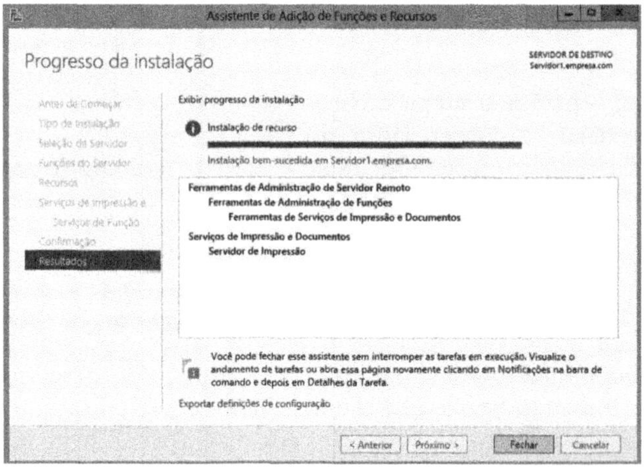

Figura 11.8 - Mais uma instalação bem-sucedida.

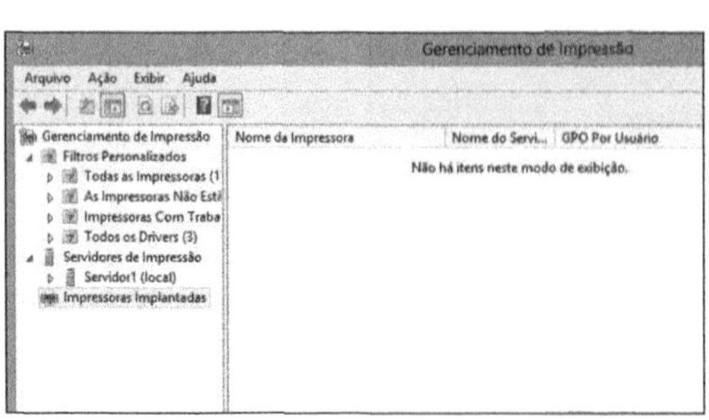

Figura 11.9 - Ferramenta Gerenciamento de Impressão, disponível no menu Ferramentas.

A janela Propriedades da Impressora pode apresentar opções a mais ou a menos, dependendo do modelo da impressora. Essas opções diferenciadas praticamente se restringem às opções de impressão.

Para o modelo usado no exemplo as guias disponíveis são:

- Geral
- Compartilhamento
- Portas
- Avançado
- Gerenciamento de Cores
- Segurança
- Informações de Versão

11.5.1 Propriedades da Impressora: Geral

A guia Geral permite incluir informações adicionais sobre a impressora, como Nome, Local e Comentários. Ela possibilita imprimir uma página de testes clicando no botão do mesmo nome. Essa impressão de teste é sempre útil para testar conectividade e após troca de cartuchos.

O botão Preferências permite limpar as cabeças de impressão, configurar a qualidade da impressão, o formato do papel, definir se a impressão terá ordem invertida e outras opções relacionadas ao layout.

Na guia Geral é possível Imprimir Página de Teste e fazer ajustes de impressão em Preferências... .

11.5.2 Propriedades da Impressora: Compartilhamento

A guia Compartilhamento é a responsável por efetivamente disponibilizar a impressora na rede. Basta marcar a caixa de seleção Compartilhar esta impressora. Para não sobrecarregar ainda mais o servidor, sugerimos que deixe marcada a opção Processar trabalhos de impressão em computadores cliente.

11.5.3 Propriedades da Impressora: Portas

A impressora se comunica com o computador através de portas. Essa guia serve para configurar a porta em uso pela impressora. Tradicionalmente e durante muito tempo, as impressoras trabalharam com portas do tipo LPT, do inglês Line Priminant Terl. Mesmo com um único conector LPT na traseira do gabinete, podemos ver na guia portas LPT de 1 a 3 e até mais em alguns casos.

Isso ocorre porque existem a porta física e a porta lógica. Chamamos de porta física o conector físico que existe na controladora. Porta lógica é o endereço de identificação da porta física, atribuído internamente pelo sistema operacional.

Sendo assim, mesmo que o computador só possua uma porta do tipo LPT, ela pode ser enxergada pelo sistema como LPT1, LPT2, LPT3 etc.

Outro tipo de porta é a serial, também conhecida por COM. Tradicionalmente as portas do tipo COM eram usadas para mouses seriais, cada vez mais raros.

Atualmente o mais comum é o uso de portas do tipo USB, do inglês *Universal Serial Bus*. Elas vão aparecer seguidas de um número, como, por exemplo, USB001, USB002, USB003 etc. Um para cada impressora que estiver instalada.

Além dessas portas físicas com representação virtual, há portas exclusivamente virtuais, que não existem fisicamente. Entre elas podemos citar:

- **FILE:** em vez de imprimir em papel, gera um arquivo que depois pode ser enviado para qualquer impressora do mesmo tipo que o gerou.
- **XPSPort:** em vez de imprimir em papel, gera um arquivo do tipo Microsoft XPS Document que pode ser visualizado e impresso em sistemas Microsoft.
- **PDF Port:** em vez de imprimir em papel, gera um arquivo no formato PDF da Adobe.

Quando instalamos a impressora, ela se configura na porta mais apropriada, sendo LPT nas impressoras mais antigas e USB nas impressoras modernas.

Entre as opções da guia estão:

- **Adicionar Porta:** com ela é possível incluir portas de acesso por TCP/IP, necessárias quando criamos um pool de impressão. Pool de impressão é quando instalamos no mesmo servidor várias impressoras trabalhando em conjunto. Para funcionar corretamente, é preciso que as impressoras preferencialmente sejam do mesmo modelo.
- **Excluir Porta:** pode ser útil em caso de conflito com outros dispositivos ligados ao micro.
- **Configurar Porta:** tem uso muito específico e só deve ser usada por quem conheça transmissão de dados a fundo.

Apesar das opções na guia Portas, a porta de impressão já estará configurada, e a não ser que você pretenda criar um pool de impressão ou precise resolver algum conflito de portas, não há nada a ser alterado nessa guia.

11.5.4 Propriedades da Impressora: Avançado

A guia Avançado permite fazer configurações bastante úteis e algumas auxiliam na segurança da rede. Vamos conhecê-las:

Definir o horário de disponibilidade da impressora: as opções são Sempre disponível e Disponível de, para definir o limite de horário em que a impressora aceitará trabalhos de impressão. Em empresas em que existem suspeitas do uso indevido da impressora após o expediente, esse tipo de bloqueio é mais que bem-vindo. Por outro lado, se a empresa tiver por hábito permitir que funcionários trabalhem até mais tarde ou em horários não convencionais, limitar o horário de impressão pode causar transtornos.

Em Prioridade, você pode definir quão prioritária será a impressora em um pool de impressão. Os critérios para priorizar uma impressora dependem de alguns fatores. Podemos priorizar da impressora mais rápida para a mais lenta. Da mais nova para a mais antiga. Da impressora de uso geral para a de uso específico ou qualquer outro critério que você ache adequado.

Spool de impressão é uma pasta temporária em que o gerenciador de impressão armazena os arquivos antes de enviá-los para a impressora. Suas opções são Colocar documentos no spool (de impressão) para imprimir mais rapidamente ou Imprimir diretamente na impressora. A impressão por meio do spool torna o processamento mais rápido e deve ser a preferida. Você também pode escolher entre começar a imprimir imediatamente ou somente após todo o arquivo estar salvo no spool de impressão.

Entre as opções adicionais da guia Avançado, a próxima que nos interessa é definir uma Página Separadora. Essa página será útil para sinalizar onde começam e terminam os trabalhos de impressão de cada usuário, setor ou departamento.

11.5.5 Propriedades da Impressora: Gerenciamento de Cores

A guia Gerenciamento de Cores é de uso muito específico nas situações de impressão. A sua finalidade é garantir a fidelidade entre o que se vê na tela do monitor e o que é impresso.

Os sistemas antigos eram bastante problemáticos nesse ponto, pois as cores apresentadas na tela saíam diferentes no papel. Com o tempo as empresas tornaram esse problema imperceptível para a maioria dos casos e, apesar dessa guia de opções para gerenciar cores, os softwares gráficos dispõem de gerenciadores de cores mais completos.

Se a direção da empresa reclamar que a cor do logotipo está diferente da cor oficial, antes de pensar em mexer no gerenciamento de cores da impressora, verifique se estão usando as tintas originais do fabricante.

11.5.6 Propriedades da Impressora: Segurança

Na guia Avançado foi possível definir um horário para o funcionamento da impressora. Na guia Segurança é possível definir quais grupos e usuários terão acesso à impressora.

Talvez não seja problema para você, mas as empresas buscam, sempre que podem, fazer algum tipo de economia. Isso inclui os gastos com impressão e uma das formas de conseguir isso é restringindo o uso da impressora apenas a quem realmente tenha necessidade de imprimir.

Na guia Segurança você pode adicionar e remover usuários e grupos de usuários. Para cada grupo ou usuário você pode permitir ou negar:

- Imprimir
- Gerenciar a impressora
- Gerenciar documentos

Imprimir é o mínimo que se pode autorizar a algum grupo ou usuário. Gerenciar a impressora vai permitir ou negar ao usuário acesso à configuração da impressão. Vamos supor que a configuração esteja no modo rascunho e o usuário queira uma impressão mais forte. Se ele não tiver permissão para gerenciar a impressora, não pode fazer isso.

Outra configuração importante está na guia Auditoria. Uma vez habilitada, é possível registrar o uso da impressora por cada grupo ou usuário cadastrado.

11.5.7 Propriedades da Impressora: Informações de Versão

Essa guia não possui ajustes ou configurações e tem por finalidade apenas exibir as informações sobre a versão do software de impressão.

11.6 Pool de Impressoras

Não se deve confundi-lo com o spool de impressão, visto anteriormente. Pool de impressoras acontece quando você habilita o servidor de impressão para usar várias impressoras, formando um pool (poço ou tanque, em inglês). Ele funciona como se fosse uma impressora única. Quando o arquivo é enviado para impressão, o servidor procura a primeira impressora disponível e direciona o arquivo para ela. Para formar o pool de impressoras, o ideal é que todas sejam do mesmo modelo. Isso evita diferenças de impressão, principalmente quando juntamos modelos jato de tinta e modelos de impressora laser.

11.7 Servidor de Fax

Outro recurso disponível entre as funções do Windows Server 2012 é o Servidor de Fax. O uso do serviço é bastante simples. O usuário entra na opção de impressão do aplicativo e no lugar da impressora seleciona a opção fax.

Para implementar essa função no servidor, é preciso dispor de um modem instalado. Se você for novo na área de informática, talvez só conheça modems de banda larga que não servem para envio de fax. O modem neste caso é o tradicional, de acesso à linha telefônica discada. O fax é enviado do mesmo jeito que um aparelho convencional, através de uma linha telefônica comum, com o sistema fazendo a conexão através do modem.

Nem tudo o que precisamos enviar por fax existe dentro do computador. Para esse serviço ficar completo, é preciso ter instalado algum tipo de digitalizador, que pode ser o scanner independente ou a impressora multifuncional, que é até mais comum nesses casos.

A instalação segue o mesmo padrão que vimos até agora. Para instalar o Servidor de Fax, é preciso também de um Servidor de Impressão. Como o Servidor de Impressão já está instalado, só precisa concluir a instalação do Servidor de Fax.

Resumo do Capítulo 11

Agora você já sabe que:

... servidor de impressão é uma função do Windows Server 2012 cuja finalidade é gerenciar os trabalhos de uma ou mais impressoras compartilhadas.

... existem impressoras que possuem o próprio adaptador de rede com fio ou sem fio e não necessitam de um computador para funcionar em rede.

... existem dispositivos conhecidos como servidor de impressão que são usados para ligar uma ou mais impressoras em rede sem a necessidade de usar um computador.

... os servidores de impressão podem ser com ou sem fio.

... o uso de impressoras em rede sem fio não é recomendável quando existe um grande volume de trabalho de impressão.

... o Windows Server 2012 pode ser configurado para tornar-se uma central de fax.

... o Windows Server 2012 pode ser configurado para tornar-se uma central de digitalização de documentos.

11.8 Exercícios Propostos

1) Instale uma impressora virtual e direcione a saída para arquivo, seguindo a orientação do capítulo.
2) Crie um servidor de impressão.
3) Compartilhe a impressora entre alguns usuários, definindo diferentes níveis de privilégio.
4) Veja o que acontece quando o usuário tenta usar a impressora em condições diferentes do que foi autorizado.

capítulo

12

Servidor DHCP

As estações de trabalho precisam de um IP para trabalhar, então você decide criar um servidor DHCP

Conforme você aprendeu em outros capítulos, todos os dispositivos da rede necessitam de um IP para poder localizar e serem localizados na rede. Mas já parou para pensar de onde surge esse IP? Quem atribui um IP por dispositivo na rede, cuidando para que não existam IPs duplicados que possam entrar em conflito? Esta é a função do servidor DHCP que pode ser exercida pelo Windows Server 2012, conforme veremos a partir de agora.

O servidor DHCP é necessário em várias situações, como quando não existe outro servidor DHCP na rede ou quando a Internet será compartilhada pelo servidor, tornando-o um roteador na rede. Nossa jornada começa no Gerenciador do Servidor, com o Assistente de Adição de Funções e Recursos.

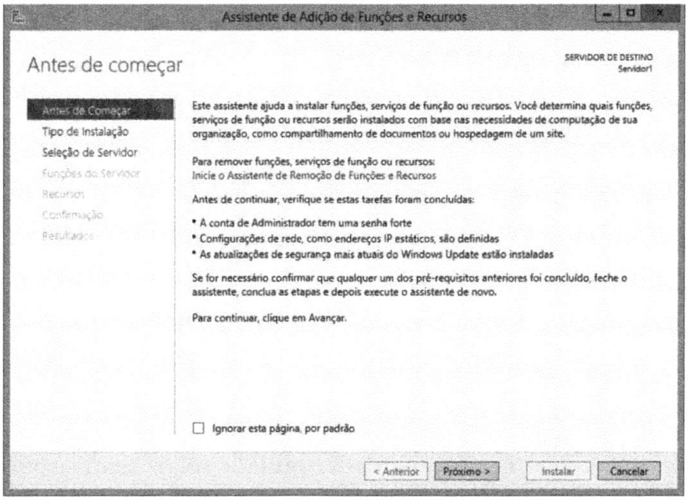

Figura 12.1 - Assistente de Adição de Funções e Recursos.

Dica	Para iniciar o Assistente de Adição de Funções e Recursos, vá a Início Rápido e escolha a segunda opção, Adicionar funções e recursos, ou, então, acesse o Assistente, usando o menu Gerenciar.

Lembre-se de só iniciar o assistente após concluir as tarefas de configuração iniciais, incluindo a definição de pelo menos um IP estático e baixar as atualizações mais recentes.

Se, em algum momento, houver necessidade de remover funções ou recursos, você pode fazê-lo por esse mesmo assistente ou, conforme orientamos no capítulo anterior, diretamente no bloco Funções e Recursos do Gerenciador do Servidor.

12.1 Servidor DHCP

Em uma rede baseada em TCP/IP, ou seja, todas as redes atuais, é preciso um IP para identificar cada um dos dispositivos de rede. E quando falamos em dispositivo de rede não nos limitamos a computadores de mesa ou portáteis. Câmeras de segurança IP, impressoras com adaptador de rede embutido, tablets, smartphones, TVs de tela plana com tecnologia smart e até geladeiras com acesso à Internet, todos estes são dispositivos de rede e todos necessitam de um IP.

O IP é necessário para o dispositivo existir na rede e assim poder localizar e ser localizado por outros dispositivos.

As primeiras redes possuíam poucos dispositivos interligados, então não havia problema em definir um IP estático para cada dispositivo da rede.

As redes de hoje são muito mais abrangentes, e consumiria muito tempo se o administrador precisasse ir de máquina em máquina configurando IPs.

A função do DHCP é exatamente esta, a de atribuir automaticamente o IP de cada dispositivo da rede.

A instalação do DHCP é um procedimento simples que não deve oferecer dificuldade mesmo ao administrador de redes inexperiente. O procedimento é feito em três etapas:

1) Instalar a Função de DHCP no Windows Server 2012.
2) Configurar escopos para o DHCP.
3) Configurar os clientes DHCP.

Uma vez instalado, a opção DHCP estará disponível no menu Ferramentas do Gerenciador do Servidor.

12.2 Escopo DHCP

Escopo é o que se pretende atingir. Em se tratando de DHCP, escopo é uma faixa ou lista de IPs registrados com um propósito, que pode ser o de bloquear ou liberar apenas os IPs que estão na lista.

Não é qualquer IP que pode ser distribuído na rede local. Três faixas de IPs são reservadas para redes privadas. Essas faixas não podem ser roteadas para fora da rede privada - não podem se comunicar diretamente com redes públicas. Dentro das classes A, B e C foram reservadas redes (normalizados pela RFC 1918) que são conhecidas como endereços de rede privados. A seguir são apresentadas as três faixas reservadas para redes privadas:

Classe	Faixa de endereços de IP	Notação CIDR	Número de redes	Número de IPs	IPs por rede
Classe A	10.0.0.0 - 10.255.255.255	10.0.0.0/8	128	16.777.216	16.777.214
Classe B	172.16.0.0 - 172.31.255.255	172.16.0.0/12	16.384	1.048.576	65 534
Classe C	192.168.0.0 - 192.168.255.255	192.168.0.0/16	2.097.150	65.535	254

O escopo serve para, entre outras coisas, diminuir o tempo que o servidor leva para verificar se um IP já está em uso e selecionar outro a ser atribuído. No lugar de deixarmos por conta do DHCP escolher entre milhões de combinações disponíveis, podemos limitar a atribuição de IPs, por exemplo, entre os valores 192.168.0.10 e 192.168.0.250. Essa configuração disponibiliza mais de duzentos IPs diferentes, um número suficiente para atender diferentes tipos de rede.

12.3 Endereço do Gateway Padrão

Por convenção o endereço do gateway padrão termina com 1, representando o primeiro IP do escopo. Exemplos de endereço para gateway padrão:

- 192.168.0.1
- 192.168.1.1
- 172.16.0.1
- 10.0.0.1
- 10.0.1.1

Esta numeração é uma convenção, portanto nada impede de você usar outros endereços para o gateway padrão, inclusive pode acontecer de ter mais de um roteador na rede e precisar incluir a sequência 192.168.0.1, 192.168.0.2, 192.168.0.3 etc. Se você reparar no escopo DHCP do exemplo, vai perceber que usamos o final 10 para o IP inicial e o final 250 para o último IP do escopo. Assim, deixaremos o endereçamento inicial até 10 para servidores e outros dispositivos de IP estático, e de 251 em diante para outros usos, como roteadores que também utilizam o IP estático com final 254.

12.4 Máscara de Sub-Rede

Uma máscara de sub-rede, também conhecida como subnet mask ou netmask, é um número de 32 bits. Ela é usada para separar em um IP a parte correspondente à rede pública, à sub-rede e aos hosts.

Uma sub-rede é uma divisão de uma rede de computadores - é a faixa de endereços lógicos reservada para uma organização. A divisão de uma rede grande em menores resulta num tráfego de rede reduzido, administração simplificada e melhor desempenho. No IPv4 uma sub-rede é identificada por seu endereço base e sua máscara de sub-rede.

Isso você aprendeu ao estudar redes. Estamos apenas revendo o assunto porque para algumas configurações será necessário informar a máscara de sub-rede.

Classe	Bits iniciais	Início	Fim	Máscara de sub-rede padrão	Notação CIDR
A	0	1.0.0.1	126.255.255.253	255.0.0.0	/8
B	10	128.0.0.1	191.255.255.254	255.255.0.0	/16
C	110	192.0.0.1	223.255.255.254	255.255.255.0	/24

12.5 Instalação do DHCP

1) No Gerenciador do Servidor, acesse a opção Adicionar funções e recursos. Em Tipo de Instalação, selecione Instalação baseada em função ou recurso, Figura 12.2.
2) Em Seleção de Servidor, escolha a opção Selecionar um servidor no pool de servidor, Figura 12.3.
3) Em Funções do Servidor, marque a opção Servidor DHCP e clique em Instalar, Figura 12.4.

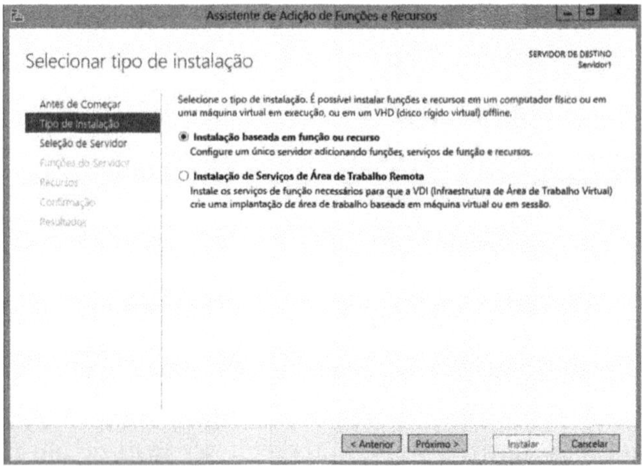

Figura 12.2 - Instalação baseada em função ou recurso.

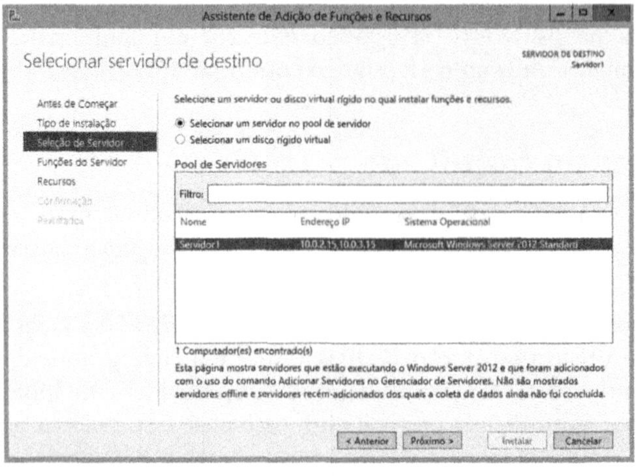

Figura 12.3 - Selecionar um servidor no pool de servidor.

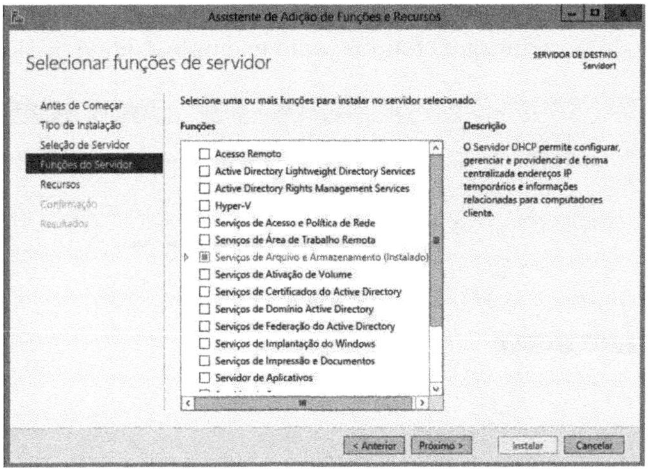

Figura 12.4 - Selecione a opção Servidor DHCP.

4) Observe que o assistente informa sobre a instalação de alguns recursos da função, neste caso será também instalada a ferramenta DHCP para permitir o gerenciamento do serviço no menu Ferramentas. Deixe marcada a opção Incluir ferramentas de gerenciamento e clique no botão Adicionar Recursos, Figura 12.5.

5) Observe que o Servidor DHCP aparece na coluna esquerda com a lista de ações do Assistente. Vá diretamente para a opção Confirmação e depois clique em Instalar, Figura 12.6.

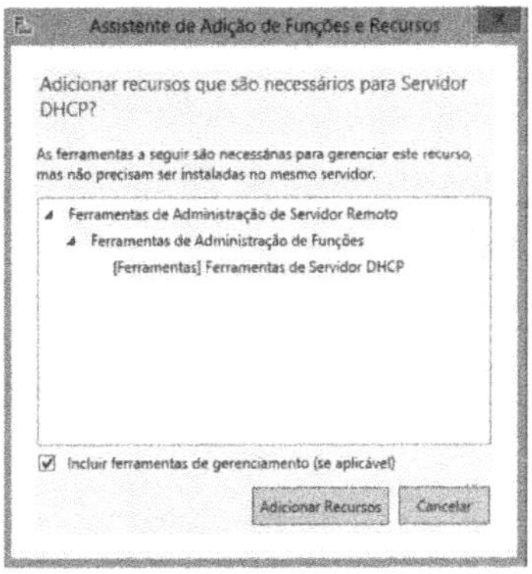

Figura 12.5 - Ferramentas de Servidor DHCP.

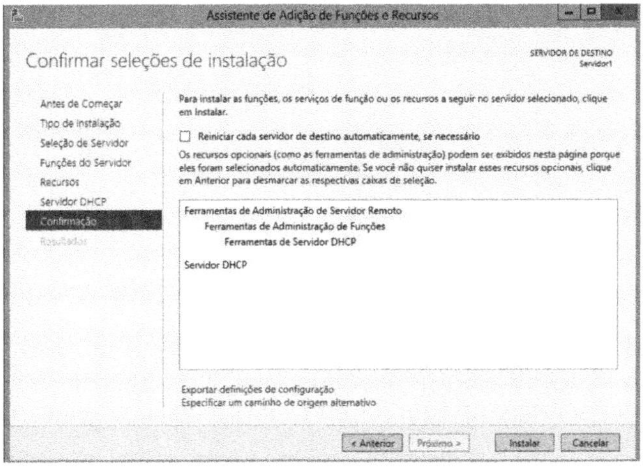

Figura 12.6 - Confirmar seleção de instalação do Servidor DHCP.

6) Aguarde o fim da instalação até exibir a mensagem Instalação bem-sucedida em Servidor1, nome do servidor que criamos como exemplo. Clique no botão Fechar.

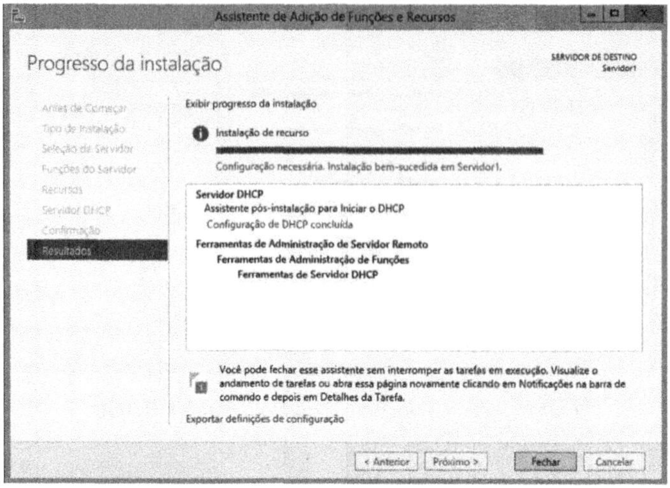

Figura 12.7 - Instalação do DHCP concluída.

7) Agora precisamos criar um ou mais escopos DHCP. No menu Ferramentas localize DHCP e clique nessa opção. Se for a primeira vez, vai aparecer um assistente. Se já tiver passado pelo assistente, vai aparecer o gerenciador do DHCP.

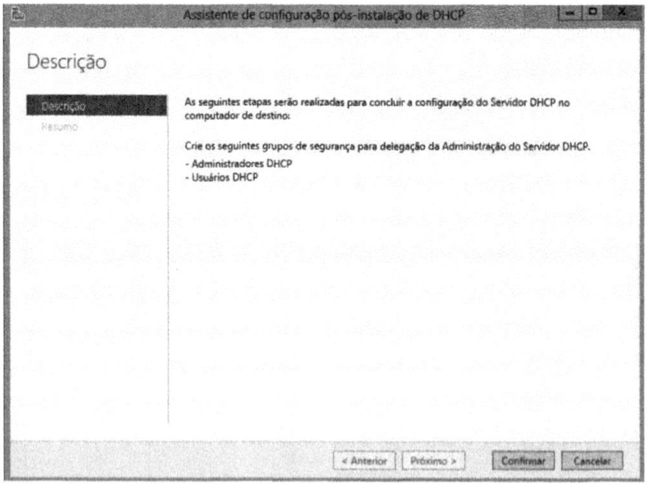

Figura 12.8 - Assistente de configuração pós-instalação de DHCP.

8) No Gerenciador do Servidor, o DHCP agora aparece como parte da lista e possui o seu próprio bloco no painel. Selecione DHCP na lista de servidores, procure a opção ANALISADOR DE PRÁTICAS RECOMENDADAS, acesse TAREFAS e Iniciar Exame do BPA.

O relatório do BPA pode ajudá-lo a corrigir pendências relacionadas à instalação, configuração ou interação com outros serviços do sistema.

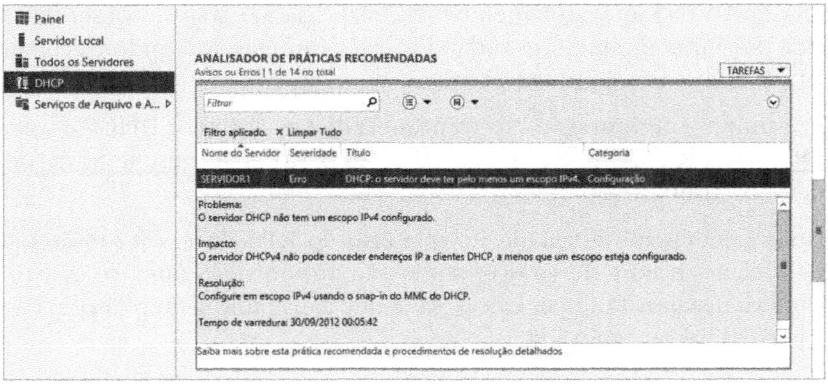

Figura 12.9 - Relatório do ANALISADOR DE PRÁTICAS RECOMENDADAS.

9) Para definir um escopo permissivo ou exclusivo, acesse o gerenciador DHCP no menu Ferramentas.

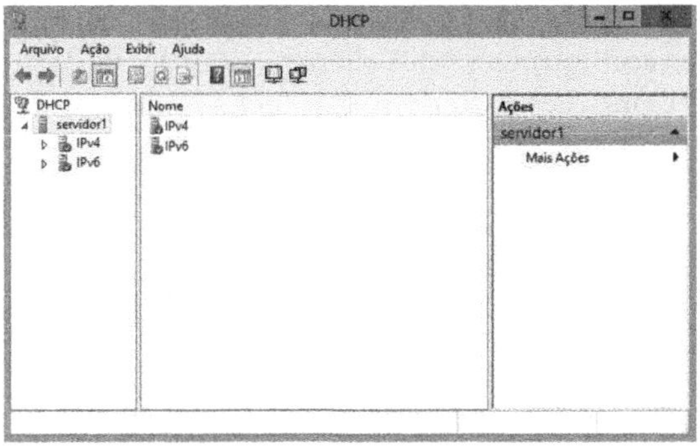

Figura 12.10 - Gerenciador DHCP.

10) Com o gerenciador DHCP aberto selecione o servidor a ser configurado; no exemplo é um só, o servidor1. Selecione a opção IPv4 do servidor e o menu Ação → Novo Escopo.

11) Siga as instruções do assistente e tenha em mãos as seguintes informações, pois você vai precisar:

- Um nome para o escopo.
- Uma descrição.
- O endereço IP inicial, como no exemplo 192.168.0.10.
- O endereço IP final, como no exemplo 192.168.0.200.
- Faixa de exclusão, se houver.
- Duração da concessão.
- Endereço IP do roteador (gateway), geralmente terminando em 1, como no exemplo, 192.168.0.1.
- Especificação de nomes de domínio e DNS, que será preenchido quando essas funções estiverem instaladas.

- ❖ Servidor WINS, que atualmente não é mais usado e só justifica ser habilitado se a rede possuir computadores rodando versões antigas do Windows, como Windows 3.1, Windows 95, Windows 98 etc.

12) Após concluir as configurações, feche a janela do Gerenciador DHCP e volte ao ANALISADOR DE PRÁTICAS RECOMENDADAS para ver se existem novas pendências, resultado das configurações.

    Nem toda pendência informada no relatório do BPA deve ser considerada crítica. Alguns informes tratam de serviços ainda não disponíveis, como é o caso do servidor DNS ainda a instalar. Também há casos em que a orientação do relatório não se aplica ao projeto e deve ser ignorada.

12.6 Configuração dos Clientes da Rede para Usar o DHCP

Ao final dessas etapas, o Windows Server 2012 é um Servidor DHCP. Os clientes da rede, que provavelmente estarão rodando o Windows XP, Windows Vista, Windows 7 e Windows 8, já estão configurados para obter o IP automaticamente e você não precisa fazer nada.

Caso necessite alterar as configurações dos clientes da rede, no Windows 7 essa opção está no caminho Painel de Controle → Rede e Internet → Central de Rede e Compartilhamento → Conexão local.

Figura 12.11 - Clique em Propriedades de Status de Conexão local.

Figura 12.12 - Propriedades de Conexão local.

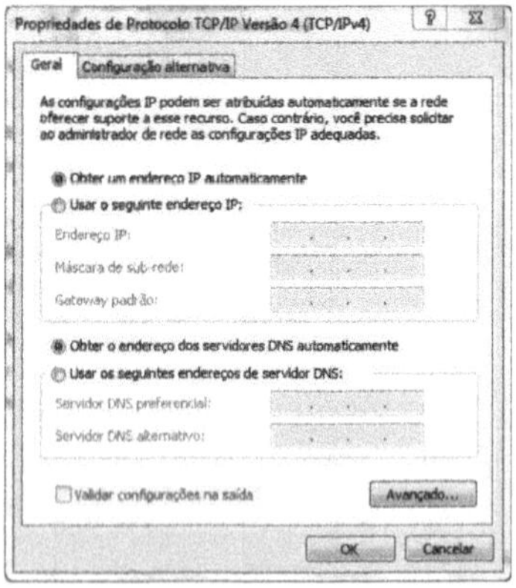

Figura 12.13 - Propriedades de TCP/IPv4.

12.7 Ataques Hacker ao DHCP

O DHCP, assim como outros serviços do Windows Server 2012, é alvo de ataques que podem comprometer a segurança da rede. Em uma rede sem fio, por exemplo, a função DHCP é realizada pelo roteador sem fio. Esses roteadores costumam ser fornecidos para usuários domésticos e escritórios pelas próprias companhias telefônicas, como parte do pacote de serviços de acesso à Internet por banda larga. São dispositivos de rede que combinam no mesmo aparelho a função de modem, hub-switch e roteador. A administração desses equipamentos é feita em uma interface Web, na qual se insere o IP do dispositivo no navegador. Os ataques podem ser direcionados aos aparelhos ou ao servidor com a função DHCP.

O DHCP é um protocolo não autenticado. Isso quer dizer que um usuário não precisa fornecer credenciais para obter uma concessão e se conectar à rede. Um usuário não autenticado pode, portanto, obter uma concessão para qualquer cliente DHCP sempre que um servidor DHCP estiver disponível. Usuários mal-intencionados com acesso físico à rede com DHCP podem iniciar um ataque de negação de serviço nos servidores DHCP, solicitando várias concessões no servidor, esgotando, assim, o número de concessões disponíveis para outros clientes DHCP.

Vamos supor que o seu escopo DHCP seja configurado para distribuir duzentos endereços IP. Um invasor, usando aplicativos hacker (ferramentas) ou scripts de autoria própria (exploits), pode esgotar esse escopo, fazendo com que o próximo usuário não consiga um IP e, portanto, não se conecte à rede. Isso leva à negação de serviço na rede para os clientes habituais, abrindo uma brecha para invasores configurarem um servidor DHCP falso e, por meio dele, enviarem informações falsas para clientes, talvez lhes dando seu próprio endereço IP como Gateway padrão. A partir do momento em que os clientes aceitam as novas configurações DHCP, todo o tráfego da rede é direcionado para a máquina do invasor, tornando assim muito fácil o monitoramento das informações, como a captura de senhas, por exemplo.

Os servidores DHCP falsos podem ser criados mesmo sem que o ataque DHCP seja executado, uma vez que os clientes aceitam o primeiro DHCP OFFER que recebem.

Proteger-se desses ataques só é possível por meio de switches inteligentes com ferramentas de segurança que não permitam mais de um endereço MAC em uma porta. Nesse caso, recomenda-se verificar se pessoas não autorizadas terão acesso físico ou sem fio à rede, habilitar o log de auditoria para todos os servidores DHCP da rede, verificar regularmente os arquivos de log de auditoria e monitorá-los quando o servidor DHCP receber um número elevado de solicitações de concessão dos clientes. Os arquivos de log de auditoria fornecem as informações necessárias para rastrear a origem de qualquer ataque feito contra o servidor DHCP. O local padrão dos arquivos de log de auditoria é %windir%\System32\Dhcp. Lembre-se de ativar o log do servidor DHCP. Você também pode verificar o log de eventos do sistema para obter informações sobre anomalias no serviço de servidor DHCP.

Resumo do Capítulo 12

Agora você já sabe que:

... todos os dispositivos da rede precisam de um endereço IP próprio para localizar e ser localizados por outros dispositivos.

... a tecnologia que atribui IPs de forma automática e organizada é o DHCP.

... DHCP quer dizer Dynamic Host Configuration Protocol ou, em português, Protocolo de Configuração Dinâmica de Host.

... a função DHCP pode ser atribuída a um dispositivo autônomo, como um modem-router ou switch ou pode ser uma das funções do Windows Server 2012.

... escopo DHCP é uma faixa de IPs permitidos ou reservados pelo servidor.

12.8 Exercícios Propostos

1) Torne o Windows Server 2012 um servidor DHCP, seguindo as instruções deste capítulo.

2) Crie pelo menos duas máquinas virtuais rodando sistemas cliente, como Windows XP, Windows Vista, Windows 7 ou Windows 8, e configure-os para receber o IP automaticamente do servidor DHCP criado com o Windows Server 2012.

3) Descubra em sua conexão doméstica com a Internet quem exerce o papel do DHCP.

capítulo 13

Servidor de DNS

As pessoas têm dificuldade para memorizar números; você precisa de um servidor de nomes

Você lembra o número do seu primeiro telefone celular? Ou sabe de cabeça o número da carteira de motorista? Talvez lembre o número do CPF, mas se for como a maioria das pessoas, não memoriza o número da identidade.

Isso é bem diferente de lembrar o nome de algum animal de estimação ou amigo(a) de infância, o(a) primeiro(a) namorado(a), o bairro onde nasceu. É fácil memorizar nomes, mas números são facilmente esquecidos.

As primeiras redes eram formadas por poucos computadores, então o fato de eles serem identificados por números não representava problema. Mas com o tempo e com a evolução das redes houve a necessidade de criar um sistema de nomes para o computador, mais fácil de gravar do que números.

Para resolver este problema, os projetistas criaram um sistema de resolução de nomes cuja função é transformar números em nomes e vice-versa. Nós, humanos, temos mais facilidade com nomes e os computadores têm mais facilidade com números.

Nas redes de computadores o responsável pela conversão de nomes em números e números em nomes é o servidor DNS. Esse serviço é instalado como Função no Windows Server 2012 e basicamente o que ele faz é criar um banco de dados chamado de Zona DNS, mantendo nesse banco de dados a relação de nomes e seu respectivo endereço IP.

Nome do computador na rede	Endereço IP do computador na rede
financeiro.empresa.com	192.168.0.65
vendas.empresa.com	192.168.0.47
contabilidade.empresa.com	192.168.0.86

O nome do computador sempre é o mesmo, mas o endereço IP pode mudar cada vez que o computador é ligado ou reiniciado. O que o servidor DNS faz, além do registro, é manter a tabela atualizada, de forma que sempre é possível o sistema saber o IP atribuído a cada nome de computador na rede.

O DNS é também o sistema usado para organizar os nomes na Internet. Quando você digita o endereço do site da Editora Érica - www.editoraerica.com.br - que é fácil de memorizar, o sistema de resolução de nomes o converte no IP 186.192.129.208, que é o endereço do servidor que hospeda o site. Esse número IP pode mudar a qualquer momento, apesar de o nome do domínio permanecer o mesmo. Em caso de alteração do endereço IP, o servidor DNS será atualizado e continuará localizando o servidor correto, sem que você sequer dê conta disso.

O servidor DNS local se encarrega da conversão de nomes e endereços na rede local. Os servidores DNS que fazem parte da infraestrutura da Internet se encarregam da conversão mundial de nomes de domínio em seus respectivos endereços IP. E da mesma forma que ocorre na rede local, se determinado domínio for transferido para outro servidor, com outro endereço IP, o DNS será atualizado. Mas quando se trata de Internet, essa atualização não é imediata, podendo levar entre algumas horas a dois dias. Esse período é conhecido como propagação e pode acontecer de o endereço digitado apontar para o IP antigo até que a propagação se complete.

Os computadores precisam ser localizados, seja na rede local, seja na Internet. Para as pessoas a localização é feita por nome, mas para os sistemas que formam as redes e a Internet a localização é feita por números. Se os computadores não puderem ser localizados, não há sentido em mantê-los na rede.

Essa localização pode ocorrer de diferentes formas, de acordo com a finalidade da comunicação e do protocolo utilizado. Na Internet a localização é feita pelo nome de domínio ou o endereço no formato IPv6 ou IPv4, que é o mais comum. Nas redes locais a localização é feita pelo nome NetBios, endereço MAC e também pelo IPv4 e IPv6. A lista a seguir mostra os tipos de endereçamento disponíveis:

- **Nome NetBIOS:** por exemplo, //empresa
- **Endereço MAC:** por exemplo, 00-88-14-4D-4C-FB
- **Endereço IPv4:** por exemplo, 192.168.0.10
- **Endereço IPv6:** por exemplo, 2001:0db8:85a3:08d3:1319:8a2e:0370:7344
- **Endereço Web (WWW):** por exemplo, www.editoraerica.com.br
- **Endereço Web (FTP):** por exemplo, ftp.editoraerica.com.br
- **Endereço de E-Mail (POP3, SMTP, IMAP):** por exemplo, smtp.editoraerica.com.br, pop3.editoraerica.com.br
- **Sistema de Nomes de Domínios (DNS):** por exemplo, empresa.editoraerica.com

Estes endereços, com exceção do MAC Address, que é gravado na fábrica da placa de rede, os demais são definidos no projeto lógico da rede. É você quem dá nome aos dispositivos da rede, para que possam ser encontrados pelas pessoas e por outros dispositivos.

A identificação que interessa para este capítulo é a resolução de nomes pelo Sistema de Nomes de Domínios. Vamos começar entendendo o que é isso, em seguida veremos como tornar o Windows Server 2012 capaz de resolver nomes de domínio.

13.1 O que é Domínio?

Domínio é uma forma de organizar os dispositivos da rede por agrupamento. Ele recebe um nome e por isso é chamado de Nome de Domínio. Supondo as redes matriz e filial, todos os dispositivos da rede matriz podem ser vinculados ao nome de domínio matriz e todos os dispositivos da rede filial podem ser vinculados ao nome de domínio filial.

Os domínios ajudam a organizar as redes locais e são imprescindíveis para a Internet. Sem o Sistema de Nomes de Domínios ou DNS, do inglês Domain Name System, precisaríamos usar números para localizar computadores. Para acessar o site da empresa ABCD, por exemplo, no lugar de digitar www.abcd.com.br, você usaria um endereço IP do tipo 200.170.82.148 que é o formato usado pelo IPv4 (versão 4).

Temos certeza de que você consegue memorizar diversos sites interessantes pelo nome, mas seria difícil memorizar meia dúzia de sites se tivesse de usar o endereço IP de cada um deles.

O Sistema de Nomes de Domínios serve para:

- Agrupar os dispositivos da rede com o mesmo nome de domínio, com a finalidade de organizá-los e administrá-los em conjunto.
- Facilitar o acesso aos dispositivos, uma vez que serão localizados por nomes em vez de números de endereçamento IP.

13.2 Qual a Diferença entre Grupo de Trabalho e Domínio?

O Grupo de Trabalho, ou Workgroup em inglês, também é uma forma de agrupar dispositivos na rede. A diferença é que o agrupamento por Nomes de Domínio permite um gerenciamento mais abrangente. Enquanto os Grupos de Trabalho ficam limitados às redes locais, os Nomes de Domínio são usados também na Internet, permitindo a criação de redes de alcance mundial.

Outra diferença entre esses dois sistemas de agrupamento é que os Grupos de Trabalho podem ser definidos em computadores com sistemas operacionais domésticos. O Sistema de Nomes de Domínio, por sua vez, precisa de um sistema operacional servidor, como, por exemplo, o Windows Server 2012.

13.3 Quando é Necessário Criar Domínios na Rede?

Podemos usar pelo menos quatro critérios para decidir usar Nomes de Domínios na rede:

- A rede possui muitas funções e recursos ativos no servidor.
- A rede possui muitos clientes e usuários.
- A rede disponibiliza serviços na Internet.
- A rede baseada em Windows Server 2012 vai usar Active Directory.

Se a rede possui dois ou mais servidores e um número razoável de computadores clientes e usuários, pelo bem da organização, segurança e controle, o sistema de Nomes de Domínio será necessário.

Se a rede disponibiliza serviços na Internet, como, por exemplo, a hospedagem de páginas Web, envio e recebimento de mensagens de e-mail ou o serviço de transferência de arquivos por FTP, vai precisar do sistema de Nomes de Domínios.

A organização da rede usando Grupos de Trabalho é mais indicada quando:

- A arquitetura da rede é do tipo ponto a ponto e não usa servidores.
- O número de clientes e usuários da rede é pequeno e o servidor possui poucas funções.

Na maioria das vezes você vai precisar instalar o Sistema de Nomes de Domínios nas redes com servidores, principalmente com o Windows Server 2012.

13.4 Qual é a Diferença entre Domínio em Rede Local e Domínio na Internet?

O domínio criado para a rede local só está visível na rede local. O domínio criado para a Internet é visível na Internet, ou seja, no mundo todo.

Para criar Nomes de Domínio que possam ser acessados da Internet, é preciso ter pelo menos dois IPs fixos, contratados de alguma empresa de telecomunicações. Também são necessários pelo menos dois servidores DNS, com os respectivos IPs registrados no órgão de registro. Para os domínios nacionais com extensão .br é o http://Registro.br; para Portugal, extensão .pt, o registro dos DNS é em http://dns.pt e para domínios internacionais, com extensão .com, .net ou .org, o registro pode ser feito em qualquer um dos representantes da IANA (Internet Assigned Numbers Authority) espalhados pelo mundo.

Uma dúvida típica quando abordamos este assunto é sobre a possibilidade de criar, na rede local, um domínio com o mesmo nome de algum já existente, como brasil.gov.br ou outro parecido.

Localmente podemos criar qualquer nome de domínio, mesmo que ele já exista registrado na Internet, porém esses Nomes de Domínio clonados não se comunicam com a Internet. Você só consegue criá-los localmente.

Não é difícil, por exemplo, enviar um e-mail se passando por presidente@brasil.gov.br, mas se houver resposta a esse e-mail, ela será enviada ao verdadeiro domínio que responde pelo presidente@brasil.gov.br. Isso acontece porque a comunicação via Internet é controlada por servidores DNS sobre os quais você não tem controle.

Invasores de computador às vezes conseguem modificar o banco de dados do DNS da rede local. Quando isso acontece, as pessoas digitam um endereço no navegador Web e são direcionadas para um endereço falso. Esse tipo de golpe é conhecido como Pharming ou DNS Cache Poisoning (Envenenamento do Cache do DNS) e costuma ser usado para capturar senhas de acesso a banco pela Internet. Ao criar um servidor DNS, fique atento aos eventos no Log do sistema e acompanhe a divulgação de vulnerabilidades nas listas de segurança.

13.5 Como os Domínios São Organizados?

Apesar de a Internet não possuir um dono declarado, a administração dos Nomes de Domínio no mundo está a cargo dos americanos, pela IANA (Internet Assigned Numbers

Authority), a organização mundial que funciona como a máxima autoridade na atribuição dos endereços na Internet.

A organização é feita atribuindo faixas de endereçamento IP entre os países e definindo a formatação para os Nomes de Domínio do primeiro nível.

Vamos analisar um contato por e-mail enquanto explicamos a organização dos Nomes de Domínios. O endereço nome_do_usuario@nome_do_provedor.com.br deve ser lido da direita para a esquerda.

- .br quer dizer que é um ccTLD, abreviatura para TLD com código de duas letras para definir o país, no caso Brasil.
- .com quer dizer que é um gTLD, abreviatura para TLD genérico não patrocinado.
- nome_do_provedor é o nome de domínio configurado no servidor DNS.
- @ é um separador que quer dizer *at* ou *em*, em português.
- nome_do_usuario é o nome da conta de e-mail, criada em um programa gerenciador de e-mail, rodando em um servidor de e-mail.

Quando a mensagem de e-mail vai do computador do usuário para a Internet, ela será encaminhada ao servidor que responde pelo TLD com.br.

Os roteadores que cuidam do tráfego da Internet têm acesso às bases de dados de DNS e identificam a rota necessária para alcançar o IP do servidor configurado como nome_do_provedor. Ao chegar ao nome do provedor, o programa gerenciador de e-mails se encarrega de salvar a mensagem na pasta de entrada de nome do usuário.

Comparando com uma carta enviada do Brasil para a Rua das Pirâmides, nº 123, cidade do Cairo, Egito, a primeira coisa a fazer é enviar a carta para o centro de recepção de correspondência internacional do Egito, sem a preocupação de onde fica a cidade do Cairo ou a Rua das Pirâmides. O sistema postal do Egito sabe localizar a Cidade do Cairo. E o pessoal da Cidade do Cairo sabe localizar a Rua das Pirâmides. E o carteiro sabe encontrar o número 123 na Rua das Pirâmides. Cada nível se encarrega apenas da parte que lhe cabe, deixando os endereçamentos de menor nível para seus respectivos destinos.

A extensão localizada à extrema direita de um nome de domínio (como .com ou .net) é denominada domínio de primeiro nível ou TLD (Top Level Domain).

Há mais de 270 domínios de primeiro nível de diversos tipos:

- Os TLDs genéricos não patrocinados (gTLDs), ou domínios internacionais, são .com, .net, .org, .int, .arpa, .biz, .info, .name e .pro. Os TLDs não patrocinados operam sem nenhuma organização patrocinadora e normalmente possuem menos restrições para registro do que os TLDs patrocinados.
- Os TLDs genéricos patrocinados (gTLDs) incluem .edu, .gov, .mil, .aero, .coop, .museum, .jobs, .mobi, .travel, .tel, .cat e .asia. Um TLD patrocinado é um domínio especializado com um patrocinador que representa a comunidade atendida por aquele TLD.
- Os TLDs de duas letras (.br, .ar, .mx, .uk, .de etc.) correspondem às abreviações oficiais com duas letras de mais de 250 países e territórios. Esses domínios são denominados TLDs com código de países ou ccTLDs na forma abreviada.

Em cada país existe um órgão autorizado a administrar os ccTLDs de sua jurisdição. No Brasil, como já dissemos, o ccTLD .br é administrado pelo Registro.br.

13.6 Classificação do DNS na Rede Local

Na rede local, em vez da referência ao DNS como TLD, usamos outro formato. Tomando como exemplo o domínio servidor1.subdominio.dominio.com, temos:

Raiz	. (ponto)
Domínio primário ou de primeiro nível	com
Domínio de segundo nível	dominio
Domínio de terceiro nível	subdominio
Nome do host	servidor1

Localmente o host pode ser acessado pelo nome servidor1. O nome de domínio completo é necessário se for usado fora do domínio ao qual pertença.

Dica

Ao criar domínios, evite os nomes longos, os que dão margem a erros de digitação e reduza o número de níveis (subdomínios) ao mínimo necessário.

13.7 Zonas e Cache de DNS

O DNS é um banco de dados que fica mais bem organizado quando distribuído em zonas. A Zona DNS é um conjunto de entradas DNS associadas a um domínio. De forma simplificada, podemos dizer que a Zona DNS é um banco de dados e deve existir pelo menos uma Zona para existir o Servidor DNS. O nome da Zona deve ser o mesmo nome de domínio a ser criado no Active Directory e você deve lembrar-se disso quando for criar o servidor DNS.

São esses parâmetros que permitem que os vários serviços de um domínio sejam apontados corretamente para as máquinas responsáveis pelos serviços que utilizem DNS, como, por exemplo, site na Internet, serviço de e-mail, resolução de nomes etc.

A lista a seguir mostra os principais tipos de registros:

- **A - Address:** especifica um endereço IP direto.
- **AAAA - Address IPv6:** especifica um endereço IPv6.
- **NS - NameServer:** especifica servidores DNS para o domínio ou subdomínio.
- **CNAME - Canonical NAME:** um apelido para outro hostname.
- **MX - Mail eXchanger:** o servidor de e-mail.
- **PTR - PoinTeR:** aponta o hostname/domínio reverso por meio de um endereço IP.
- **SOA - Start Of Authority:** indica o servidor e administrador responsável por um domínio.
- **TXT - TeXT:** permite incluir um texto curto em um hostname.
- **SRV - SeRVice:** permite definir serviços disponíveis em um domínio.

TTL, do inglês Time to Live, é o tempo de vida no qual um registro é válido após a consulta e em que pode ser armazenado em cache. Uma vez que o servidor consultado por você resolva um nome, ele guarda essa informação em seu banco de dados interno até que o TTL expire ou que você limpe o cache manualmente.

13.8 DNSSEC, Lookup e Reverse Lookup

O DNS é um protocolo do TCP/IP. É também uma das possíveis funções do Windows Server 2012 e um Sistema de Nomes de Domínios, administrado mundialmente pela IANA e no Brasil pelo Registro.br.

Infelizmente o DNS pode ser forjado, e invasores maliciosos conseguem desviar as pessoas dos sites originais após a manipulação do DNS. Criam falsas páginas, idênticas às originais, com o propósito de capturar senhas, principalmente as de acesso a bancos on-line.

Para aumentar a segurança do DNS foi criado um DNS seguro, conhecido como DNSSEC, do inglês Domain Name System Security Extensions. O objetivo da extensão DNSSEC é assegurar o conteúdo do DNS e impedir esses ataques, validando os dados e garantindo a origem das informações. A implantação do DNSSEC é feita pela autoridade responsável pelo TLD em cada país.

Você já sabe que o DNS atua resolvendo um nome de domínio de host qualquer para seu endereço IP correspondente, consultando bases de dados espalhadas pela Internet. O termo resolver tem o sentido de converter, o DNS converte nomes em endereços IP.

A maioria das consultas para resolução de nomes é direta, Forward Lookup em inglês. Nesse tipo de consulta, o nome DNS normalmente retorna um endereço IP, ou seja, a resposta esperada é o endereço IP associado ao nome pesquisado.

O DNS também dá suporte às chamadas pesquisas inversas, Reverse Lookup em inglês. Nesse tipo de pesquisa o cliente informa um endereço IP válido e o DNS localiza o nome associado ao endereço IP.

O DNS Reverso faz o oposto, isto é, resolve o endereço IP, buscando o nome de domínio associado ao host. Você informa o nome do domínio e o DNS Reverso retorna o IP correspondente. Veja a tabela em seguida:

DNS	DNS Reverso
Entrando com o nome do domínio, retorna o IP relacionado ao nome.	Entrando o IP, retorna o nome relacionado ao IP.

Os servidores que utilizam o DNS Reverso conseguem checar a autenticidade de endereços, verificando se o endereço IP atual corresponde ao endereço IP informado pelo servidor DNS. Isso evita que alguém utilize um domínio que não lhe pertença para enviar spam, por exemplo.

13.9 Como Tornar o Windows Server 2012 um Servidor DNS?

No início deste capítulo, procuramos proporcionar uma visão geral do DNS e os principais conceitos relacionados, de forma que você não encontre dificuldade para entender as explicações referentes à instalação.

Agora você já sabe o que é domínio, já sabe que o DNS converte os nomes de domínio nos respectivos endereços IP dos servidores e de quem é a responsabilidade por cada hierarquia do domínio.

Também já entendeu que se a empresa decidir hospedar o próprio site, ela vai precisar manter dois servidores DNS e pelo menos um servidor Web, que no caso do Windows Server 2012 é o IIS 8.

Pequenas empresas, profissionais liberais e até empresas maiores, mas que não tenham interesse em gerenciar o próprio site, terceirizam a hospedagem de conteúdo. Contratam os serviços de uma empresa especializada em hospedagem de sites e informa ao Registro.br os dois IPs dos DNSs da empresa responsável pela hospedagem.

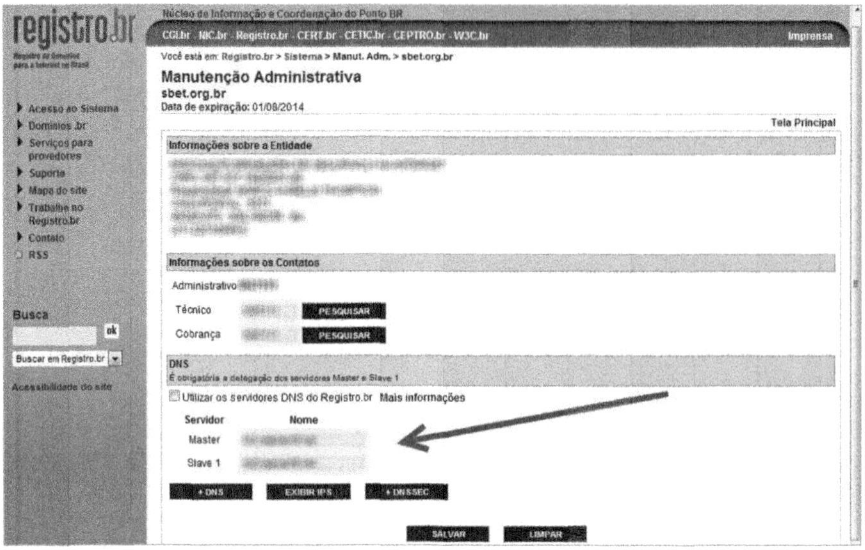

Figura 13.1 - Página do Registro.br com destaque para o campo em que o DNS é informado.

Se você acompanhou as explicações com atenção, deve estar pensando que o DNS só vai existir na empresa se ela decidir hospedar o próprio site. Correto? Na verdade as redes baseadas na arquitetura proposta pelo Windows Server, desde a versão 2000 que lançou o serviço de diretório, propõem a criação de redes locais hierárquicas nos moldes do DNS.

Isso quer dizer que o DNS não é só quando a empresa hospeda o próprio site. O DNS também é necessário nas redes baseadas no Windows Server. A diferença é que, se você criar o domínio abcde.com na rede da empresa, ele só será visível na interna, mesmo que exista um domínio abcde.com disponível na Internet.

Então, a segunda informação importante sobre o DNS é que as redes baseadas no Windows Server usam o DNS para delimitar domínios internos e organizar hierarquicamente a estrutura da rede.

O que pode confundir quem está começando é que existe o domínio na Internet, que é aquele que, no Brasil, é inscrito no Registro.br. E existe o domínio dentro da rede interna da empresa, que é criado pelo serviço de diretório, mas que também precisa do DNS para funcionar.

As orientações a seguir são para a criação do servidor DNS local, com a finalidade de atender a rede local. Para configurar o DNS como complemento a um servidor Web na empresa, você precisa de informações que são passadas pela empresa que alugar o bloco de endereços IP para o seu contratante. Para registrar o Domínio da Internet no Registro.br, são necessários dois IPs estáticos, que podem ser fornecidos por empresas de hospedagem ou contratados em empresas de telecomunicações.

13.10 Instalação do DNS

O objetivo do capítulo é ajudá-lo a criar um controlador de domínios usando o serviço de diretório do Windows Server 2012. Já vimos a diferença entre domínio da Internet e domínio da rede local e você já está ciente de que estamos tratando do domínio da rede local. A informação que faltava é que o Active Directory depende de existir um servidor DNS ativo, então o primeiro passo antes de o AD criar o controlador de domínio é instalar o servidor DNS.

1) Execute o Assistente de Adição de Funções e Recursos, selecione Funções do Servidor → Servidor DNS e clique em Instalar. Vai aparecer uma janela informando que também serão instaladas as Ferramentas do Servidor DNS. Clique em Adicionar Recursos e, quando a janela fechar, clique na opção Confirmação. Marque a opção Reiniciar o servidor quando necessário e por fim em Instalar.

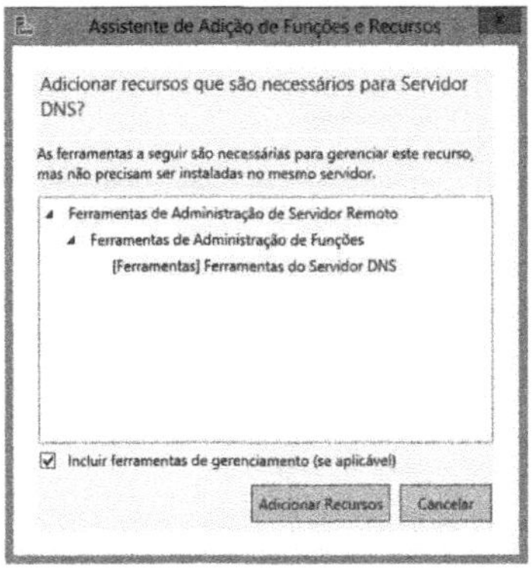

Figura 13.2 - Assistente de Adição de Funções e Recursos.

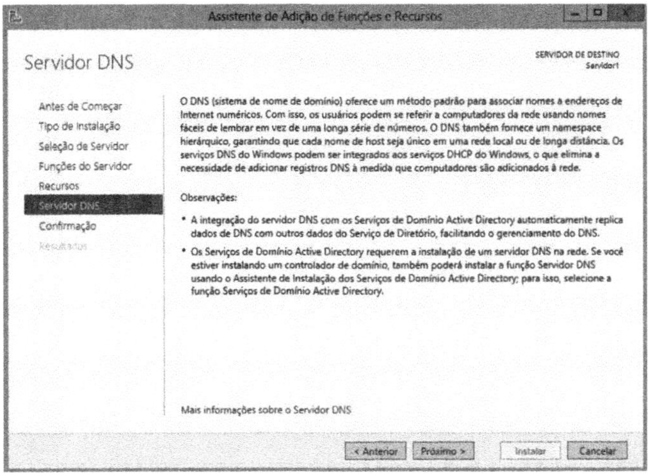

Figura 13.3 - Instalando o Servidor DNS.

2) Ao fim do processo aparece a mensagem de instalação bem-sucedida. Clique em Fechar, Figura 13.4.

3) O DNS está instalado, mas não pronto para uso porque precisa ser configurado. Vá a Ferramentas e depois clique em DNS. Repare que o servidor DNS agora aparece na coluna esquerda, com a relação de servidores, Figura 13.5.

4) Clique com o botão direito do mouse no nome do servidor, acesse Propriedades e selecione a guia Avançado. Marque a opção Ativar eliminação automática de registros obsoletos. Clique em OK para fechar, Figura 13.6.

5) O Analisador de Boas Práticas Recomendadas vai solicitar a vinculação do DNS a outros serviços, como, por exemplo, ao DHCP. Para fazer isso, acesse as Opções de Servidor, Figura 13.7.

Além dessas configurações iniciais e após resolver eventuais pendências apontadas pelo Analisador de Boas Práticas Recomendadas, é preciso criar zonas de DNS. São três opções, uma para redes pequenas, outra para redes maiores e uma terceira opção avançada, para quem já é experiente no assunto.

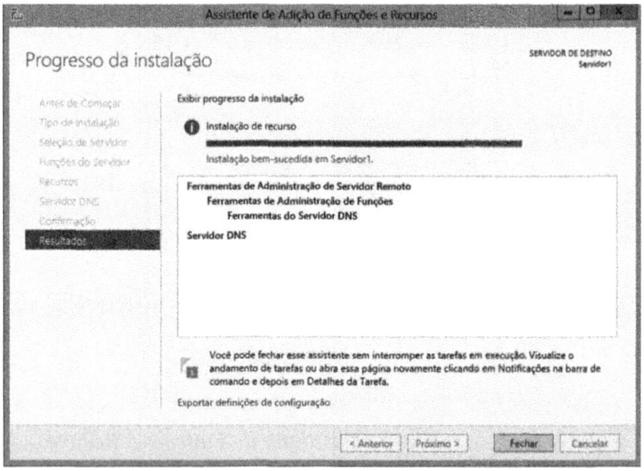

Figura 13.4 - Instalação concluída.

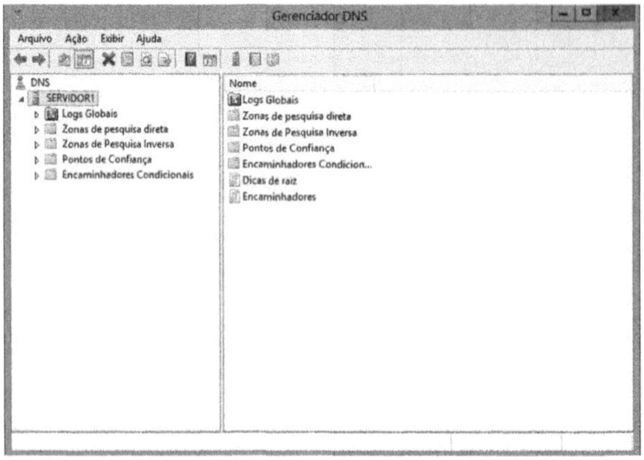

Figura 13.5 - O Gerenciador DNS agora aparece no menu Ferramentas.

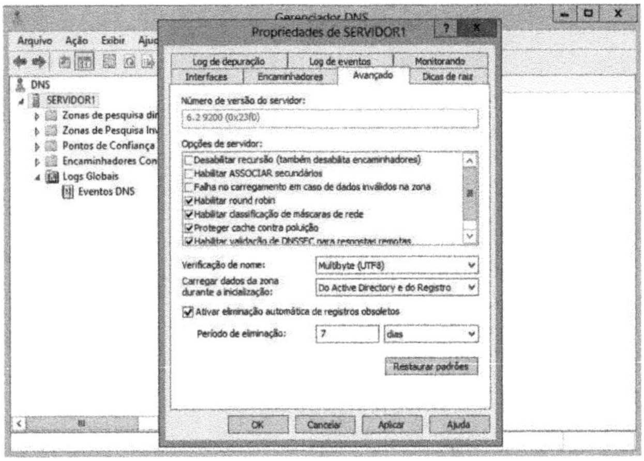

Figura 13.6 - Ativar eliminação automática de registros obsoletos.

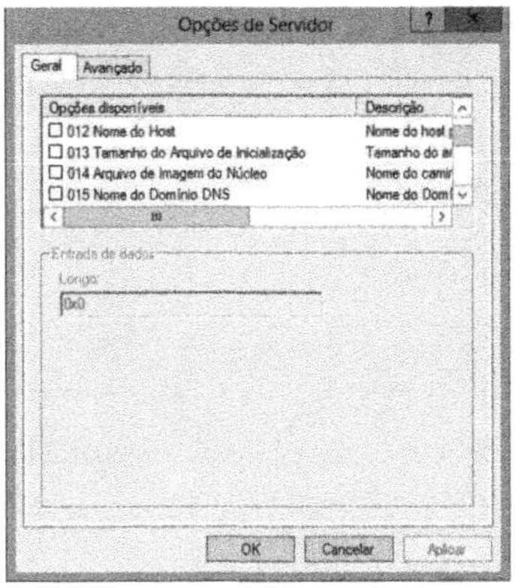

Figura 13.7 - Opções de Servidor.

6) Para fazer isso por meio da ferramenta Gerenciador do DNS, clique no nome do servidor com o botão direito do mouse e acesse a opção Configurar um Servidor DNS, dando início ao Assistente para configuração de servidor DNS.

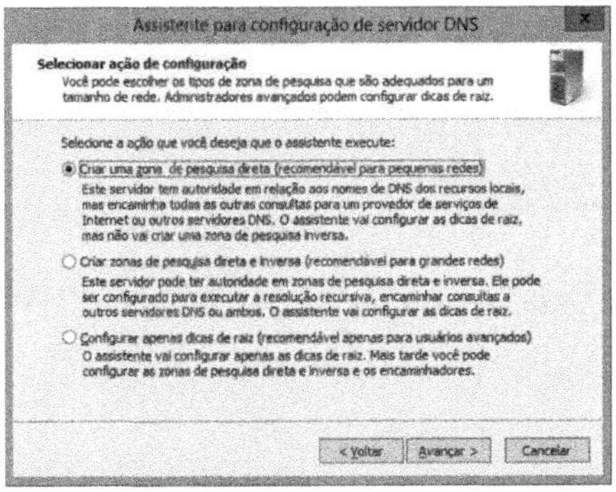

Figura 13.8 - Assistente para configuração de servidor DNS.

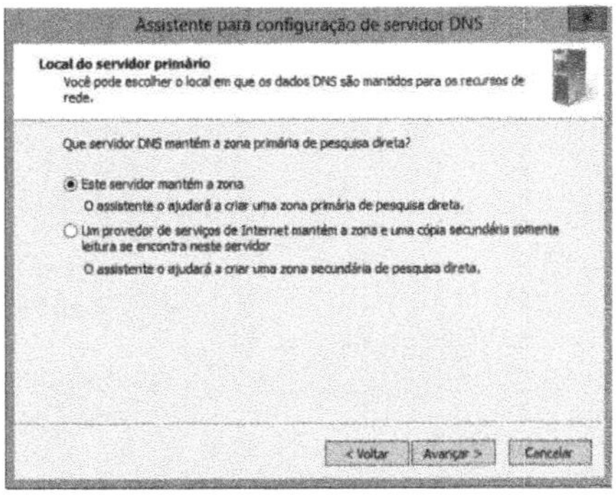

Figura 13.9 - Local do servidor primário.

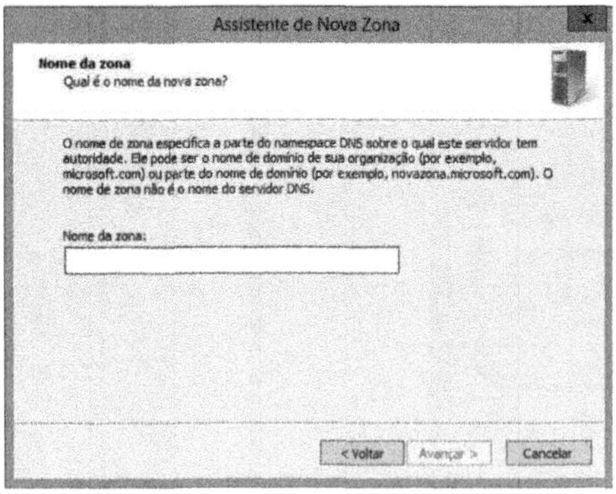

Figura 13.10 - Nomeando a nova zona.

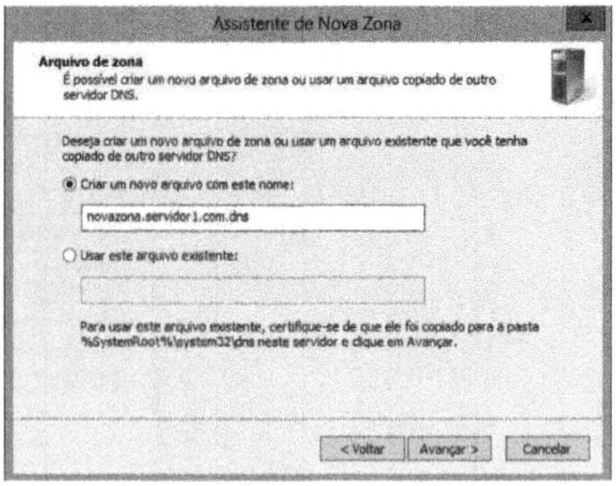

Figura 13.11 - Criando o arquivo de zona.

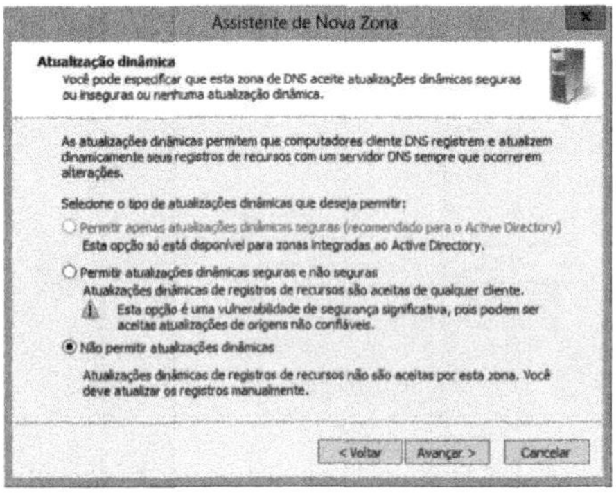

Figura 13.12 - Definindo o tipo de atualização.

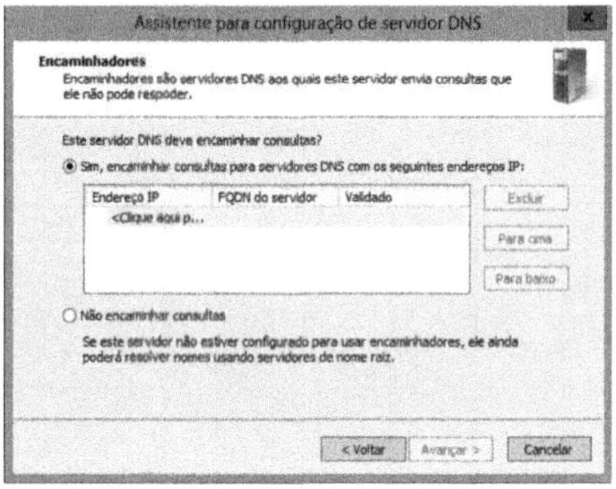

Figura 13.13 - Defina o encaminhamento de consultas, se houver.

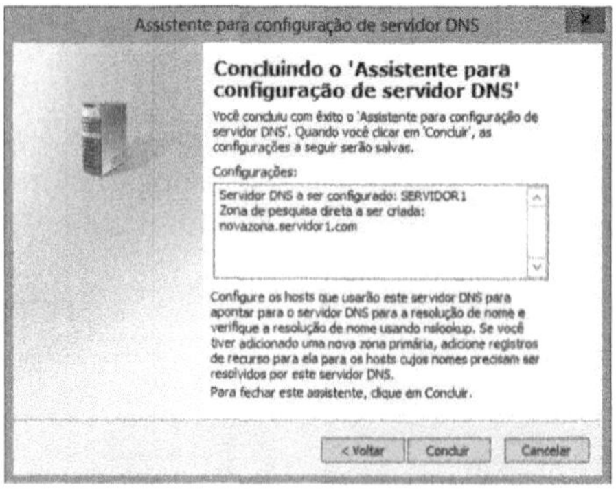

Figura 13.14 - Configuração concluída.

Após concluir a instalação, configuração e criação de zonas DNS, execute o Analisador de Boas Práticas Recomendadas para verificação de pendências. Com o DNS configurado podemos criar o controlador de domínios, que será o tema do próximo capítulo.

Resumo do Capítulo 13

Agora você já sabe que:

... os dispositivos em rede precisam ser descobertos de alguma forma e isso é feito usando nomes e números como endereço de localização.

... DNS quer dizer Domain Name System ou Sistema de Nomes de Domínios e serve principalmente para converter o nome dos dispositivos em seus respectivos endereços IP.

... uma das possíveis funções para o Windows Server 2012 é como DNS Server ou Servidor DNS.

... é preciso ter pelo menos um IP estático configurado no servidor de DNS.

... grupo de trabalho ou workgroup é uma forma de agrupar dispositivos em rede sem estabelecer uma hierarquia.

... domínio é outra forma de agrupar dispositivos em rede, com a diferença de estabelecer um sistema de hierarquia com base em um ou mais servidores.

... existe o Domínio local e o Domínio da Internet.

... o Domínio local permite a conversão de nomes na rede local e o Domínio da Internet permite a conversão de nomes na Internet.

... o servidor DNS é um dos mais sujeitos a ataques de invasores por meio de uma técnica conhecida como envenenamento de cache ou DNS Poisoning.

... os domínios são distribuídos mundialmente pela IANA, nacionalmente pelo órgão de registro de cada país ou região e localmente pelo administrador de redes ao configurar o AD.

... TLD quer dizer Top Level Domain e pode ser dos tipos genérico não patrocinado e genérico patrocinado.

... o TLD pode ter duas letras para identificar o país, como, por exemplo, as letras br para indicar sites registrados no Brasil e pt para indicar sites registrados em Portugal.

... zona é um conjunto de entradas DNS associadas a um domínio e podem ser de diversos tipos, implementadas de acordo com as funções e os serviços ativos no servidor.

... a forma fácil de entender zona é considerá-la um banco de dados.

... a consulta direta, ou Forward Lookup, retorna o IP atribuído ao nome de domínio pesquisado.

... a consulta inversa, ou Reverse Lookup, retorna o nome de domínio atribuído ao IP pesquisado.

... DNSSEC é uma implementação do DNS com maior segurança.

13.11 Exercícios Propostos

1) Usando as ferramentas on-line indicadas a seguir, faça pesquisas direta e inversa em sites que você conheça para descobrir qual IP é atribuído ao site ou qual site é atribuído ao IP.

   - http://ping.eu/
   - http://network-tools.com/
   - http://online-nettools.com/
   - http://www.all-nettools.com/toolbox/network-tools.htm

2) Usando as informações deste capítulo, crie um servidor DNS, lembrando que os nomes usados devem levar em consideração o que foi definido para o projeto da rede. Ou seja, o nome da zona deve ser o mesmo nome previsto para o domínio.

capítulo 14

Active Directory

Chegou a hora de montar a infraestrutura da rede; você precisa do Active Directory

---

Desde o Windows 2000 Server, a infraestrutura das redes Windows adota o Active Directory. No começo houve alguma resistência e muitas redes continuaram a funcionar pelo modelo antigo. Mas, passados treze anos desde que o Active Directory surgiu, poucos são os projetos de rede que deixam de incluir o Active Directory.

> *Dica*
> A partir de agora, sempre que nos referirmos ao Active Directory usaremos a abreviação AD, salvo os casos em que o nome completo é necessário para melhor entendimento do texto.

14.1 Visão Geral do Active Directory

O AD não é exatamente uma novidade, pois, como vimos, existe desde 1999 e faz parte dos servidores Windows a partir da versão Windows 2000 Server.

Desde que foi lançado e passou a fazer parte dos sistemas operacionais para servidores, aumentou em recursos e houve maior integração com o sistema operacional. No Windows Server 2012 a integração é de tal forma que é pouco provável um projeto de rede não incluir o AD.

Active Directory quer dizer, em português, Diretório Ativo. Uma tradução mais apropriada seria Diretório Dinâmico, porque é um local de armazenagem de dados cuja alteração se reflete em toda a estrutura da rede. O AD consiste em uma base de dados com o propósito de organizar os recursos da rede e torná-los mais seguros. A melhor organização acontece por conta do agrupamento e centralização dos recursos. As alterações feitas no AD se refletem em toda a rede, não importando o tamanho ou a distância entre elas. A maior segurança ocorre pela forma como o AD trata os dados e por uma criptografia mais forte e segura do que o antigo sistema de armazenagem SAM, presente nas versões anteriores do Windows Server.

O AD representa uma nova forma de pensar a rede, não se limita a uma ferramenta de administração. Se este é o seu primeiro contato com o AD, você precisa entendê-lo para poder usá-lo. E a melhor forma de entendê-lo é familiarizando-se com os elementos individuais para depois vê-los funcionar em conjunto.

Sugerimos que você pense no AD como um banco de dados estruturado na forma de diretórios. Um modo fácil de entender o AD é imaginar sua organização da mesma forma que as pastas e arquivos são organizados no disco rígido do computador. A letra do drive C:, por exemplo, representa o nível de maior hierarquia. Nada pode existir acima da raiz do disco, que também pode ser representada pela barra invertida (\) ou pelo ponto decimal (.).

O segundo nível é formado por pastas. Você pode criar uma pasta para cada departamento da empresa ou para cada filial ou para cada estado onde a empresa mantém filiais etc.

Dentro da pasta do segundo nível você pode criar outras pastas. Vamos imaginar uma grande rede de varejo com lojas espalhadas por todo o Brasil. Você pode criar uma pasta para cada estado e dentro da pasta estado criar uma pasta para cada loja. Talvez queira criar uma pasta para cada região, dentro da região uma pasta para cada estado da região e dentro da pasta estado uma pasta para cada loja daquele estado.

É possível ir além, criando pastas para cada departamento dentro da pasta loja. Tomando como exemplo esta última estrutura, a organização ficaria assim:

. ou \

\Empresa.com

\Região Nordeste

\Alagoas

\Sergipe

\Bahia

\Salvador

\Loja 001

\Financeiro

\Vendas

\Departamento de Pessoal

\Loja 002

\Região Sul

Pense no AD como um sistema de organização hierarquizada, semelhante à organização das pastas no computador e você terá mais facilidade em entender o funcionamento e conceito por trás dessa tecnologia.

Este capítulo explica o AD da seguinte forma: primeiramente vamos descobrir o que existia antes do AD para entender por que ele foi criado. Em seguida vamos conhecer o LDAP, o protocolo que originou o AD. O próximo passo é conhecer os elementos individuais do AD, inicialmente sem a preocupação de entender como eles interagem entre si. Assim estamos aptos a entender os diversos tipos de AD disponíveis no Windows Server 2012, para finalmente apresentar o uso prático dessa importante função do servidor. Acreditamos que este seja o formato ideal para a plena compreensão do AD.

Um detalhe importante é que o estudo do AD envolve um vocabulário novo, palavras que muito provavelmente não fazem parte do seu cotidiano. Isso acontece com toda nova tecnologia. Palavras hoje comuns como gasolina, naftalina, GLP (Gás Liquefeito de Petróleo), asfalto, certamente não existiam antes da descoberta do petróleo. A terminologia do AD tem o agravante de ser restrita ao grupo dos administradores de rede baseada em tecnologia de servidores Microsoft.

A sugestão é que você anote as palavras novas, como floresta, árvore, unidade organizacional e outras, todas descritas neste capítulo, e use algum tempo para compreendê-las por completo. Se mesmo com as informações do livro ainda houver dúvidas, faça pesquisas na Internet ou envie e-mail para esta Editora. Teremos satisfação em ajudar e você nos ajuda a tornar as próximas edições deste livro ainda melhores.

Comparado ao Windows Server 2008, o AD não trouxe mudanças radicais. No Windows Server 2008, o AD apresentou muitos avanços se comparado ao Windows Server 2003, mas em relação ao Windows Server 2012, as novidades ficam por conta da maior facilidade de gerenciamento, melhorias na integração com os sistemas virtualizados e maior suporte do PowerShell para as tarefas administrativas que envolvem o AD.

14.2 Redes antes do Active Directory

O AD não é exatamente uma novidade, pois existe desde 1999 e, posteriormente, foi incluído no Windows 2000. Entender o AD será mais fácil se soubermos o que existia antes e como a rede era organizada sem o AD.

Podemos começar perguntando sobre o sistema operacional Microsoft antes do Windows 2000. Se o AD surgiu nos servidores Windows 2000, isso quer dizer que as redes sem a opção do AD são aquelas integradas com o sistema operacional anterior ao Windows 2000, ou seja, o Windows NT 4.

A principal função da rede é compartilhar recursos, que pode ser acesso à Internet, impressora, pastas, arquivos etc. Mas não é desejável que o acesso à rede e aos recursos da rede seja feito sem critérios. Este é o motivo de existir um servidor na rede: para controlar quem se conecta e estabelecer os critérios para o acesso. Em outras palavras, determinar quem pode o quê, quando, onde e como.

Esse controle é feito por uma lista de recursos, grupos e usuários, formando um diretório que serve para organizar, centralizar, gerenciar, controlar acesso, estabelecer critérios, vincular usuários e grupos aos recursos que lhes forem autorizados e permitidos.

Imagine o diretório como um porteiro de boate. Ele verifica em uma lista o nome da pessoa ou do grupo e confere se está autorizado, se precisa de senha e quais áreas do estabelecimento a pessoa pode frequentar. Quem orienta o porteiro e o atualiza com nomes de novos clientes removendo o nome dos clientes não mais autorizados é o gerente da boate. Fazendo a analogia com o administrador da rede, é você quem orienta o AD sobre o que deve fazer com cada recurso da rede, máquina, grupos e usuários.

O usuário faz login na rede. E só vai conseguir acesso se estiver registrado no diretório. Além disso, somente terá acesso às áreas que lhe forem permitidas.

No Windows Server, o AD faz isso. E antes do AD? Como era feito? Antes do AD, época do Windows NT 4, o que havia era uma base de usuários conhecida como SAM (Security Account Manager). Esse arquivo SAM possui limitações quanto ao tamanho, de no máximo e aproximadamente 192 MB, e ao número de usuários registrados, as quais o tornam impróprio para as redes atuais.

O Windows NT introduziu o conceito de Controlador de Domínio ou DC, do inglês Domain Controller. O DC autenticava os usuários por meio de login e senha, fornecendo acesso dentro do que previamente tinha sido autorizado para aquele grupo ou usuário.

O Controlador de Domínio não poderia estar sozinho com esta incumbência, pois em caso de pane, ninguém conseguiria acesso à rede. E naquela época o hardware, em geral, era bem menos confiável que hoje, tornando os problemas de rede boa parte da rotina do administrador.

Para reduzir as chances de as pessoas não conseguirem se autenticar no controlador de domínio, as redes NT usavam um controlador de domínio principal ou PDC, do inglês Primary Domain Controller, e um controlador reserva, conhecido como BDC, do inglês Backup Domain Controller.

14.3 O Active Directory no Windows Server 2012

Só poderia existir um PDC. Quanto aos BDCs, poderiam existir tantos quantos fossem necessários. Um detalhe importante é que somente o PDC poderia fazer alterações no arquivo SAM. Os BDCs usavam o arquivo SAM somente para leitura.

Na época do Windows NT o hardware era caro se comparado aos preços atuais. Então, o que se fazia era deixar o PDC com o melhor hardware e usar máquinas menos robustas para os BDCs.

Quando o PDC deixava de funcionar, o BDC continuava autenticando os usuários, de forma que ninguém perdia o acesso à rede. Você já sabe que o BDC não grava no arquivo SAM. Isso quer dizer que, enquanto o PDC não retornasse à rede, qualquer alteração nas contas dos usuários era impossível.

Uma forma de contornar essa situação era promover o BDC a PDC, tornando-o capaz de gravar alterações no arquivo SAM. Caso o PDC original voltasse à rede, um deles teria de ser rebaixado a BDC, pois, como vimos, só poderia haver um PDC na rede.

É claro que as redes não eram formadas apenas por PDC e BDCs. Havia outros servidores adicionais, não necessariamente controladores de domínio (PDC ou BDC), os quais eram chamados de Servidores Membro. Mas não era possível promover um Servidor Membro à Controlador de Domínio porque a estrutura do arquivo SAM era diferente. A única forma de tornar um Servidor Membro um Controlador de Domínio ou o contrário, tornar um Controlador de Domínio um Servidor Membro, era reinstalando o servidor, com a demora e implicações de configuração que esse procedimento representa.

Outro problema da forma de gerenciamento de usuários anterior ao AD é que não havia integração com outras aplicações da própria Microsoft. A situação mais comum na época era quando existia na rede o SQL Server. O usuário precisava de um login e senha para autenticar na rede e outro login e senha para autenticar no SQL Server e às vezes outro login e senha para acessar o e-mail corporativo.

O AD foi criado para melhorar a forma de gerenciar os usuários e recursos da rede. Aboliu o sistema controlador primário + controlador secundário, aumentou a segurança do arquivo de diretório e possui melhor integração com outras aplicações de servidor, incluindo aplicações de terceiros. O usuário faz um único login e passa a ter acesso a todos os recursos disponíveis e autorizados.

14.4 LDAP

Você já deve saber que a integração entre as mais diversas tecnologias só ocorre (quase) sem problemas graças à padronização. É a padronização que torna possível uma impressora fabricada em qualquer lugar do mundo funcionar em qualquer outro lugar do mundo, desde que, é claro, seja um sistema compatível. Uma impressora compatível com o Windows funciona em qualquer sistema Windows, não importa onde foi fabricada. O serviço de diretório também foi criado com base em um padrão inicial e é disso que vamos falar agora.

Na década de 1980, já prevendo a necessidade de melhor organizar os diretórios da rede, a ISO (International Organization for Standardization) publicou o manual de especificações ISO 9594, sobre conectividade entre sistemas e diretórios. Essa primeira proposta de protocolo, o DAP, do inglês Directory Access Protocol, consumia muita banda e dependia da pilha do protocolo OSI.

O IETF, do inglês Internet Engineering Task Force, é um grupo formado por pessoas influentes na Internet, cujas deliberações sobrepujam às da ISO por meio de documentos conhecidos como RFCs (Request for Comments). E foi justamente pela RFC 1777 - Lighweight Directory Access que surgiu o LDAP. Ele não é padronizado pela ISO, mas graças ao seu baixo consumo de banda e utilização da pilha TCP/IP, passou a ser adotado em larga escala, inclusive pela Microsoft, com o nome Windows NT Directory Services (NTDS), posteriormente conhecido como Active Directory.

Entre as novidades trazidas pelo Active Directory, podemos destacar:

- Fim do modelo PDC + BDC. Cada Controlador de Domínios no modelo AD consegue ler e gravar a base de dados, mas você ainda tem a opção de criar um controlador somente leitura.
- A base de dados agora comporta bilhões de objetos.
- Não é mais necessário reinstalar o sistema operacional quando queremos promover ou demover um controlador de domínios no AD.
- Uso do login único ou SSO, do inglês Single Sign-On.
- Facilidade de acesso às informações do diretório e melhor segurança usando criptografia forte.

14.5 Elementos do Active Directory

Veremos agora os elementos que formam o AD. Entendê-los é o primeiro passo para usá-los corretamente. São eles:

- **Confiança:** termo usado para definir que tipo de transparência existirá entre os diferentes segmentos da rede com AD. Ao adicionar um domínio a uma árvore, por exemplo, você automaticamente cria relações de confiança transitórias. Na prática isso quer dizer que usuários de um domínio têm acesso aos recursos do outro. É importante entender bem o funcionamento e a relação entre os recursos do AD, para evitar que, por descuido, seja concedido acesso além da conta ao que deveria ser mais restrito.

- **Controlador de Domínio:** é o servidor ou os servidores responsáveis por fornecer os serviços de diretório do AD e armazenar os dados do diretório.
- **Árvore:** o AD usa árvores e florestas para definir como e até que ponto os domínios vão se relacionar. Árvores e florestas fornecem uma funcionalidade específica e são criadas para atender exigências específicas. A árvore pode conter um ou mais domínios, fazendo com que tenham um catálogo global comum. Um único domínio pode formar uma árvore. Se você programar o AD em uma rede, pelo menos uma árvore será criada.
- **Floresta:** como o nome sugere, florestas no AD são usadas para agrupar árvores. Uma vez que as árvores agrupam domínios, teoricamente a árvore é um recurso do Windows Server 2012 que só se justifica em redes muito amplas ou em projetos muito específicos. Mesmo assim, pelo menos uma floresta é criada com a primeira instalação do AD.
- **Domínio:** é preciso distinguir domínios em geral dos domínios do AD. A concepção mais comum de domínio é considerá-lo o nome de algum site. No AD, domínio representa um perímetro de segurança ou um perímetro administrativo. Grupos e usuários do mesmo domínio começam com alguma relação de confiança e estão sujeitos às mesmas políticas de contas de usuário e de segurança. Em sistemas de médio e grande portes, empresas com muitos setores e grupos distintos de usuários, a recomendação é que se faça a divisão administrativa criando diferentes domínios na rede. Da mesma forma, quando precisamos isolar um sistema de acesso público de um sistema privado, que obrigatoriamente deve ser mais seguro, fazemos isso criando diferentes domínios na estrutura do AD.
- **Objeto:** no AD objetos são os componentes como usuários, grupos, impressoras. Este conceito de objetos é semelhante ao adotado na programação orientada a objetos, em que cada objeto possui atributos que podem ser manipulados de acordo com as necessidades.
- **Unidade Organizacional (UO):** são partições administrativas do AD que permitem a delegação de tarefas administrativas. Funcionam como uma caixa na qual se guardam objetos similares. Uma vez que os objetos estejam agrupados na forma de Unidades Organizacionais, podem ser gerenciados em grupo. Entre os objetos que podem ser armazenados em uma UO estão impressoras, aplicações, grupos e compartilhamentos de arquivos.

14.6 Tipos de AD

As primeiras versões do AD eram um serviço único. No Windows Server 2012 e em outras versões mais recentes dos servidores Windows, o serviço AD foi segmentado para atender diferentes necessidades da rede. Acompanhe as opções do AD disponíveis para o Windows Server 2012:

- AD DS, ou Active Directory Domain Services, é o serviço principal, o mais instalado quando implantamos o serviço AD. Equivale ao AD nas versões anteriores dos servidores Microsoft.
- AD LDS, ou Active Directory Lightweight Directory Services, é o novo nome para o Active Directory Application Mode (ADAM) presente no Windows Server 2003. Funciona como um serviço AD simplificado, com menos recursos que o serviço AD DS. Podemos dizer que se trata de um AD mais leve, mais light (weight).

- AD RMS, ou Active Directory Rights Management Services, oferece melhor controle do que os usuários podem fazer com os dados. O AD é capaz de gerenciar o acesso a dados, mas não de controlar o que o usuário faz com eles. O AD RMS aumenta a segurança da informação, uma vez que pode impedir que documentos e e-mails sejam lidos por usuários não autorizados. Não é difícil entender a função do AD RMS se você comparar com os sistemas de música e filmes comprados on-line, cujo acesso só pode ser feito por você ou em seu computador, impedindo a cópia e a distribuição não autorizadas. O AD RMS traz para a empresa a capacidade de restringir o uso e o acesso a documentos e arquivos importantes.
- AD CS, ou Active Directory Certificate Services, cuida do gerenciamento de certificados, que é uma forma de garantir a procedência da informação. Os Certificate Services fazem parte dos servidores Microsoft já faz algum tempo. A novidade com o AD RMS é poder criar autoridades certificadoras capazes de emitir certificados de chave pública.
- AD FS, ou Active Directory Federation Services, ou, ainda, Serviços de Federação do Active Directory, também conhecido como Single Sign-On (SSO), serve para minimizar o número de senhas de logon a serem memorizadas pelos usuários. Em sistemas sem o SSO o usuário precisa de uma conta para cada serviço. Com o SSO uma única conta dá acesso a todos os serviços possíveis e autorizados.

14.7 Instalação do Active Directory

Estamos considerando que você já instalou o serviço DNS no Windows Server 2012, seguindo as instruções dos capítulos anteriores. O AD é totalmente dependente do DNS e se não houver um servidor DNS devidamente configurado, durante a instalação do AD você receberá um aviso a respeito. Veremos agora como fazer a instalação desse importante serviço nas redes baseadas em Windows Server.

1) Partindo do Gerenciador do Servidor, acesse a opção Adicionar Funções e Recursos. Clique em Próximo até chegar a Funções do Servidor e marque a opção Serviços de Domínio Active Directory.

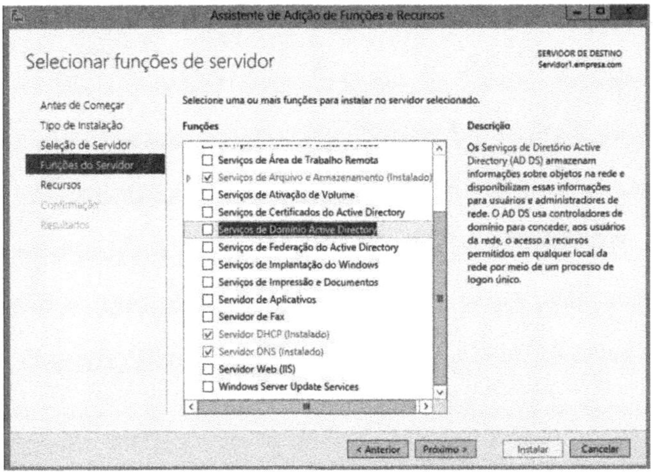

Figura 14.1 - Instalando o AD.

2) Feito isso, o assistente vai informá-lo que outras ferramentas serão instaladas. Deixe marcado Incluir ferramentas de gerenciamento (se aplicável) e clique em Adicionar Recursos, Figura 14.2.

3) Selecione a opção Confirmação na coluna esquerda, marque Reiniciar cada servidor de destino automaticamente, se necessário, clique em Instalar e aguarde até o final da operação, Figuras 14.3 e 14.4.

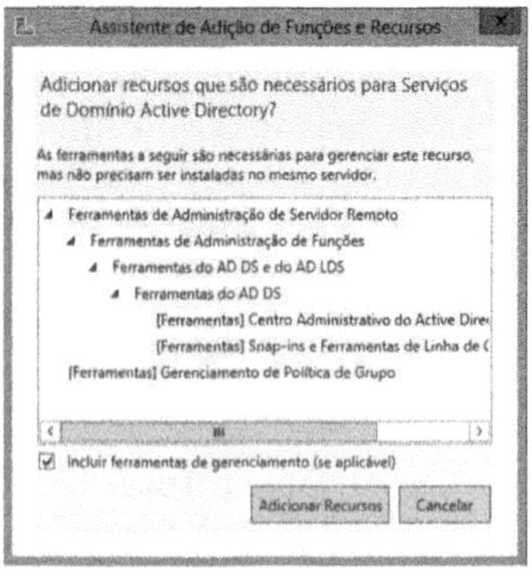

Figura 14.2 - Incluindo ferramentas de gerenciamento com a instalação.

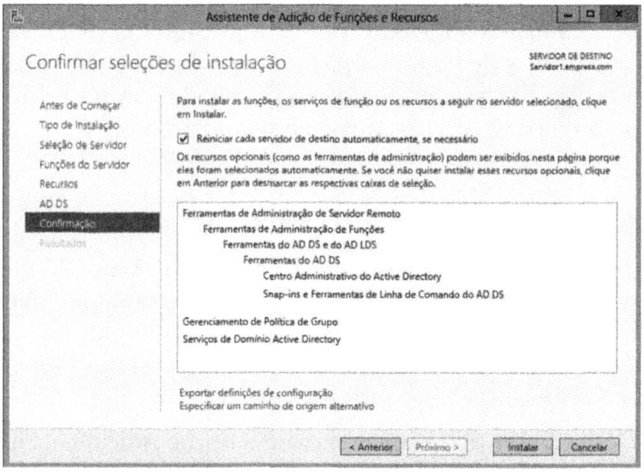

Figura 14.3 - Confirme as opções de instalação.

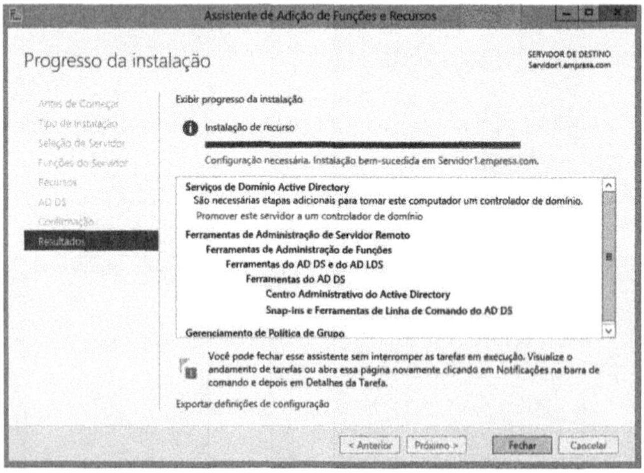

Figura 14.4 - Instalação bem-sucedida.

Da mesma forma que o DNS, não basta apenas instalar o AD. É preciso configurá-lo, o que inclui a criação do domínio. Lembre-se de que este exercício demonstra como criar um controlador de domínios.

Dica	Se estiver disponível, a cada nova instalação execute o Analisador de Boas Práticas Recomendadas. Para um administrador inexperiente às vezes pequenos detalhes impedem o serviço de funcionar. O analisador pode ajudá-lo a não esquecer as configurações mais comuns.

14.8 Configuração do Active Directory

Logo após a instalação, veja na Área de Notificação a informação sobre a necessidade da configuração para tornar o AD parte da rede.

1) No mesmo local em que está o aviso, existe um link Promover este servidor a controlador de domínio. Clique nele, Figura 14.5.

2) Supondo ser este o primeiro servidor com o AD, é preciso criar uma floresta para conter o domínio, Figura 14.6.

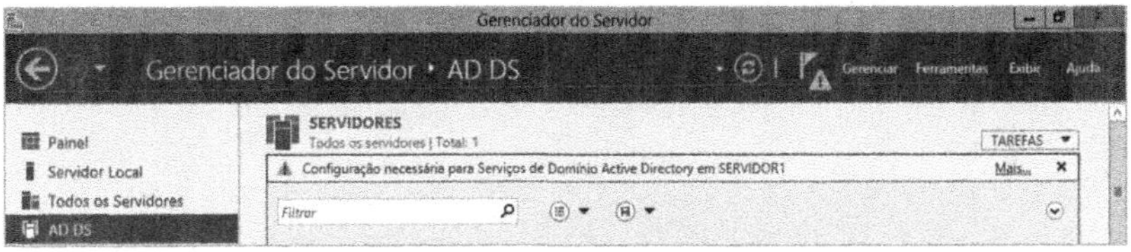

Figura 14.5 - Área de notificação do servidor.

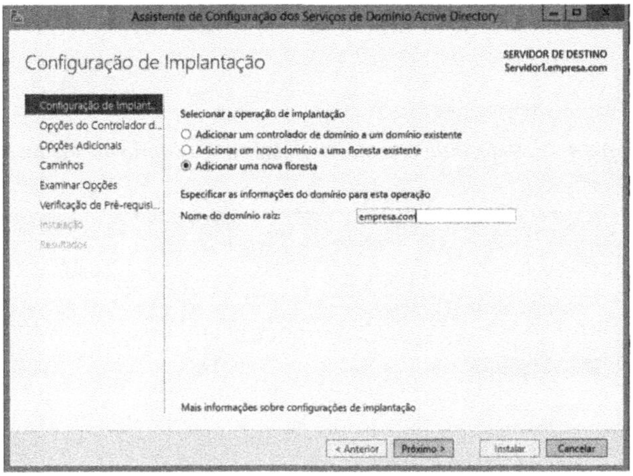

Figura 14.6 - Adicionando uma nova floresta.

3) É possível ajustar Nível funcional da floresta e Nível funcional do domínio para torná-los compatíveis com sistemas operacionais Windows Server mais antigos, como Windows 2000 Server, Windows Server 2003, Windows Server 2008 e Windows Server 2008 R2. Se a rede não possui esses servidores, deixe essas opções do jeito que estão. Na mesma tela você deve criar uma senha para o AD, a qual não deve ser a mesma senha da conta

Administrador. Guarde-a em local seguro, pois, em razão da menor frequência de uso, é muito comum o administrador esquecer a senha do AD, Figura 14.7.

4) O nome NetBIOS é recuperado do sistema automaticamente e pode ser alterado, se você quiser. NetBIOS é o nome do computador na rede, Figura 14.8.

5) O próximo passo é definir o caminho para os arquivos do AD. Por enquanto, você pode deixar como está. Conforme adquirir experiência, opte por outros caminhos para a localização dos bancos de dados do AD, Figura 14.9.

6) Antes de prosseguir, você pode examinar as opções para alterar o que for necessário. Pode também salvar na forma de script e automatizar futuras instalações usando esses mesmos parâmetros, Figura 14.10.

7) Antes da finalização, o assistente verifica se existe alguma pendência que impeça o AD de funcionar. Algumas pendências são apenas alertas, que não comprometem a instalação. Outras impedem a instalação. Verifique uma por uma, veja quais devem ser resolvidas e clique em Instalar para concluir a operação, Figura 14.11.

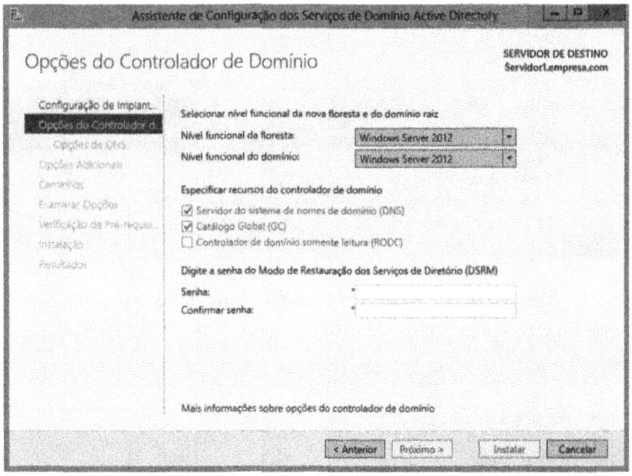

Figura 14.7 - Definindo a senha e a compatibilidade do AD na rede.

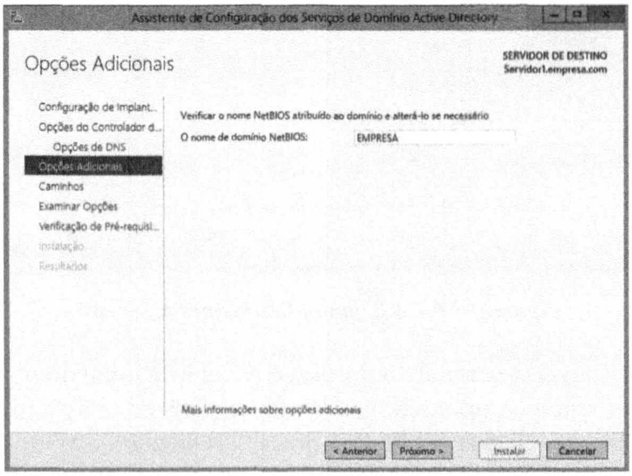

Figura 14.8 - Nome NetBIOS.

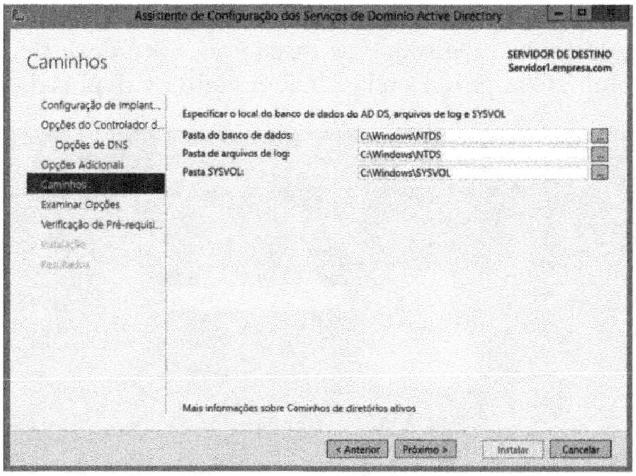

Figura 14.9 - Localização do banco de dados do AD.

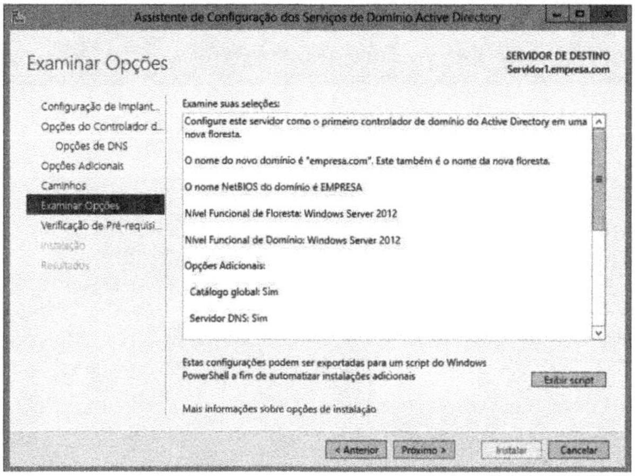

Figura 14.10 - Examinando as opções.

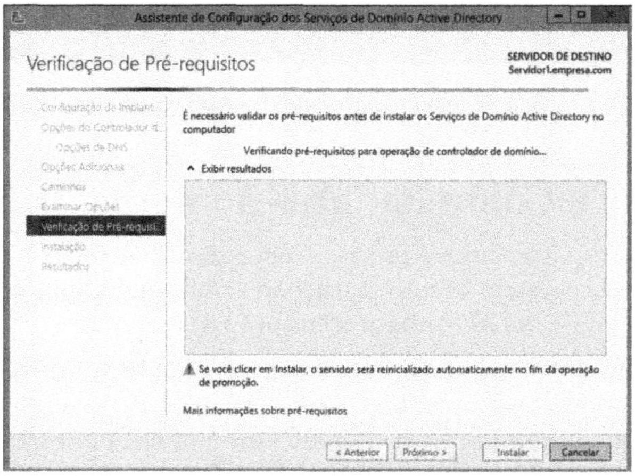

Figura 14.11 - Verificação de pré-requisitos.

8) Aguarde até o final da instalação, quando tudo estiver concluído o AD vai reiniciar o computador. No primeiro login após a instalação, você deve perceber na tela inicial o nome do domínio. Compare as telas de login antes e depois da instalação do AD.

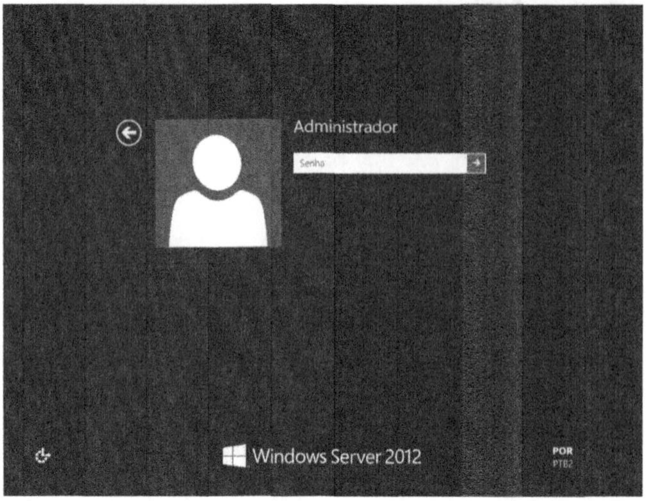

Figura 14.12 - Tela de login antes do AD.

Figura 14.13 - Tela de login depois do AD, agora com o nome de domínio.

14.9 Usuários e Computadores do Active Directory

Uma vez que o AD esteja instalado, é preciso criar e gerenciar recursos, grupos e usuários. É importante que você esteja atento para não confundir configurações próprias do controlador de domínios com as configurações próprias do AD.

Vamos dar um exemplo. Antes da instalação do AD também era possível criar grupos e usuários e configurar essas contas segundo os critérios de privilégios estabelecidos no projeto da rede. O que mudou no AD é que existe um local apropriado para conter os objetos a serem gerenciados por meio do AD. As configurações são feitas em contêineres e se aplicam aos objetos que forem incluídos nesses contêineres.

Vamos supor que entre um novo funcionário na empresa e você precise criar uma conta de usuário para o funcionário poder fazer login na rede. Comece acessando o menu Ferramentas → Usuários e Computadores do Active Directory. Com a ferramenta aberta vá ao menu Ação → Novo → Usuário.

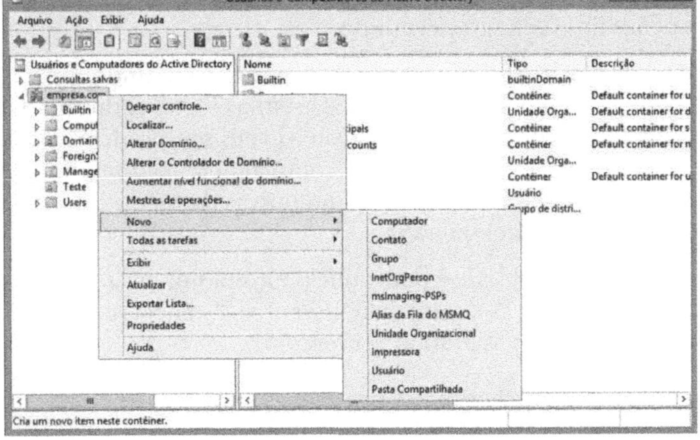

Figura 14.14 - Adicionando usuários ao Active Directory.

No caso do exemplo o usuário será criado no domínio empresa.com, criado na demonstração de instalação do AD. A primeira parte do formulário pede Nome, Iniciais, Sobrenome e o Nome completo. A segunda parte é mais importante, porque é quando criamos o nome com o qual o usuário vai fazer login na rede.

Na próxima etapa você deve informar uma senha qualquer, tendo o cuidado de marcar a opção O usuário deve alterar a senha no próximo logon. Uma sugestão é usar uma senha inicial padrão para todos, assim quando você informar o nome do usuário, basta informar a senha padrão, que será alterada no primeiro login.

Existe algum risco nessa sugestão de senha padrão, porque outra pessoa pode acessar a conta usando a senha padrão e modificá-la. Mas este cenário não é muito comum, pois dependeria de a outra pessoa saber o nome de usuário do novo funcionário e ter interesse no acesso indevido. Se isso estiver acontecendo, a empresa está com problemas maiores do que os riscos de uma senha padrão para novos usuários.

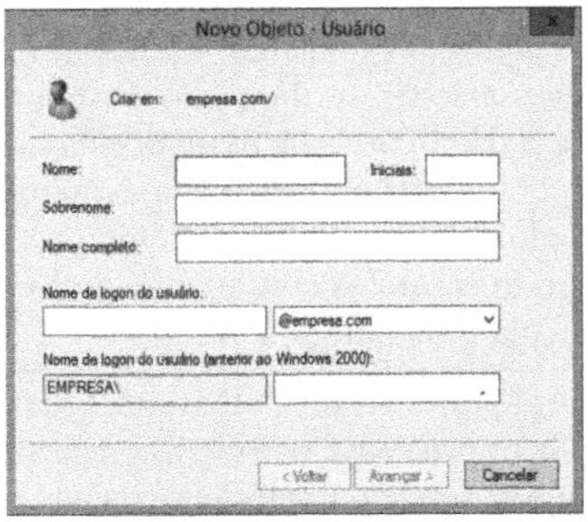

Figura 14.15 - Definindo o nome do usuário para login na rede.

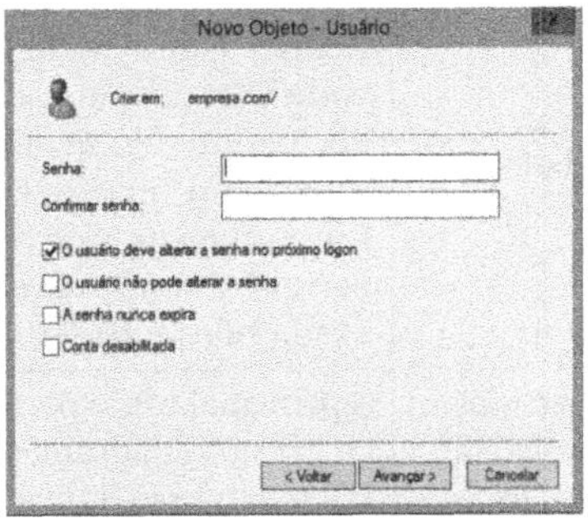

Figura 14.16 - Definindo a senha de acesso à rede.

Para obter as vantagens de segurança da autorização e autenticação de usuário, use o *snap-in* Usuários e Computadores do Active Directory para criar uma conta separada para cada usuário que participará da rede. Você pode então adicionar cada conta de usuário (inclusive as contas Administrador e Convidado) a um grupo para controlar os direitos e as permissões a ela atribuídos. Tendo contas e grupos apropriados à sua rede, você garante que seja possível identificar os usuários que fizerem logon na rede e que eles tenham acesso apenas aos recursos permitidos.

Você pode ajudar a defender o domínio contra invasores exigindo senhas fortes e implementando uma política de bloqueio de conta. As senhas fortes reduzem o risco de ataques inteligentes de adivinhação de senha e de dicionário em senhas. Uma política de bloqueio de conta reduz a possibilidade de um invasor comprometer o domínio por meio de repetidas tentativas de logon e determina quantas tentativas de logon com falha uma conta de usuário pode ter antes de ser desabilitada.

Usando o mesmo procedimento você pode adicionar máquinas, grupos e recursos ao AD, como, por exemplo, impressoras e compartilhamentos. A tabela seguinte descreve os tipos de contas padrão instaladas no Windows Server 2012.

Conta padrão	Descrição
Administrador	A conta Administrador tem controle total do domínio. Ela pode atribuir direitos de usuário e permissões de controle de acesso aos usuários do domínio conforme a necessidade. Use-a somente para tarefas que requeiram credenciais administrativas. É recomendável que você configure essa conta com uma senha forte. A conta Administrador é membro padrão dos seguintes grupos do Active Directory: Administradores, Administradores do Domínio, Administrador corporativo, Proprietários Criadores de Política de Grupo e Administradores de Esquemas. A conta Administrador nunca pode ser excluída ou removida do grupo Administradores, mas pode ser renomeada ou desativada. Como a conta Administrador é conhecida por existir em várias versões do Windows, os usuários mal-intencionados terão mais dificuldades para acessá-la se você renomeá-la ou desabilitá-la. Administrador é a primeira conta criada quando se configura um novo domínio com o Assistente de Instalação dos Serviços de Domínio Active Directory. **Importante** Mesmo desabilitada, a conta Administrador pode ser usada para obter acesso a um controlador de domínio com Modo Seguro.
Convidado	Pessoas que não tenham uma conta real no domínio podem usar a conta Convidado. Um usuário cuja conta esteja desabilitada (mas não excluída) também pode usar a conta Convidado. Não é necessário ter senha para essa conta. Você pode definir direitos e permissões para a conta Convidado, exatamente como para qualquer conta de usuário. Por padrão, essa conta é membro do grupo interno Convidados e do grupo global Convidados do Domínio, o que permite a um usuário fazer logon em um domínio. A conta Convidado é desativada por padrão e é recomendável que ela permaneça assim.
HelpAssistant (instalada com uma sessão de Assistência Remota)	A principal conta para estabelecer uma sessão de Assistência Remota. Essa conta é criada automaticamente quando você solicita uma sessão de Assistência Remota. Ela tem acesso limitado ao computador e é gerenciada pelo serviço Gerenciador de Sessão de Ajuda de Área de Trabalho Remota. A conta HelpAssistant é excluída automaticamente se não houver solicitações de Assistência Remota pendentes.

14.10 Criação de Unidades Organizacionais no Active Directory

As Unidades Organizacionais, às quais vamos nos referir usando a abreviatura UO, representam uma forma interessante de gerenciar objetos no AD. Elas podem ser usadas para organizar vários objetos, como contas de usuário, contas de grupos, máquinas etc.

A UO é um contêiner e as configurações aplicadas a ele se refletem nos objetos do contêiner. Na prática, a administradora cria as contas de grupos e usuários e depois cria contêineres, as UOs, estrategicamente pensadas para organizar as permissões de acesso à rede.

Use UO para:

- Organizar objetos no domínio.
- Delegar controle administrativo.
- Simplificar o gerenciamento de recursos agrupados.

Para criar uma UO, o procedimento é similar ao que fizemos para criar a conta de usuário, com a diferença que você deve escolher Unidade Organizacional como opção. Após escolher um nome para a UO, é só clicar em OK e o contêiner será criado.

O Windows Server 2012 é um sistema operacional capaz de lidar com milhões de objetos espalhados por redes ao redor do mundo. Neste cenário a criação de UO, domínios, florestas, árvores mostra-se muito bem-vinda para fins de organização.

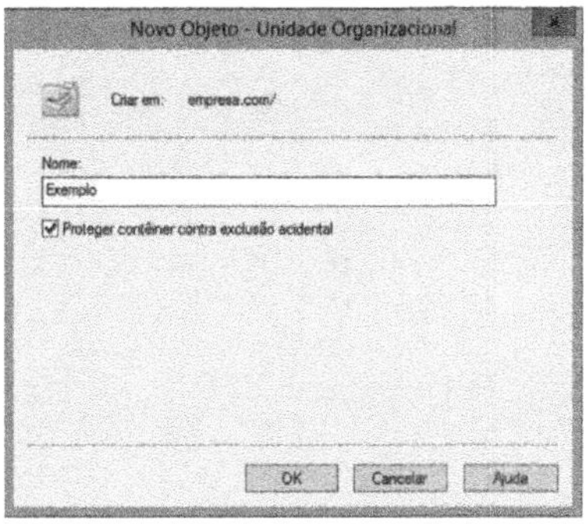

Figura 14.17 - Criando uma UO.

O administrador de uma rede com poucos usuários talvez não veja muito sentido em criar florestas, árvores, domínios, UO etc. que são as possibilidades do AD. Mas tomando como exemplo uma dessas grandes redes de varejo, que anunciam na televisão possuírem mais de mil lojas no Brasil, espalhadas por praticamente todos os estados, manter uma rede com esta dimensão, organizada e funcionando é o cenário ideal para o AD mostrar o seu valor.

Resumo do Capítulo 14

Agora você já sabe que:

... o AD substitui o antigo sistema de armazenagem SAM.

... é mais fácil entender o AD se pensar nele como um banco de dados organizado hierarquicamente, em um formato parecido com a organização das pastas no disco rígido do computador.

... árvore, floresta, domínio são definições relacionadas à organização hierárquica do AD.

... objetos podem ser contas de usuário, contas de grupo, máquinas, impressoras, compartilhamentos etc.

... existem vários tipos de AD, sendo o principal o AD DS.

14.11 Exercícios Propostos

1) Elabore um projeto de rede usando o modelo organizacional baseado em AD. Defina nome para floresta, árvore, domínio, grupos, usuários e UO. Procure imaginar como seria uma rede que usa esses recursos.

2) Instale o AD em seu laboratório, não se esquecendo de antes deixar instalado o servidor DNS, que já foi apresentado em outro capítulo.

3) Crie pelo menos duas UOs. Crie pelo menos dois ou três grupos. Crie pelo menos cinco a seis usuários e experimente adicioná-los a diferentes grupos e UO, configurando diferentes diretivas, para ver como esses recursos interagem com o servidor.

capítulo 15

Servidor Web (IIS)

Quando a empresa decide hospedar o próprio site, você precisa instalar o Servidor Web

Qual o seu site preferido na Internet? Não importa. O que você precisa saber é que por trás de todo site existe um servidor Web funcionando. Nos sistemas baseados em Windows esse serviço é implementado pelo IIS, sigla para Internet Information Services (Serviços de Informações da Internet), anteriormente denominado Internet Information Server. O IIS é concorrente direto do servidor Apache, tradicional servidor Web dos sistemas UNIX e Linux.

No Windows Server 2012, a versão do IIS é 8. Na tabela seguinte você acompanha a evolução do IIS desde a sua primeira versão, lançada em 1995.

Versão do IIS	Windows Server do qual faz parte
IIS 1.0	Windows NT 3.51
IIS 2.0	Windows NT 4.0
IIS 3.0	Windows NT 4.0 (Service Pack 3)
IIS 4.0	Windows NT 4.0 (atualização opcional)
IIS 5.0	Windows 2000
IIS 5.1	Windows XP Professional
IIS 6.0	Windows Server 2003 e Windows XP Professional (64 bits)
IIS 7.0	Windows Server 2008 e Windows Vista (exceto as versões Starter e Home Basic)
IIS 7.5	Windows Server 2008 R2 e Windows 7
IIS 8	Windows Server 2012 e Windows 8

15.1 Novidades do IIS 8

Era de se esperar, uma vez que o Windows Server 2012 trouxe muitas novidades técnicas e cosméticas, que o IIS 8 também viesse com novos recursos. E isso realmente aconteceu, conforme listado em seguida.

Recurso/funcionalidade	Resumo
Certificados Centralizados	Fornece um único repositório de certificados SSL para um farm de servidores e simplifica o gerenciamento de associações SSL. Facilita o gerenciamento em ambientes com milhares de certificados digitais. Habilitar esse recurso é bem simples, basta habilitá-lo no gerenciador do servidor Web.
Restrições de IP Dinâmico	Permite que os administradores configurem o IIS 8 para bloquear o acesso a endereços IP que excedem o número especificado de solicitações e especifiquem o comportamento quando um endereço IP é bloqueado. Esse módulo já existia em outras versões do IIS, como a 7 e a 7,5, porém era uma extensão do IIS. Ou seja, era necessário fazer o download pelo WPI ou diretamente pelo site. No IIS 8 esse recurso já faz parte do serviço, cabendo a você fazer a instalação e configuração conforme suas políticas de segurança. O Dynamic IP Address Restrictions trabalha de forma semelhante ao FTP Logon Attempt Restrictions, porém o que ele vai bloquear são requests em um espaço de tempo, ou seja, se eu tiver 20 requests em um período de 200ms, o IP será bloqueado.
Restrições de Tentativas de Logon em FTP	Restringe o número de tentativas de logon com falha que podem ser feitas em uma conta de FTP em um período de tempo especificado. Esse recurso é interessante, porque aumenta a segurança do serviço de FTP. E como todos sabem, quando existe um servidor Web na empresa, o serviço de FTP é sempre o alvo mais atacado. O funcionamento desse recurso é simples e em nosso entender já deveria ter sido implantando desde as primeiras versões do IIS. A forma de ataque mais comum ao serviço FTP é usando uma técnica conhecida como Brute Force (Força Bruta). O invasor programa um código para testar vários usuários e senhas sucessivamente, às vezes por horas ou dias, até que uma das combinações dê certo e a invasão aconteça. Com o recurso FTP Logon Attempt Restrictions do IIS 8 o serviço FTP bloqueia tentativas de login sucessivas. Por padrão está configurado para quatro tentativas no período de trinta segundos. Mas você pode alterar de acordo com os seus critérios de segurança para o serviço FTP.
SNI (Indicação de Nome de Servidor)	Estende os protocolos SSL e TSL para permitir que um nome de domínio virtual ou um nome de host seja usado para identificar o ponto de extremidade da rede.
Inicialização de Aplicativos	Permite que os administradores da Web configurem o IIS 8 para inicializar aplicativos Web, a fim de que o aplicativo esteja pronto para a primeira solicitação.

Recurso/funcionalidade	Resumo
Escalabilidade Habilitada para NUMA	Oferece suporte ao hardware NUMA, que permite de 32 a 128 núcleos de CPU. Esse suporte oferece um desempenho predefinido quase ideal no hardware NUMA. NUMA (Non-Uniform Memory Access) é uma arquitetura de memória usada em multiprocessamento, cujo tempo de acesso depende da localização de memória em relação ao processador. Sob NUMA, um processador pode acessar sua própria memória local mais rápido do que outros locais de memória, isto é, a memória local para outro processador ou memória compartilhada entre processadores. Na versão anterior do IIS era possível alterar o número de núcleos no pool de aplicações para aumentar o desempenho, mas isso pode causar perda de desempenho, pois você vai usar recursos de recursos. Com a implementação do NUMA no IIS 8 isso não ocorre, em virtude de uma distribuição mais inteligente dos recursos.
Limitação de CPU do IIS	Limita a CPU, a memória e o consumo da largura de banda por um único pool de aplicativos em uma implantação de vários locatários. O IIS 8 inclui opções de limitação adicionais. Permite limitar o uso da CPU por site, ou seja, cada site pode ter um limite diferente de processamento disponível. O CPU Throttling é uma maneira de limitar a utilização máxima de CPU. Esse recurso pode ser útil nas situações de hospedagem de sites com diferentes planos. Os planos mais baratos podem ter uma disponibilidade de CPU menor do que os planos mais caros.

15.2 Servidor de Protocolos

Quando você digita o endereço de algum site, como, por exemplo, www.editoraerica.com.br, está usando um cliente HTTP. A requisição da página é atendida por outro software, que é o servidor HTTP. Da mesma forma, quando usa um programa de FTP para baixar arquivos, está usando um cliente FTP. A requisição é atendida pelo servidor FTP. O servidor Web é o sistema responsável por atender as requisições de diversos protocolos, sendo o http e o ftp os mais comuns, porém não são os únicos.

Para todos os efeitos podemos dizer que o IIS é um servidor de protocolos. O IIS é a aplicação que vai atender às requisições de diversos protocolos, como FTP, FTPS, SMTP, NNTP, HTTP e HTTPS.

- FTP é a abreviação de File Transfer Protocol (Protocolo de Transferência de Arquivos). É o protocolo usado para upload e download de arquivos. FTPS ou FTP/SSL é o mesmo que FTP seguro.
- SMTP é a abreviação de Simple Mail Transfer Protocol (Protocolo de Transferência de Correio Simples). É o protocolo encarregado de enviar mensagens de e-mail. O IIS sozinho não dispõe de recursos adequados para ser um servidor de e-mail, capaz de gerenciar contas de usuário e tudo o mais que se espera de um servidor desse tipo. Para a função de servidor de e-mail a Microsoft dispõe do software Exchange Server, adquirido separadamente e atualmente na versão 2010, mas já com a versão 2013 anunciada. O Exchange Server também faz parte do pacote Microsoft Office 365.

- NNTP é a abreviação de Network News Transfer Protocol (Protocolo de Transferência de Notícias de Rede). Esse protocolo é usado para visualização de grupos de notícias da antiga Usenet.
- HTTP é a abreviação de HyperText Transfer Protocol (Protocolo de Transferência de Hipertexto). Este é o protocolo mais popular, por ser o responsável por tornar possível a existência das páginas Web. HTTPS é o mesmo que HTTP seguro.

De todos esses protocolos suportados pelo IIS trabalharemos no capítulo com o HTTP/HTTPS e o FTP/FTPS. O SMTP e o NNTP dependem de programação ou programas externos para tornar o Windows Server 2012 um servidor de e-mail ou de notícias.

15.3 Como Hospedar um Site no Servidor da Empresa em apenas Seis Etapas

Antes de entrarmos na instalação, configuração e uso do IIS 8, veremos o que é necessário para criar um serviço de hospedagem com o Windows Server 2012. Essa visão de funcionamento vai ajudá-lo a situar o ISS no contexto da rede com servidor Web. Também vamos passar a nos referir ao IIS 8 apenas como IIS. Se houver referência à outra versão, será informado.

Quando a empresa decide publicar um site na Internet, ela tem duas opções: contratar os serviços de hospedagem ou hospedar o site em seus próprios servidores.

Se a opção for contratar os serviços de hospedagem, quer dizer que todo o trabalho de configuração que vamos ensinar será realizado pelo profissional da empresa.

Se a opção for hospedar o site nos servidores da empresa, a seguir se encontram orientações de como isso é feito. Acompanhe:

1) **Hardware de Servidor**

O hardware do servidor é o mesmo que vimos nos primeiros capítulos, uma vez que a orientação se refere ao Windows Server 2012. Veremos como criar o servidor de páginas HTTP/HTTPS e o servidor de transferência de arquivos por FTP/FTPS.

É necessário ter pelo menos dois servidores ativos para reduzir as chances de o site sair do ar por falha no servidor. Empresas com grande volume de dados por HTTP/S ou FTP/S chegam a possuir de dezenas a milhares de servidores, formando verdadeiras fazendas de dados. Na verdade, você não tem muita escolha em relação a ter dois servidores, pois vai precisar informar dois IPs estáticos, cada um vinculado a um servidor servidor DNS, conforme visto no referido capítulo.

É preciso pensar também no fornecimento de energia em caso de falha na rede pública. Isso é feito com o uso de geradores ou nobreaks profissionais. Esse equipamento pode custar mais que o hardware do servidor, pois precisa garantir o fornecimento ininterrupto de energia durante várias horas. As gigantes do setor, como a Google, por exemplo, possuem a própria usina geradora de energia elétrica.

Uma solução cada vez mais comum é a contratação de servidores fora da empresa, o que é conhecido pelo termo inglês co-location, mas está se popularizando com os nomes Nuvem, Cloud Computing e Cloud Server. O hardware do servidor é mantido em um datacenter e o acesso é feito via Telnet, serviço de terminal ou qualquer outra forma de conexão remota. A contratação pode incluir ou não a licença do sistema operacional, além de poder ser um servidor dedicado ou um servidor virtual compartilhado, reduzindo os custos ainda mais.

Analisando as propagandas que oferecem essa modalidade de hospedagem, encontramos os seguintes atrativos:

- **Snapshot sob demanda e agendado:** o snapshot é um recurso importante para guardar dados e configurações ou prevenir falhas ao aplicar uma atualização crítica no servidor, pois é possível restaurar todo o sistema, deixando-o exatamente como era no momento do snapshot.
- **Templates:** é possível criar um template com o retrato de uma determinada configuração ou instalação. Desta forma, o template pode ser reaproveitado para agilizar o processo de configurações ou instalações similares em outras máquinas.
- **Disponibilidade:** o sistema autogerenciado, com prevenção de falhas e realocação automática do servidor entre os componentes da nuvem, garantindo SLA de 99,9% de hardware. SLA (Service Level Agreement) é um acordo de nível de serviço, um contrato entre um fornecedor de serviços de TI e um cliente, especificando, em termos mensuráveis, quais serviços o fornecedor vai prestar.
- **Escalabilidade:** caso haja a necessidade de aumentar os recursos contratados, o ajuste pode ser feito on-line, a qualquer momento, bastando reiniciar o servidor.
- **Segurança:** os dados são armazenados isoladamente para cada cliente, podendo gerenciá-lo pelo Painel de Controle, incluindo criação de Snapshots e Firewall pré-configurado customizável.
- **Redução de custos:** ao optar contratar os serviços de cloud computing, evita-se o superdimensionamento de recursos físicos, pagando apenas pelo que usar e eliminando a necessidade de investir em infraestrutura própria.

Você deve achar parecido com a contratação da hospedagem, mas é diferente. Na hospedagem o site da empresa é mantido junto com centenas ou milhares de outros sites, todos configurados no mesmo servidor. No sistema co-location a empresa tem acesso a um servidor próprio, podendo ser físico ou virtualizado. No sistema co-location, em vez de o servidor estar no prédio da empresa, ele estará localizado em outro lugar, até mesmo fora do país, e precisa ser acessado por algum tipo de conexão remota.

Toda configuração necessária para o servidor funcionar fica a cargo do funcionário da empresa contratante. O datacenter fornece apenas o servidor vazio ou, no máximo, com o sistema operacional instalado.

A desvantagem no sistema co-location é justamente o fato de o servidor não estar na empresa. Havendo qualquer problema no datacenter, fica-se à mercê da equipe do datacenter.

2) **Conexão Permanente com a Internet**

Para a empresa hospedar o próprio site, ela vai precisar de uma conexão permanente com a Internet. Nada a ver com conexão por banda larga na qual, se a pessoa quiser, pode manter-se conectada ininterruptamente.

A conexão permanente é destinada a empresas que querem hospedar o próprio site ou quando precisam manter-se conectadas a fornecedores, filiais e serviços Web ininterruptamente. Essa conexão é contratada de uma empresa de telecomunicações especializada nesse tipo de conexão. Todas as grandes companhias telefônicas brasileiras prestam esse serviço.

Esse tipo de conexão é conhecido como LP (Linha Privada de Comunicação de Dados) ou Link Dedicado e chega até a empresa por cabos iguais aos do telefone, podendo ser também por fibra óptica. Tudo depende do que a empresa de telecomunicações tem a oferecer, do que está disponível em sua região e de quanto o contratante está disposto a pagar.

Outra diferença é que a conexão por banda larga, seja doméstica ou a empresarial, usa o protocolo ADSL e a LP usa Frame Relay, que é menos sujeito a ruído e mais estável. Há também o fato de que as conexões por banda larga, justamente para desestimular o uso de conexões domésticas para hospedagens provisórias, possuem uma taxa de upload bem menor que a taxa de download. Uma conexão de 1 megabit, por exemplo, pode ter apenas 128 quilobits de taxa de upload. Impossível hospedar um site com essa limitação de banda.

Essa conexão permanente é feita através de modem, geralmente fornecido pela empresa contratada, além de um roteador, que costuma ser por conta do contratante. Veja na Figura 15.1 o diagrama que representa a rede com o link dedicado.

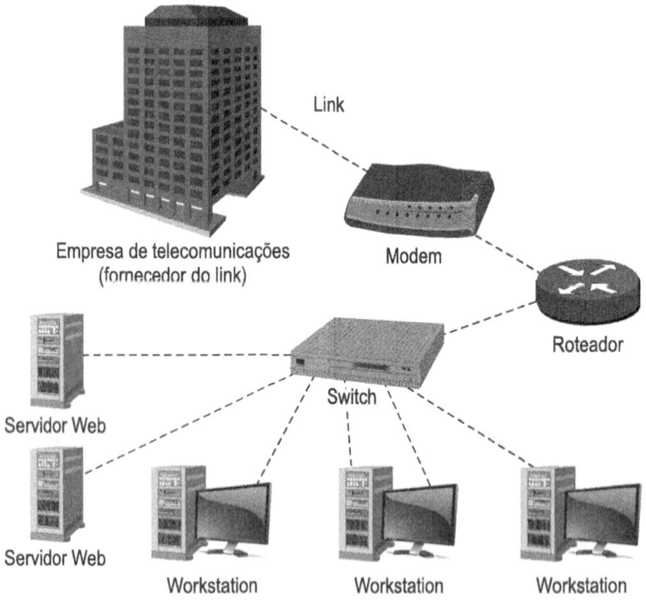

Figura 15.1 - Diagrama da rede com o link dedicado.

3) **Endereçamento IP para a Internet**

Para o site da empresa ser encontrado na Internet, é preciso que os servidores estejam configurados com IPs estáticos. Esses IPs são obtidos junto com a contratação da LP e costumam ser disponibilizados em blocos. O que você deve fazer é configurar os adaptadores de rede com os IPs estáticos fornecidos pela empresa de telecomunicações. Essa configuração é feita acessando Propriedades do adaptador de redes e já foi demonstrada em outro capítulo.

4) **Instalação**

Os dois passos anteriores, a contratação da LP e a configuração dos IPs estáticos, tornam os servidores visíveis na Internet a qualquer pessoa que digite o endereço IP que foi configurado. Isso quer dizer que invasores fazendo varreduras aleatórias ou sequenciais podem enxergar seu servidor e tentar algum tipo de ataque. O firewall baseado em software do Windows Server 2012 pode não ser suficiente, para o que sugerimos o uso de sistemas firewall corporativos, baseados em hardware.

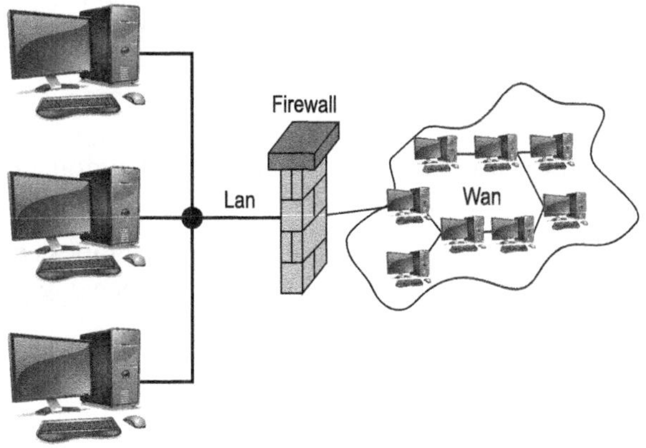

Figura 15.2 - O firewall cria uma barreira entre a rede local (LAN) e a Internet (WAN).

A instalação do IIS será demonstrada mais à frente, ainda neste capítulo.

5) **Cadastro do DNS no Órgão de Registro**

Conforme dissemos na etapa anterior, uma vez que o link dedicado esteja funcionando e os IPs estáticos configurados, qualquer pessoa na Internet que digite o IP vai localizar os servidores. Sem o IIS instalado e configurado, o acesso ao endereço não vai exibir conteúdo além de alguma mensagem de erro. Mas, lembre-se, o fato de o navegador não exibir conteúdo relacionado ao IP não significa que o servidor não esteja vulnerável.

Além disso, não queremos que as pessoas procurem o site da empresa pelo IP, e sim pelo nome de domínio, como, por exemplo, www.editoraerica.com.br. Isso é feito registrando pelo menos dois servidores DNS no órgão de registro responsável pelos nomes na Internet. Uma espécie de cartório.

No Brasil, esse procedimento é feito no Registro.br e consiste em um cadastro único vinculando cada nome de domínio ao IP do servidor. Cada servidor é identificado por seu endereço IP, mas cada servidor Web pode hospedar diversos sites com nomes de domínio diferentes.

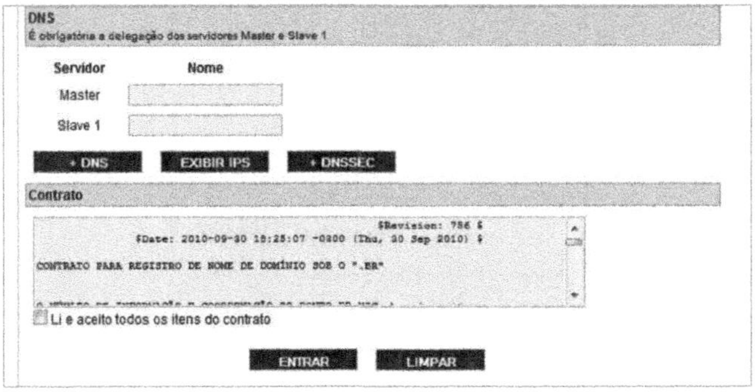

Figura 15.3 - Detalhe do cadastramento dos servidores DNS no órgão de registro.

Após registrar os IPs dos DNSs no Registro.br, é preciso aguardar a propagação do nome. No Brasil, a propagação é feita em algumas horas. Para domínios registrados no exterior, como, por exemplo, .com e .net, a propagação leva mais tempo, podendo chegar a 48 e até 72 horas.

Com a propagação concluída, quem digitar o nome do site, como www.editoraerica.com.br, será direcionado ao servidor da empresa, aquele que estiver com o IP configurado e registrado no Registro.br. São registrados no mínimo dois endereços IP porque se o primeiro não responder será usado o segundo.

6) **Segurança**

Conforme visto desde a etapa anterior, já é possível digitar o nome do domínio e chegar ao servidor, sem a preocupação de memorizar o endereço IP.

Por outro lado, os servidores Web são os mais expostos a ataques externos por serem os que mantêm contato permanente com a rede externa, a Internet, e podem ser localizados com facilidade, bastando digitar o nome do domínio.

No caso de um invasor com interesse específico em uma empresa, com o nome de domínio será mais fácil saber o IP ao qual ela pertence.

Ataques aos servidores Web podem causar grandes prejuízos, seja pela paralisação das atividades, pelo roubo de dados ou pela reputação da empresa, nos casos dos sites invadidos que também são desfigurados, uma prática conhecida como *defacement*.

A segurança do servidor é tão importante que deixamos um capítulo inteiro deste livro para falar sobre o assunto.

15.4 Instalação do IIS no Windows Server 2012

Veremos agora como instalar o IIS 8 no Windows Server 2012. No Gerenciador do Servidor acesse o menu Gerenciar, em seguida a opção Adicionar e Remover Recursos. Em Funções do Servidor marque a opção Servidor Web (IIS). Vai aparecer uma janela informando sobre a instalação da ferramenta Console de Gerenciamento do IIS. Clique em Adicionar Recursos e depois em Próximo para continuar.

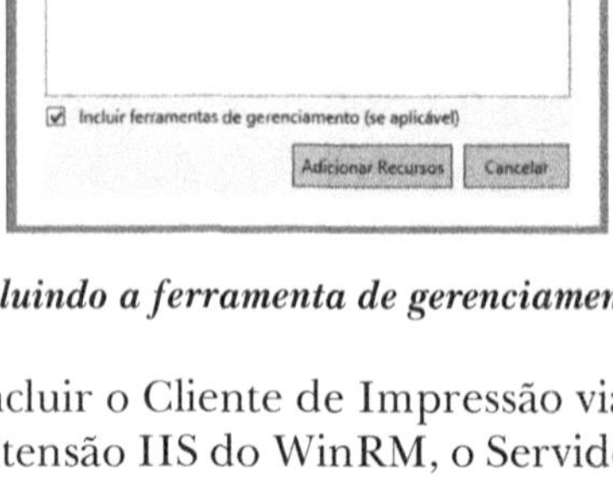

Figura 15.4 - Incluindo a ferramenta de gerenciamento na instalação.

Em Recursos você poderia incluir o Cliente de Impressão via Internet, a Extensão do IIS do Management OData, a Extensão IIS do WinRM, o Servidor SMTP e o Servidor Telnet.

Mas estes recursos são dispensáveis na maioria das instalações do IIS, são de uso muito específico e só devem ser adicionados se você realmente precisar deles.

O mesmo não podemos dizer das opções em Serviços de função, distribuídas entre as categorias Servidor Web, Ferramentas de Gerenciamento, Núcleo da Web Hospedável do IIS e Servidor FTP.

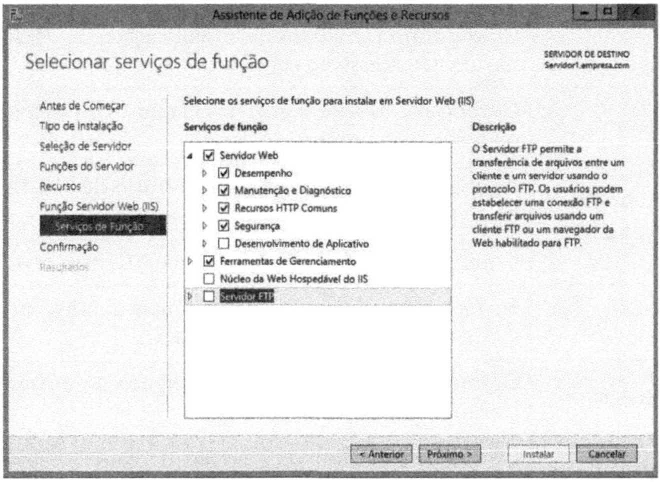

Figura 15.5 - Serviços de Função do IIS.

A tabela seguinte vai ajudá-lo a conhecer esses serviços para decidir quais lhe interessam.

Recurso	Descrição
Regras de Autorização .NET	Configurar regras para autorizar usuários a acessarem seus sites e aplicativos.
Compilação .NET	Gerenciar opções de configuração de código de aplicativo ASP.NET.
Páginas de Erro .NET	Configurar respostas de erro HTTP a serem retornadas quando ocorrem erros.
Globalização .NET	Configurar definições de globalização do .NET Framework.
Perfil .NET	Gerenciar uma lista de propriedades do perfil usadas no acompanhamento de quaisquer informações personalizadas exigidas pelo aplicativo.
Funções .NET	Gerenciar uma lista de grupos de usuários. Grupos de usuários oferecem a possibilidade de categorizar um conjunto de usuários e de realizar operações relacionadas à segurança, como a autorização, em um conjunto de usuários definido.
Níveis de Confiança do .NET	Configurar o nível de CAS (segurança de acesso do código) que é aplicado a um aplicativo.
Usuários do .NET	Gerenciar uma lista de identidades de usuário para um aplicativo.
Pools de Aplicativos	Gerenciar uma lista de pools de aplicativos em um servidor Web.

Recurso	Descrição
Configurações do Aplicativo	Gerenciar uma lista dos pares chave/valor armazenados no arquivo Web.config do aplicativo.
Aplicativos	Gerenciar a lista de aplicativos em um site.
ASP	Gerenciar uma lista de opções de configuração do ASP clássico.
Autenticação	Configurar os métodos de autenticação que os clientes podem usar para obter acesso ao conteúdo.
Regras de Autorização	Gerenciar a lista de regras de Permissão ou Negação que controlam o acesso ao conteúdo.
Certificados Centralizados	Configurar e gerenciar um repositório de certificados central para um farm de servidores.
CGI	Configurar aplicativos da interface CGI no servidor Web.
Compactação	Fornecer tempos de transmissão mais rápidos entre o IIS e os navegadores habilitados por compactação.
Editor de Configuração	Gerenciar seus arquivos de configuração enviando seções para o Gerenciador do IIS.
Cadeias de Conexão	Gerenciar uma lista das cadeias de conexão normalmente usadas pelos aplicativos de código gerenciado.
Documento Padrão	Configurar a lista de documentos padrão (como Default.htm).
Pesquisa no Diretório	Modificar as configurações de conteúdo para procurar um diretório no servidor Web.
Páginas de Erro	Gerenciar uma lista de mensagens de erro HTTP personalizadas.
Regras de Rastreamento de Solicitações com Falha	Gerenciar lista de regras de rastreamento para solicitações falhas.
Configuração de FastCGI	Usar o protocolo FastCGI (Fast Common Gateway Interface) para se comunicar com aplicativos externos.
Delegação de Recurso	Configurar o estado de delegação de recursos do Gerenciador do IIS para sites e aplicativos em seu servidor Web.
Autenticação de FTP	Configurar os métodos de autenticação que os clientes FTP podem usar para obter acesso ao conteúdo.
Regras de Autorização de FTP	Gerenciar a lista de regras de Permissão ou Negação que controlam o acesso ao conteúdo.
Pesquisa no Diretório FTP	Modificar as configurações de conteúdo para procurar um diretório no servidor FTP.
FTP de Suporte ao Firewall	Modificar as configurações das conexões passivas quando clientes FTP estiverem se conectando a um servidor FTP localizado atrás de um servidor de firewall.
Restrições de Endereço IP e Domínio FTP	Definir e gerenciar as regras que permitem ou negam acesso ao conteúdo de um endereço IP específico, um intervalo de endereços IP ou um nome ou nomes de domínio.

Recurso	Descrição
Log de FTP	Configurar os recursos de log no nível do servidor ou do site, e para fazer as configurações de log.
Restrições de Tentativas de Logon em FTP	Modificar o número de vezes em que o FTP permitirá ao usuário tentar sem êxito fazer logon em um período de tempo especificado antes de negar acesso ao endereço IP.
Mensagens FTP	Modificar as configurações das mensagens enviadas quando um usuário se conectar ao seu site FTP.
Segurança de Rede FTP	Configurar parâmetros de segurança de logon e proteger seu servidor FTP de ataques baseados em rede.
Filtragem de Solicitações FTP	Gerenciar as configurações de filtragem de solicitações que permitem que os ISPs (provedores de serviço de Internet) e provedores de serviço de aplicativo restrinjam o comportamento do conteúdo e do protocolo.
Sites FTP	Representa os componentes da interface do usuário que estão disponíveis na página Sites do Gerenciador do IIS quando o FTP é instalado.
Configurações de SSL FTP	Gerenciar a criptografia para transmissões do canal de controle e do canal de dados entre o seu servidor FTP e os clientes.
Isolamento do Usuário de FTP	Gerenciar o modo de isolamento de usuário e restringir os usuários aos seus próprios diretórios.
Mapeamentos do Manipulador	Gerenciar uma lista de manipuladores que processam solicitações de tipos de arquivos específicos.
Redirecionamento HTTP	Configurar como solicitações de entrada são redirecionadas a um novo destino.
Cabeçalhos de Resposta HTTP	Gerenciar uma lista dos pares de nome e valor que contêm informações sobre uma página solicitada e para configurar cabeçalhos HTTP comuns.
Gerenciador do IIS	Representa os componentes da interface do usuário disponíveis no nível superior do Gerenciador do IIS.
Permissões do Gerenciador do IIS	Gerenciar os usuários do Gerenciador do IIS, usuários do Windows e membros dos grupos do Windows que têm permissão para se conectar a um site ou aplicativo.
Usuários do Gerenciador do IIS	Gerenciar contas de usuário que podem ter permissão para se conectar a sites ou aplicativos no servidor Web.
Restrições de Endereço IP e Domínio	Definir e gerenciar as regras que permitem ou negam acesso ao conteúdo de um endereço IP específico, um intervalo de endereços IP ou um nome ou nomes de domínio.
Restrições ISAPI e CGI	Gerenciar uma lista de restrições para programas ISAPI e CGI.
Filtros ISAPI	Gerenciar uma lista de arquivos .dll que alteram ou aprimoram a funcionalidade fornecida pelo IIS.

Recurso	Descrição
Registro em Log	Configurar como as solicitações de log do IIS são feitas ao servidor Web e quando novos arquivos de log serão criados.
Chave do Computador	Definir as opções de hash e criptografia usadas para serviços de aplicativo, como estado de exibição, autenticação de formulários, associação e funções, além de identificação anônima.
Serviço de Gerenciamento	Configurar o serviço de gerenciamento que habilita os administradores do computador e do domínio a gerenciarem remotamente um servidor Web que usa o Gerenciador do IIS.
Tipos MIME	Gerenciar uma lista de tipos MIME, de forma que você possa identificar os tipos de conteúdo que podem ser fornecidos de um servidor Web para um navegador ou cliente de e-mail.
Módulos	Gerenciar uma lista dos módulos de código nativo e gerenciado que realizam tarefas específicas no pipeline para processamento de solicitações, como autenticação ou compactação.
Cache de Saída	Configurar opções do cache de saída e para configurar as regras que controlam o cache do conteúdo fornecido.
Páginas e Controles	Configurar as opções de páginas e controles ASP.NET.
Provedores	Gerenciar uma lista de provedores.
Filtragem de Solicitações	Configurar regras de filtragem que permitem a você restringir o comportamento do protocolo e do conteúdo.
Certificados de Servidor	Exibir os nomes dos certificados, os FQDNs (nomes de domínio totalmente qualificados) dos hosts para os quais os certificados foram emitidos e os FQDNs dos servidores que emitiram os certificados.
Estado da Sessão	Configurar o comportamento das informações mantidas nas sessões do navegador.
Configuração Compartilhada	Compartilhar arquivos de configuração de IIS e chave de criptografia entre um ou mais servidores IIS.
Sites	Gerenciar uma lista de sites em um servidor Web.
E-mail SMTP	Configurar a entrega de e-mail de aplicativos que usam a API System.Net.Mail.
Configurações de SSL	Gerenciar a criptografia de dados de transmissões entre o servidor e os clientes.
Diretórios Virtuais	Gerenciar uma lista de diretórios virtuais em um aplicativo.
Regras de Criação WebDAV	Gerenciar a lista de regras de criação que controlam o acesso ao conteúdo.
Processos de Trabalho	Gerenciar uma lista de processos de trabalho em execução em pools de aplicativos em um servidor Web.

Vejamos em detalhes, no próximo tópico, os grupos de serviços de funções do IIS.

15.5 Função Servidor Web

- **Recursos HTTP Comuns**
  - **Conteúdo Estático:** necessário para publicar páginas em HTML e imagens nos formatos aceitos pelos navegadores Web.
  - **Documento Padrão:** página que será exibida quando o usuário digitar um endereço para página que não exista no servidor.
  - **Pesquisa no Diretório:** permite que os visitantes visualizem o conteúdo do diretório, em caso de os usuários não especificarem uma página na URL.
  - **Erros HTTP:** permite que você crie páginas de erro personalizadas, como, por exemplo, o erro 404 que diz respeito a páginas não encontradas.
  - **Redirecionamento HTTP:** permite redirecionar a requisição de um endereço para outro local. Por exemplo, quem digitar www.site1.com.br é redirecionado para www.site2.com.br.
  - **Publicação de WebDAV:** esse recurso habilita publicação por WebDAV (Web-based Distributed Authoring and Versioning ou Criação e Distribuição de Conteúdo pela Web). O WebDAV é uma extensão do protocolo HTTP para transferência de arquivos.
- **Desenvolvimento de Aplicativo**

As opções de Desenvolvimento de Aplicativo dizem respeito a linguagens ou recursos de programação que estarão disponíveis no servidor. Supondo que o site da empresa seja feito em linguagem ASP, apenas esse serviço deve estar habilitado. Entre as opções para desenvolvimento de aplicativos estão:

- ASP.NET
- Extensibilidade .NET
- ASP
- CGI
- Extensões ISAPI
- Filtros ISAPI
- Server Side Includes
- Manutenção e Diagnóstico

Os serviços de manutenção e diagnóstico ajudam o administrador a detectar eventuais problemas de segurança no servidor Web. As opções disponíveis são:

- **Log HTTP:** registra em log os eventos do IIS. Útil para detectar falhas de funcionamento e incidentes de segurança.
- **Ferramentas de Log:** ferramenta de gerenciamento de logs que complementa o serviço anterior.
- **Monitor de Solicitações:** outra ferramenta de monitoria, desta vez para detectar quais solicitações HTTP estão sendo executadas em um processo, quando este parar de responder, consumir os recursos do sistema ou se tornar lento.

- **Rastreando:** auxilia na solução de problemas difíceis de identificar pelos demais mecanismos.
- **Log Personalizado:** para criar logs diferentes do padrão IIS.
- **Log ODBC:** mais um log, desta vez específico para eventos relacionados ao ODBC (conexão com banco de dados usando páginas ou aplicações Web).

Segurança

As opções de segurança dizem respeito às possíveis formas de autenticação dos usuários. Se for muito restritivo, podem ocorrer problemas de acesso com usuários reclamando de não conseguirem acessar o site corretamente. As opções disponíveis são:

- **Autenticação Básica:** uso em redes internas, como nas Intranets, por exemplo.
- **Autenticação do Windows:** também para redes internas, não é indicado se os usuários têm acesso passando por firewall ou Proxy.
- **Autenticação Digest:** também para redes internas, resolve o problema do firewall e proxy da autenticação Windows.
- **Autenticação de Mapeamento de Certificado de Cliente:** mais uma opção para a rede interna, vinculada ao AD.
- **Autorização de URL:** permite ou bloqueia o acesso com base em regras de autorização de URL.
- **Filtragem de Solicitações:** única opção realmente útil em um servidor Web que não seja Intranet. Filtra as requisições feitas ao servidor Web e impede os ataques mais comuns com manipulação da URL.
- **Restrições de IP e Domínio:** serve para habilitar ou negar conteúdo proveniente de determinados IPs ou domínios. No Brasil, os ataques ao servidor e a maioria dos acessos são feitos por IPs dinâmicos, que mudam a cada conexão, tornando esse tipo de restrição de pouca utilidade.

Desempenho

As opções de desempenho dizem respeito à compactação do conteúdo estático (páginas HTML e imagens) e dinâmico (páginas .ASP, .ASPX etc.).

A compactação permite um melhor aproveitamento da largura de banda, principalmente ao compactar conteúdo dinâmico, o qual pode sobrecarregar o servidor e prejudicar o desempenho do site, tornando-o lento. Selecionando essa opção, não deixe de acompanhar os monitores de desempenho e comparar a diferença de desempenho do sistema com e sem a compactação de conteúdo ativada.

A compactação de conteúdo pode se mostrar útil em sites muito visitados cujo histórico de uso de banda esteja próximo ao limite disponível.

15.6 Servidor FTP

Marque essa opção se, além da hospedagem de sites, a empresa decidir disponibilizar arquivos via FTP.

Todos os recursos importantes para o IIS funcionar já estarão marcados por padrão. Após essas configurações é só clicar em Instalar que a instalação terá início.

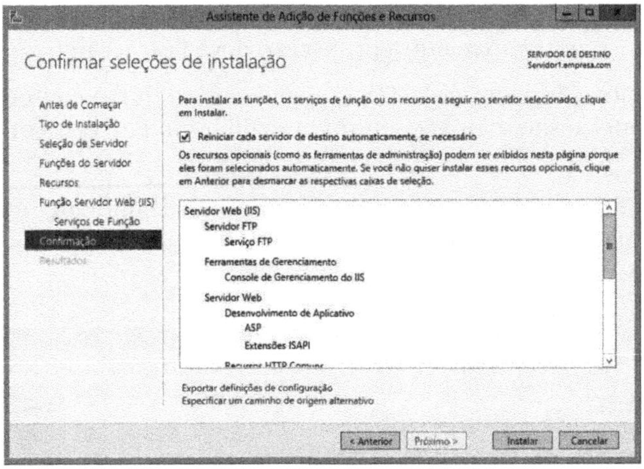

Figura 15.6 - Instalação do Servidor Web no Windows Server 2012.

15.7 Gerenciador do IIS

Após ter instalado o IIS você pode conferir a instalação digitando http://localhost no Internet Explorer e a seguinte tela deve aparecer.

Figura 15.7 - Acessando o IIS 8 pelo Internet Explorer.

O que fazer a partir daí? Basta pensar na função do IIS. Não é apenas hospedar o site da empresa para a Internet ou para a Intranet? Então o próximo passo é hospedar o conteúdo e esse conteúdo certamente não será criado por você, e sim por um webdesigner ou por uma produtora de conteúdo.

Evite cair na tentação de criar você mesmo o site da empresa. Os sites atuais são repletos de recursos e tomam muito tempo entre o projeto e a implementação. É preciso conhecer html, asp ou php, banco de dados, linguagem SQL, tratamento de imagens para a Internet, JavaScript, APIs etc. É outra área, outra profissão e deve ficar a cargo de outro profissional.

Suas atribuições após a instalação do IIS são cuidar para que o conteúdo seja publicado corretamente, manter o site seguro e sempre trabalhar em parceria com o desenvolvedor do site.

No site da Editora Érica, na área de downloads, disponibilizamos algumas páginas padrão em ASP e PHP, além de um script para listagem das variáveis . Use-os para testar o funcionamento do IIS.

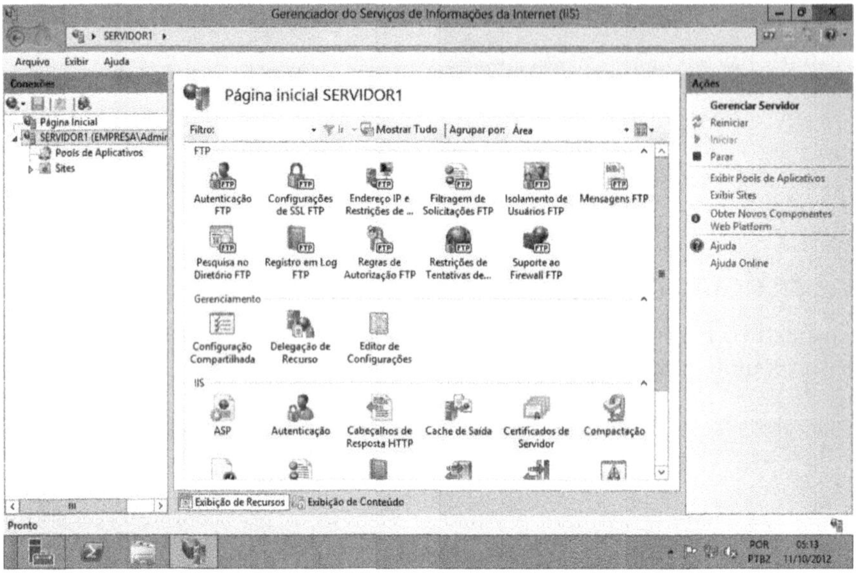

Figura 15.8 - O gerenciamento do IIS é feito pelo Gerenciador do Serviços de Informações da Internet, disponível em Ferramentas.

A pasta padrão do IIS fica em c:\inetpub. Tudo o que for colocado na pasta wwwroot faz parte do site padrão; tudo o que for colocado em ftproot faz parte do FTP padrão. Para acessar o site padrão em redes com o AD configurado, você pode digitar o nome do domínio, como no exemplo usado no livro http://empresa.com.

Como não criamos um site registrado no Registro.br, o conteúdo do IIS nos exemplos só estará disponível para a rede local, acessado pelo endereço IP ou pelo nome de domínio do AD.

Intranet é o nome dado à hospedagem de site que só fica visível dentro da rede local. Com a instalação do IIS você possui as bases da Intranet, restando apenas desenvolver o conteúdo, geralmente um portal ou página Web com informações destinadas aos funcionários e usuários da rede local.

Quando a Intranet é conectada à Internet e pode ser acessada de fora da rede local, ela se chama Extranet. Desta forma a empresa pode manter um portal ou site de acesso restrito aos funcionários e fornecedores e outro site aberto ao público. É comum incluir a palavra intra ou intranet no endereço, por exemplo, http://intranet.empresa.com ou http://www.empresa.com/intranet.

Ao instalar o IIS, ele já vem configurado com um site padrão, hospedado no caminho c:\inetpub\wwwroot, conforme já dissemos. Você pode usar esse site padrão fazendo ajustes na configuração ou criar outro, observando as informações a seguir:

- **Nome do site:** um nome apenas para identificação, não confundir com nome de domínio.
- **Caminho físico:** local no disco rígido onde o site estará armazenado. Recomenda-se evitar o disco principal, devendo usar outro disco ou outra partição para hospedar sites. A instalação padrão criou a pasta base dos sites no disco principal e isso não é seguro.
- **Ligação:** o tipo pode ser HTTP ou HTTPS, o endereço IP deve ser Todos os Não Atribuídos e a porta padrão para HTTP é a 80.
- **Nome do host:** nome como vai ser digitado no navegador, sem o HTTP. Para funcionar fora da rede local, esse nome precisa ser registrado como domínio no Registro.br.

Chegamos ao final do capítulo e agora você já conhece os procedimentos necessários para criar sites com o IIS no Windows Server 2012. Lembre-se de que a publicação de sites exige conhecimentos que não estão relacionados à administração de redes e você deve evitar assumir para si este compromisso.

Resumo do Capítulo 15

Agora você já sabe que:

... o IIS evoluiu com os servidores Microsoft e atualmente está na versão 8.

... o IIS é um conjunto de serviços com o propósito de disponibilizar conteúdo na Internet e naIntranet.

... apesar das diversas opções de serviços disponíveis na instalação, os serviços padrão e mais os indicados no capítulo atendem à maioria das necessidades.

... após a instalação do IIS, é possível adicionar ou remover serviços indesejáveis.

... para o site da empresa aparecer na Internet, é preciso que a empresa possua conexão por link dedicado, pelo menos dois IPs estáticos obtidos junto com a contratação do link e registre dois servidores DNS no órgão de registro.

15.8 Exercício Proposto

Como proposta de exercício, sugerimos que configure alguns sites conforme a orientação do capítulo, variando as configurações e observando o comportamento no navegador. Eis o que você também pode experimentar para aumentar seu conhecimento e ganhar experiência:

1) Habilitar ASP e ASP.NET e testar páginas padrão em cada uma dessas linguagens. Seguem dois códigos simples. Digite-os no bloco de notas e salve com os nomes exemplo.asp e exemplo.aspx respectivamente. Para testar o funcionamento das páginas dinâmicas no IIS, basta abrir no navegador as páginas http://localhost/exemplo.asp e http://localhost/exemplo.aspx:

Response.write “Página dinâmica ativa.”

ou

<%=“Página dinâmica ativa.”%>

2) Experimente alterar a página de erro padrão 404 e ao digitar no navegador uma página não existente, verifique se a página de erro personalizada é exibida corretamente. Para ver exemplos de páginas de erro personalizadas, busque na Internet usando a expressão ERROR 404.

> *Dica*
>
> No site da Editora, na área de download, você encontra scripts para testar o Servidor Web IIS para exibição de páginas dinâmicas e variáveis do ambiente.

capítulo

16

Server Core

Para tornar o servidor ainda mais seguro, você tem a opção Server Core

Server Core quer dizer núcleo do servidor. No contexto do Windows Server 2012 indica um tipo de instalação em que a interface gráfica não é instalada e o servidor é iniciado com um mínimo de módulos disponíveis. Quando instalamos o Windows Server 2012, podemos escolher entre os métodos de instalação, Server Core Installation ou a instalação do Server com a interface gráfica completa (antes chamado de Full Installation).

São diversos os fatores que hoje nos levam a escolher uma instalação mínima do sistema, sendo o mais relevante a redução da superfície de ataque. Como possui menos serviços em execução e menos arquivos e dependências, diminui também o ambiente que pode ser explorado. Oferece também menos arquivos que precisam de atualizações com o Windows Update, reduzindo o total de updates em torno de 40 a 60%, aumentando o período entre as reinicializações do servidor.

O Windows Server 2012 Server Core possui as seguintes roles (funções) disponíveis:

- AD CS (Active Directory Certificate Services)
- AD DS (Active Directory Domain Services)
- AD LDS (Active Directory Lightweight Directory Services)
- AD RMS (Active Directory Rights Management Server)
- Hyper-V
- Serviço de Fluxo de Mídia (Streaming Media)
- Servidor de Armazenamento e Arquivos
- Servidor de Impressão e Documentos
- Servidor de Roteamento e Acesso Remoto
- Servidor DHCP
- Servidor DNS

- Servidor Web (IIS) (incluindo um subconjunto de ASP.NET)
- WSUS (Windows Server Update Server)

16.1 Conversão de uma Instalação de Modo Gráfico em Server Core

No Windows Server 2012, é possível converter uma instalação feita com interface gráfica em Server Core. Essa opção é interessante porque você pode fazer a instalação e configuração em modo gráfico e, após deixar tudo funcionando, reverter para o modo Server Core. Após a remoção do Server Graphical Shell você terá um servidor denominado Minimal Server Interface.

O Windows instalado como Server Core executando a interface mínima permite carregar o MMC (Microsoft Management Console), o Server Manager e alguns itens do Painel de Controle.

Você pode usar o PowerShell para remoção da interface gráfica do usuário. Basta abrir o PowerShell e digitar:

Uninstall-WindowsFeature Server-Gui-Mgmt-Infra-restart

16.2 Instalação do Windows Server 2012 Server Core

Explicamos como converter uma instalação feita em modo gráfico no modo Server Core. Agora, veremos como fazer a instalação Server Core do zero. O procedimento inicial é o mesmo, ou seja, dar o boot no computador pelo DVD de instalação ou iniciar a máquina virtual com o boot também pelo DVD ou por um arquivo de imagem (ISO).

Quando o instalador exibir a tela com a opção pelo modo Server Core, basta selecioná-la e prosseguir a instalação. A chave de ativação será solicitada nesse processo.

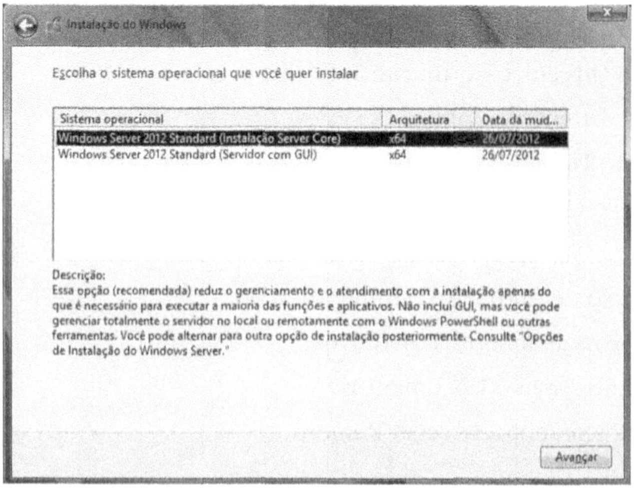

Figura 16.1 - Escolha a instalação Server Core.

Assim como ocorre com a instalação em modo gráfico, também é preciso aceitar os termos do contrato de licenciamento, Figura 16.2.

Selecione, agora, a unidade de disco que vai receber a instalação. Se só houver uma unidade de disco e se você não pretende particioná-la, basta clicar em Avançar para prosseguir, Figura 16.3.

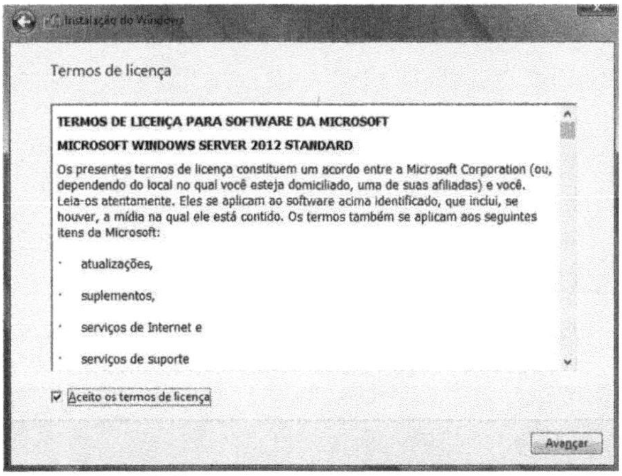

Figura 16.2 - Aceite os termos de licença.

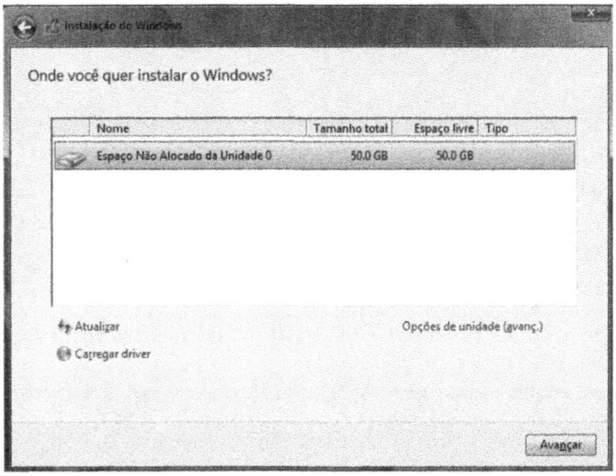

Figura 16.3 - Selecione a unidade de disco para receber a instalação.

Isto é tudo o que você precisa fazer e agora só resta aguardar a conclusão da instalação, Figura 16.4.

Talvez você esperasse uma janela de prompt, mas mesmo a instalação Server Core exibe elementos gráficos, por exemplo, a tela inicial de login. Quando aparecer a tela de login, você deve pressionar a combinação Ctrl + Alt + Delete, conforme indicado na tela de abertura, Figura 16.5.

A instalação cria automaticamente a conta Administrador. Neste primeiro login, você deve criar uma senha forte para essa conta, Figura 16.6.

Finalmente chegamos à interface do Server Core que, na verdade, é uma janela de prompt de comandos, Figura 16.7.

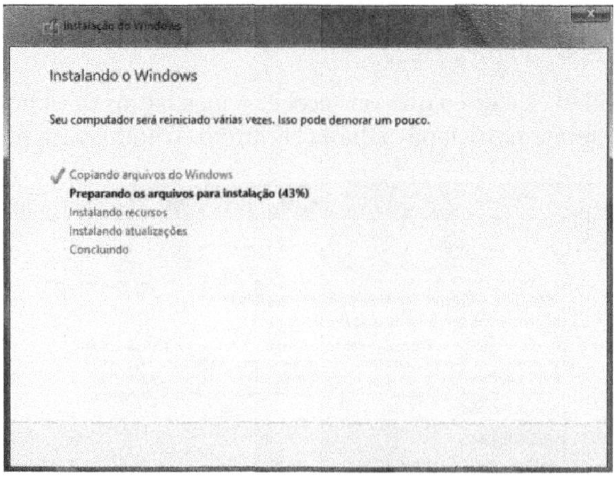

Figura 16.4 - Aguarde a conclusão da instalação.

Figura 16.5 - Pressione Ctrl + Alt + Delete para fazer login.

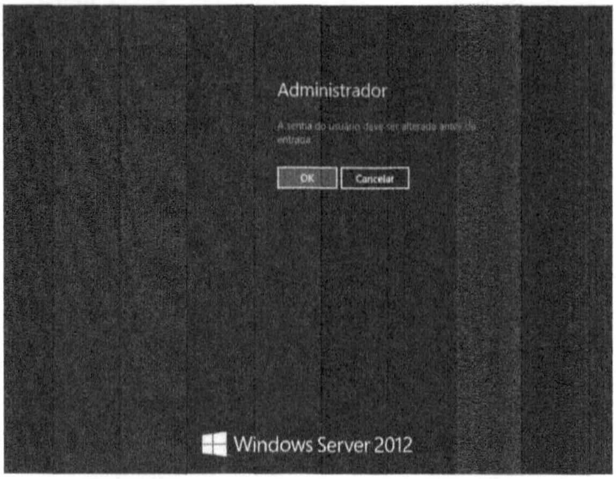

Figura 16.6 - Com o primeiro login será necessário informar uma senha para a conta Administrador.

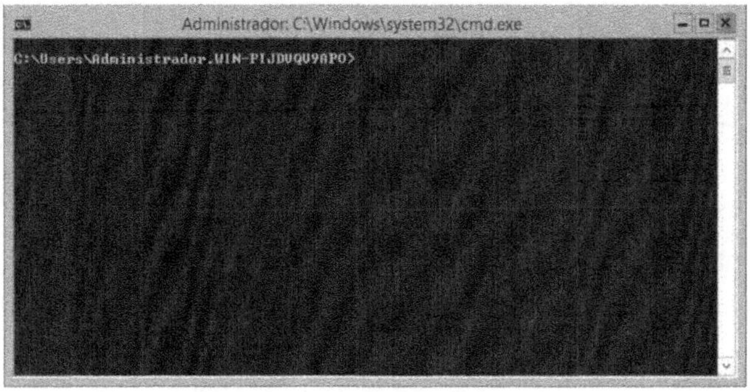

Figura 16.7 - Prompt de comandos do Windows Server 2012 Server Core.

Os comandos podem ser:

- comandos do MS-DOS herdados pelos sistemas Windows;
- comandos de rede;
- command-lets do PowerShell;
- scripts em diversas linguagens, incluindo VBScript.

Quando a instalação do Windows Server 2012 é feita no modo Server Core, você deve gerenciar o seu servidor usando a linha de comando, o Windows PowerShell ou remotamente usando ferramentas de administração remota como o RSAT (Remote Server Administration Tools).

Gerenciar o servidor por linha de comandos aumenta a produtividade, mas exige experiência e treinamento específico no Windows PowerShell. A tabela em seguida faz um comparativo entre esses comandos:

command.com cmd.exe	PowerShell (Cmdlet)	PowerShell (alias)	Unix Shell	Descrição
dir	Get-ChildItem	gci, dir, ls	ls	Listar todos os diretórios e arquivos no diretório atual.
type	Get-Content	gc, type, cat	cat	Exibir o conteúdo de um arquivo.
help	Get-Command	gcm	help, which	Listar os comandos disponíveis.
help	Get-Help	help, man	man	Ajuda nos comandos.
cls	Clear-Host	cls, clear	clear	Limpar a tela.
copy	Copy-Item	cpi, copy, cp	cp	Copiar um ou vários arquivos de uma árvore ou diretório inteiro.
move	Move-Item	mi, move, mv	mv	Mover um arquivo ou diretório para um novo local.
del, erase, rmdir, rd	Remove-Item	ri, del, erase, rmdir, rd, rm	rm, rmdir	Excluir um arquivo ou diretório.

command.com cmd.exe	PowerShell (Cmdlet)	PowerShell (alias)	Unix Shell	Descrição
ren, rename	Rename-Item	rni, ren, mv	mv	Renomear um arquivo ou um diretório.
cd	Get-Location	gl, pwd	pwd	Exibir o diretório atual/diretório de trabalho atual.
popd	Pop-Location	popd	popd	Alterar o diretório atual para o diretório mais recentemente enviado para a pilha.
pushd	Push-Location	pushd	pushd	Empurrar o diretório atual para a pilha.
cd, chdir	Set-Location	sl, cd, chdir	cd	Alterar o diretório atual.
n/a	Tee-Object	tee	tee	Entrada para um arquivo ou variável, em seguida, passar a entrada.
echo	Write-Output	echo, write	echo	Sequências de impressão, variáveis para a saída padrão.
tlist, tasklist	Get-Process	gps, ps	ps	Listar todos os processos em execução.
kill, taskill	Stop-Process	spps, kill	kill	Parar um processo em execução.
find, findstr	Select-String	—	grep	Buscar caracteres que correspondem a um padrão.
set	Set-Variable	sv, set	env, export, set, setenv	Definir o valor de uma variável/criar uma variável.

O Server Core também pode ser administrado local e remotamente usando uma interface gráfica simples, apenas para organizar os comandos. Pesquise na Internet as palavras server core configurator ou server core GUI.

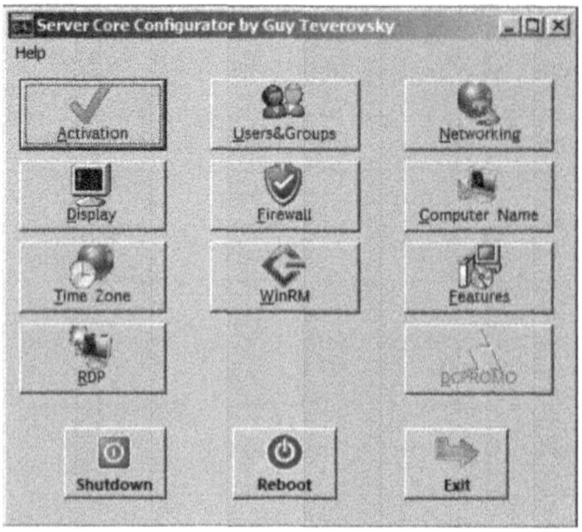

Figura 16.8 - Exemplo de GUI para o Server Core.

16.3 Windows PowerShell

O Windows PowerShell é a evolução natural do command.com/cmd.exe. No modo gráfico o console do PowerShell pode ser iniciado em Ferramentas e no modo Server Core você precisa digitar powershell no prompt de comandos para poder usar os comandos.

O Windows PowerShell 3.0 faz parte do Windows Server 2012 e tem mais de 2300 command-lets, em comparação com cerca de 200 do Windows Server 2008 R2. Um Cmdlet, pronunciado command-let, é a menor unidade de funcionalidade do Shell. Os Cmdlets assemelham-se a comandos internos em outros shells, por exemplo, o comando dir encontrado no cmd.exe. Os Cmdlets podem ser chamados diretamente da linha de comando do Shell e executados no contexto do Shell, não como um processo separado. Também podem ser organizados na forma de scripts para automatizar tarefas.

Os command-lets do Windows Server 2012 estão divididos entre as seguintes categorias:

- Cmdlets de Administração do AD CS;
- Cmdlets de Implantação do AD CS;
- Cmdlets de Administração do AD DS;
- Cmdlets de Instalação do Aplicativo;
- Cmdlets do AppLocker;
- Cmdlets do Analisador de Práticas Recomendadas;
- Cmdlets do BranchCache;
- Cmdlets de Atualização com Suporte a Cluster;
- Cmdlets de Remoção de Duplicação;
- Cmdlets de Cliente de Acesso Direto;
- Cmdlets de DISM (Deployment Image Servicing and Management);
- Cmdlets de Clusters de Failover;
- Cmdlets do Hyper-V;
- Cmdlets de Configurações Internacionais;
- Cmdlets de iSCSI (Internet Small Computer System Interface);
- Cmdlets de Destino de iSCSI;
- Cmdlets do Microsoft Online Backup;
- Cmdlets de MPIO (MultiPath I/O);
- Cmdlets de Status de Conectividade de Rede;
- Cmdlets do Balanceamento de Carga de Rede;
- Cmdlets de TCP/IP de Rede;
- Cmdlets de Cliente PKI (Public-Key Infrastructure);
- Cmdlets de Armazenamento;
- Cmdlets do VAMT (Volume Activation Management Tool);
- Cmdlets do WDAC (Windows Data Access Components);

- Cmdlets do WHEA (Windows Hardware Error Architecture);
- Cmdlets dos Serviços de Avaliação do Windows;
- Cmdlets de WSUS (Windows Server Update Services).

Segue uma tabela de referência de command-lets.

Nome	Descrição
Add-Computer	Adiciona computadores a um domínio ou grupo de trabalho.
Add-Content	Adiciona conteúdo aos itens especificados, como a inclusão de palavras em um arquivo.
Add-History	Anexa entradas ao histórico da sessão.
Add-Member	Adiciona um membro personalizado definido pelo usuário a uma instância de um objeto do Windows PowerShell.
Add-PSSnapin	Adiciona um ou mais snap-ins do Windows PowerShell à sessão atual.
Add-Type	Adiciona um tipo.NET (uma classe) a uma sessão do Windows PowerShell.
Checkpoint-Computer	Cria um ponto de restauração do sistema no computador local.
Clear-Content	Apaga o conteúdo de um item, como o texto de um arquivo, mas não exclui o item.
Clear-EventLog	Exclui todas as entradas de logs de eventos especificados no computador local ou em computadores remotos.
Clear-History	Exclui entradas do histórico de comandos.
Clear-Item	Exclui o valor de um item, mas não exclui o item.
Clear-ItemProperty	Exclui o valor de uma propriedade, mas não exclui a propriedade.
Clear-Variable	Exclui o valor de uma variável.
Compare-Object	Compara os dois conjuntos de objetos.
Complete-Transaction	Confirma a transação ativa.
Connect-WSMan	Conecta ao serviço WinRM em um computador remoto.
ConvertFrom-CSV	Converte propriedades do objeto em formato CSV nas versões CSV dos objetos originais.
ConvertFrom-SecureString	Converte uma cadeia de caracteres protegida em uma cadeia de caracteres padrão criptografada.
ConvertFrom-StringData	Converte uma cadeia de caracteres que contém um ou mais pares de "nome=valor" em uma tabela de hash.
Convert-Path	Converte um caminho do Windows PowerShell no caminho de um provedor do Windows PowerShell.
ConvertTo-CSV	Converte objetos .NET em uma série de cadeias de caracteres de tamanho variável separadas por vírgula (CSV).
ConvertTo-Html	Converte objetos .NET em HTML que podem ser exibidos em um navegador da Web.

Nome	Descrição
ConvertTo-SecureString	Converte cadeias de caracteres padrão criptografadas em cadeias de caracteres protegidas. Ele também pode converter texto sem formatação em cadeias de caracteres protegidas. É usado com ConvertFrom-SecureString e Read-Host.
ConvertTo-XML	Cria uma representação baseada em XML de um objeto.
Copy-Item	Copia um item de um local para outro dentro de um namespace.
Copy-ItemProperty	Copia uma propriedade e valor de um local específico para outro.
Debug-Process	Depura um ou mais processos em execução no computador local.
Disable-ComputerRestore	Desabilita o recurso Restauração do Sistema na unidade do sistema de arquivos especificada.
Disable-PSBreakpoint	Desabilita os pontos de interrupção no console atual.
Disable-PSRemoting	Impede o computador de receber comandos remotos do Windows PowerShell.
Disable-PSSessionConfiguration	Nega acesso às configurações de sessão no computador local.
Disable-WSManCredSSP	Desabilita a autenticação CredSSP (Credencial de Provedor de Serviços de Segurança) em um computador cliente.
Disconnect-WSMan	Desconecta o cliente do serviço WinRM em um computador remoto.
Enable-ComputerRestore	Habilita o recurso Restauração do Sistema na unidade do sistema de arquivos especificada.
Enable-PSBreakpoint	Habilita os pontos de interrupção no console atual.
Enable-PSRemoting	Configura o computador para receber comandos remotos.
Enable-PSSessionConfiguration	Configura o computador para receber comandos remotos.
Enable-WSManCredSSP	Habilita a autenticação CredSSP (Credencial de Provedor de Serviços de Segurança) em um computador cliente.
Enter-PSSession	Inicia uma sessão interativa com um computador remoto.
Exit-PSSession	Encerra uma sessão interativa com um computador remoto.
Export-Alias	Exporta informações sobre os aliases atualmente definidos a um arquivo.
Export-Clixml	Cria uma representação baseada em XML de um objeto ou objetos e a armazena em um arquivo.
Export-Console	Exporta os nomes de snap-ins da sessão atual para um arquivo de console.
Export-Counter	O Cmdlet Export-Counter exporta dados do contador de desempenho para arquivos de log.
Export-CSV	Converte objetos .NET em uma série de cadeias de caracteres de tamanho variável separadas por vírgula (CSV) e salva as cadeias de caracteres em um arquivo CSV.

Nome	Descrição
Export-FormatData	Salva dados de formatação da sessão atual em um arquivo de formatação.
Export-ModuleMember	Especifica os membros do módulo que são exportados.
Export-PSSession	Salva comandos de outra sessão em um arquivo de módulo.
ForEach-Object	Executa uma operação em cada conjunto de objetos de entrada.
Format-Custom	Utiliza uma exibição personalizada para formatar a saída.
Format-List	Formata a saída como uma lista de propriedades na qual cada propriedade aparece em uma nova linha.
Format-Table	Formata a saída como uma tabela.
Format-Wide	Formata objetos como uma ampla tabela, a qual exibe somente uma propriedade de cada objeto.
Get-Acl	Obtém o descritor de segurança de um recurso, como um arquivo ou uma chave do Registro.
Get-Alias	Obtém os aliases da sessão atual.
Get-AuthenticodeSignature	Obtém informações sobre a assinatura Authenticode em um arquivo.
Get-ChildItem	Obtém os itens e os itens filhos em um ou mais locais especificados. (Como "dir".)
Get-Command	Obtém informações básicas sobre os Cmdlets e sobre outros elementos de comandos do Windows PowerShell.
Get-ComputerRestorePoint	Obtém os pontos de restauração do computador local.
Get-Content	Obtém o conteúdo do item no local especificado.
Get-Counter	Obtém dados de contadores de desempenho de computadores remotos e locais.
Get-Credential	Obtém um objeto de credencial com base em um nome de usuário e uma senha.
Get-Culture	Obtém a cultura atualmente definida no sistema operacional.
Get-Date	Obtém a data e a hora atual.
Get-Event	Obtém os eventos na fila de eventos.
Get-EventLog	Obtém os eventos em um log de eventos específico ou uma lista dos logs de eventos em um computador.
Get-EventSubscriber	Obtém todos os assinantes do evento na sessão atual.
Get-ExecutionPolicy	Obtém as diretivas de execução na sessão atual.
Get-FormatData	Obtém todos os dados de formatação na sessão atual.
Get-Help	Exibe informações sobre Cmdlets e conceitos do Windows PowerShell.
Get-History	Obtém uma lista dos comandos inseridos durante a sessão atual.
Get-Host	Obtém uma referência para o atual objeto de host do console. Por padrão, exibe a versão do Windows PowerShell e as informações regionais.

Nome	Descrição
Get-HotFix	Obtém os hotfixes aplicados aos computadores locais e remotos.
Get-Item	Obtém o item no local especificado.
Get-ItemProperty	Obtém as propriedades de um item especificado.
Get-Location	Obtém informações sobre o local de trabalho atual.
Get-Member	Obtém as propriedades e os métodos de objetos.
Get-Module	Obtém os módulos que foram importados, ou que podem ser importados, na sessão atual.
Get-PfxCertificate	Obtém informações sobre arquivos de certificado .pfx no computador.
Get-Process	Obtém os processos em execução no computador local ou em um computador remoto.
Get-PSBreakpoint	Obtém os pontos de interrupção definidos no console atual.
Get-PSCallStack	Exibe a pilha de chamadas atual.
Get-PSDrive	Obtém as unidades do Windows PowerShell no console atual.
Get-Job	Obtém trabalhos em segundo plano do Windows PowerShell (PsJobs) que estão em execução no console atual.
Get-PSProvider	Obtém informações sobre o provedor do Windows PowerShell especificado.
Get-PSSession	Obtém as sessões do Windows PowerShell (PSSessions) na sessão atual.
Get-PSSessionConfiguration	Obtém as configurações de sessão registradas no computador.
Get-PSSnapin	Obtém os snap-ins do Windows PowerShell no computador.
Get-Transaction	Obtém a transação atual (ativa).
Get-Random	Obtém um número aleatório ou seleciona objetos aleatoriamente de uma coleção.
Get-Service	Obtém os serviços em um computador local ou remoto.
Get-TraceSource	Obtém os componentes do Windows PowerShell instrumentados para rastreamento.
Get-UICulture	Obtém a cultura atual de interface do usuário definida no sistema operacional.
Get-Unique	Retorna os itens exclusivos de uma lista classificada.
Get-Variable	Obtém as variáveis no atual console.
Get-WinEvent	Obtém eventos de logs de eventos e arquivos de log de rastreamento de eventos em computadores locais e remotos.
Get-WmiObject	Obtém instâncias das classes WMI ou informações sobre as classes disponíveis.
Get-WSManCredSSP	Obtém a configuração relacionada à Credencial de Provedor de Serviços de Segurança para o cliente.

Nome	Descrição
Get-WSManInstance	Exibe informações de gerenciamento para uma instância de recurso especificada por um URI de recurso.
Group-Object	Agrupa os objetos que contêm o mesmo valor das propriedades especificadas.
Import-Alias	Importa uma lista de alias de um arquivo.
Import-Clixml	Importa um arquivo CLIXML e cria objetos correspondentes no Windows PowerShell.
Import-Counter	Importa arquivos de log de contador de desempenho (.blg, .csv, .tsv) e cria os objetos que representam cada exemplo de contador no log.
Import-CSV	Converte propriedades do objeto de um arquivo CSV em versões CSV dos objetos originais.
Import-LocalizedData	Importa dados específicos do idioma para scripts e funções baseados na configuração de cultura atual do sistema operacional.
Import-Module	Adiciona módulos à sessão atual.
Import-PSSession	Importa Cmdlets, aliases, funções e outros tipos de comando de outra sessão em um computador local ou remoto na sessão atual.
Invoke-Command	Executa comandos em computadores locais e remotos.
Invoke-Expression	Executa comandos ou expressões no computador local.
Invoke-History	Executa comandos do histórico da sessão.
Invoke-Item	Executa a ação padrão no item especificado.
Invoke-WmiMethod	Chama métodos WMI.
Invoke-WSManAction	Invoca uma ação no objeto especificado pelo URI de recurso e pelos seletores.
Join-Path	Combina um caminho e um caminho filho em um único caminho.
Limit-EventLog	Define as propriedades do log de eventos que limitam o tamanho do log de eventos e a idade das entradas.
Measure-Command	Mede o tempo para execução dos blocos de script e Cmdlets.
Measure-Object	Calcula as propriedades numéricas de objetos e os caracteres, as palavras e as linhas em objetos de cadeia de caracteres, como, por exemplo, o texto nos arquivos.
Move-Item	Move um item de um local para outro.
Move-ItemProperty	Move uma propriedade de um local para outro.
New-Alias	Cria um alias.
New-Event	Cria um evento.
New-EventLog	Cria um log de eventos e uma origem de eventos em um computador local ou remoto.
New-Item	Cria um item.

Nome	Descrição
New-ItemProperty	Cria uma propriedade para um item e define seu valor. Por exemplo, você pode usar New-ItemProperty para criar e alterar dados e valores do registro, que são propriedades de uma chave do registro.
New-Module	Cria um módulo dinâmico que só existe na memória.
New-ModuleManifest	Cria um manifesto do módulo.
New-Object	Cria uma instância de um objeto .Net ou COM.
New-PSDrive	Cria uma unidade do Windows PowerShell no console atual.
New-PSSession	Cria uma conexão persistente com um computador local ou remoto.
New-PSSessionOption	Cria um objeto que contém opções avançadas para uma sessão.
New-Service	Cria um serviço do Windows.
New-TimeSpan	Cria um objeto que representa um intervalo de tempo.
New-Variable	Cria uma variável.
New-WebServiceProxy	Cria um objeto de proxy de serviço Web que permite usar e gerenciar o serviço Web no Windows PowerShell.
New-WSManInstance	Cria uma instância de um recurso de gerenciamento.
New-WSManSessionOption	Cria uma tabela de hash de opção WSMan Session para usar como parâmetros de entrada para os seguintes Cmdlets de WSMan: Connect-WSMan, Get-WSManInstance, Invoke-WSManAction, Set-WSManInstance.
Out-Default	Envia a saída para o formatador padrão e o Cmdlet de saída padrão. Ele é um espaço reservado que permite que você grave sua própria função Out-Default ou Cmdlet.
Out-File	Envia a saída para um arquivo.
Out-GridView	Envia a saída para uma tabela interativa em uma janela separada.
Out-Host	Envia a saída para o console.
Out-Null	Exclui a saída em vez de enviá-la ao console.
Out-Printer	Envia a saída para uma impressora.
Out-String	Envia objetos para o host como uma série de cadeia de caracteres.
Pop-Location	Altera para o local colocado mais recentemente na pilha pelo Push-Location.
Push-Location	Adiciona o local atual ao início de uma lista de locais ("pilha").
Read-Host	Lê uma linha da entrada do console.
Receive-Job	Obtém a saída e os erros dos trabalhos em segundo plano (PsJobs) executados no console atual.
Register-EngineEvent	Assina eventos que são gerados pelo mecanismo Windows PowerShell e pelo Cmdlet New-Event.
Register-ObjectEvent	Assina os eventos que são gerados por um objeto .NET.

Nome	Descrição
Register-PSSessionConfiguration	Cria e registra uma nova configuração de sessão.
Register-WmiEvent	Assina um evento gerado por um objeto WMI.
Remove-Computer	Remove computadores de grupos de trabalho ou domínios.
Remove-Event	Exclui eventos da fila de eventos.
Remove-EventLog	Exclui um log de eventos ou cancela o registro de uma origem de eventos.
Remove-Item	Exclui os itens especificados.
Remove-ItemProperty	Exclui a propriedade e seu valor de um item.
Remove-Job	Exclui um trabalho em segundo plano do Windows PowerShell.
Remove-Module	Remove módulos da sessão atual.
Remove-PSBreakpoint	Exclui os pontos de interrupção do console atual.
Remove-PSDrive	Remove uma unidade do Windows PowerShell do seu local.
Remove-PSSession	Fecha uma ou mais sessões do Windows PowerShell (PSSessions).
Remove-PSSnapin	Remove os snap-ins do Windows PowerShell da sessão atual.
Remove-Variable	Exclui a variável e seu valor.
Remove-WmiObject	Exclui classes e instâncias WMI.
Remove-WSManInstance	Exclui uma instância de recurso de gerenciamento.
Rename-Item	Renomeia um item em um namespace de provedor do Windows PowerShell.
Rename-ItemProperty	Renomeia uma propriedade de um item.
Reset-ComputerMachinePassword	Redefine a senha da conta de computador para o computador.
Resolve-Path	Resolve os caracteres curinga em um caminho e exibe o conteúdo do caminho.
Restart-Computer	Reinicia ("reinicializa") o sistema operacional em computadores locais e remotos.
Restart-Service	Para e então inicia um ou mais serviços.
Restore-Computer	Inicia uma restauração do sistema no computador local.
Resume-Service	Reinicia um ou mais serviços suspensos (pausados).
Select-Object	Seleciona as propriedades especificadas de um objeto ou conjunto de objetos. Ele também pode selecionar objetos exclusivos de uma matriz de objetos ou pode selecionar um número especificado de objetos do início ou do final de uma matriz de objetos.
Select-String	Localiza texto em cadeias de caracteres e arquivos.
Select-XML	Localiza texto em um documento XML.

Nome	Descrição
Send-MailMessage	Envia uma mensagem de e-mail.
Set-Acl	Altera o descritor de segurança de um recurso especificado, como um arquivo ou uma chave do registro.
Set-Alias	Cria ou altera um alias (nome alternativo) para um Cmdlet ou elemento de comando.
Set-AuthenticodeSignature	Adiciona uma assinatura Authenticode a um script do Windows PowerShell ou outro arquivo.
Set-Content	Escreve ou substitui o conteúdo em um item.
Set-Date	Altera a hora do sistema no computador para uma hora especificada por você.
Set-ExecutionPolicy	Altera a preferência do usuário para a diretiva de execução do shell.
Set-Item	Troca o valor de um item pelo valor especificado no comando.
Set-ItemProperty	Cria ou altera o valor de uma propriedade de um item.
Set-Location	Define o local de trabalho atual como um local especificado.
Set-PSBreakpoint	Define um ponto de interrupção em uma linha, comando ou variável.
Set-PSDebug	Ativa e desativa os recursos de depuração do script, define o nível de rastreamento e alterna o modo estrito.
Set-PSSessionConfiguration	Altera as propriedades de uma configuração de sessão registrada.
Set-Service	Inicia, para e suspende um serviço e altera suas propriedades.
Set-StrictMode	Estabelece e impõe regras de codificação em expressões, scripts e blocos de scripts.
Set-TraceSource	Configura, inicia e interrompe um rastreamento dos componentes do Windows PowerShell.
Set-Variable	Define o valor de uma variável. Cria a variável se não houver uma com o nome solicitado.
Set-WmiInstance	Cria ou modifica instâncias de classes WMI.
Set-WSManInstance	Modifica informações de gerenciamento relacionadas a um recurso.
Set-WSManQuickConfig	Configura o computador local para gerenciamento remoto.
Show-EventLog	Exibe os logs de eventos do computador local ou de um computador remoto no Visualizador de Eventos.
Sort-Object	Classifica os objetos pelos valores de propriedade.
Split-Path	Retorna a parte especificada de um caminho.
Start-Process	Inicia um ou mais processos no computador local.
Start-Job	Inicia um trabalho em segundo plano do Windows PowerShell (PsJob).
Start-Transaction	Inicia uma transação.

Nome	Descrição
Start-Service	Inicia um ou mais serviços parados.
Start-Sleep	Suspende a atividade de shell, script ou de espaço de execução para o período de tempo especificado.
Start-Transcript	Cria um registro de toda ou parte de uma sessão do Windows PowerShell em um arquivo de texto.
Stop-Computer	Desliga os computadores locais e remotos.
Stop-Process	Para um ou mais processos em execução.
Stop-Job	Interrompe um trabalho em segundo plano do Windows PowerShell (PsJob).
Stop-Service	Para um ou mais serviços em execução.
Stop-Transcript	Interrompe uma transcrição.
Suspend-Service	Suspende (pausa) um ou mais serviços em execução.
Tee-Object	Salva a saída do comando em um arquivo ou variável e a exibe no console.
Test-ComputerSecureChannel	Testa e repara o canal seguro entre o computador local e seu domínio.
Test-Connection	Envia pacotes de solicitação de eco ICMP ("pings") para um ou mais computadores.
Test-ModuleManifest	Verifica se um manifesto do módulo descreve com precisão o conteúdo de um módulo.
Test-Path	Determina se todos os elementos de um caminho existem.
Test-WSMan	Testa se o serviço WinRM está em execução em um computador local ou remoto.
Trace-Command	Configura e inicia um rastreamento da expressão ou comando especificado.
Undo-Transaction	Reverte a transação ativa.
Unregister-Event	Cancela uma assinatura de evento.
Unregister-PSSessionConfiguration	Exclui as configurações de sessão registradas do computador.
Update-FormatData	Atualiza e acrescenta arquivos de dados de formatação.
Update-List	Remove itens de um valor de propriedade que contém uma coleção de objetos ou adiciona-os.
Update-TypeData	Atualiza a configuração de tipo estendido atual ao recarregar os arquivos *.types.ps1xml.
Use-Transaction	Adiciona o bloco de scripts à transação ativa.
Wait-Event	Espera até que um evento específico ocorra para continuar executando.
Wait-Process	Espera até que o processo seja interrompido antes de aceitar mais entradas.

Nome	Descrição
Wait-Job	Suprime o prompt de comando até que um ou todos os trabalhos em segundo plano do Windows PowerShell (PsJobs) sejam concluídos.
Where-Object	Cria um filtro que controla quais objetos serão passados com um pipeline de comando.
Write-Debug	Grava uma mensagem de depuração no console.
Write-Error	Grava um objeto para o pipeline de erro.
Write-EventLog	Grava um evento no log de eventos.
Write-Host	Grava saídas personalizadas em um host.
Write-Output	Envia os objetos para o próximo comando no pipeline. Se o comando for o último no pipeline, os objetos serão exibidos no console.
Write-Progress	Exibe uma barra de progresso em uma janela de comando do Windows PowerShell.
Write-Verbose	Grava texto no fluxo de mensagem detalhado no Windows PowerShell.
Write-Warning	Grava uma mensagem de aviso.

16.4 Como Obter Ajuda sobre um Command-Let

Se você precisar de ajuda para entender um comando é só digitar:

get-help < nome do cmdlet >

ou

get-help < nome do cmdlet > -detailed

Exemplo para o comando Get-Date:

get-help Get-Date –detailed

16.5 Comandos Básicos para Administração do Windows Server 2012

Foge ao escopo deste livro ensinar programação ou scripts, mas não poderíamos deixar de incluir os principais comandos do Windows Server 2012 para você ir se familiarizando com a administração por scripts e linhas de comandos. Lembre-se de que para executar command--lets no prompt do Server Core, você precisa digitar powershell para iniciar o console:

- Exibir interfaces de rede:

  netsh interface ipv4 show interfaces

- Configurar o endereço IP em um adaptador de rede:

  netsh interface ipv4 set address name="IDX" source="static address"="endereço IP" mask="mascara de rede" gateway="default gateway" netsh interface ipv4 add dnsserver name="IDX" address="IP Servidor DNS" index=1 (para adicionar um DNS secundário é só incrementar o index)

- Desabilitar o firewall:

  netsh firewall set opmode DISABLED

- Alterar a senha do administrador:

  net user administrator "novasenha"

- Alterar o nome do computador:

  netdom renamecomputer "NomeComputador" /NewName:"NovoNome"

- Inserir o computador em um domínio:

  netdom join %computername% /domain:"dominio" /userd:"usuario" /passwordd:*

- Remover o servidor do domínio:

  netdom remove

- Habilitar o Windows Remote Shell:

  winrm quickconfig, forneça "Y".

  - Em um computador cliente execute winrs -r:"ServerName" cmd para rodar um CMD remoto.

- Instalar a licença (CD-Key):

  CSCRIPT %windir%system32slmgr.vbs -ipk XXXXX-XXXXX-XXXXX-XXXXX-XXXXX

- Ativar a licença do servidor:

CSCRIPT %windir%system32slmgr.vbs -ato

  - No Windows Server 2012, a licença é informada durante a instalação e a ativação é feita quando houver conexão com a Internet.

- Verificar a licença:

  CSCRIPT %windir%system32slmgr.vbs -xpr

- Ativar o servidor remotamente:

  cscript slmgr.vbs -ato "servername" "username" "password"

  cscript slmgr.vbs -did

  cscript slmgr.vbs -dli "GUID"

- Habilitar a atualização automática:

  cscript C:WindowsSystem32 Scregedit.wsf /au /4

- Desabilitar a atualização automática:

  cscript C:WindowsSystem32 Scregedit.wsf /au /1

  - Para ver as configurações: cscript C:WindowsSystem32 Scregedit.wsf /au /v

- Verificar updates manualmente:

  wmic.exe qfe

- Liberar Administração Remota via MMC no firewall:

  netsh advfirewall firewall set rule group="Remote Administration" new enable=yes

- Habilitar o Windows Firewall para aceitar conexão remota (RDP):

  netsh advfirewall firewall set rule group="Remote Desktop" new enable=yes

- Adicionar hardware ao servidor:

  pnputil -i -a "driverinf", em que o driverinf é o .inf do driver

- Adicionar usuário ao grupo Administradores:

  net localgroup Administrators /add "domínio""usuário"

- Remover usuário do grupo Administradores:

  net localgroup Administrators /delete "domíniousuário"

- Desabilitar um driver:

  sc delete "service_name"

- Ver a lista de drivers instalados:

  sc query type= driver

- Event Logs:

  List: wevtutil el

  Query: wevtutil qe /f:text "log name"

  Export: wevtutil epl "log name"

  Clear: wevtutil cl "log name"

- Listar os serviços que estão em execução:

  sc query ou net start

- Iniciar um serviço:

  sc start "nome do serviço" ou net start "nome do serviço"

- Parar um serviço:

  sc stop "nome do serviço" ou net stop "nome do serviço"

- Configurar um serviço:

  sc config "dhcpserver" start=auto

- Listar processos:

  Tasklist

- Finalizar um processo:

  Taskkill /IM "notepad.exe"

- Abrir opções do Painel de Controle:

  control "timedate.cpl"

- Visualizar informações do sistema:

  systeminfo

Resumo do Capítulo 16

Agora você já sabe que:

... o Windows Server 2012 possui o modo de instalação Server Core que elimina alguns componentes e a interface gráfica.

... que é possível fazer uma instalação gráfica e depois revertê-la para o modo Server Core.

... que a instalação recomendada pela Microsoft é em modo Server Core, por proporcionar segurança e aumentar o tempo em que o servidor permanece on-line.

... que em modo Server Core é possível executar comandos, scripts e fazer a administração remota.

... que o Windows PowerShell é a evolução do prompt de comandos command.com e cmd.exe.

16.6 Exercícios Propostos

1) Faça uma instalação Server Core e configure a placa de rede usando os comandos do PowerShell explicados neste capítulo.
2) Altere o nome do computador usando Cmdlet.
3) Crie um usuário usando Cmdlet.
4) Visualize informações do sistema usando Cmdlet.
5) Acesse o servidor remotamente usando Cmdlet.

capítulo 17

Hyper-V

Para trabalhar com a nuvem, você precisa conhecer virtualização

Em algum momento deste livro, ao introduzirmos o Hyper-V, sugerimos tratar-se de um sistema de máquina virtual similar ao VirtualBox que usamos para fazer o laboratório de práticas. Mas, na verdade, esta explicação é simplista, pois o Hyper-V exige um hardware específico para funcionar. Isso por si só já o distancia do VirtualBox que roda em praticamente qualquer configuração de hardware atual. O Hyper-V é um sistema de virtualização muito mais completo e robusto, concorrendo diretamente com os produtos VMware vSphere.

A virtualização surgiu porque a tecnologia envolvida no processo de fabricação dos processadores, memórias e unidades de armazenamento fez o preço desse material cair vertiginosamente. Se no final da década de 1990 um único megabyte de memória RAM custava cerca de 40 reais, hoje conseguimos pelo mesmo preço uma quantidade de memória duzentas e sessenta e duas vezes maior e muito mais rápida que as memórias daquela época.

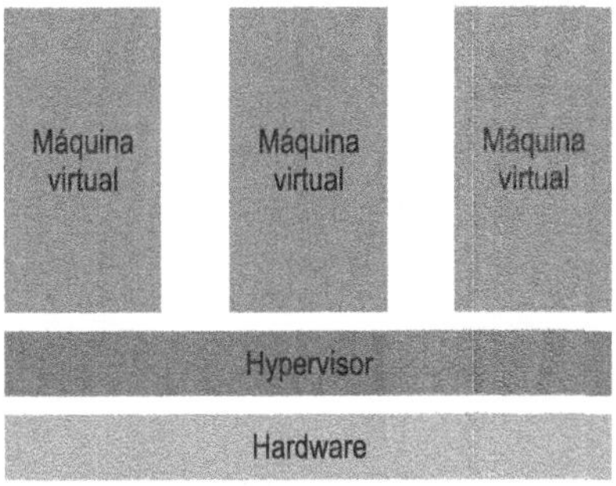

Figura 17.1 - Diagrama de funcionamento do Hyper-V.

O mesmo aconteceu com os processadores e unidades de armazenamento em disco. Em 2003, custavam quase quatro reais por gigabyte armazenado. Atualmente não passa de quarenta centavos por gigabyte.

Essa oferta absurda de processamento, memória e espaço em disco fez surgir soluções que aproveitam o excesso de processamento, usando o recurso da virtualização. O Hyper-V é uma dessas soluções e foi criado para fornecer infraestrutura de software e ferramentas de gerenciamento básico que podem ser usadas para criar e gerenciar um ambiente de computação de servidor virtualizado.

Entre as indicações de uso sugeridas pela Microsoft estão:

- Estabelecer ou expandir um ambiente de nuvem privada. O Hyper-V pode ajudar você a mover ou expandir o uso de recursos compartilhados e ajustar a utilização à medida que a demanda muda para fornecer serviços de TI sob demanda mais flexíveis.
- Aumentar a utilização de hardware. Ao consolidar servidores e cargas de trabalho em menos computadores físicos mais potentes, é possível reduzir o consumo de recursos como energia e espaço físico.
- Melhorar a continuidade dos negócios. O Hyper-V ajuda a minimizar o impacto do tempo de inatividade programado e não programado de suas cargas de trabalho.
- Estabelecer ou expandir uma infraestrutura de área de trabalho virtual (VDI). Uma estratégia de área de trabalho centralizada com VDI ajuda a aumentar a agilidade dos negócios e a segurança dos dados, bem como simplificar a conformidade com as normas e o gerenciamento do sistema operacional e aplicativos da área de trabalho. Implantar o Hyper-V e o Host de Virtualização de Área de Trabalho Remota no mesmo computador físico para tornar áreas de trabalho virtuais pessoais ou pools de área de trabalho virtual disponíveis para seus usuários.
- Aumentar a eficiência em atividades de desenvolvimento e teste. Você pode usar máquinas virtuais para reproduzir diferentes ambientes de computação sem a necessidade de adquirir ou manter todos os hardwares que seriam necessários.

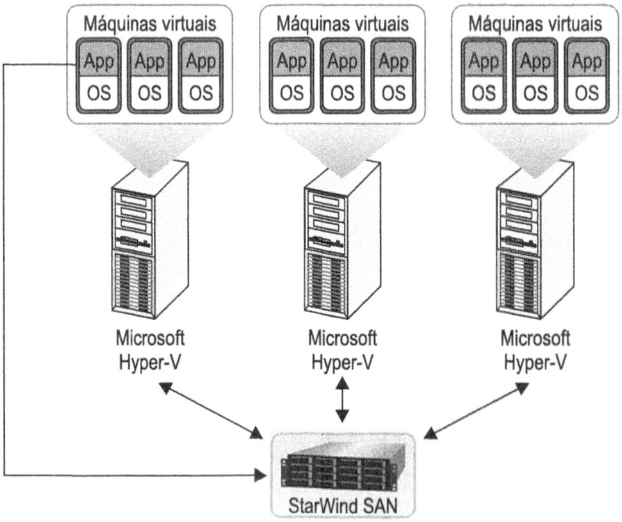

Figura 17.2 - Uma rede SAN formada por vários sistemas virtualizados ocupa pouco espaço.

17.1 Requisitos de Hardware

O motivo de não sugerirmos o Hyper-V para a criação do laboratório virtual de testes é a necessidade de hardware específico. Não basta ter uma placa-mãe com processador de 64 bits. A memória e o espaço em disco devem ser dimensionados para dar conta da quantidade de sistemas que pretende virtualizar. Quanto ao processamento, o Hyper-V requer um processador de 64 bits que inclua:

- Virtualização assistida por hardware. Isso está disponível em processadores que incluem uma opção de virtualização, especialmente processadores com tecnologia Intel Virtualization Technology (Intel VT) ou AMD Virtualization (AMD-V).
- A DEP (Prevenção de Execução de Dados) imposta por hardware deve estar disponível e habilitada. Especificamente, você deve habilitar o bit Intel XD (bit execute disable) ou o bit AMD NX (bit no execute).

Essas funcionalidades estão presentes em qualquer computador de fabricação recente, mas se você estiver aprendendo sobre o Windows Server 2012 no laboratório virtual, é provável que as características do hardware virtual o impeçam de instalar o Hyper-V. Seria uma virtualização dentro da outra, tornando a instalação impossível.

Você pode verificar a compatibilidade do hardware para o Hyper-V usando um software gratuito disponível em http://www.grc.com/securable.htm.

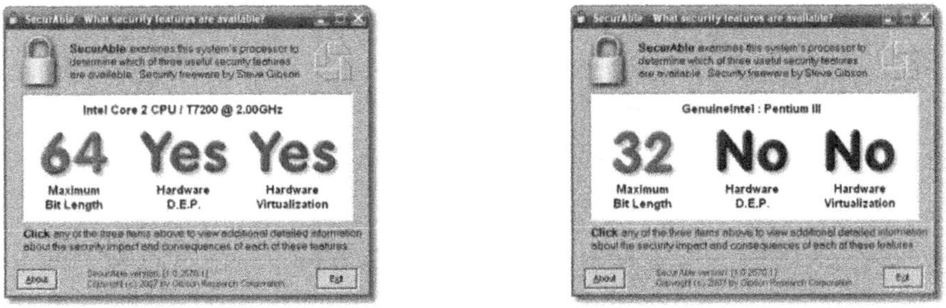

Figura 17.3 - Verificando a compatibilidade do hardware antes de instalar o Hyper-V.

17.2 Novidades do Hyper-V no Windows Server 2012

O Hyper-V recebeu diversas melhorias, se compararmos a última versão disponível para o Windows Server 2008 R2 e a versão atual. A tabela a seguir tem uma rápida descrição do que mudou:

Recurso/funcionalidade	Resumo
Hyper-V Cliente (Hyper-V no Windows 8 Pro)	Permite criar e executar máquinas virtuais Hyper-V usando um sistema operacional de Área de Trabalho do Windows.
Módulo Hyper-V para o Windows PowerShell	Permite usar cmdlets do Windows PowerShell para criar e gerenciar o ambiente Hyper-V.
Réplica do Hyper-V	Permite replicar máquinas virtuais entre sistemas de armazenamento, clusters e data centers para fornecer continuidade dos negócios e recuperação de dados.
Migração ao vivo	Permite realizar migrações ao vivo em máquinas virtuais em cluster (ou não) e realizar ao mesmo tempo mais de uma migração ao vivo.
Dimensionamento significativamente maior e melhor resiliência	Permite usar recursos de computação e armazenamento significativamente maiores do que era possível anteriormente. A melhor manipulação de erros de hardware aumenta a resiliência e a estabilidade do ambiente de virtualização.
Migração de armazenamento	Permite mover discos rígidos virtuais de máquinas virtuais em execução para diferentes locais de armazenamento em tempo de execução.

Recurso/funcionalidade	Resumo
Fibre Channel Virtual	Permite conectar-se com o armazenamento Fibre Channel por meio de um sistema operacional convidado.
Formato de disco rígido virtual	Cria discos rígidos estáveis de alto desempenho de até 64 terabytes.
Comutador virtual	Novos recursos, como virtualização de rede, suporte para multilocação e extensões que os parceiros da Microsoft podem fornecer para adicionar funcionalidades para monitoramento, encaminhamento e filtragem de pacotes.

17.3 Instalação do Hyper-V

O Windows PowerShell pode ser usado para instalar, configurar e gerenciar o Hyper-V. Com o cmdlet Install-WindowsFeature você dá início à instalação do Hyper-V no Windows Server 2012, sendo Hyper-V o nome do recurso. O Hyper-V inclui um módulo de cmdlets para Windows PowerShell que você pode usar para configurá-lo e gerenciá-lo.

Se optar pela instalação em modo gráfico, o procedimento não é muito diferente do que vimos para outras instalações de funções e recursos. No Gerenciador do Servidor, acesse Gerenciar e Adicionar Funções e Recursos. Em Funções do Servidor marque a opção Hyper-V, aceite a instalação do Módulo do Hyper-V para Windows PowerShell e de Ferramentas de Gerenciamento de GUI do Hyper-V. Após clicar em Adicionar Recursos e Instalar, basta aguardar o término da instalação.

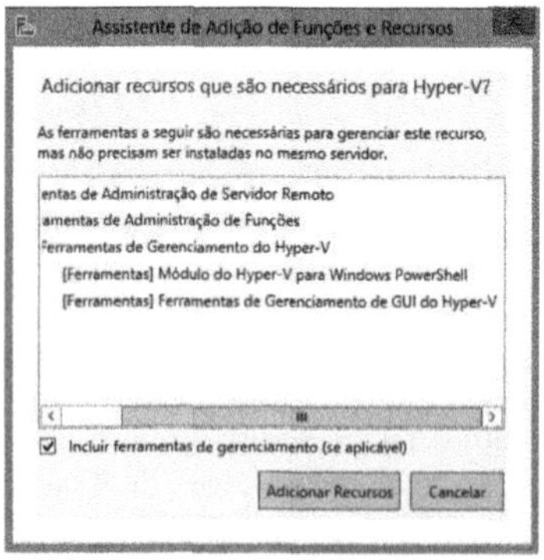

Figura 17.4 - Instalação do Hyper-V no Windows Server 2012.

O uso do Hyper-V é para gerenciar máquinas virtuais, correto? Então, a primeira coisa a fazer é criar a máquina virtual de uma forma muito semelhante a que fizemos com o VirtualBox.

O procedimento para configuração de máquinas virtuais é realizado em quatro etapas:

- Criação da máquina virtual
- Criação do disco rígido virtual
- Instalação do sistema operacional na máquina virtual
- Configuração do sistema operacional na máquina virtual

A instalação e a configuração do sistema operacional na máquina virtual não são diferentes da forma como instalamos sistemas operacionais em máquinas físicas. Você pode usar os mesmos procedimentos de instalação apresentados no capítulo que trata da instalação do Windows Server 2012.

Criar a máquina virtual equivale a dispor de um hardware exclusivo para receber um sistema operacional, de forma muito parecida com a abordada no laboratório virtual.

O Hyper-V disponibiliza duas formas para a criação de máquinas virtuais, sendo a padrão e a personalizada. A diferença, como o nome já sugere, é que nas máquinas personalizadas as características do hardware virtual são definidas por você. Ao optar pela criação de máquinas virtuais padrão, pode acontecer de as características do hardware virtual não se adequarem às suas necessidades. A boa notícia é que tanto as máquinas virtuais padrão como as personalizadas podem ter a maioria de suas características alteradas, mesmo após a criação.

Uma informação importante que você precisa saber diz respeito aos recursos alocados para as máquinas virtuais. Eles serão subtraídos do computador real, a máquina física. Sendo assim, o limite para o número de máquinas virtuais criadas e em uso é diretamente proporcional à capacidade do processador, quantidade de memória RAM e espaço livre no disco rígido da máquina hóspede, o servidor Hyper-V.

Outra informação importante diz respeito ao licenciamento. Não importa se a instalação é feita em máquina virtual, pois as regras de licenciamento não se alteram, mas verifique no contrato se existe informação relacionada ao número de instâncias virtuais autorizadas.

O que você precisa para começar a usar o Hyper-V é dar um nome à máquina virtual, estipular a quantidade de memória RAM, especificar o tamanho do disco rígido virtual, definir o número de adaptadores de rede e fazer qualquer outra configuração que julgar necessário.

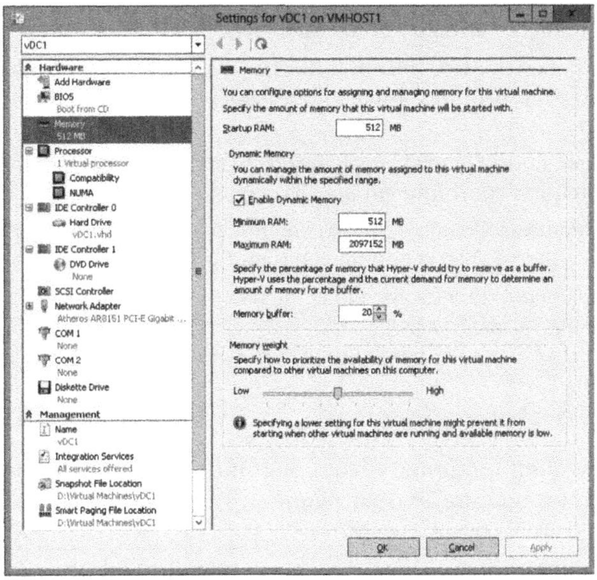

Figura 17.5 - Criando e configurando máquinas virtuais no Hyper-V.

Com a máquina virtual criada, o próximo passo é instalar o sistema operacional hóspede, seguindo todas as etapas da instalação que você já conhece.

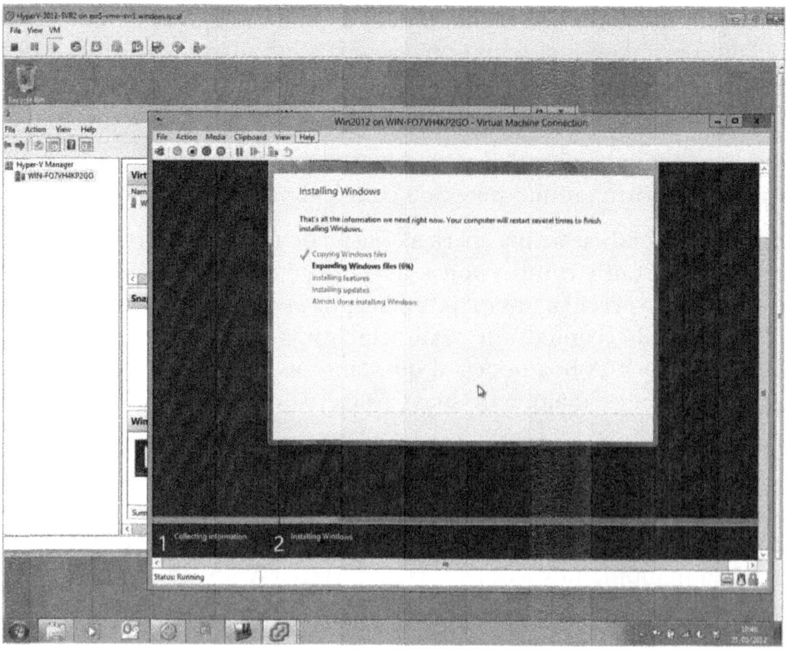

Figura 17.6 - Instalando o sistema operacional em máquina virtual do Hyper-V.

Resumo do Capítulo 17

Agora você já sabe que:

... o Hyper-V é o sistema de virtualização da Microsoft.

... o Hyper-V é diferente de outros softwares de criação de máquinas virtuais, pois além de exigir hardware específico, possui um sistema de isolamento entre as máquinas virtuais baseado em hardware.

... apesar de a tecnologia do Hyper-V ser bastante avançada, a criação de máquinas virtuais é um procedimento simples, concluído em poucas etapas.

... não basta criar a máquina virtual; é preciso também instalar e configurar o sistema operacional, da mesma forma que você faria em um computador real.

... as regras de licenciamento do software, em geral, não se alteram, a não ser que o contrato especifique o número de instâncias virtuais.

17.4 Exercício Proposto

1) Crie pelo menos uma máquina virtual, seguindo a orientação do capítulo. Pode ser outro servidor ou uma estação de trabalho.

Dica

A criação de máquinas virtuais é um procedimento simples. Talvez você encontre dificuldade para praticar em razão das necessidades de hardware específico e da impossibilidade de instalar o Hyper-V dentro de outra máquina virtual, como as criadas pelo VirtualBox. De qualquer forma, é só manter a experiência adquirida com o VirtualBox, pois conceito, instalação e uso não diferem muito do Hyper-V.

capítulo

18

Administração Remota do Servidor

Na administração remota, você não precisa ir ao local para estar no local

A administração do Windows Server 2012 é feita, na maioria das vezes, por alguma forma de acesso remoto. Você precisa conhecer as opções de acesso remoto para decidir qual oferece a melhor combinação de acessibilidade e segurança. O acesso remoto tem por finalidade disponibilizar recursos a administradores e usuários em situações em que não seja possível ou desejável ter acesso local.

Usuários podem precisar fazer o acesso remoto quando estão viajando, trabalhando em casa ou acessando máquinas virtuais. Um exemplo de como usar máquinas virtuais com acesso remoto é quando a empresa faz upgrade do sistema operacional das estações de trabalho. Por conta desse upgrade pode ocorrer perda de compatibilidade dos aplicativos do sistema antigo. Usando a virtualização, o sistema antigo pode ser mantido e ter acesso remoto, por meio de atalho na área de trabalho do usuário. Este é apenas um exemplo de como aproveitar os recursos de virtualização e acesso remoto para usuários.

Para o propósito deste livro, veremos as formas mais comuns de acesso remoto, caso seja preciso implementar esse recurso. Veremos também o acesso remoto para dar assistência remota e administrar o servidor. Não há por que ir para estar lá. Muita coisa pode ser resolvida usando o acesso remoto.

A definição de acesso remoto é usada para designar diferentes tecnologias e diferentes formas de acesso. Pode se referir a:

- Assistência remota;
- Área de trabalho remota;
- Serviços de terminal, como Telnet, por exemplo;
- Tunelling, ou tunelamento em português;
- VPN, do inglês Virtual Private Network, ou Rede Particular Virtual em português;
- DirectAccess, um recurso do Windows Server 2012;

- Administração remota;
- Acesso remoto usando solução de outros fabricantes.

O acesso remoto prevê um lado servidor e um lado cliente. Tomando como exemplo o acesso remoto por Telnet, o Windows Server 2012 precisa ter esse recurso instalado para tornar-se um Servidor Telnet e assim poder ser acessado pelo cliente Telnet. No Windows 7, o cliente Telnet também precisa ser instalado para poder acessar o servidor. Para instalar o Servidor Telnet no Windows Server 2012, faça os procedimentos iniciais de instalação que você já aprendeu em outros capítulos, selecione a opção Recursos → Servidor Telnet.

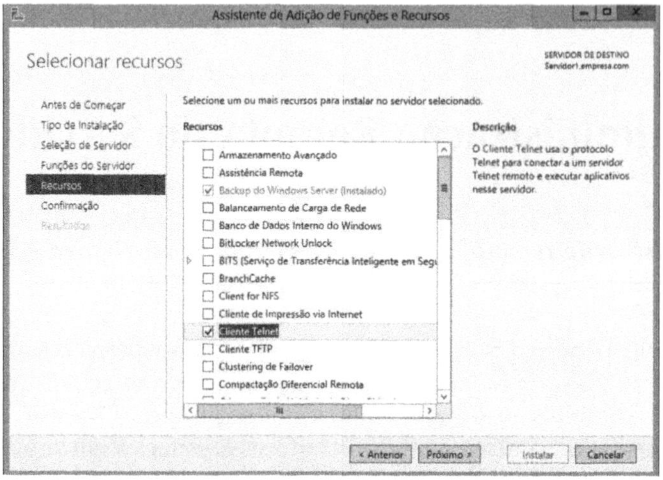

Figura 18.1 - Instalando o Servidor Telnet no Windows Server 2012.

Para instalar o cliente Telnet no Windows 7, vá até o Painel de Controle, selecione Programas → Programas e Recursos → Ativar ou desativar recursos do Windows e marque a opção Cliente Telnet.

Figura 18.2 - Instalando o cliente Telnet no Windows 7.

Nem todo software cliente precisa ser instalado. A Conexão de Área de Trabalho Remota, por exemplo, está disponível em várias versões do Windows sem a necessidade de instalação.

Figura 18.3 - Conexão de Área de Trabalho Remota no Windows 7.

Figura 18.4 - Conexão de Área de Trabalho Remota no Windows Server 2012.

Esse software de conexão é o cliente. Para fazer acessar remotamente qualquer computador, esteja ele na rede ou na Internet, seja ele um servidor Windows ou uma estação de trabalho, você só precisa habilitar essa opção.

Para habilitar essa opção no Windows 7, caso queira acessar o servidor, ou no Windows Server 2012, caso queira acessar a estação de trabalho pelo servidor, habilite a Assistência Remota por meio da janela Propriedades Avançadas do Sistema.

18.1 Assistência Remota

O serviço Assistência Remota, como o nome indica, serve para acessar computadores de usuários com a finalidade de resolver algum problema técnico. Obviamente, o problema não pode ser do tipo que impede a conexão com a rede ou com a Internet, sem a qual nenhuma assistência remota é possível.

Veremos agora como dar assistência remota a uma estação de trabalho com o Windows 7.

1) Clique em Iniciar → Painel de Controle → Sistema e Segurança → Sistema. Na lateral esquerda da janela Sistema, clique em Configurações Remotas para abrir a caixa de diálogo da Figura 18.5. Existe um atalho para isso, basta digitar sysdm.cpl no menu Iniciar e pressionar Enter. Marque a opção Permitir conexões de Assistência Remota para este computador.

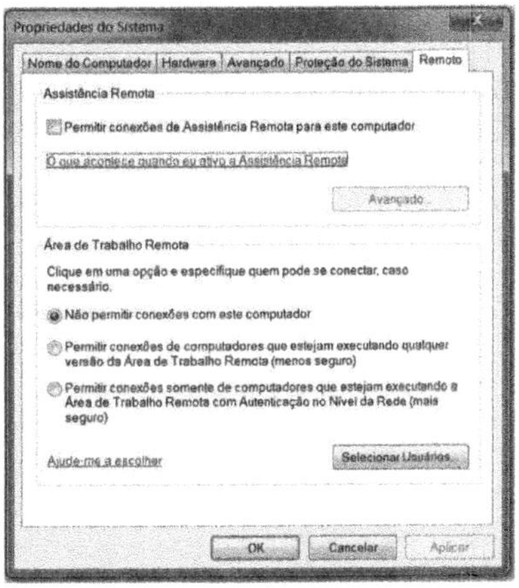

Figura 18.5 - Propriedades do Sistema para configurar a Assistência Remota.

Dica

Se as estações estiverem rodando sistemas mais antigos, como o Windows XP ou Windows Vista, a orientação é praticamente a mesma e você não encontrará dificuldade para chegar ao mesmo resultado. Independente do sistema operacional, procure em Sistemas no Painel de Controle ou em Acessórios → Comunicações.

2) Com a configuração feita, ou seja, uma vez permitida a conexão remota, na caixa de pesquisas do Windows 7 digite msra.exe para abrir a caixa de diálogo da Figura 18.6.

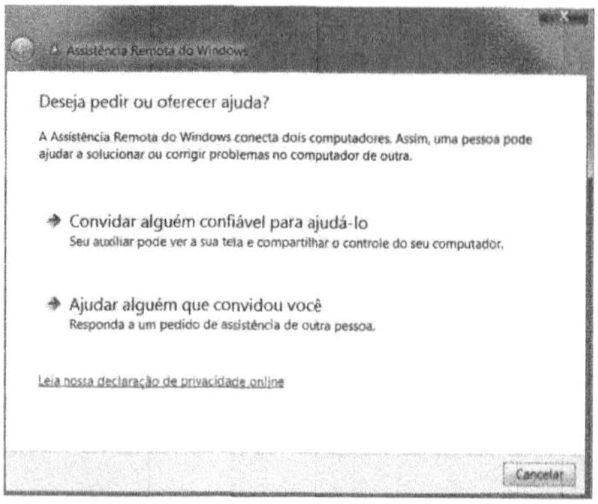

Figura 18.6 - Caixa de diálogo da Assistência Remota.

3) Estamos supondo que você é quem vai dar o suporte, então selecione a opção Ajudar alguém que convidou você.

4) A próxima janela oferece duas opções: Usar a Conexão Fácil e Usar um arquivo de convite. Para estações com o Windows 7 selecione Usar a Conexão Fácil.

Dica

Se você encontrar dificuldade para usar a Conexão Fácil, peça ao usuário para gerar um convite e enviar para você. A geração de convite é feita clicando em Convidar alguém confiável para ajudá-lo, Figura 18.6. Após gerar o convite, será gerada uma senha a ser informada à pessoa que vai dar o suporte. Além disso, o usuário também precisa aceitar a conexão remota. Se não fosse assim, a conexão remota poderia ser usada por invasores.

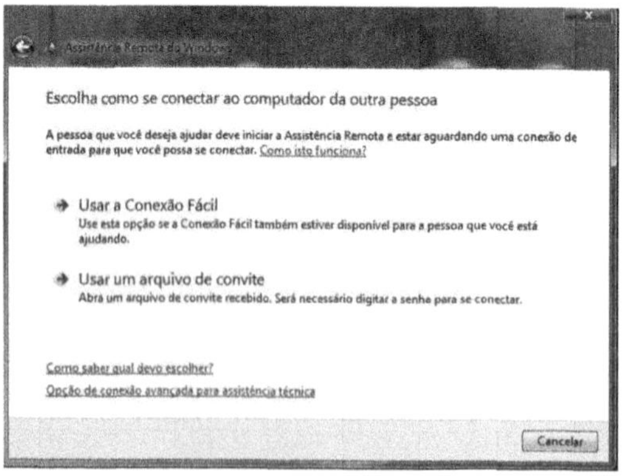

Figura 18.7 - Selecione Usar a Conexão Fácil.

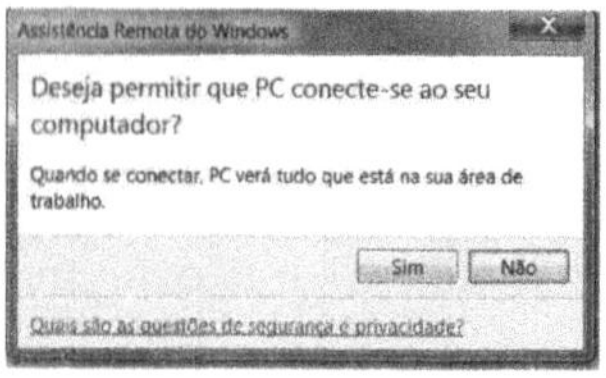

Figura 18.8 - O usuário precisa aceitar a Assistência Remota.

Se o usuário estiver fazendo download ou trocando arquivos grandes na rede ou se a conexão não tiver banda o suficiente, a taxa de atualização da tela remota será tão lenta que pode tornar inviável usar esse recurso.

18.2 Serviços de Terminal e Área de Trabalho Remota

A finalidade do Serviços de Área de Trabalho Remota é permitir que usuários acessem remotamente aplicativos executados no servidor. Também podem acessar uma instância da área de trabalho do servidor. A instalação é muito simples, pois basta iniciar o assistente para Adicionar Funções e Recursos do Servidor e, em Recursos, selecionar Serviços de Área de Trabalho Remota.

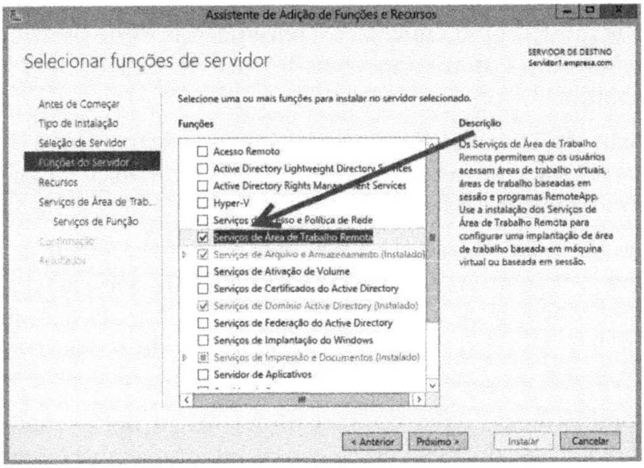

Figura 18.9 - Instalando o Recurso Serviços de Área de Trabalho Remota.

Se você pensou que esse serviço era similar à Assistência Remota vista anteriormente, vai mudar de ideia quando olhar as opções de Serviços de Função que serão exibidas durante a instalação do recurso.

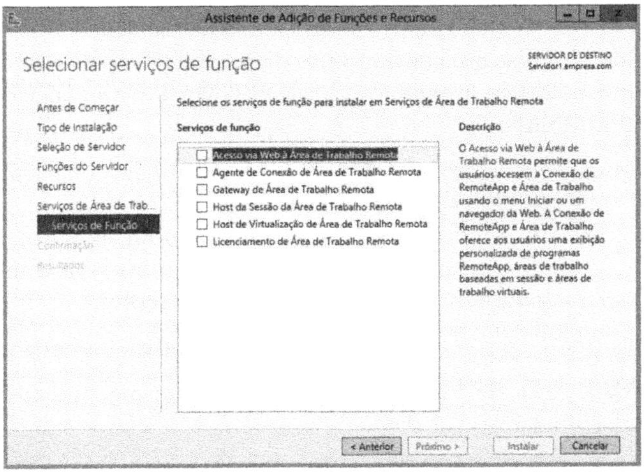

Figura 18.10 - Serviços de Função disponíveis para a Área de Trabalho Remota.

Vamos conhecê-los:

- **Acesso via Web à Área de Trabalho Remota:** ou Acesso via Web, ou, ainda, Remote Desktop Web Access, chamado anteriormente de Acesso à Web do Servidor de Terminal, permite que os usuários acessem a Conexão com RemoteApp e Área de Trabalho pelo menu Iniciar de um computador, executando o Windows 7, ou por um navegador da Web. A Conexão com RemoteApp e Área de Trabalho fornece uma exibição personalizada de Programas do RemoteApp e de áreas de trabalho virtuais para os usuários.
- **Agente de Conexão de Área de Trabalho Remota:** ou Agente de Conexão RD, conhecido anteriormente como Agente de Sessão dos Serviços de Terminal, permite o equilíbrio de carga entre sessões e a reconexão de sessões em um agrupamento de servidores Host de Sessão de Área de Trabalho Remota com carga equilibrada. O Agente de Conexão RD também é usado para permitir que os usuários acessem Programas do RemoteApp e as áreas de trabalho virtuais pela Conexão com RemoteApp e Área de Trabalho.
- **Gateway de Área de Trabalho Remota:** ou Gateway RD, permite que usuários remotos autorizados se conectem a recursos de uma rede corporativa interna usando qualquer dispositivo conectado à Internet.
- **Host da Sessão da Área de Trabalho Remota:** o Host da Sessão de Área de Trabalho Remota (Host de Sessão de ATR), antes conhecido como Servidor de Terminal, permite que um servidor hospede programas do Windows ou toda a área de trabalho do Windows. Os usuários podem se conectar a um servidor Host de Sessão de Área de Trabalho Remota para executar programas, salvar arquivos e usar recursos de rede nesse servidor.
- **Host de Virtualização de Área de Trabalho:** o Host de Virtualização da Área de Trabalho Remota (Host de Virtualização RD) integra-se ao Hyper-V para hospedar máquinas virtuais a serem fornecidas para os usuários como áreas de trabalho virtuais. É possível atribuir uma área de trabalho virtual exclusiva a cada usuário da empresa ou fornecer acesso compartilhado a um pool de áreas de trabalho virtuais.
- **Licenciamento de Área de Trabalho Remota:** ou Licenciamento RD, conhecido anteriormente como Licenciamento de Servidor de Terminal, gerencia as licenças de acesso de clientes (RDS CALs) dos Serviços da Área de Trabalho Remota, necessárias para que cada dispositivo ou usuário se conecte a um servidor Host de Sessão de Área de Trabalho Remota. Use o Licenciamento da Área de Trabalho Remota para instalar, emitir e monitorar a disponibilidade de RDS CALs em um servidor de licenças de Área de Trabalho Remota.

Estas definições dadas pela Microsoft podem não ser suficientes para, diante de tantas opções, você saber qual escolher. Na verdade, a escolha só é difícil se você não tiver planejado com antecedência o uso da Área de Trabalho Remota. Perguntas como "para que serve este serviço?", "quem precisa deste serviço?" e "como será o acesso ao serviço?" podem ajudar na decisão sobre quais serviços de função escolher.

Vejamos a lista novamente com uma explicação mais objetiva, baseada no uso do serviço:

- **Acesso via Web à Área de Trabalho Remota:** é a mesma função Área de Trabalho Remota, porém com acesso via Web.
- **Agente de Conexão de Área de Trabalho Remota:** essa opção ajuda a balancear a carga entre servidores de área de trabalho remota.

- **Gateway de Área de Trabalho Remota:** essa função centraliza no servidor as conexões remotas à área de trabalho remota.
- **Host de Sessão de RD:** marque essa opção se você precisar que os usuários acessem aplicativos ou uma área de trabalho remota no servidor.
- **Host de Virtualização de Área de Trabalho:** gerencia o acesso remoto a máquinas virtualizadas com o Hyper-V.
- **Licenciamento de Área de Trabalho Remota:** a Área de Trabalho Remota também possui licenças de acesso para cliente (CAL). Essa opção gerencia o licenciamento entre os clientes da rede.

18.3 Para que Serve Este Serviço?

A Função Área de Trabalho Remota serve para:

- Permitir que a mesma aplicação seja usada por várias pessoas. Essas aplicações de uso compartilhado geralmente envolvem banco de dados. Costumam ser aplicações feitas sob encomenda. É preciso que a aplicação possua o recurso de trabalhar com múltiplas instâncias.
- Controlar as aplicações disponíveis para o usuário. Quando a aplicação está instalada no micro do usuário, o administrador perde parte do controle da configuração.
- Centralizar a manutenção. Esse recurso é útil em uma grande empresa, com muitos usuários acessando aplicações em comum. Em vez de fazer atualizações e manutenções micro a micro, tudo é centralizado no servidor de aplicações.
- Acesso remoto, com vantagens sobre a opção Assistência Remota vista anteriormente.
- Administrar servidores remotamente.

18.4 Quem Precisa Deste Serviço?

Usuários e administradores podem se beneficiar. As condições para decidir pela Função Área de Trabalho Remota levam em consideração:

- Se há na empresa aplicações que trabalhem com instalação local no servidor e acesso remoto por parte dos usuários.
- Se há necessidade de os usuários fazerem acesso remoto de suas residências ou dispositivos móveis e portáteis.
- Se você precisa administrar um ou mais servidores remotamente, de qualquer ponto da rede, da sua residência ou usando dispositivos móveis e portáteis.
- Quando houver máquinas virtualizadas com Hyper-V que necessitem de algum tipo de acesso remoto, seja para administração remota ou para usuários.

18.5 Como Será o Acesso ao Serviço?

As formas de conexão remota são:

- Da rede interna da empresa;
- Da rede de empresas afiliadas, clientes e parceiros comerciais;

- Da residência do funcionário, diretor ou administrador, usando a conexão com a Internet;
- Por meio de dispositivos móveis e portáteis, como smartphones, PDAs, notebooks, tablets e netbooks.

Ao definir o tipo de acesso ao serviço, você se coloca em condições de configurar a função da forma mais apropriada.

18.6 Modos de Trabalho

A Função Área de Trabalho Remota possui dois modos de trabalho:

- Modo de Servidor de Aplicação, que é usado quando temos uma aplicação a ser compartilhada com vários usuários.
- Modo de Administração Remota, que é quando queremos ter acesso ao servidor para fins de administração, por qualquer meio que permita conectar-se à rede ou à Internet.

18.7 Instalação da Função Área de Trabalho Remota

Esperamos que as orientações iniciais sejam claras o suficiente para você entender como e quando usar cada um dos recursos da função Área de Trabalho Remota.

Para os propósitos deste livro, vamos ensinar como usar a função Área de Trabalho Remota para fins de Administração Remota do servidor. Ou seja, criar as condições para você acessar e administrar o servidor, onde quer que exista algum meio de acesso à rede ou à Internet.

Daremos continuidade à instalação iniciada com as Figuras 18.9 e 18.10. Selecione as opções Host de Sessão da Área de Trabalho Remota e Acesso via Web da Área de Trabalho Remota, se desejar o máximo de mobilidade.

Após selecionar as opções você só precisa clicar em Instalar e aguardar o término da instalação. O servidor vai reiniciar, o assistente exibirá o aviso de instalação bem-sucedida e no menu Ferramentas vão aparecer as ferramentas que vão permitir a configuração desse serviço no servidor.

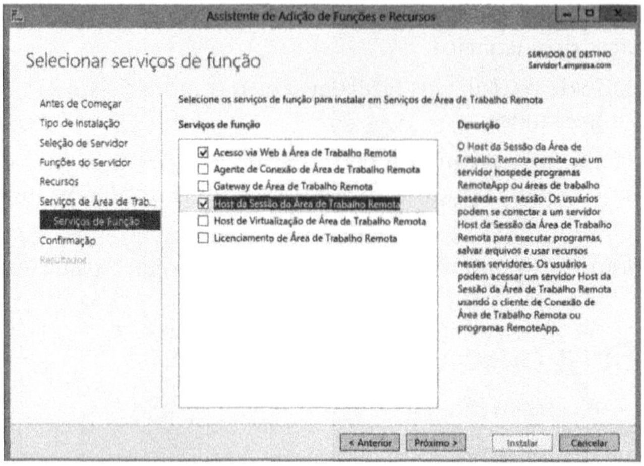

Figura 18.11 - Seleção das opções para prover a Administração Remota do servidor.

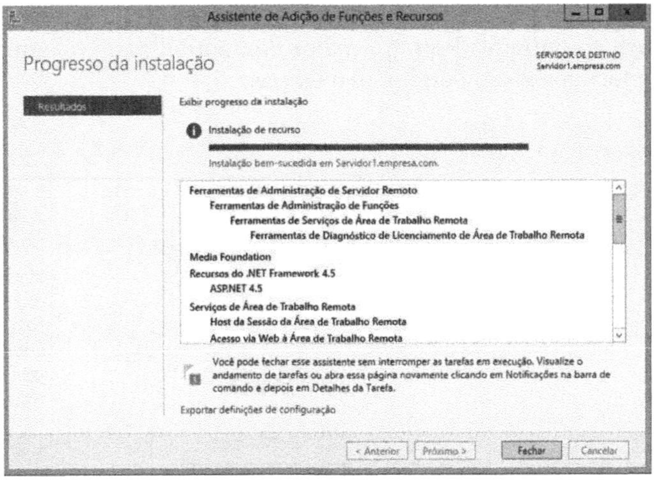

Figura 18.12 - Instalação concluída com sucesso.

Dica	A ativação da Área de Trabalho Remota pode não estar incluída em seu contrato de licenciamento. Verifique esta situação em Ferramentas → Terminal Services → Diagnóstico de Licenciamento de Área de Trabalho Remota; caso contrário, o serviço vai parar de funcionar após 120 dias da instalação. A justificativa dada pelo fabricante é que a licença de uso do sistema operacional é por usuário. O acesso à Área de Trabalho Remota equivale a disponibilizar cópias do sistema operacional para usuários e isso tem custos.

Após a instalação das Funções Acesso Remoto e Serviços de Área de Trabalho Remota e dos Recursos Assistência Remota e Ferramentas de Administração do Servidor Remoto, já é possível fazer as primeiras configurações para definir o acesso.

No menu Ferramentas, selecione Gerenciamento do Acesso Remoto.

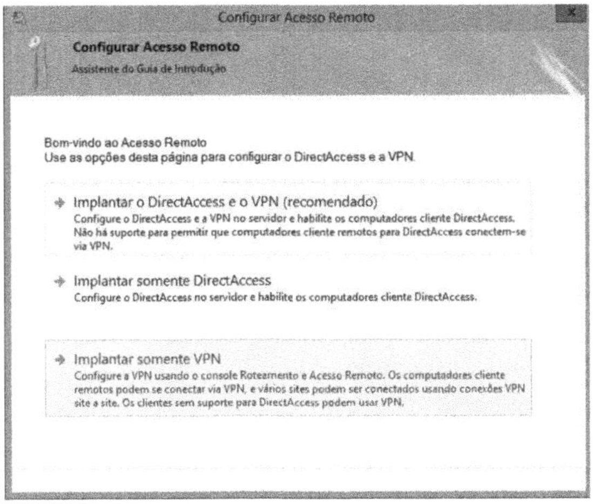

Figura 18.13 - Opções do Gerenciamento do Acesso Remoto.

Após a instalação das funções, recursos e serviços da função já é possível fazer o acesso remoto, mas o ideal é configurá-los para maior compatibilidade e segurança. Essa configuração é feita de forma assistida em quatro etapas:

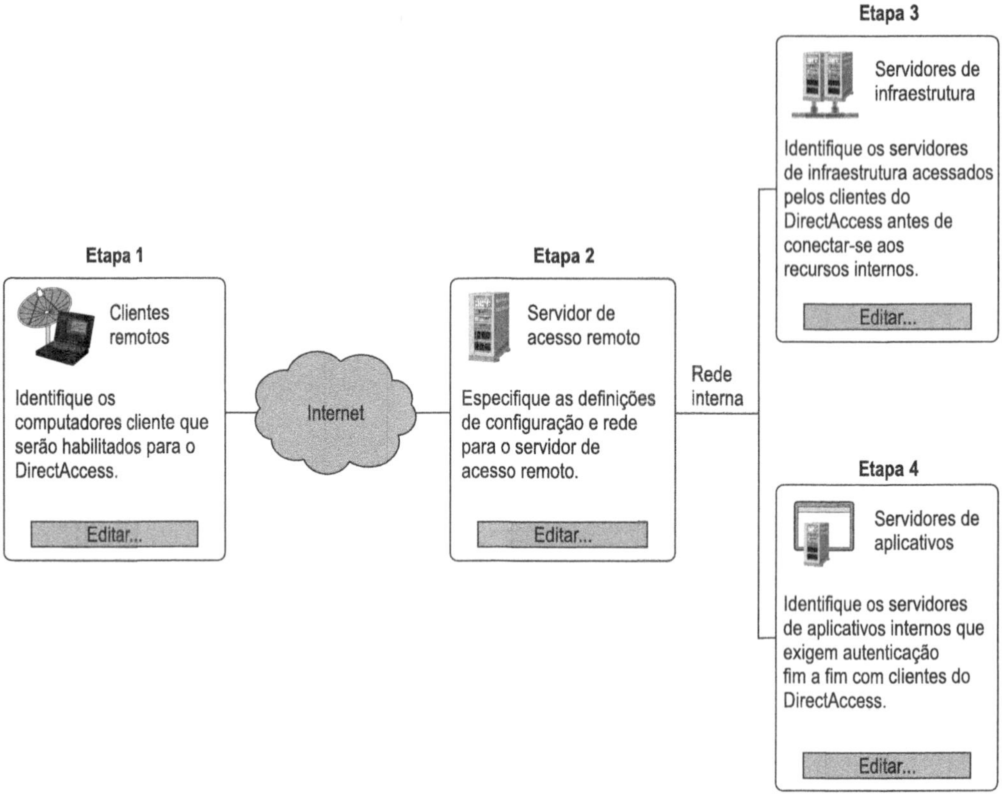

Figura 18.14 - Clicando em Editar, você configura cada etapa necessária ao acesso remoto.

Na primeira etapa você configura os clientes para o acesso remoto. Na segunda etapa você trabalha nas configurações do servidor de acesso remoto. A terceira etapa vai depender do modelo da rede e diz respeito aos servidores de infraestrutura, que, se houver, também devem ser configurados. Também se houver, na quarta etapa deverão ser configurados os servidores de aplicativos.

Isto é tudo o que precisamos para poder tornar o Windows Server 2012 um servidor com a função de Área de Trabalho Remota. Para administrar o servidor por meio de uma interface Web, digite no Internet Explorer ou qualquer outro navegador o endereço do servidor seguido de RDWeb, conforme o exemplo:

http://empresa.com/RDWeb

https://empresa.com/RDWeb

Para teste local você pode digitar:

http://localhost/RDWeb

https://localhost/RDWeb

> **Dica**
> Se o IIS não estiver instalado, uma das sequências de instalação prosseguirá adicionando essa função, analisada no capítulo anterior, quando falamos sobre o Servidor Web.

Outra opção é digitar o IP do servidor, como, por exemplo, https:// 189.105.166.52/ RDWeb. Para maior segurança, o acesso deve ser feito via SSL, digitando HTTPS em vez do prefixo HTTP.

O acesso também pode ser feito via Intranet, digitando o nome ou IP interno do servidor:

http://servidor2012/RDWeb

https://servidor2012/RDWeb

http://192.168.0.10/RDWeb

https:// 192.168.0.10/RDWeb

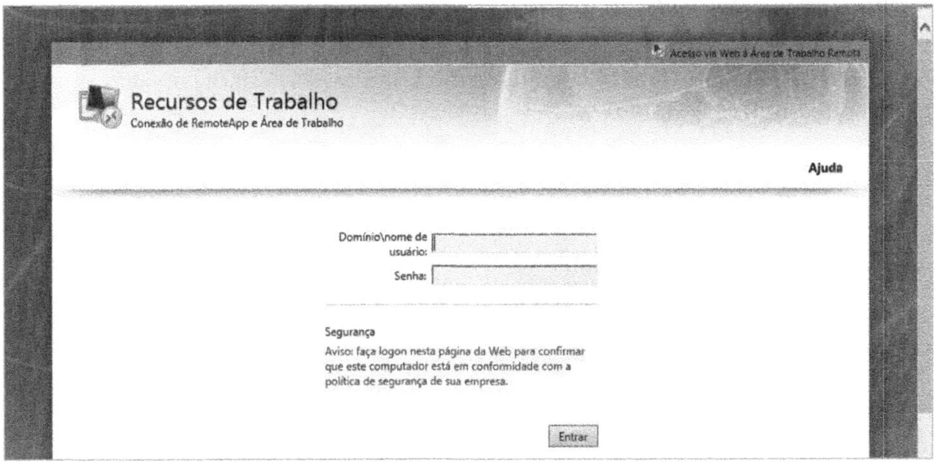

Figura 18.15 - Gerenciando o servidor remotamente por meio do navegador Web.

> **Dica**
> Dica: O acesso via conexão segura, ou seja, HTTPS vai gerar uma mensagem de erro sobre certificado inválido. Para fins de teste, ignore a mensagem. Em uma rede corporativa será necessário providenciar certificados válidos ou instalar essa função do AD.

18.8 VPN

VPN, do Inglês Virtual Private Network, ou Rede Particular Virtual, é uma forma de aumentar a segurança nas comunicações que se utilizam de canais inseguros, como é o caso da Internet. A VPN visa proteger informações sigilosas em uma conexão pública. Quando nos comunicamos pela Internet, por exemplo, as mensagens estão sujeitas à interceptação desde que saem do nosso computador até a chegada ao destino.

Vamos supor um e-mail sigiloso enviado do seu computador para o computador de outra pessoa, e que ambos os computadores façam parte da rede de diferentes empresas.

A possibilidade de interceptação começa em seu próprio micro, que pode estar infectado com algum programa espião. Em seguida temos de confiar na rede da empresa em que estamos, para que não haja nenhuma atividade de captura de pacote nem invasores ocultos no sistema.

Quando a mensagem sai da rede da empresa e vai para a Internet, ainda é possível que seja interceptada ou capturada, caso a empresa provedora de acesso ou provedora do serviço de e-mail esteja enfrentando problemas de segurança. O risco existe tanto no fornecedor de quem envia a mensagem como no fornecedor do serviço de quem recebe a mensagem, incluindo a rede da empresa do destinatário.

Para criar um caminho seguro em um ambiente tão hostil à comunicação de dados, os projetistas desenvolveram o conceito de túnel ou tunelamento. Com a ajuda de protocolos adequados como o RAS, SSH ou IPSec, dentro da conexão insegura se estabelece uma conexão segura, formando um túnel em que os dados trafegam criptografados. Na prática isso quer dizer que mesmo se conseguirem capturar os dados, não terão acesso à mensagem, pois estará criptografada.

No Windows Server 2012, o termo VPN foi substituído pela tecnologia DirectAccess. O conceito é o mesmo, criar um canal de comunicação criptografado para conectar dois ou mais pontos, via rede ou Internet.

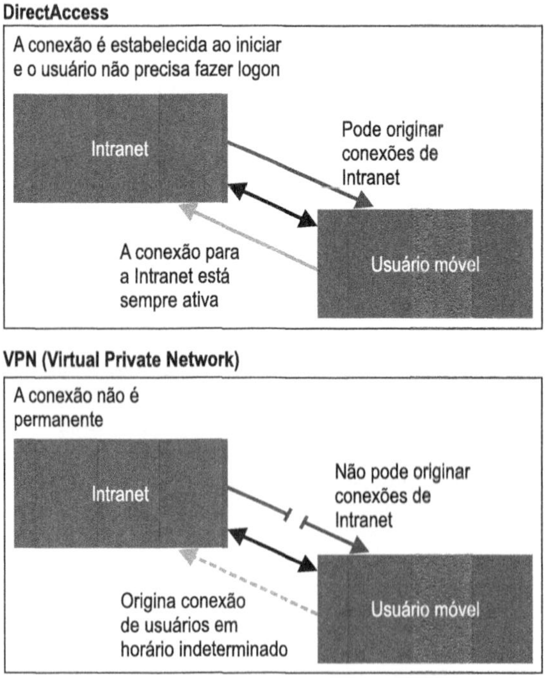

Figura 18.16 - Diferença entre VPN e o DirectAccess do Windows Server 2012.

18.9 Acesso Remoto Usando Soluções de Terceiros

Além das opções de acesso remoto do Windows Server 2012, talvez você queira experimentar soluções oferecidas por outros fabricantes. As vantagens em optar por soluções de terceiros incluem:

- Aplicações com mais recursos que os oferecidos pelas soluções nativas do Windows Server 2012.
- Contornar a necessidade de licenciamento do terminal.
- Disponibilidade de softwares gratuitos ou de código aberto, de qualidade comparável aos softwares comerciais.
- Possibilidade de acesso remoto via Web.
- Possibilidade de acesso remoto por meio de sistemas operacionais a que o Windows Server 2012 não dá suporte pleno, como o Linux, BSD e Mac OS.

Uma busca rápida na Internet será o suficiente para você encontrar diversas opções de terceiros para prover acesso remoto ao Windows Server 2012.

Chegamos ao final do capítulo e agora você já conhece as diversas possibilidades de acesso e gerenciamento remoto do Windows Server 2012.

Resumo do Capítulo 18

Agora você já sabe que:

... o Acesso Remoto define diferentes tecnologias com esse propósito.

... Assistência Remota é uma forma inteligente de dar suporte aos clientes da rede, sem precisar deslocar-se até o computador do usuário.

... Área de Trabalho Remota é uma função do Windows Server 2012.

... a Área de Trabalho Remota pode ser habilitada para permitir aos usuários usarem programas compartilhados.

... a Área de Trabalho Remota pode ser habilitada para permitir aos usuários acessarem uma Área de Trabalho no servidor ou máquina virtual com Hyper-V.

... a Área de Trabalho Remota pode ser habilitada para permitir que os administradores gerenciem o servidor de qualquer ponto da rede ou da Internet.

... VPN é uma tecnologia que cria uma conexão criptografada dentro de uma conexão pouco confiável, como as conexões de rede e da Internet.

... DirectAccess é o recurso do Windows Server 2012 substituto da VPN.

18.10 Exercícios Propostos

Nada melhor para reforçar o aprendizado que fazer alguns exercícios. Para este capítulo a proposta de exercícios é:

1) Com a ajuda de um amigo ou usando seu notebook ou máquina virtual, simule um suporte com Assistência Remota, conforme as orientações deste capítulo.
2) Supondo que você aceitou nossa sugestão e está exercitando o Windows Server 2012 pela máquina virtual, experimente o acesso remoto para fins de administração remota do servidor, usando o computador real para simular diferentes tipos de cliente.
3) Experimente também a administração remota via Web, seguindo as orientações do capítulo.
4) Experimente as opções de terceiros para acesso remoto. Em seu serviço de buscas preferido ou em sites de download, pesquise programas de acesso remoto. Não se esqueça de verificar se é compatível com o Windows Server 2012.

capítulo 19

Proteção e Segurança das Redes Windows

Descubra as falhas da rede antes que o invasor apareça

Informática, com o significado de tratamento da informação por meio de máquinas eletrônicas definidas como computadores, não é nada recente. Mas a tecnologia que mantém boa parte da infraestrutura das redes funcionando, consideramos tratar-se de uma tecnologia experimental, recente, cheia de falhas que eventualmente são exploradas por invasores e outras pessoas mal- intencionadas.

O sistema Android, por exemplo, tão comum nos aparelhos celulares do tipo smartphone, surgiu em 2005 e menos de sete anos depois já ocupa meio milhão de celulares ao redor do mundo, com tendência para alcançar o milhão de instalações já nos próximos anos.

Plataformas de serviços como o Facebook e o Twitter também são tecnologias recentes, experimentais, em fase permanente de ajustes, e de vez em quando a imprensa noticia terem sido invadidas ou passarem por problemas de vazamento de informação.

Por serem tecnologias recentes não foram testadas o suficiente para serem consideras 100% seguras. E as empresas cada vez mais têm incluído essas plataformas como parte de suas redes ou estratégia de marketing e comunicação.

A infraestrutura da Internet, por exemplo, é tão precária que basta um grande número de pessoas decidir acessar o mesmo site, ao mesmo tempo, para tirar o servidor do ar. Esta foi a estratégia de um grupo autodenominado Anonymous que por alguns meses dificultou a vida de países e empresas na Internet, incluindo o Brasil.

Não queremos assustar ninguém com esta introdução. A intenção é tirá-lo da sua zona de conforto para você entender que toda rede possui algum tipo de vulnerabilidade. Ajudá-lo a identificar os pontos fracos, corrigi-los ou se recuperar em caso de invasão.

Após implantar a rede, o administrador divide seu tempo entre a manutenção do sistema, o suporte ao usuário e a gestão da segurança. Este capítulo trata da gestão da segurança nas redes baseadas em Windows Server 2012, mas é um conhecimento adaptável a qualquer sistema de informação.

Nas primeiras redes Windows, a parcela maior do tempo era destinada à manutenção do sistema. Sistemas problemáticos exigiam o máximo do conhecimento dos administradores e até o hardware não era tão confiável como os de hoje em dia.

Os sistemas operacionais evoluíram, estão mais fáceis de usar e muito mais estáveis que em suas versões iniciais.

Os usuários também evoluíram e não dependem tanto do suporte como os de antigamente. Já sabem solucionar problemas mais comuns ou, no mínimo, onde procurar ajuda na Internet.

Enquanto isso, os ataques, invasões e incidentes de segurança cresceram e, atualmente, uma fatia do tempo do administrador tem alguma relação com a manutenção do sistema, em algum dos itens relacionados à segurança.

O objetivo do capítulo é que, ao término da leitura, você consiga refletir e argumentar sobre as seguintes questões:

- O que é segurança da informação?
- Proteger o quê?
- Proteger de quem?
- Como proteger?

19.1 Segurança da Informação

Não é difícil imaginar o motivo de a Segurança da Informação ter tomado uma posição de destaque em poucos anos. Se pararmos para pensar, vamos perceber que na Sociedade da Informação não passamos de um nome de usuário e uma senha de acesso. E qualquer um com nossas credenciais pode se passar por nós, na rede local, na Internet ou ligando para o SAC de alguma empresa. Uma fraude comum envolvendo cartões de crédito é de pessoas se passam por falecidos.

A questão da Segurança da Informação não se resume a proteger usuários de terem a identidade roubada. Para se manter ou se tornar competitivas, empresas precisam incluir em suas estratégias de negócio serviços relacionados a TI (Tecnologia da Informação). E onde existe TI, existe a necessidade de SI (Segurança da Informação).

Para alguns modelos de negócio a Segurança da Informação é tão importante que, se houver falha na segurança, a sobrevivência da empresa está seriamente comprometida.

Podemos citar como exemplo o caso das empresas de cartões virtuais. Hoje o e-mail é considerado uma das maiores fontes de vírus, golpes e códigos maliciosos. É muito difícil alguém aceitar um link para ver on-line um cartão virtual. E se aceitar, as chances de ter clicado em um link malicioso são muito maiores do que ter recebido um cartão. Este é um exemplo de como as falhas de segurança selaram o destino daqueles que investiram em empresas especializadas em cartões virtuais.

Nem sempre o problema de segurança força o encerramento das atividades da empresa, mas causa um prejuízo tão grande que torna a preocupação com a segurança uma constante.

Vamos considerar os grandes portais de comércio eletrônico, cujas vendas são contabilizadas entre centenas a milhares por hora, inclusive de madrugada. Se o consumidor se deparar com um site fora do ar, página que demora a carregar ou link que não abre, o mais provável é que no mesmo instante ele procure no portal concorrente.

Considerando o lucro sobre as vendas dos portais de comércio eletrônico, estamos falando de alguns milhares de reais em comissão de vendas, transferidos para a concorrência. Também devemos considerar a experiência do usuário que foi comprometida. A tendência de quem compra on-line é fazer a próxima compra na mesma loja virtual que tornou prazerosa sua última experiência de compra.

A Segurança da Informação nas empresas não se limita a problemas on-line ou sites fora do ar. Uma rede paralisada também causa prejuízos. Dados perdidos levam consigo informações e causam prejuízos ainda maiores. Imagine uma concessionária perder o registro de todas as vendas do dia ou não poder fazer nenhuma venda durante algumas horas, porque o sistema está fora do ar. Quais as chances de o cliente aguardar até a rede normalizar? O mais provável é que procure outra concessionária, principalmente se for uma daquelas regiões em que se encontram concessionárias umas ao lado das outras. Falhas desse tipo geram prejuízos imediatos tanto para a empresa como para o moral do pessoal de vendas, que certamente lamentará as vendas perdidas. Você também sofrerá consequências, porque quando ocorrem essas falhas, toda a atenção e pressão do momento estarão dirigidas a você. Redes que causam prejuízos e apresentam problemas constantes são um alerta para a direção da empresa pensar em demover o funcionário.

É obrigação do técnico, consultor, gestor ou administrador de redes cuidar para que os negócios da empresa tenham continuidade. E isso se faz conhecendo os riscos, antecipando os problemas e implementando soluções antes mesmo de algo sair errado. O nome disso é manutenção preditiva e quando falamos em manutenção, não se trata de manutenção de hardware, mas da manutenção da rede e da segurança da informação.

Nos primeiros anos em que a Segurança da Informação ganhou importância, a tendência era resolver os problemas de segurança na medida em que apareciam. Essa forma de trabalhar não se aplica ao modelo dos negócios atuais, que se tornou muito dependente da TI. No modelo atual o profissional antecipa o problema e o corrige. E quando ocorre algum evento impossível de corrigir por antecipação, deve existir um plano de contingência ou recuperação de desastres, tornando o impacto do incidente o menor possível e mantendo a continuidade do negócio.

19.2 Administrador de Redes ou Profissional de Segurança?

Alguns administradores de rede podem argumentar que a segurança da rede deveria ficar a cargo do profissional especialista em segurança, conhecido no mercado como Security Officer, CSO (Chief Security Officer) ou Analista de Vulnerabilidades.

Essa visão é ultrapassada, pois é inconcebível pensar que o profissional responsável pela implantação da rede na empresa conhece pouco ou quase nada acerca de segurança. Isso o tornaria o principal causador das falhas de segurança na rede da empresa.

Apesar de terem áreas de atuação distintas, todo administrador de redes atual precisa conhecer Segurança da Informação e saber como implementá-la na rede corporativa. A segurança especializada continua sendo feita por consultores, Analistas de Vulnerabilidades, Security Officers e CSOs, mas todo administrador de redes deve ser também um profissional de segurança.

19.3 Conceitos Básicos de Segurança da Informação

Segurança você deve saber o que é. E informação? O que é? Se perguntarmos a diferentes pessoas, receberemos diferentes explicações sobre o que é informação. Nessas ocasiões o melhor a fazer é consultar um dicionário. O Caldas Aulete Digital, por exemplo, retorna as seguintes definições para a palavra informação:

(in.for.ma.ção)

sf.

1) Ação ou resultado de informar(-se).
2) Conjunto de dados sobre algo ou alguém.
3) Relato de acontecimentos ou fatos, transmitido ou recebido.
4) Dados ou notícias tornados públicos pelos meios de comunicação: As rádios foram as primeiras a dar a informação sobre o acidente.
5) Explicação dada para uma determinada finalidade: informações sobre a instalação de um equipamento.
6) Conjunto de dados implantados em um computador que serão processados e gerarão respostas aplicáveis a determinado projeto.
7) *P.ext. Inf.* O resultado desse processamento de dados.
8) *Adm.* Opinião dada em processo no âmbito das repartições públicas.
9) *Fil.* Na teoria hilemórfica, ação pela qual a forma dá ser ou informa a matéria.

[F.: Do lat. *informatio,onis.*]

Gostaríamos de destacar a descrição de número dois, conjunto de dados sobre algo ou alguém, complementando com o seguinte:

- Em informática a informação está relacionada a dados (veja as descrições 6 e 7 do Caldas Aulete).
- Dados é tudo o que tem registro, inclusive o átomo. Se o átomo também forma dados, tudo o que existe tem registro, tudo o que existe são dados.
- As informações estão nos dados. O corpo humano, por exemplo, é tão assombroso que começa com uma única célula contendo todas as informações para construir o corpo todo e conduzi-lo até a velhice. Começa com as células tornando-se clones do mesmo tipo, as células tronco, e no momento certo começam a produzir sangue, ossos, pele, órgãos e tudo o mais para formar o corpo humano. É impressionante a quantidade de informação contida em uma única célula.
- Extrair as informações dos dados exige conhecimento e equipamento. O estudo do Genoma Humano é um exemplo de informação que só foi possível ser extraída quando o conhecimento e o equipamento necessário se encontraram.
- A maioria de nós talvez seja incapaz de identificar um átomo, uma molécula, ou uma constelação. Mas todos estes são exemplos de dados, de onde concluímos que a informação está nos dados, mas nem todos são capazes de extrair as informações dos dados.
- Em informática os dados são registros ópticos-elétricos-magnéticos que conhecemos como bits.

O ponto mais importante dessa argumentação é que, na Sociedade da Informação, nós deixamos de ser indivíduos de carne e osso e temos a existência definida pela informação que nos representa.

Segurança da Informação é coibir, impedir e recuperar informações extraídas dos dados. Levando em consideração que os dados precedem a informação, proteger os dados é o caminho para proteger a informação. Um erro comum é proteger as informações sem considerar os dados. Quem tem acesso aos dados, tem acesso às informações.

O grande desafio é justamente proteger informações que sequer existem fora do meio digital. Os dados de acesso bancário à sua conta ou à conta da sua empresa só existem na forma de bits, armazenados optoeletromagneticamente em algum computador.

Bastaria colocar um documento ou planilha impresso em um cofre para torná-lo seguro. Já um documento ou planilha eletrônico pode ser enviado, interceptado, copiado e distribuído, bastando um pequeno descuido da pessoa responsável.

A conclusão é que os meios utilizados para proteger documentos e objetos materializados não se aplicam aos meios digitais. É preciso, então, identificar os elementos que a segurança da informação busca proteger. Que elementos são estes? São os ativos.

19.4 Ativos

Um ativo é todo elemento que compõe o processo da comunicação, a contar da informação, seu emissor, o meio pelo qual ela trafega, até seu receptor. Ativos são os elementos que a segurança da informação busca proteger. Eles possuem um valor para as empresas e precisam ser protegidos para que os negócios da empresa não sejam prejudicados. Nas empresas muito dependentes da TI a responsabilidade do administrador é ainda maior.

A definição de ativos em Segurança da Informação é bem diferente da definição de ativos tradicionalmente usada nas áreas contábil e financeira. Em TI, ativos são as informações, o que dá suporte a informações, e as pessoas.

Inventariar os ativos é o início do planejamento para a Segurança da Informação. Mas para não ficar muito genérica a classificação dos ativos em apenas três categorias, eles podem ser reunidos em grupos que melhor representem a organização da empresa:

- **Informações:** engloba todo tipo de informação registrada, impressas ou em meio digital. Exemplos: cartas, documentos, livros de registro, contracheques, arquivos armazenados, arquivos de configuração, crachás de identificação, correspondência etc.
- **Equipamentos:** engloba todos os equipamentos que dão suporte à informação durante o seu uso, tráfego e armazenamento. Exemplos: estações de trabalho, servidores, equipamentos de conectividade, mídias de armazenagem etc.
- **Aplicações:** os programas de computador em uso pela empresa, principalmente aqueles criados sob encomenda ou para atender necessidades específicas. Exemplos: sistemas operacionais, programas de banco de dados, de comunicação instantânea, de correio eletrônico, contas a pagar, frente de caixa etc.
- **Usuários:** todos que de alguma forma tenham contato com os ativos da empresa. Isso inclui estagiários, pessoal de limpeza, fornecedores, não limitando a Segurança da Informação apenas ao pessoal da área técnica.

Os ativos são três: informação, suporte à informação e pessoas, mas, como vimos, podem ser reorganizados em grupos para melhor atender a estrutura organizacional da empresa. A Segurança da Informação visa proteger os ativos, com base na preservação de três princípios:

- Confidencialidade
- Integridade
- Disponibilidade

Estes princípios formam os três pilares da Segurança da Informação e são descritos a seguir:

19.4.1 Confidencialidade

A informação dever ser recebida somente pelo grupo ou pessoa à qual se destina. Perder a confidencialidade é quando pessoas não autorizadas têm acesso à informação secreta, reservada ou confidencial. Talvez você recorde quando, no Brasil, ocorreu o vazamento da prova do Exame Nacional do Ensino Médio, o ENEM, gerando milhões de reais em prejuízos em razão da necessidade de elaborar uma nova prova. O responsável pela perda da confidencialidade foi um funcionário da gráfica que fazia o serviço de impressão. Quais providências você teria tomado para que isso não ocorresse? As mais comuns, a restrição de acesso ao local e o uso de câmeras de vigilância, não impediram o vazamento do ENEM. Contratar funcionários de confiança nem sempre é uma realidade.

Diferentes informações têm diferentes graus de sigilo. A classificação quanto à confidencialidade pode ser: confidencial, restrita, sigilosa ou pública. Os critérios de classificação levam em consideração a informação e o público ao qual se destinam.

19.4.2 Integridade

A informação recebida precisa ser a mesma que foi enviada. Quando existe diferença entre o que foi recebido e o que foi enviado, dizemos que houve perda da integridade.

Isso pode gerar de prejuízos a transtornos, pois decisões podem ser tomadas com base em informações incorretas, criando situações tanto embaraçosas como passíveis de causar prejuízo financeiro à empresa ou a outrem. Você consegue entender melhor o problema da integridade se pensar em uma transferência bancária de 50 mil reais, que aparece como 50 reais no extrato do outro correntista.

A integridade não se limita à informação. Um arquivo ou software pode ter sua integridade comprometida, uma situação bem conhecida de quem baixa softwares de sites desconhecidos e acabam infectados por vírus.

Outro exemplo de quebra de integridade diz respeito ao suporte à informação. Um pen drive codificado que venha a ser descriptografado perdeu sua integridade. Se antes impedia o acesso aos documentos armazenados, agora não impede mais.

19.4.3 Disponibilidade

A informação precisa estar disponível quando é requisitada. Dizemos que houve perda da disponibilidade quando existe um atraso em relação à informação requisitada e recebida.

Na abertura do capítulo comentamos os possíveis prejuízos causados a um portal de comércio eletrônico, caso tenha suas atividades suspensas por alguns minutos a algumas horas. Este é um exemplo de perda de disponibilidade e as implicações decorrentes, mas podemos citar também as situações em que o sistema dos aeroportos sai do ar e causa um caos no transporte aéreo.

Nas situações em que a empresa é vítima de perdas, danos ou catástrofes naturais, isso também causa a indisponibilidade das informações, podendo ser por um prazo maior do que a empresa pode suportar.

O administrador da rede precisa pensar em como garantir a continuidade dos negócios sob quaisquer circunstâncias. Este assunto foi bastante discutido na Internet em fóruns especializados, após a tragédia do 11 de setembro com o desabamento das torres que formavam o World Trade Center em Nova Iorque. Se você fosse o administrador de rede de uma daquelas empresas, como garantiria a disponibilidade dos ativos após a tragédia? Nem todas as empresas conseguiram fazer isso e muitas deixaram de existir.

No Brasil, não temos histórico de terrorismo, mas a violência urbana e no trânsito tem ceifado vidas e desfalcado empresas de funcionários-chave. Como fazer para garantir a continuidade do negócio quando a *Intelligentsia* da empresa desaparece?

19.5 Ameaças

Os ativos estão constantemente submetidos a ameaças que possam colocar em risco a confidencialidade, integridade e disponibilidade das informações. Essas ameaças não se restringem à invasão da rede ou de computadores e podem ser classificadas em:

- **Ameaças naturais:** incêndios, catástrofes de toda ordem, enchentes.
- **Ameaças intencionais:** invasores, funcionários descontentes, sabotagem, furto, roubo, espionagem, vírus, vandalismo.
- **Ameaças involuntárias:** acidentes, negligência, falha humana, despreparo.

Um dos objetivos da Segurança da Informação é impedir que as ameaças explorem as vulnerabilidades. Isso é feito com controles, estabelecimento de perímetros e prospectando as vulnerabilidades antes que sejam exploradas ou que algum invasor tome essa iniciativa.

<table>
<tr><th colspan="4">Ameaças</th></tr>
<tr><td rowspan="6">Barreiras de segurança</td><td>1ª barreira</td><td rowspan="6">↓</td><td>Desencorajar</td></tr>
<tr><td>2ª barreira</td><td>Dificultar</td></tr>
<tr><td>3ª barreira</td><td>Discriminar</td></tr>
<tr><td>4ª barreira</td><td>Detectar</td></tr>
<tr><td>5ª barreira</td><td>Deter</td></tr>
<tr><td>6ª barreira</td><td>Diagnosticar</td></tr>
<tr><th colspan="4">Ativos</th></tr>
</table>

19.6 Vulnerabilidades

As vulnerabilidades, quando exploradas por ameaças, afetam a confidencialidade, a integridade e a disponibilidade das informações. As vulnerabilidades podem ser classificadas em:

- **Comunicação:** abrange todo o tráfego da informação;
- **Físicas:** instalações;

- **Hardware:** equipamento;
- **Humanas:** pessoas de dentro e fora da empresa;
- **Mídias:** onde as informações estão armazenadas;
- **Naturais:** riscos naturais, inerentes à região da empresa, localidade ou país;
- **Software:** programas de computador, sistema operacional, bases de dados, sites e aplicações on-line.

Um dos primeiros passos no planejamento da Segurança da Informação na empresa é identificar para, depois, eliminar as vulnerabilidades.

19.7 Riscos

O risco é a probabilidade de as ameaças explorarem vulnerabilidades, causando perdas ou danos aos ativos e o consequente impacto no negócio. Uma forma de compreender o conceito de risco é imaginar a probabilidade de, em sua própria casa, sumir uma nota de cem reais colocada em cima da geladeira. Colocar uma câmera de segurança atende os requisitos de primeira barreira que é desencorajar. Mas será o suficiente para garantir que a nota não desapareça?

É preciso entender que as pessoas que estão do outro lado também vão buscar formas de contornar as barreiras de segurança e explorar as vulnerabilidades. No exemplo da nota de cem reais, a câmera de vigilância pode desencorajar, mas não será o suficiente para impedir que alguém leve a nota. Um cofre levaria à segunda barreira de segurança, que é dificultar. Mas talvez não seja o suficiente, se pensarmos que até o cofre poderia ser levado com a nota ou aberto com um maçarico ou por um especilista.

19.8 Medidas de Segurança

As medidas de segurança são os meios para eliminar as vulnerabilidades e evitar a concretização da ameaça. Tudo começa com a classificação dos ativos, passa pela identificação das ameaças, prospecção das vulnerabilidades até chegar à análise de riscos.

Você não precisa reinventar a roda e deve evitar a criação de soluções próprias para lidar com a SI na empresa. Essas medidas foram exaustivamente estudadas e acabaram padronizadas por normas e procedimentos, como a ISO/IEC 17799, incluída na série ISO/IEC 27000 e reconhecida por empresas em qualquer parte do mundo. Sugerimos conhecer a série 27000 da ISO/IEC, com especial atenção a ISO/IEC 27001, e as recomendações do Instituto SANS e OWASP.

19.9 Prática da Segurança da Informação no Windows Server 2012

Mesmo um sistema seguro como o Windows Server 2012 está sujeito a falhas. A primeira evidência de que a segurança nativa ainda não é o suficiente você percebe quando faz a atualização do sistema via Windows Update. Um número crescente de remendos (patchs) e atualizações críticas alertam que o fabricante ainda trabalha para tornar o sistema estável e seguro. Nem precisa tanto. Imagine a senha do administrador em mãos erradas e perceberá que o sistema é tão forte quanto seu elo mais fraco.

Para torná-lo realmente capaz de lidar com todo tipo de ameaça, risco e vulnerabilidades possíveis no ambiente da empresa, seria necessário uma coleção completa de livros, para cobrir todos os assuntos. Cuidar da Segurança da Informação para indivíduos ou pessoas é um procedimento permanente e demanda aprendizado contínuo.

Para fornecer conteúdo relevante sem sobrepujar o espaço destinado ao conteúdo relacionado ao título, que é administração de redes e não segurança de redes, vamos comentar os pontos importantes desse processo e fornecer listas de verificação para auxílio imediato de como fazer a configuração de sistemas com Windows Server 2012.

19.10 Segurança Mínima e a Lei de Pareto

A Lei de Pareto, também conhecida como Princípio 80-20, afirma que existem situações em que 80% dos resultados são provenientes de apenas 20% dos esforços. Em Segurança da Informação essa premissa se confirma, uma vez que os procedimentos fundamentais chegam a responder por 80% da segurança da rede.

Quando auditamos redes invadidas ou que estejam com a segurança comprometida, constatamos que na maioria dos casos a ameaça explorou um descuido na parte mais básica do sistema de segurança.

O que é, então, essa segurança mínima que responde por 80% da proteção da rede?

Consiste em:

- **Atualização do Sistema Operacional:** antes mesmo de o sistema operacional ser lançado oficialmente, programadores movidos por boas e más intenções procuram falhas que possam ser corrigidas ou exploradas. Isso significa que todo sistema operacional recém-instalado possui vulnerabilidades conhecidas e outras que ainda não foram descobertas e futuramente receberão a correção por meio de patchs de segurança, atualizações críticas e service packs.

  A primeira providência a ser tomada após a instalação do Windows Server 2012 é fazer a atualização pelo serviço Windows Update, disponível em Iniciar → Painel de Controle → Sistema e Segurança → Windows Update.

- **Antivírus:** o segundo procedimento mínimo de segurança é a instalação do antivírus. O administrador iniciante, provavelmente acostumado ao uso de antivírus gratuitos para sistemas domésticos, precisa mudar essa concepção de antivírus quando se trata de antivírus para servidores.

O primeiro ponto importante é que não encontramos no mercado antivírus gratuito para uso em servidores. Este será mais um investimento que a empresa precisa fazer. Se você é o profissional responsável pelo orçamento da rede, esperamos que tenha incluído o antivírus corporativo.

O antivírus corporativo para uso em servidores possui algumas vantagens interessantes, entre elas a atualização automática nas máquinas dos usuários, um poderoso conjunto de regras que podem ser aplicadas aos usuários em rede e a integração opcional com sistemas de firewall e detecção de intruso.

É um mercado lucrativo e existem empresas conceituadas com boas ofertas desse tipo de produto. Não será difícil encontrá-las ao pesquisar na Internet pelas palavras antivírus corporativo ou antivírus para servidores Windows. Informe-se sobre as soluções integradas que incluem antivírus, antispyware, antispam, firewall e sistemas de detecção de intrusos, todos no mesmo produto.

19.11 Política de Senhas

Enquanto os sistemas de segurança tornam-se cada vez mais seguros, a autenticação do usuário segue o tradicional nome de usuário + senha de acesso. Essa forma de autenticação tem mais de 40 anos e ainda continua em uso. A tendência é que seja substituída por sistemas biométricos e o uso de smartcards (token), mas até lá precisamos proteger o login tradicional.

A aposta do setor é mesmo pela biometria, como estamos vendo acontecer com as urnas eletrônicas. Usar partes do corpo para confirmar a identidade. Porém, isso envolve investimento em hardware, além do que, trata-se de uma tecnologia com histórico de falhas técnicas. Nas últimas eleições, as urnas que mais apresentaram defeito foram as biométricas. Por questões culturais, maior custo e tendência a falhas, a biometria ainda não se popularizou entre os usuários domésticos e pequenas e médias empresas. Enquanto a biometria ou qualquer outro sistema melhor não se popularizam, continuamos gerenciando redes muito bem protegidas, mas sujeitas ao acesso não autorizado por alguém que descubra um único nome de usuário e senha válidos no sistema.

A própria senha do administrador ou de alguém do grupo Administradores, se descoberta, dará plenos poderes ao invasor, não importa quanto a empresa invista em segurança.

Acompanhe as notícias relacionadas à invasão de perfis de celebridades e vai descobrir que quase todos os casos se deram por causa de senhas previsíveis e adivinháveis. Uma famosa atriz teve fotos íntimas divulgadas na Internet. O invasor conseguiu obter a senha da própria pessoa, que respondeu a um e-mail falso, no qual o invasor se passou pelo suporte do provedor e pediu-lhe a senha. Não tem antivírus ou firewall que proteja a segurança da informação quando a própria pessoa revela a senha. Se a biometria fosse popularizada, fatos como estes não aconteceriam.

Por este motivo, a política de senhas é importante e deve incluir:

- quantidade mínima de caracteres;
- uso obrigatório de letras, números e caracteres especiais;
- proibição de sequências numéricas ou alfabéticas, como 1234 ou abcd;
- proibição do uso de nomes reconhecíveis, para inibir ou dificultar ataques de dicionário (password guessing);
- prazo de validade limitado, quando deve ser substituída por outra.

O setor de TI da empresa precisa trabalhar em conjunto com o setor ou departamento de Recursos Humanos. Entre as normas e procedimentos de segurança, o setor e TI deve ser informado sobre férias e afastamentos de pessoal, para bloquear ou excluir contas que não mais serão utilizadas. Você não imagina quantas empresas mantêm contas ativas de funcionários, só porque o setor de TI não foi avisado sobre o desligamento.

19.12 Registro de Eventos em Arquivos de Log

Um grande auxiliar do administrador de redes são os arquivos de log. Eles tanto registram falhas internas do sistema como tentativas bem e malsucedidas envolvendo a segurança.

Para os arquivos de Log serem realmente úteis, é preciso configurá-los corretamente e observá-los periodicamente em busca de indícios de problemas na rede, no sistema ou na segurança.

No Windows Server 2012, abra o Gerenciador do Servidor. Em Ferramentas → Ferramentas Administrativas, procure a opção Diagnóstico na coluna à esquerda, onde encontrará também a opção Visualizador de Eventos.

19.13 Habilite Logs Analíticos e de Depuração

Os logs analíticos e de depuração ficam desabilitados por padrão. Quando habilitados, podem ser rapidamente preenchidos com várias entradas. Por este motivo, convém mantê-los ativados por um período especificado, de forma a coletar alguns dados para solução de problemas, e, em seguida, desativá-los novamente. Esse procedimento pode ser realizado com o uso da interface do Windows, scripts ou linha de comandos.

Para habilitar logs analíticos e de depuração usando a interface do Windows:

1) Inicie o Visualizador de Eventos, conforme orientamos.
2) Verifique se os logs analíticos e de depuração estão visíveis, seguindo as etapas em Mostrar ou ocultar logs analíticos e de depuração.
3) Na árvore de console, navegue e selecione o log analítico ou de depuração que você deseja habilitar.
4) No menu Ação, clique em Propriedades.
5) Na caixa de diálogo de propriedades, selecione Habilitar log e clique em OK.

Para habilitar logs analíticos e de depuração usando uma linha de comando:

1) Para abrir um prompt de comando, basta digitar no console:

   wevtutil sl <logname> /e:true

19.14 Backups Regulares

O pior que pode acontecer à empresa não é ter o sistema invadido ou perder o disco rígido do servidor com dados e informações. O pior é não poder recuperar o sistema ao estado mais próximo da hora do incidente.

Isso é possível se houver na empresa uma rotina de backup confiável e permanente. O Windows Server 2012 possui um software de backup que vem desabilitado por padrão. Caso decida pelo sistema de backup do próprio Windows Server 2012, entre no Gerenciador do Servidor, opção Adicionar Funções e Recursos e em seguida selecione em Recursos → Backup do Windows Server. O procedimento é bastante simples e você conta com o Assistente para Adicionar Recursos para ajudá-lo, além do que, a instalação do Backup já foi vista em outro capítulo.

19.15 Firewall

Firewall é o nome dado aos programas com a função de firewall, aos servidores com a função de firewall e ao hardware comercializado com esse mesmo nome. O firewall na forma de software é instalado no servidor e, quando isso ocorre, o próprio servidor é chamado de Firewall ou Proxy Server.

O firewall físico, ou seja, na forma de hardware, é um equipamento adicionado à rede corporativa. Ele é gerenciado remotamente, sendo o mais comum o gerenciamento por página Web por meio de qualquer ponto da rede e até da Internet.

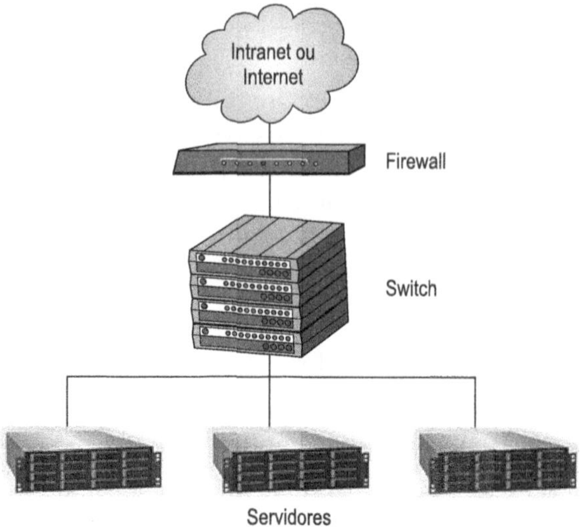

Figura 19.1 - Diagrama demonstra o posicionamento do Firewall físico em relação à infraestrutura da rede.

O firewall trabalha com filtragem por meio das configurações feitas pelo fabricante e ajustadas pelo administrador. Entre as funções disponíveis, as mais importantes são:

- **Filtragem por portas:** é o mínimo que qualquer firewall deve fazer. Consiste em liberar, filtrar ou bloquear portas, dificultando, para eventuais invasores, os ataques visando portas desprotegidas.
- **Filtragem por aplicações:** monitora a conexão das aplicações e processos, garantindo assim que somente o que for permitido tenha acesso à rede e à Internet.
- **Filtragem por protocolos:** reduz as chances de um protocolo mal protegido servir para a exploração de vulnerabilidades.
- **Filtragem por URL:** bloqueia as URLs que oferecem risco ou interfiram na produtividade dos funcionários.
- **Filtragem por análise de dados e pacotes:** verifica o cabeçalho dos pacotes e também analisa os dados em busca de tráfego não permitido.

Um sistema de firewall inicia com um conjunto de regras padrão e, de acordo com a política de segurança da empresa, vai recebendo novas regras, aumentando sua eficácia a cada dia.

Entre os bloqueios mais comuns feitos nas empresas, estão:

- Bloqueio do serviço de VoIP.
- Bloqueio do serviço de mensagens instantâneas.
- Bloqueio de downloads ou de downloads específicos, como MP3, vídeos e executáveis.
- Bloqueio de sites que afetem a produtividade, como sites de vídeos, redes sociais, sites de piadas e humoristas, sites relacionados à pornografia.

- Bloqueio de sites que possam envolver a empresa em ações judiciais, como os relacionados a downloads ilegais de filmes e MP3, hackers, pornografia infantil, entorpecentes e medicamentos controlados.

Nenhum administrador começa uma rede com o firewall na configuração ideal. Todo sistema de Firewall reflete as políticas de segurança da empresa e o aprendizado das configurações anteriores.

O administrador ganha em produtividade quando conhece a fundo o sistema de Firewall em uso na empresa, podendo administrá-lo por meio de scripts, que podem ser exportados e importados, não perdendo a inteligência acumulada no Firewall. Igualmente úteis são os scripts disponibilizados por fabricantes e fóruns técnicos especializados, poupando tempo na criação de complexas tarefas administrativas ou na obtenção de black lists (listas negras) de spammers conhecidos.

19.16 Sistemas Auxiliares

A Política de Segurança, incluindo a Política de Senhas, a atualização do sistema operacional e demais programas do servidor, o antivírus corporativo e o sistema firewall formam a segurança mínima da rede. Veremos agora os recursos auxiliares.

19.16.1 Sistemas de Detecção de Intrusos

O Sistema de Detecção de Intrusos, também conhecido pela sigla IDS, do inglês Intrusion Detection System, consiste em um ou mais programas com a finalidade de detectar atividades maliciosas na rede corporativa.

O IDS tanto pode vir incluído no sistema de Firewall ou antivírus como surgir de soluções próprias, implementadas por scripts pelo administrador da rede.

É fácil confundir IDS com Firewall, uma vez que o Firewall também é capaz de detectar anomalias no tráfego ou acesso à rede e emitir alertas por e-mail e SMS. A diferença é que o IDS monitora comportamentos considerados suspeitos pelo algoritmo da ferramenta.

19.16.2 Honeypot

Honeypot, que em português quer dizer pote de mel, consiste em programas ou técnicas para atrair e mapear o comportamento do invasor. Honeypots são criados com vários propósitos, entre eles:

- mapear a origem das ameaças;
- fazer levantamento quantitativo e qualitativo das ameaças;
- aprender com o invasor;
- desviar a atenção para sistemas estéreis.

Honeypot pode ser um programa ou um servidor físico ou virtual, propositalmente mal configurado, mas com rigoroso registro de eventos em arquivos de log e IDS.

19.16.3 Exercícios Simulados de Rede Comprometida

Os exercícios simulados de rede comprometida são uma proposta apresentada pela Associação Brasileira de Segurança na Internet (ABSI), mas ainda pouco utilizada pelos profissionais de segurança.

Da mesma forma que se faz simulação do que fazer em caso de incêndio, terremoto, enchentes e ações terroristas, o administrador da rede pode fazer simulação de rede comprometida para treinar pessoas.

Evidente que essa iniciativa, além de ser planejada, deve ser do conhecimento e contar com o consentimento da direção da empresa. Os demais participantes envolvidos preferencialmente não devem ser previamente informados.

Como exemplo de exercício simulado, podemos citar o envio de e-mail com o conteúdo similar ao spam, incluindo links e anexos maliciosos. Quem abrir o e-mail, clicar no link ou baixar o anexo é informado de se tratar de uma simulação e que tal atitude deve ser evitada, pois se fosse real, comprometeria a segurança da rede.

É possível ser mais criativo e bloquear o acesso de quem executar o suposto *código malicioso*. O código malicioso em questão seria um script de bloqueio do terminal. Nada melhor que um susto inofensivo para educar as pessoas. Mas como já foi dito, deve ser uma ação bem planejada para evitar causar transtornos e interferir na rotina de trabalho da empresa.

19.17 Testes de Penetração Autorizados: Seja o Único Hacker na Sua Rede

No início dos anos 2000, o mercado de TI viu surgir a figura do hacker ético. Antes perseguidos, os hackers veteranos passaram a prestar serviços de consultoria às empresas. Usar o conhecimento de invasão para mapear vulnerabilidades, ameaças, riscos e ajudar com a solução de falhas de segurança. Até o TSE (Tribunal Superior Eleitoral) há dois anos convida hackers para ajudar a testar a segurança das urnas eletrônicas.

Essa mudança de atitude em relação aos hackers gerou procedimentos fora do preconizado pelas Normas Técnicas, como a série ISO/IEC 27000. Uma dessas iniciativas é o Teste de Penetração Autorizado, que consiste em contratar os serviços de ex-hacker, hacker profissional ou de um Analista de Vulnerabilidades, para que este teste a segurança da rede e ajude a empresa com a correção de falhas e vulnerabilidades.

É um tema ainda controverso e chega a ser comparado a convidar um ladrão para tentar invadir a casa. Mas aos poucos o preconceito está sendo superado e já existem empresas respeitadas que prestam esse serviço.

Nos EUA, fraudadores, incluindo invasores de computadores, recebem penas mais brandas ou nem cumprem pena se condenados, desde que colaborem com as autoridades e ajudem-nas a entender e coibir o mesmo tipo de fraude.

Saindo um pouco da polêmica de contratar ou não hackers para fazer testes de segurança, nada impede que você mesmo faça esses testes. Para isso terá de buscar o mesmo conhecimento do invasor, uma ideia que não agrada a todos, principalmente aos contratantes.

Mas se você refletir sobre o assunto e procurar entender que a orientação dada ao profissional de segurança não contempla o *modus operandi* dos invasores, também vai concluir que o maior risco é não saber como os hackers agem.

Pegue o plano de curso de qualquer faculdade de tecnologia e não vai encontrar nada sobre CSRF (Cross-site Request Forgeries), Forceful Browsing Ataque, Man in the Middle,

Overflow Wrapper ou Van Eck Phreaking, a técnica que conseguiu burlar a Urna Eletrônica em testes públicos realizados pelo Tribunal Superior Eleitoral em 2009.

Todos estes nomes são de técnicas hacker que agora mesmo podem estar em uso contra a rede da empresa. Mas por causa da falta de conhecimento, desinteresse ou preconceito, as instituições que formam profissionais de rede e profissionais de segurança privilegiam conceitos, em detrimento de técnicas consideradas sujas, mas que são as responsáveis pela maioria das invasões.

No Teste de Penetração Autorizado a empresa pode contratar os serviços de um hacker de confiança. Ou você mesmo pode deixar sua zona de conforto, buscar conhecimento hacker e usá-lo a seu favor nos testes de penetração, tornando sua rede muito mais segura.

19.18 Testes de Penetração em Ambiente Virtualizado

Não é recomendável submeter a rede da empresa a testes de penetração invasivos. Esse tipo de procedimento, discutido no tópico anterior, pode corromper sistemas e arquivos de configuração, tornando a cura pior que a doença.

É para isso que servem os testes de penetração em ambientes virtualizados. Consistem em clonar o sistema a ser testado e reproduzi-lo em sistemas de máquinas virtuais. Todos os testes devem ser feitos no sistema clone, sem afetar o sistema real.

À medida que as vulnerabilidades se revelarem, elas devem ser corrigidas no sistema real, que não foi submetido aos ataques do teste de penetração.

19.19 Criptografia de Unidade de Disco BitLocker

Em Adicionar Recursos do Windows Server 2012 você também encontra a opção de instalar o sistema de criptografia de discos BitLocker. É uma ferramenta que faz a codificação de partições do disco rígido, protegendo arquivos contra possíveis roubos. O BitLocker impede um ladrão de inicializar outro sistema ou executar uma ferramenta para piratear softwares, violar as proteções dos arquivos e sistemas do Windows ou visualizar os arquivos off-line armazenados na unidade protegida.

Em condições ideais, o recurso usa um Módulo de Plataforma Confiável para proteger os dados do usuário e assegurar que um computador executando o Windows Server 2012 não seja acessado quando o sistema estiver off-line. O BitLocker fornece aos funcionários que utilizam informações corporativas e que trabalham em trânsito ou internamente uma proteção aprimorada dos dados, caso seus sistemas sejam perdidos ou roubados, além de uma exclusão segura dos dados quando for preciso inutilizar esses ativos.

É uma proteção muito radical para as redes comuns e a recomendação é que só deve ser implementada nos casos em que existem chances reais de o servidor ser roubado ou em notebooks de funcionários que ocupem posição estratégica na empresa.

19.20 Assistente de Configuração de Segurança

O Windows Server 2012 possui um recurso extra para promover a segurança dos servidores. Trata-se do Assistente de Configuração de Segurança, disponível no menu Ferramentas do painel Gerenciador do Servidor.

O Assistente de Configuração de Segurança (ACS) guia você pelo processo de criação, edição, aplicação ou reversão de uma diretiva de segurança. Ele fornece uma maneira fácil de criar ou modificar uma diretiva de segurança para o servidor com base em sua função. Você pode, em seguida, usar a Diretiva de Grupo para aplicar a diretiva de segurança de modo a vários servidores de destino que executam a mesma função. Você também pode usar o ACS para reverter uma diretiva a sua configuração anterior para fins de recuperação. Com o ACS, você pode comparar as configurações de segurança de um servidor com uma diretiva de segurança desejada para verificar configurações vulneráveis no sistema.

Além disso, você pode:

- Desabilitar serviços não desejados com base na função do servidor.
- Remover regras de firewall não usadas e limitar as existentes.
- Definir diretivas de auditoria restritas.

O uso do Assistente é bastante intuitivo, bastando você selecionar entre as opções apresentadas, aquelas que se aplicam ao seu projeto de rede e servidor.

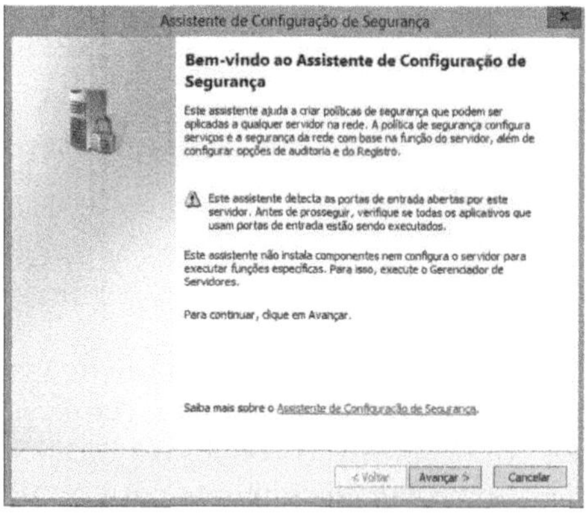

Figura 19.2 - Assistente de Configuração de Segurança do Windows Server 2012.

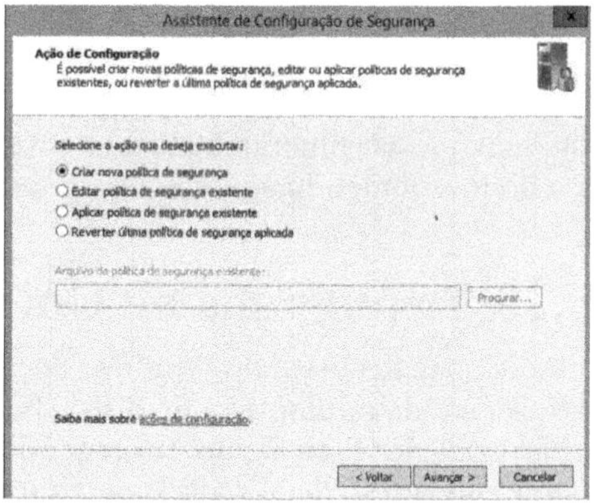

Figura 19.3 - Escolha entre criar uma política de segurança nova ou alterar uma existente.

Com a seleção do servidor, o ACS exibe várias telas em que você deve marcar e desmarcar funções, recursos e serviços que possam ser removidos para tornar a rede mais segura. Se inicialmente você não souber como proceder, execute a primeira verificação aceitando a configuração padrão do assistente.

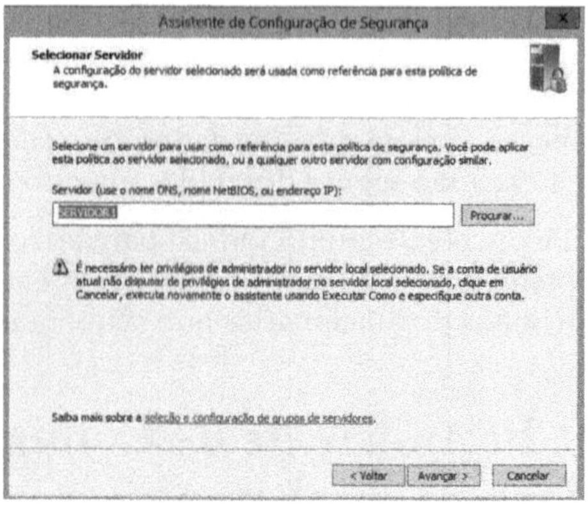

Figura 19.4 - Selecione o servidor a ser auditado.

19.21 Microsoft Baseline Security Analyzer

O MBSA (Microsoft Baseline Security Analyzer) é uma ferramenta da Microsoft fácil de usar e compatível com o Windows Server 2012. O que essa ferramenta faz é uma varredura em busca de vulnerabilidades. Para ajudá-lo ainda mais, cada vulnerabilidade encontrada é acompanhada de informações sobre a correção. Para quem não tem tempo a perder e não possui formação específica em segurança, o MBSA é uma boa ajuda. Faça download do site oficial em: http://technet.microsoft.com/pt-br/security/cc184923.aspx.

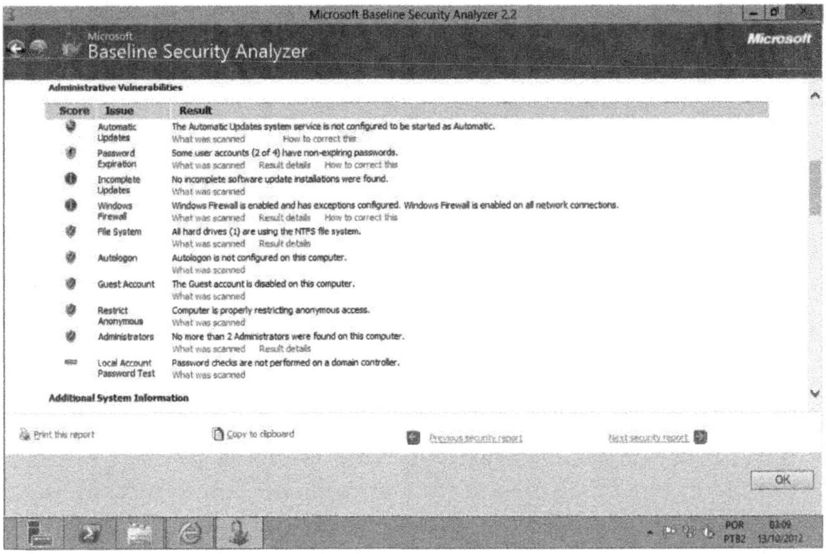

Figura 19.5 - Relatório do MBSA do Windows Server 2012 usado em nossos exemplos.

19.22 Registro do Windows

O Registro do Windows é um banco de dados relacionado a praticamente tudo o que existe no Windows e nos softwares conforme são instalados. Por conta desta onipresença e onipotência, o Registro é muito visado por invasores e códigos maliciosos. Quem controla o Registro controla o próprio Windows.

Conhecer e saber lidar com o Registro do Windows não está restrito às necessidades de segurança do sistema de informação. Se o administrador souber usar o Registro corretamente, pode criar scripts de configuração e administração que manipulam o registro, poupando muito tempo se os mesmos procedimentos fossem feitos repetidamente ou usando a interface gráfica.

Mexer no Registro exige cautela. Qualquer alteração inconsequente pode causar o mal funcionamento do sistema e até impedir o Windows de funcionar. Sendo assim, o melhor a fazer é iniciar com uma cópia de segurança do Registro, um Backup.

O Windows possui uma ferramenta própria de manipulação do registro, conhecida como Editor do Registro ou RegEdit.exe. É essa ferramenta que vamos usar para abrir o Registro do sistema. Você pode digitar regedit no console, em Pesquisa ou procurar o arquivo na pasta C:\Windows\System32\Regedit32.exe:

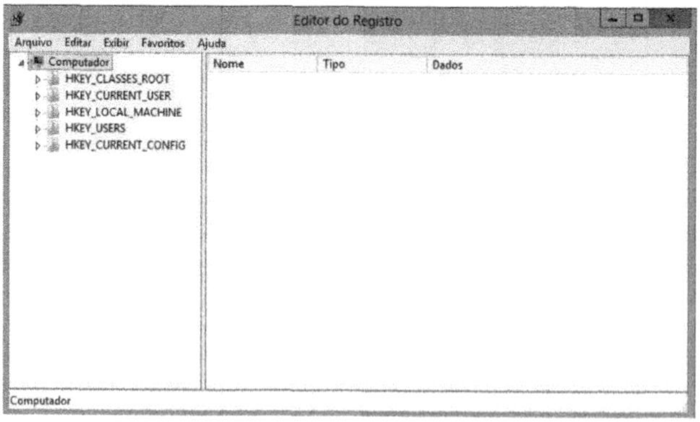

Figura 19.6 - Editor do Registro (RegEdit).

É com esse programa de aparência simples que você consegue ter acesso direto ao Registro do Windows. Com ele é possível apagar linhas (útil para tirar manualmente rastros de vírus, por exemplo), mudar configurações e se você for um especialista no assunto, corrigir erros.

19.23 Backup do Registro

Por precaução, a primeira etapa é fazer a cópia de segurança do Registro. Há mais de uma maneira de fazer isso, mas como já estamos no RegEdit, vamos fazer por ele. Para fazer uma cópia de segurança do Registro do Windows, basta acessar o menu Arquivo → Exportar. Para recuperar uma cópia salva anteriormente, use o mesmo menu Arquivo → Importar. Não se esqueça de reservar uma pasta para salvar e recuperar o arquivo. Talvez queira salvar o arquivo em um pendrive, tendo cuidado para não o perder.

> **Dica**
> Antes de editar o Registro, convém usar a Restauração do Sistema para criar um ponto de restauração, que contém informações sobre o Registro e pode ser usado para desfazer alterações no sistema. É uma segurança a mais caso algo saia errado.

19.24 A Estrutura do Registro do Windows

Conforme foi possível ver na Figura 19.6, quando você acessa o RegEdit, aparece uma estrutura contendo cinco pastas que são chamadas de chaves. Trata-se da estrutura básica do Registro do Windows e cada uma tem uma finalidade:

- **HKEY_CLASSES_ROOT:** essa chave, na verdade, não é muito importante a princípio. É um atalho para a chave HKEY_LOCAL_MACHINE\SOFTWARE\Classes e sua finalidade é manter compatibilidade com programas antigos.
- **HKEY_CURRENT_USER:** essa chave é um atalho para a chave HKEY_USERS\usuario, em que usuario deve ser o nome do usuário do Windows. Ela mostra somente informações do usuário logado ao sistema, por exemplo, as configurações personalizadas.
- **HKEY_LOCAL_MACHINE:** esta é a chave mais importante do Registro, pois nela é que estão as informações sobre programas e hardware. Para se ter noção da importância dessa chave, seus dados são guardados num arquivo chamado system.dat. Clicando no sinal de mais ao lado dessa chave, aparece uma estrutura que indica onde estão os dados.

Repare bem que as informações estão organizadas por tipo. Em HARDWARE estão informações relativas ao hardware do computador, como portas paralelas, interfaces SCSI etc. Em SECURITY estão informações de segurança e assim por diante.

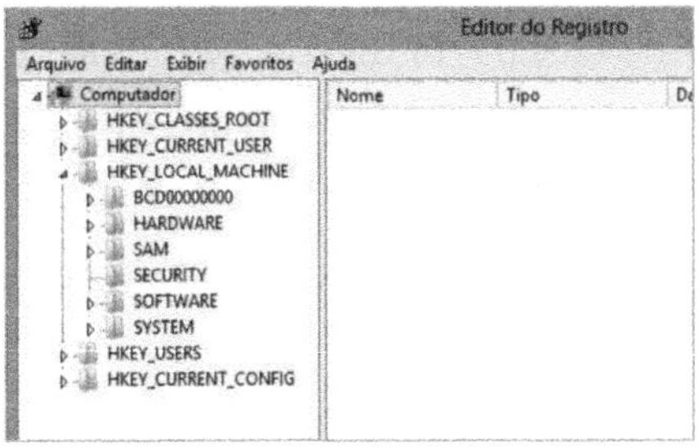

Figura 19.7 - Visão da chave HKEY_LOCAL_MACHINE expandida.

A melhor maneira de entender o Registro do Windows é explorar sua hierarquia. Você pode fazer isso de forma segura, bastando não alterar nada. Para se orientar, repare nos nomes das chaves.

Outra chave importante é a SOFTWARE. Nela você consegue encontrar informações sobre todos os programas instalados no Windows, inclusive algumas aplicações auxiliares aos drivers de hardware.

- **HKEY_USERS:** no Windows, é possível ter vários usuários em um único computador. A função dessa chave é guardar as informações de cada usuário. Quando o sistema está configurado apenas para um usuário, essa chave possui apenas uma entrada, de nome default ou padrão. Todas as limitações dos usuários, assim como todas as suas configurações, podem ser manipuladas aqui.
- **HKEY_CURRENT_CONFIG:** é um atalho que contém configurações do usuário logado no computador relativas ao hardware. Esse atalho é útil quando é necessário procurar informações do usuário que está logado, pois todas as suas informações aparecem nessa chave.

19.25 Alteração do Registro

Quando você acessa uma chave e, em seguida, alguma entrada, é possível alterá-la dando dois cliques do mouse na chave ou clicando com o botão direito do mouse na entrada e escolhendo Modificar. Se você escolher este último método, ainda será possível mudar o valor binário da entrada ou então excluir a entrada, uma operação que só deve ser feita com absoluta certeza do que se está fazendo.

19.26 Como Criar uma Pasta God Mode para Navegar Facilmente pelo Painel de Controle

Uma das coisas legais que você pode fazer com o Registro é criar pastas que normalmente não seriam criadas pelo sistema operacional. A pasta God Mode pode ser criada na Área de Trabalho do Windows Server 2012 com atalhos para todo tipo de ferramenta e recurso necessário à administração da rede e do servidor.

Não é preciso abrir o Editor do Registro para fazer essa alteração, mas na verdade você também estará manipulando o registro do sistema. Crie um atalho na Área de Trabalho do Windows clicando com o botão direito do mouse, depois selecionando Novo → Atalho e no campo de localização digite a seguinte linha:

explorer.exe shell:::{ED7BA470-8E54-465E-825C-99712043E01C}

Feito isso vai aparecer a pasta God Mode (ou o nome que você quiser dar), contendo atalhos para todas as tarefas do Windows.

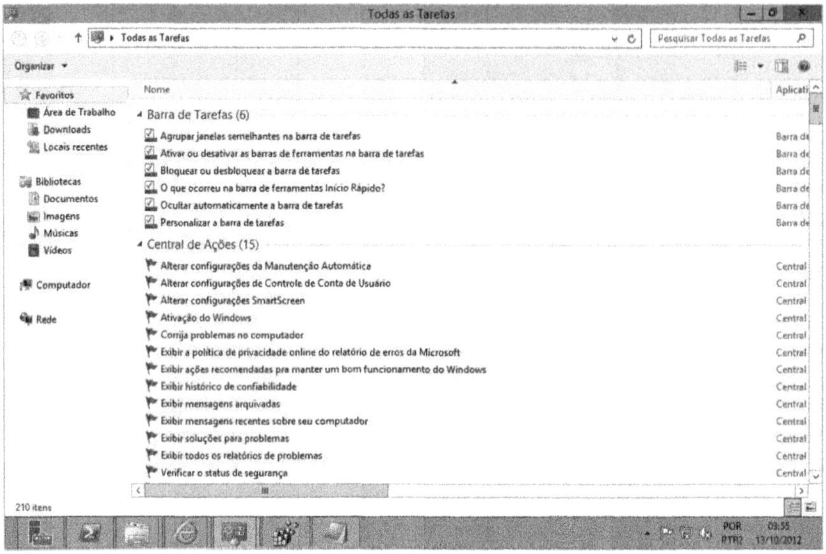

Figura 19.8 - Pasta God Mode no Windows Server 2012.

19.27 Finalização

O Registro do Windows cresce com o passar do tempo. Muitos programas, ao serem removidos do computador (desinstalados), não removem as entradas do Registro, o que faz com que chaves fiquem armazenadas sem necessidade. Por isso, é importante limpar o Registro de vez em quando. Existem programas de terceiros que prometem fazer a limpeza e a recuperação do Registro. Experimente encontrá-los pesquisando por registry cleaner em seu serviço de buscas preferido.

19.28 As Vulnerabilidades de Segurança mais Críticas

Algumas organizações sem fins lucrativos fornecem relatórios contendo a descrição das vulnerabilidades mais críticas de segurança, com recomendações sobre o que fazer para prevenir ou eliminar vulnerabilidades.

Uma destas fontes de informação é a lista do SANS (System Administration, Networking and Security), um renomado centro de segurança norte-americano. A lista inicialmente conhecida como TOP-20 é um documento que lista as vulnerabilidades de segurança mais críticas da Internet e pode servir de guia para quem não possui formação em segurança.

Na mesma linha da SANS TOP-20 temos a TOP-10 da OWASP (Open Web Application Security Project), com o diferencial de listar vulnerabilidades em aplicações Web:

- **A1:** Cross Site Scripting
- **A2:** Falhas de Injeção de Código
- **A3:** Execução de Arquivo Malicioso
- **A4:** Referência Insegura Direta a Objeto
- **A5:** Cross Site Request Forgery (CSRF)
- **A6:** Vazamento de Informações e Tratamento de Erros Inadequado
- **A7:** Falha de Autenticação e Gerência de Sessão
- **A8:** Armazenamento Criptográfico Inseguro
- **A9:** Comunicações Inseguras
- **A10:** Falha ao Restringir Acesso a URLs

Os relatórios de segurança dessas instituições podem ser lidos on-line nos seguintes endereços:

- **SANS:** http://www.sans.org/critical-security-controls/
- **OWASP:** https://www.owasp.org/index.php/Top_10_2010-Main

E, assim, chegamos ao final do capítulo. Agora você já conhece o mínimo que precisa saber para tornar a rede com Windows Server 2012 mais segura.

Resumo do Capítulo 19

Agora você já sabe que:

... tudo que existe no universo é formado por dados e contém informações.

... para extrair informações dos dados, é preciso ter os meios e o conhecimento para interpretá-las.

... segurança da informação é proteger os ativos da empresa.

... os ativos são três: informação, suporte à informação e pessoas, mas podem ser reorganizados em grupos para melhor atender à estrutura organizacional da empresa.

... os princípios da Segurança da Informação são a confidencialidade, a integridade e a disponibilidade.

... ameaças colocam em risco os ativos.

... risco é a probabilidade de a ameaça explorar vulnerabilidades.

... vulnerabilidade são os pontos do sistema sujeitos a ameaças.

... o administrador de redes não é um profissional de segurança, mas igualmente precisa entender de segurança.

... a segurança mínima responde por 80% da segurança da rede.

... as listas de vulnerabilidades servem como ponto de partida para verificações de segurança e testes de penetração autorizados.

19.29 Exercícios Propostos

Nada melhor para reforçar o aprendizado que fazer alguns exercícios. Para este capítulo a proposta de exercícios inclui:

1) Baseado no conceito de segurança mínima, faça uma inspeção na rede em busca dos pontos falhos citados no texto.
2) Execute o Assistente de Configuração de Segurança para descobrir falhas de configuração que não foram previstas nem detectadas inicialmente.
3) Execute a ferramenta MBSA da Microsoft e reflita sobre as indicações do relatório. Aproveite para corrigir as falhas apontadas.
4) Pesquise sobre antivírus para servidores corporativos. Pesquise também sobre o produto Forefront da Microsoft.

capítulo

20

Administração de Redes

Você aprendeu tudo sobre o servidor agora aprenda a administrar a rede

Um livro que traz no título a palavra administração não estaria completo sem um capítulo dedicado à administração da rede. Administrar não é instalar e configurar, administrar é cuidar que a rede continue funcionando e atendendo as necessidades da organização, atuais e futuras.

O administrador da rede faz parte da *intelligentsia* da organização para a qual trabalha. Não é o tipo de funcionário que apenas cumpre sua carga horária e no final do expediente consegue se desligar da empresa por completo.

Nas empresas que possuem atividade on-line ininterrupta, quem administra os servidores fica à disposição 24 horas por dia, porque uma invasão de servidor comunicada à meia-noite de uma quinta-feira, véspera de feriado prolongado, não pode aguardar até segunda-feira para ser resolvida.

Já comentamos sobre os prejuízos causados por apenas uma hora de paralisação de um desses grandes portais de comércio eletrônico. Em empresas menores isso não é diferente e toda paralisação de servidor deve ser resolvida em caráter de urgência.

Veremos agora as situações mais comuns com as quais você vai lidar em seu cotidiano profissional, com orientações sobre o que fazer em cada caso.

20.1 Administração de Redes não é para Iniciantes

Nós acreditamos que você está lendo este livro como investimento em sua carreira profissional. Livros técnicos de informática não é o tipo de leitura que as pessoas escolhem por lazer. Isso leva a crer que o seu interesse é puramente profissional. Que o seu objetivo é ingressar ou evoluir em alguma profissão ou atividade relacionada a servidores, em nível técnico ou superior. E com base nessa premissa vamos descrever as etapas para quem está começando, para quem nunca trabalhou com redes de servidores e ainda não sabe o que o espera.

Empatia quer dizer se colocar no lugar do outro. E esta qualidade é uma das características que todo administrador de redes precisa ter ou desenvolver. No seu caso a empatia deve começar antes mesmo de entrar para a empresa. Você deve se perguntar: o que estas pessoas (que estão me contratando) esperam de mim?

Elas esperam que você seja capaz de manter a empresa funcionando. Achou pouco? Nós achamos que é muita responsabilidade e caso você tenha dúvidas quanto ao seu papel, acompanhe nosso raciocínio.

As empresas cada vez mais dependem das redes para a manutenção de seus negócios. Se dependem das redes, dependem também do profissional que mantém a rede funcionando.

Esqueça redes e servidores um pouco e pense como seria para você, contratar um médico para transplantar seu coração. O candidato é recém-formado e nunca transplantou o coração de alguém, o seu será o primeiro. Você o contrataria?

Agora se coloque na posição de um possível empregador. A rede é o coração da empresa. Ele deve contratar alguém sem experiência? Talvez você pense que deva ter uma oportunidade. Mas você daria uma oportunidade a um médico recém-formado para substituir seu coração?

Acreditamos que não, então, por favor, não peça à empresa para correr o risco de ter a rede administrada por um profissional inexperiente.

Se todo o seu conhecimento sobre o Windows Server 2012 for o que você obteve com este livro, ele é suficiente como conhecimento, mas insuficiente como experiência profissional. A não ser, é claro, que você já trabalhe com redes e está apenas se atualizando.

O que realmente queremos dizer é que você precisa ser capaz de administrar uma rede com responsabilidade. Por isso sugerimos que antes de sair por aí procurando vagas de administrador de redes, você passe pela experiência de administrar redes. O caminho ideal para que isso aconteça é o estágio não remunerado. Acreditamos não ser difícil para você conseguir um período de estágio em alguma empresa da sua região.

O estagiário(a) vai entrar em contato direto com profissionais experientes sem a pressão de estar no comando da rede. Isso vai fazer uma grande diferença quando você assumir a rede de alguma empresa. Comece se preparando além da teoria.

20.2 Instalação de Novos Servidores

No decorrer deste livro, apresentamos na teoria e na prática diversos tipos de servidores. Mas pode acontecer de você precisar instalar e configurar um servidor que não foi apresentado. O que fazer quando isso acontecer?

Vamos começar entendendo os motivos pelos quais a rede precisa de um novo servidor e conhecer as regras padrão para instalação. Esse conhecimento vai torna-lo capaz de instalar funções e recursos do Windows Server 2012, mesmo os não discutidos no livro.

Todo servidor surge para atender uma necessidade da empresa. Os servidores que apresentamos em detalhes, equilibrando teoria e prática, são os mais importantes e cobrem cerca de 90% das necessidades de qualquer empresa.

Vamos descrever como instalar qualquer outro servidor que não foi detalhado. A primeira coisa a fazer é recordar que as etapas iniciais da instalação no mesmo servidor são as mesmas:

1) Você inicia o assistente Adicionar Funções e Recursos.

2) Em Tipo de Instalação, seleciona Instalação baseada em função ou recurso.

3) Em Seleção do Servidor, seleciona o servidor que vai receber a função e se houver apenas um servidor na rede, ele já estará selecionado.

4) Em Funções do Servidor, você escolhe a nova função para o Windows Server 2012. Se a função escolhida não estiver nesta sessão, experimente prosseguir para procurá-la em Recursos do Servidor.

Os próximos passos se resumem a aguardar o término da instalação e, se for o caso, configurar o serviço recém-instalado. O uso inteligente da ferramenta BPA vai ajudá-lo a identificar pendências não previstas, incluindo sugestões de como resolvê-las.

20.3 Gerenciamento da Rede: O Sistema

Você tem alguma ideia do que o administrador de rede faz ao terminar de instalar e configurar o servidor? Ele administra a rede, gerencia o servidor, cuida para manter a rede funcionando e atendendo as necessidades da empresa.

Mas como, exatamente, se faz a administração de uma rede? A administração da rede se faz por tarefas e procedimentos. As tarefas formam a sua rotina de trabalho e podem ser diárias, semanais, quinzenais, mensais, esporádicas e emergenciais.

A situação ideal inclui a documentação dessas tarefas para que você possa manter certo padrão de qualidade e, à medida que sua experiência aumenta, os procedimentos são revisados para alcançar o máximo de desempenho no menor tempo.

A tabela a seguir descreve as etapas da administração de redes com exemplos das tarefas mais comuns, desde o projeto até a recuperação de desastres:

<table>
<tr><th>Etapa</th><th>Nome</th><th>Descrição</th></tr>
<tr><td>1ª</td><td>Projeto da Rede Física</td><td rowspan="2">Antes de a rede existir você elabora ou participa da elaboração do projeto da rede física e lógica. Dessa reunião surge a planilha de custos, o fluxograma e o cronograma.
Supondo que a rede já exista na empresa em que você for trabalhar, nessa fase você deve inteirar-se do projeto da rede.
Não existindo um projeto de rede documentado, seu primeiro compromisso profissional é mapear e inventariar a rede e assim dar início à documentação.</td></tr>
<tr><td>2ª</td><td>Projeto da Rede Lógica</td></tr>
<tr><td>3ª</td><td>Implantação da Rede Física</td><td>Com o projeto pronto o próximo passo é fazer as instalações dos cabos, calhas, armários, conduítes, tomadas, computadores, dispositivos de rede etc. Essa parte costuma ser feita por empresa ou profissional especializado em cabeamento estruturado, às vezes até por eletricistas. Não é necessariamente função do administrador da rede, mas não é incomum esse profissional fazer essa parte.
Se a rede física já estiver implantada, ou se você não participou do projeto nem existe uma documentação, nessa fase você deve criar o diagrama da rede para inteirar-se de como foi distribuída, identificar os pontos de vulnerabilidade, elaborar o diagrama físico sobre a planta baixa e incluir na documentação.
Fazer a inspeção visual inicial e periódica é extremamente importante, pois permite um controle maior da rede e evita surpresas desagradáveis.</td></tr>
</table>

Etapa	Nome	Descrição
4ª	Implantação da Rede Lógica	A parte lógica consiste em tornar a rede funcional, dentro do que está previsto no projeto. Nomes de servidores, de máquinas, estrutura do Active Directory, IPs estáticos, tudo já deve estar organizado na forma de um projeto lógico da rede e nessa fase o que se faz é a implantação: 1) Instalação do sistema operacional 2) Tarefas e procedimentos iniciais pós-instalação 3) Instalação de Funções e Recursos 4) Configuração das Funções e Recursos 5) Política de contas 6) Criação de grupos e usuários 7) Gerenciamento dos compartilhamentos de pastas, recursos e impressoras 8) Auditoria de segurança inicial Se você entra para a empresa com a rede funcionando, ou seja, com todas as tarefas anteriores já realizadas, use essa lista para auditar a rede. Isso vai ajudá-lo(a) a se familiarizar com a rede em pouco tempo, além de contribuir para a identificação de falhas de configuração e segurança, que passaram despercebidos pelo profissional anterior ou por quem, junto contigo, agora cuida da rede.
5ª	Manutenção	A manutenção consiste nas tarefas do cotidiano necessárias para manter a rede atualizada, estável e segura. Um site com informações defasadas é um exemplo de rede desatualizada. Softwares sem atualização também. Reclamações dos funcionários a respeito da lentidão ou indisponibilidade da rede é um exemplo de rede instável. Perda de documentos importantes, o site da empresa que amanhece desfigurado são exemplos de redes inseguras. No decorrer dos capítulos disponibilizamos as informações necessárias para a manutenção da rede. Elabore uma agenda de manutenção adequada à estrutura da rede e da empresa. A maior parte da sua vida profissional será formada pelas rotinas de manutenção.
6ª	Contingência e Recuperação de Desastres	Esta é uma etapa a que ninguém quer chegar, mas é preciso saber o que fazer quando o pior acontece. Entre os exemplos de desastres podemos citar: • Catástrofes naturais, como terremoto e inundação • Incêndios • Roubos e furtos • Defeito • Fim da vida útil do equipamento • Problemas com o licenciamento • Questões legais • Sabotagem • Perda de dados Para cada uma destas situações você deve ter um plano de recuperação, sempre visando retomar as atividades da rede no menor prazo possível. Sabendo o que fazer no pior dos casos, além de ficar psicologicamente melhor preparado, a pressão do momento tende a ser menor, porque você tem um plano e só precisa segui-lo, alheio(a) ao eventual caos instalado.

Em cada uma das etapas descritas existem tarefas de rotina e nós sugerimos que você as organize em fichas de procedimentos no formato de árvore de decisão (troubleshooting). Administrar a rede é passar por todas estas etapas, sempre revendo os procedimentos adotados em busca de melhores práticas que tornem a rede disponível, segura e atualizada.

Tomando como exemplo a entrada de um novo funcionário na empresa, qual será o papel do administrador da rede? Naturalmente será criar uma conta de acesso para esse usuário. Mas com quais permissões? As permissões foram definidas desde o projeto da rede lógica, ocasião em que os níveis de acesso foram atribuídos a diferentes grupos.

Na prática como isso é feito? Após receber o aval para a criação da conta do usuário, o que você deve fazer é acessar o menu Ferramentas → Usuários e Computadores do Active Directory, depois de criar a conta do usuário e vincular a conta a algum grupo e/ou a alguma UO, pode refinar as permissões acessando a Central Administrativa do Active Directory e por meio dessa janela acessar a conta do usuário para fazer ajustes de configuração, como, por exemplo, indicar a pasta base, entre outras coisas.

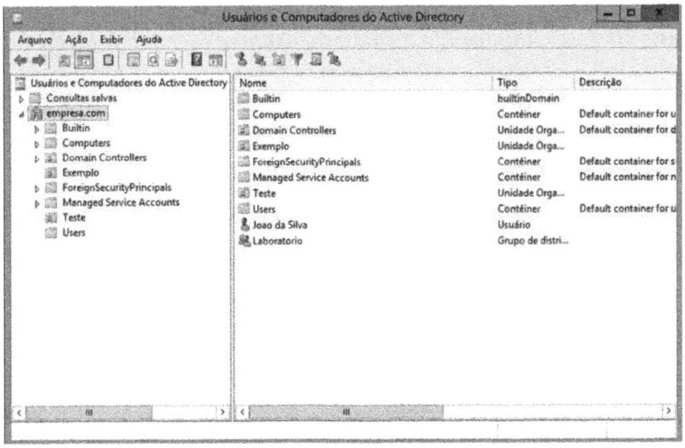

Figura 20.1 - Usuários e Computadores do Active Directory.

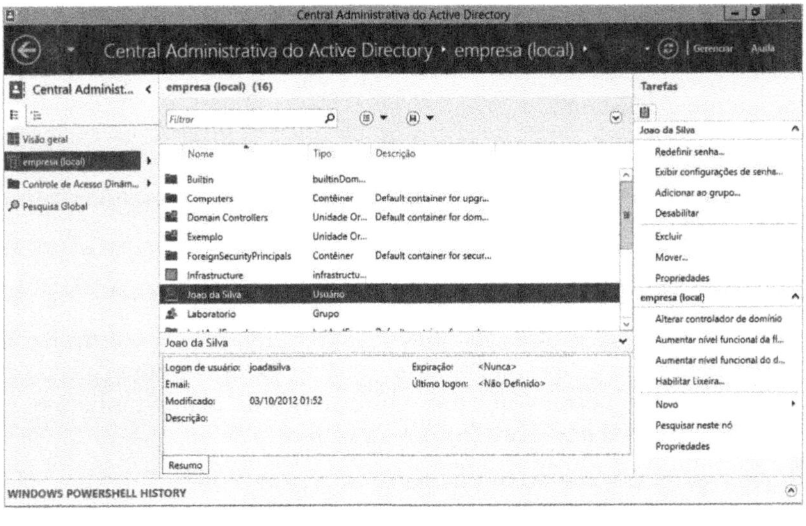

Figura 20.2 - Central Administrativa do Active Directory.

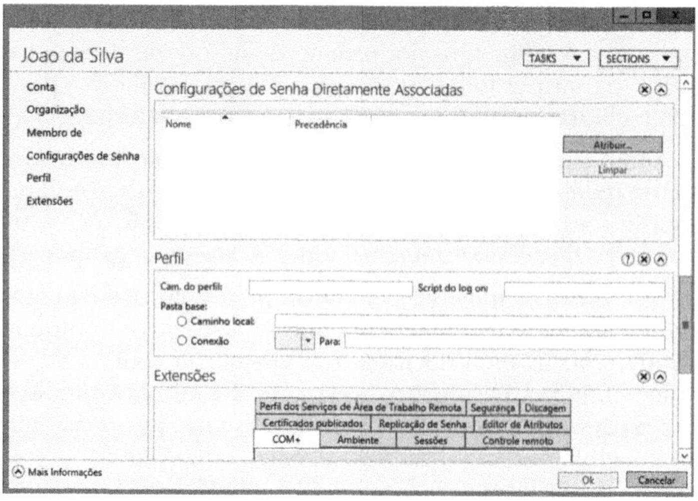

Figura 20.3 - Configurando a conta do usuário exemplo João da Silva.

Nos relatos de dificuldade sobre o que fazer para manter a rede funcionando, na maioria das vezes percebemos que ela está relacionada à inexistência de um projeto lógico para a rede e também à falta de documentação.

A rede organizada com um projeto lógico não deixa dúvidas quanto aos nomes dos recursos, funções que devem ser instaladas e as regras de permissão para grupos e usuários.

Um sistema como o Windows Server 2012 bem configurado funciona sozinho, sem precisar de intervenção frequente, mas precisa de manutenção constante. Para facilitar o entendimento a respeito da manutenção, podemos dividi-la em:

- Gerenciamento de grupos e usuários
- Gerenciamento de arquivos
- Gerenciamento de impressão
- Gerenciamento dos discos e volumes
- Backup
- Monitoramento do Sistema
- Segurança

Estas são as principais tarefas administrativas. Agora, vejamos como lidar com elas.

20.4 Gerenciamento de Grupos e Usuários

O gerenciamento de grupos e usuários consiste em criar, remover e estipular os critérios de acesso à rede para cada grupo ou conta de usuário. Grupo é uma coleção de usuários e a organização em grupo permite que todos os usuários do grupo tenham os critérios de acesso determinado pelos critérios atribuídos ao grupo.

A conta Administrador, por exemplo, faz parte do grupo Administradores. Se você criar uma conta com o nome Carmo e vincular este usuário ao grupo Administradores, o usuário Carmo terá os mesmos privilégios de qualquer outro usuário do grupo Administradores.

Em se tratando de uma rede baseada em Active Directory, que é o caso da maioria das redes atuais com o Windows Server, as contas de usuário, de grupos e demais recursos do servidor, como compartilhamentos e impressoras, podem ser gerenciados do AD, na forma de Unidades Organizacionais.

1) A teoria do AD foi vista no capítulo 14, agora veremos o uso prático. Com o AD foi criada no menu Ferramentas a opção Usuários e Grupos do Active Directory. Clique nela para aprender como criar contas de usuário vinculadas ao AD, Figura 20.4.

2) No menu Ação, selecione a opção Novo e, depois, Grupos. Dê um nome qualquer ao grupo e por enquanto deixe as opções selecionadas como estão, Figura 20.5.

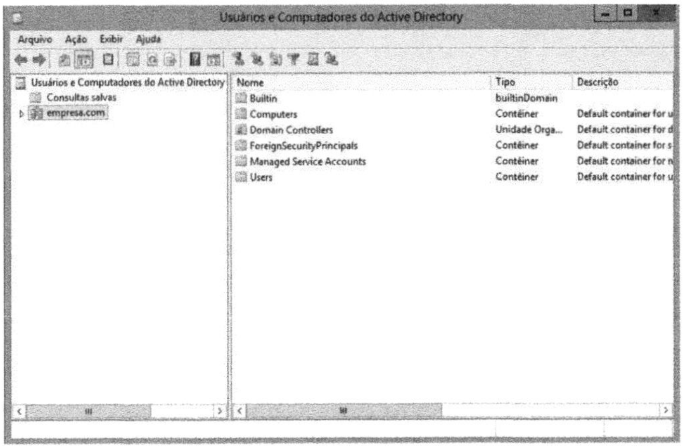

Figura 20.4 - Usuários e Computadores do Active Directory.

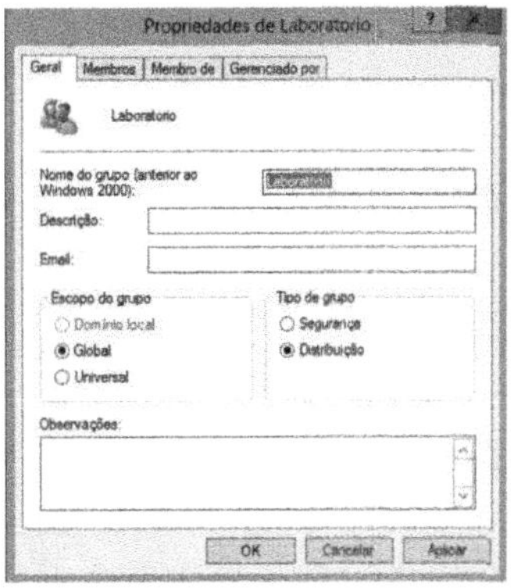

Figura 20.5 - Criando grupos.

3) Após a criação do grupo, volte ao menu Ação, selecione a opção Novo e escolha Criar Usuário. Repita essa operação para criar dois ou três usuários com nomes e características diferentes.

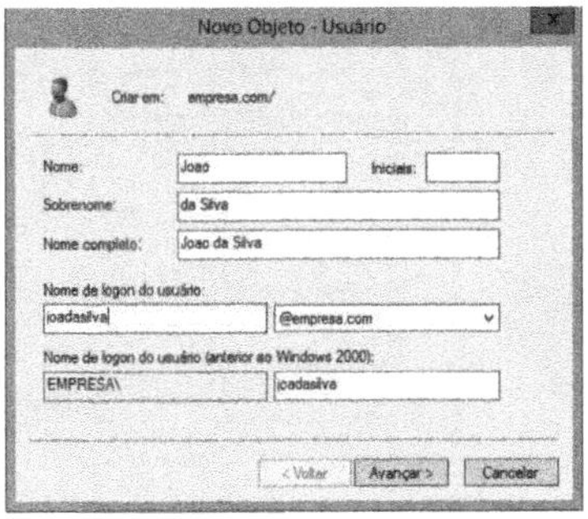

Figura 20.6 - Criando usuários.

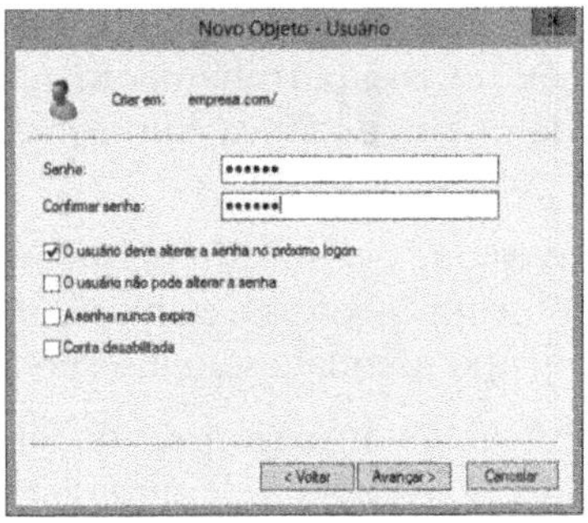

Figura 20.7 - Configurando a conta do usuário.

4) Agora que você já tem um grupo e alguns usuários criados, clique no nome do grupo que você criou, acesse a guia Membros, clique em Adicionar e inclua um ou mais dos usuários recém-criados, Figura 20.8.

Este é o princípio da administração de grupos e usuários no Windows Server 2012. No mesmo menu Ação → Novo você cria as Unidades Organizacionais do Active Directory, conforme discutimos no capítulo 14.

Figura 20.8 - Incluindo usuários em grupos.

20.5 Gerenciamento de Arquivos

As tarefas do administrador da rede relacionadas ao gerenciador de arquivos têm o propósito de evitar principalmente o acesso indevido. No capítulo sobre servidor de arquivos você aprendeu a criar o servidor de arquivos e conheceu os recursos disponíveis, bem diferente do que é compartilhar pastas em computadores de usuários.

Vamos supor uma pasta acessada por alunos e professores. Os alunos só podem ler o conteúdo e os professores podem ler e salvar as alterações que fizerem nos arquivos. Esta é uma situação comum em qualquer escola e até mesmo em empresas. Um grupo só pode ler os arquivos; o outro também pode modificar.

Usando o que aprendeu, você pode criar Unidades Organizacionais ou Grupos de Usuário. Adicionar os grupos no compartilhamento e configurar as opções de escrita e leitura conforme a necessidade de cada grupo.

Isso faz com que os usuários inscritos no grupo alunos e no grupo professores herdem as configurações do grupo no qual estão inscritos.

Na Figura 20.9, o usuário João da Silva está autorizado ao acesso de apenas leitura da pasta teste, que foi criada como exemplo.

Figura 20.9 - Adicionando grupos e usuários ao compartilhamento.

20.6 Gerenciamento de Impressão

A mesma situação ocorre no compartilhamento da impressão. Você adiciona grupos e usuários e determina quais privilégios serão dados a eles. As práticas modernas de administração prezam muito pela segurança. O que os administradores de rede têm feito é atribuir privilégios mínimos a cada usuário ou grupo e ir aumentando esses privilégios, conforme for compreendendo as necessidades do usuário ou grupo no contexto da rede ou da organização.

20.7 Gerenciamento dos Discos e Volumes

O gerenciamento de discos e volumes diz respeito às tarefas de manutenção dos discos e volumes, incluindo a criptografia, o backup, a recuperação, a desfragmentação, o espelhamento e o monitoramento da saúde dos discos.

O Windows Server 2012 possui ferramentas específicas para lidar com cada uma dessas tarefas, além das opções disponíveis no painel do Gerenciador do Servidor, como a opção Volumes do Serviço de Arquivos e Armazenamento.

O Windows Server 2012 é muito versátil em relação às unidades de disco, pois permite a existência de vários discos virtuais, podendo ser o resultado da combinação de vários discos físicos.

Em relação aos discos é improvável que o servidor discutido neste livro seja construído no mundo real com apenas uma unidade de disco. Os dados gravados em disco costumam custar muito mais que o investimento feito em hardware e licenças de uso.

A estratégia de segurança contra perda de dados mais comum é o backup e a redundância dos discos, ou seja, dispô-los em um sistema conhecido como RAID para evitar que falhas em um disco comprometam o patrimônio digital da empresa.

Em um dos capítulos apresentamos em detalhes o RAID. Inclua essa tecnologia em seu planejamento e projeto de rede.

20.8 Backup

Backups são cópias de segurança que podem ser limitadas a alguns arquivos ou pastas ou incluir o disco inteiro, fazendo uma clonagem completa dos dados e do sistema operacional. Parece tentador clonar o disco e recuperá-lo completo em caso de pane, mas não é uma tarefa rápida, principalmente porque o disco de menor tamanho fabricado nos dias de hoje tem acima de 500 GB, resultando em um trabalho de horas.

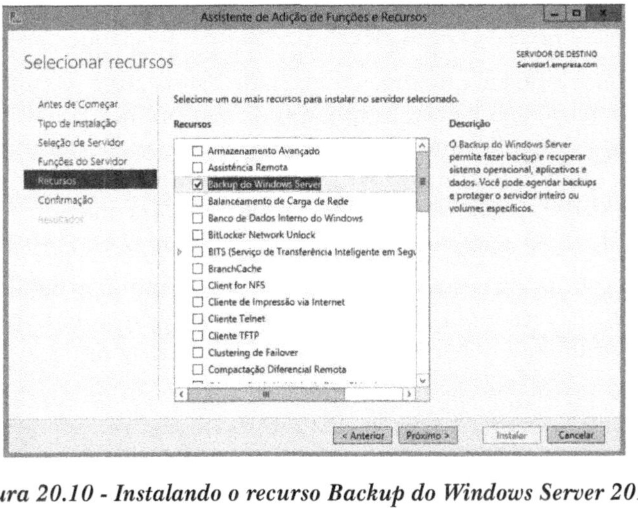

Figura 20.10 - Instalando o recurso Backup do Windows Server 2012.

O mais sensato, mais rápido e mais versátil é o backup incremental que pode ser feito usando a ferramenta de backup do próprio Windows. Acesse Ferramentas → Backup do Windows Server e familiarize-se com essa ferramenta fácil de usar, que permite salvar os dados localmente ou on-line.

Mas antes de usá-la, é preciso instalar acessando Gerenciar → Instalar Função ou Recurso. A diferença é que o Backup do Windows Server não aparece na lista de Funções. Esse serviço está na lista de Recursos, mas a instalação segue o mesmo procedimento já demonstrado na instalação dos serviços anteriores.

Uma vez instalado o recurso Backup do Windows Server, crie facilmente tarefas de backup acessando Backup em Ferramentas e no menu Ação, selecione Agendamento de backup.

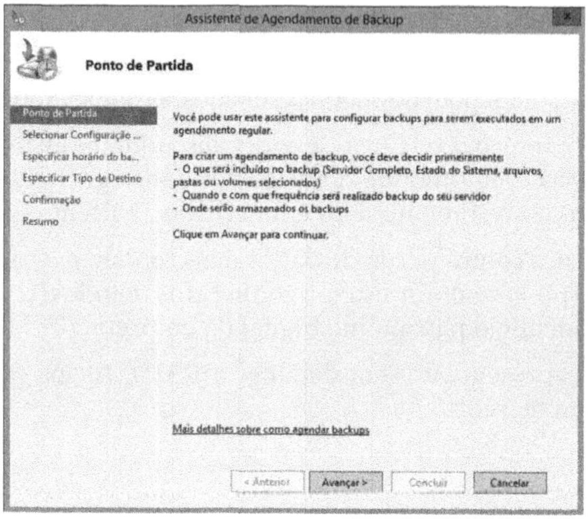

Figura 20.11 - Assistente de Agendamento de Backup.

20.9 Monitoramento do Sistema

Monitorar o sistema e os recursos do servidor também faz parte das rotinas administrativas da rede. Os relatórios de monitoramento apontam eventuais gargalos, abusos, falhas de hardware, configurações malfeitas, novas necessidades de hardware e até ataques à rede ou ao servidor.

Em certa ocasião, no tempo em que uma conexão de banda larga possuía apenas 128 Kbps de banda, os funcionários reclamavam que a rede sempre ficava lenta após retornarem do almoço. Olhando o monitoramento foi fácil perceber que havia um computador baixando uma grande quantidade de arquivos de vídeo e músicas em MP3. O funcionário foi identificado e orientado; assim, resolveu-se o problema do consumo excessivo de banda causado pelo download de arquivos MP3.

Hoje, a administração das redes é mais radical, sendo comum a política de bloqueio de todos os downloads, do acesso às redes sociais, aos sites de vídeo, links para acesso a discos virtuais, em que geralmente se baixam arquivos não autorizados etc.

Essas limitações de privilégios são as diretivas de segurança, utilizadas para proteger a rede em um ambiente corporativo. Com as diretivas de segurança podemos definir o que um usuário pode fazer em seu computador e na rede. O monitoramento do sistema ajuda a definir as diretivas de segurança.

Tanto o Monitor de Desempenho como o Monitor de Recursos estão disponíveis no menu Ferramentas do Gerenciador do Computador. Use algum tempo para descobrir quais informações dos relatórios dessas ferramentas serão úteis para a administração.

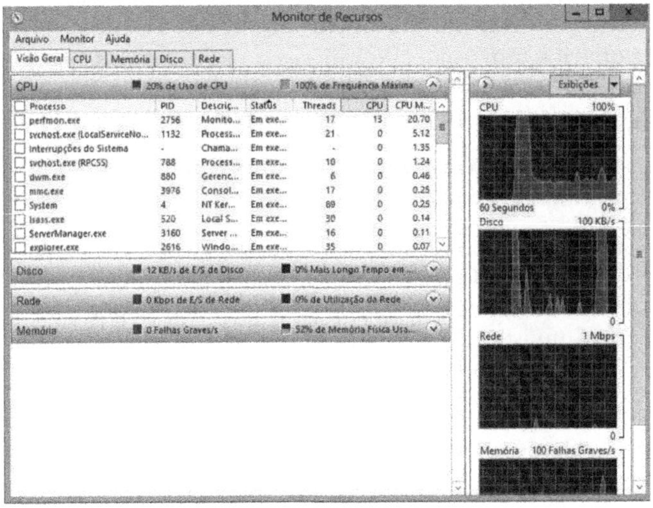

Figura 20.12 - Monitoramento de Recursos do servidor.

20.10 Segurança

Atualmente, é impensável uma rede que não tenha conexão com a Internet. O próprio Windows Server 2012 tem muitas novidades relacionadas à computação em nuvem, uma terminologia usada para se referir a um conceito em que aplicativos não precisam estar no computador local, podem ser acessados remotamente, na nuvem. E para usar a nuvem é preciso haver uma conexão da rede com a Internet.

Este conceito de nuvem não é novo, pois desde a liberação da Internet comercial no Brasil, no final de 1995, os usuários acessam e-mails usando páginas Web, os conhecidos webmails.

O que existe de novo é a popularização da nuvem como estratégia de TI. Se antes só havia o webmail, hoje você encontra versões do Word, Excel, PowerPoint, Photoshop, milhares de games, todos disponíveis por meio de um navegador Web, sem a necessidade de instalar em seu computador.

Estamos caminhando para um sistema em que você faz login na nuvem, usando qualquer dispositivo, incluindo tablets e smartphones, e tem acesso a aplicativos ou Área de Trabalho Remota com os mesmos recursos, independente do dispositivo usado para o acesso.

Essa tecnologia já existe, mas ainda temos de vencer a cultura do software instalado e a precariedade das conexões com a Internet de algumas regiões. Com a realização da Copa do Mundo em 2014 e das Olimpíadas em 2016, um grande investimento em tecnologia está sendo feito no Brasil. Podemos prever que antes de 2020 o uso de computadores pesados como estes que a maioria tem em casa será tão ultrapassado quanto já é considerado usar um monitor de tubo em vez de um LCD. As empresas Google, Microsoft e Apple estão se alinhando neste sentido e se você nos permite uma sugestão, acompanhe de perto o que estas grandes estão fazendo.

Tanta conectividade traz consigo os riscos da exposição na Internet, um problema que atinge empresas e usuários. E se antigamente o perigo era representado por adolescentes desocupados que se divertiam invadindo computadores, hoje a história é outra. Os invasores se profissionalizaram, quadrilhas estão se especializando em invasão de banco pela Internet, concorrentes desleais atacam outras empresas, criando perfis falsos em redes sociais, e até funcionários têm colocado em risco os ativos das empresas, quando, por ingenuidade e desconhecimento, fornecem informações críticas, clicam em links ou abrem arquivos nos conhecidos golpes de Engenharia Social.

O site Wikileaks, por exemplo, divulga documentos reservados trocados entre os governos ao redor do mundo, inclusive o Brasil. E a maior fonte de onde o Wikileaks obtém os documentos são os próprios funcionários.

Daí a importância de gerenciar corretamente os privilégios dados a cada grupo ou funcionário. Considere que o invasor da sua rede pode estar olhando por cima do seu ombro para descobrir a senha do administrador, em uma técnica conhecida como shoulder surfing, que já comentamos em um dos capítulos anteriores.

Sensível ao aumento da insegurança nas redes e na Internet a Microsoft incluiu no Windows Server 2012 um assistente de segurança, cuja função é fazer uma varredura no servidor em busca de problemas que possam comprometer a segurança.

Essa ferramenta não é suficiente para manter uma rede completamente segura, mas já é um começo. Por meio de inúmeros questionários o Windows Server 2012 cuida de cada área crítica da configuração. Para fazer uma verificação de segurança no servidor, acesse o menu Ferramentas e em seguida o Assistente de Configuração de Segurança.

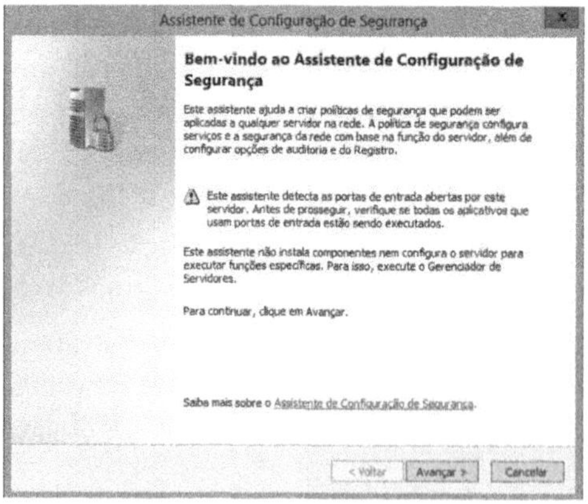

Figura 20.13 - Assistente de Configuração de Segurança.

20.11 Configuração dos Clientes da Rede

Quando a empresa possui uma rede baseada em servidor, as máquinas rodando os sistemas operacionais que formam as estações de trabalho, como o Windows Vista, Windows XP, Windows 7 e até o Windows 8, precisam ser configuradas para autenticar no servidor, aquele que foi configurado como controlador de domínios.

Para fazer esta configuração no Windows 7, acesse o Painel de Controle → Redes e Computadores → Sistema e Segurança → Sistema e procure o bloco de configuração Nome do computador, domínio e configurações do grupo de trabalho. Clique em Alterar Configurações para abrir a janela Propriedades do sistema.

Figura 20.14 - Propriedades do Sistema no Windows 7.

Em Propriedades do Sistema, acesse a guia Nome do computador e em seguida clique no botão Alterar. Na janela Alteração do Nome/Domínio do computador, informe em Membro de... o nome do domínio desejado.

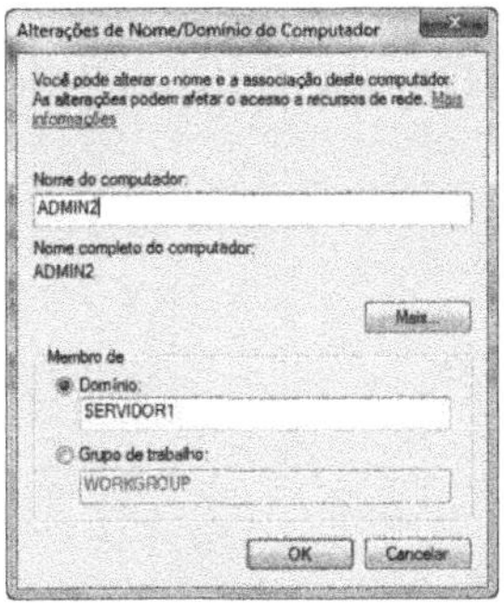

Figura 20.15 - Configurando o Windows 7 para fazer login usando o controlador de domínio.

Resumo do Capítulo 20

Agora você já sabe que...

... administrar a rede é manter a rede atualizada, estável e segura.

... a administração da rede consiste em etapas com tarefas bem definidas.

... as tarefas necessárias para a administração da rede foram discutidas no decorrer dos capítulos.

... na maioria das vezes, quando existe dificuldade para executar as tarefas inerentes à administração, isso ocorre por falta de documentação ou de um projeto para a rede lógica.

... mesmo nos casos em que a rede existe e foi criada sem planejamento, não possui projeto, nem documentação, é possível criar esses controles auditando a rede existente.

20.12 Exercícios Propostos

1) Aproveitando que você está com o Windows Server 2012 instalado, vamos simular uma rede de acesso promíscuo, ou seja, uma rede em que o usuário não é identificado, como acontece em laboratórios de informática, cibercafés e lan houses. Será necessário criar uma ou várias contas de acesso? Quais as características dessa conta de usuário? Que tipo de manutenção ela deve receber? Crie a referida conta, faça login no sistema e veja como ela se comporta em função das configurações que você fez.

2) Supondo a mesma rede do exemplo anterior, introduza dois grupos de usuários vinculados à administração da empresa, atribuindo dois níveis de permissão distintos: diretoria e funcionários. Como fazer para esses grupos distintos receberem diferentes perfis de permissão de acesso? Crie estas contas (ou grupos), faça login e veja como se comportam. Compare com a conta promíscua sugerida no tópico anterior.

3) Há casos em que é melhor organizar os usuários por grupos, em outros casos o mais indicado são as Unidades Organizacionais. Partindo das tarefas anteriores, qual a melhor forma de gerenciar essas contas? Por grupos ou por UO? Configure o Windows Server 2012 para os dois tipos de administração e compare os resultados.

4) As fichas de procedimento padrão servem para poupar tempo, padronizar e sofisticar as tarefas do cotidiano. Crie uma ficha fictícia contendo as instruções passo a passo sobre o que fazer em caso de perda do disco rígido do servidor. Com a ficha pronta, simule a perda do disco rígido do servidor da máquina virtual e veja se a ficha consegue orientá-lo até o restabelecimento do sistema. A simulação pode ser feita simplesmente renomeando temporariamente o disco rígido virtual, que na VirtualBox são os arquivos com a extensão VDI.

capítulo

21

Planejamento de Carreira

Você quer tornar-se um administrador de redes profissional e descobre que precisa de um plano de carreira

Após alguns anos escrevendo sobre tecnologia e ministrando cursos presenciais e a distância, percebemos que alguns leitores e alunos têm dificuldade para se estabelecer na profissão.

Na cabeça de quem procura emprego, ter no currículo treinamento e experiência em programação, em manutenção e em administração de redes torna-o(a) um(a) candidato(a) e tanto, mas na opinião de quem decide pela contratação, o candidato precisa demonstrar que está construindo uma carreira.

Desejamos que o seu investimento traga resultados, que contribua para você obter vantagens competitivas no mercado de trabalho. Mas só o conhecimento técnico não é capaz disso, é preciso algo mais. Por este motivo incluímos este capítulo sobre planejamento de carreira. Um diferencial não muito comum nos livros de tecnologia, mas extremamente necessário para quem pretende fazer da administração de redes um meio de vida.

21.1 O que é Carreira?

Carreira é uma sequência. Se alguém pedir para você criar uma carreira de dominós, vai dispô-los um após o outro. Carreira é também a sequência da vida profissional. Todos que possuem algum tipo de atividade econômica possuem uma carreira. Mas é muito comum encontrar pessoas cuja carreira não foi planejada.

Quando a carreira não é planejada, a vida profissional da pessoa é imprevisível e confusa. Ser profissionalmente instável impede o desenvolvimento de qualquer pessoa, pois, ao falarmos em carreira profissional, referimo-nos àquele sujeito que começou como estudante, como aprendiz e foi evoluindo até tornar-se um respeitável profissional em sua área de atuação. E, para chegar lá, é preciso ter um plano de carreira.

Quem investe na carreira segue em direção ao topo com muita segurança. E quanto mais o tempo passa, mais forte e melhor fica. Mais entende da sua profissão e maior é o seu reconhecimento público.

Quem vive trocando de profissão não se fixa e acaba perdendo a credibilidade. Muita gente não sabe, mas é recusada na entrevista de emprego porque o currículo demonstrou que se trata de um profissional instável. O que as empresas querem e procuram é alguém que demonstre no currículo que está construindo uma carreira.

Pense sobre isso. Observe o seu currículo e seja sincero consigo mesmo. É o currículo de alguém que não se fixa ou de alguém que está construindo uma carreira de sucesso?

Planejamento de carreira é decidir onde você quer chegar e descobrir quais são as etapas necessárias para chegar lá, distribuindo as informações encontradas de forma sequencial e organizada, hierarquicamente dispostas.

Um jovem que sonha em tornar-se dono de uma clínica de cirurgia plástica precisa incluir em seu planejamento a conclusão do ensino médio, o vestibular, a graduação na Faculdade de Medicina, a especialização em Cirurgia Plástica, a abertura do primeiro consultório, até transformá-lo em uma clínica de sucesso.

Um planejamento desses leva uns vinte anos para se tornar realidade. Parece muito tempo, mas estamos falando de uma carreira como médico e ser médico é um projeto para toda a vida.

Você que pretende tornar-se administrador de redes não precisa esperar tanto. É possível se preparar em pouco mais de um ano. Mas para que isso realmente aconteça também é preciso comprometimento, evitando começar e parar pelo meio do caminho.

Você precisa assumir o controle da sua vida profissional, definir uma direção e seguir em frente, superando os obstáculos.

E esta dica não é só para quem quer ser administrador de redes, é uma dica que se aplica a toda e qualquer profissão.

O planejamento de carreira é especialmente útil ao jovem em busca do primeiro emprego, porque o entrevistador percebe estar diante de alguém que sabe o que quer e sabe o que precisa para chegar lá. Lembre-se de que as empresas procuram pessoas que estão construindo uma carreira. O saltador dificilmente é bem-vindo.

O planejamento de carreira também ajuda a quem precisa decidir se deve mudar de profissão. Pode acontecer de você não estar satisfeito com a sua ocupação atual. Talvez o motivo de ler este livro seja a busca pela mudança da qual estamos falando. O planejamento de carreira vai ajudá-lo a definir novas metas e objetivos.

Também pode estar acontecendo de você querer continuar fazendo o que faz, trabalhar com redes e servidores, mas está buscando melhores resultados, novas oportunidades. O planejamento de carreira também ajuda, identificando oportunidades, criando desafios e definindo melhor o seu caminho até o topo.

O planejamento de carreira consegue fazer mudanças na vida das pessoas, mas tem seus limites, não faz mágicas nem transforma sapos em príncipes. Porém, sem o planejamento de carreira a única certeza é que não haverá mudanças significativas em sua vida e o mais provável é que no ano que vem a situação seja igual ou pior do que está agora.

Pense em você profissionalmente na mesma época de um ano atrás. Se nada mudou, se você continua fazendo a mesma coisa, recebendo um salário igual ou até menor, você precisa urgentemente de um plano de carreira.

21.2 Criação de um Plano de Carreira

Uma forma simples de entender o plano de carreira é imaginar uma escadinha com os degraus levando você de agora até onde quer chegar.

Um político pode começar como militante, passar por vereador, deputado, ministro, até alcançar o cargo máximo do legislativo, que é tornar-se senador da república.

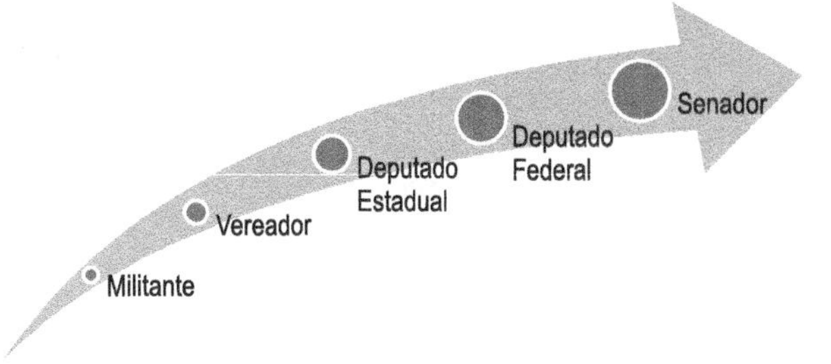

Figura 21.1 - Evolução da carreira de um político com grandes pretensões.

Esta é apenas uma sugestão, já que nem todo político quer ser senador. Pode ser que o topo da carreira seja tornar-se vereador, cargo que, às vezes, a pessoa passa a vida tentando assumir e não consegue.

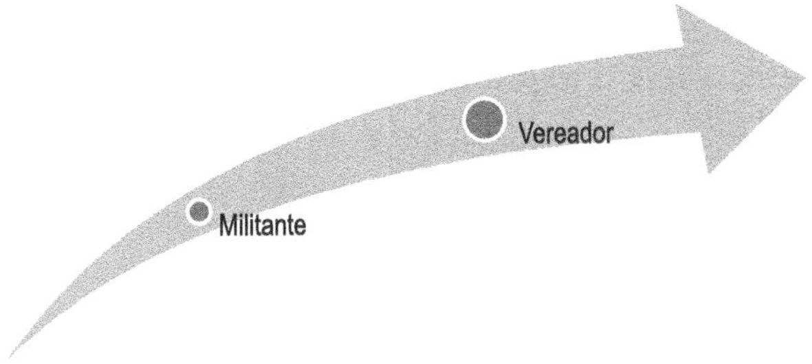

Figura 21.2 - Evolução da carreira de um político com pretensões mais modestas.

O planejamento começa com onde quer chegar e desce os degraus até chegar onde você está no momento.

Para tornar-se um profissional de redes, por exemplo, você mesmo pode criar seu plano de carreira. Conhecer o Windows Server 2012 é um passo, mas você também precisa melhorar sua educação formal, seu conhecimento sobre redes, cabeamento estruturado, tecnologia de roteadores, análise de vulnerabilidades e no mínimo saber ler em inglês. Precisa incluir também algum tipo de formação gerencial, porque o administrador de redes baseadas em servidores Windows praticamente ajuda a empresa com a gestão do negócio.

Percebem-se muitas falhas de comunicação e projeto quando o administrador da rede não entende o funcionamento da empresa. Pessoas assim tentam fazer a empresa se adaptar ao funcionamento do Windows Server 2012, quando, na verdade, é a rede com o Windows Server 2012 que deve se adaptar ao funcionamento da empresa.

Um plano de carreira simples pode ser criado com base na definição de objetivo, metas e recursos. Seu objetivo, suponho, é tornar-se administrador de redes com o Windows Server 2012. As metas são os estágios entre o agora e a chegada ao topo; os recursos são o tempo e o dinheiro que você precisa investir.

A tabela a seguir é um esboço de como a estratégia pode existir na forma de um plano de carreira:

Objetivo	Tornar-se administrador de redes baseadas em Windows Server 2012 até (defina uma data, plano sem data é sonho).
Metas	➥ Educação formal (no mínimo o ensino médio, desejável a graduação em informática) ➥ Treinamento em redes ➥ Treinamento em Windows Server 2012 (este livro e a participação em um programa de estágio, por exemplo) ➥ Treinamento em roteadores ➥ Treinamento em segurança de redes ➥ Treinamento gerencial ➥ Treinamento em inglês ➥ Certificação Microsoft em Windows Server 2012
Recursos	Livros, cursos, participação em eventos, computador dimensionado para virtualização do laboratório, cópias de avaliação dos sistemas operacionais, exames de certificação etc.

Este planejamento é o resultado de alguns anos de experiência e análise de mercado. Se você não tiver nada em mente, essa sugestão pode servir como ponto de partida.

O plano de carreira é apenas um esboço do que você quer para a sua vida profissional. Para torná-lo realidade é preciso transformar o plano de carreira em projeto.

Você pode trabalhar com um projeto por meta. Vamos supor que a sua educação formal seja o ensino médio incompleto. Esta escolaridade é insuficiente para trabalhar com tecnologia, então você precisa de um projeto para lidar com isso. Pode ser assim:

Projeto: Conclusão do Ensino Médio	
Planejamento	**Ação a Realizar**
ETAPA 1 ➥ Duração: um ou dois dias. ➥ Investimento: custo do transporte. R$ ______________ Data: ___/___/___	Buscar informações sobre local, modalidade (presencial ou supletivo), horário, investimento, duração.
ETAPA 2 ➥ Duração: um dia. ➥ Investimento: custo do transporte + taxa de matrícula. R$ ______________ Data: ___/___/___	Matrícula.
ETAPA 3 ➥ Duração: dez meses. ➥ Investimento: mensalidade x número de meses + custo do transporte + material de estudo. R$ ______________ Data: ___/___/___	Frequentar as aulas (ou estudar em casa para o exame supletivo).

Projeto: Conclusão do Ensino Médio	
Planejamento	**Ação a Realizar**
ETAPA 4 ➥ Duração: um dia. ➥ Investimento: custo do transporte. R$ ____________ Data: ___ / ___ / ___	Realizar as provas do exame final.
ETAPA 5 ➥ Duração: um dia. ➥ Investimento: custo do transporte. R$ ____________ Data: ___ / ___ / ___	Ir retirar o diploma.

Este é um exemplo para quem precisa concluir o ensino médio, mas pode facilmente ser adaptado para ingressar na faculdade, ser autodidata em Windows Server 2012, comprar um carro ou qualquer outra coisa que se queira fazer. O plano só vira realidade quando você o transforma em um projeto. Cada meta tem potencial para tornar-se um projeto independente. Como tem duração, data e custo, você consegue se organizar em relação ao tempo e dinheiro necessários. Sem o projeto você não saberia o tempo necessário, os custos envolvidos e nem teria uma data para começar. Um projeto muda tudo e qualquer sonho possível se transforma em realidade, desde que, é claro, a pessoa tenha disciplina. O que a maioria costuma fazer é desistir de seus planos antes que cheguem ao momento em que darão resultados.

21.3 O que Fazer diante dos Obstáculos?

Quando se apresenta esta sugestão em palestras, sempre tem alguém querendo saber de onde vai tirar o dinheiro para pagar a faculdade, por exemplo. Neste caso, o que se deve fazer é criar um projeto em separado para resolver o problema financeiro, sem o qual será impossível iniciar o projeto da educação formal. Mas quando se tem um plano de carreira, os obstáculos são previsíveis. E, sendo previsíveis, podemos decidir o que fazer antes mesmo que eles aconteçam.

Os obstáculos mais comuns são:

➥ **Falta de dinheiro:** em se tratando de educação formal e formação profissional as ofertas de crédito e oportunidades de estudar investindo pouco ou nada são muitas. O livro, por exemplo, é um investimento baixo com um retorno incrível. Se o seu problema de falta de dinheiro é crônico, talvez você também precise melhorar sua educação financeira. O que não deve fazer é apenas reclamar, sem pesquisar as causas e descobrir as possíveis soluções. Esse comportamento afasta as pessoas próximas, além de não contribuir em nada para resolver o problema.

➥ **Falta de tempo:** tempo nunca falta, pois querendo ou não começamos o dia com nada menos que mil quatrocentos e quarenta minutos. Quem diz que está sem tempo está, na verdade, com outras prioridades. Neste caso, é interessante aprender a gerenciar o tempo. Entre outras coisas você vai descobrir que pode dobrar seu tempo se aproveitar o que é perdido no trânsito, em filas ou com procrastinação. Quando estamos comprometidos com alguma coisa, arrumamos tempo para cumprir os compromissos.

- **Falta agir:** este é um obstáculo bem comum. A pessoa começa estudando muito e depois vai deixando de lado. Não deixe que isso aconteça com você; o segredo é a disciplina. Estude quase todos os dias, mesmo que seja poucos minutos por vez.

Quem não desenvolve a autodisciplina dificilmente consegue algo na vida. Não tem disciplina para seguir um plano para emagrecer, não tem disciplina para deixar de fumar, não tem disciplina para terminar os estudos e nem para seguir um plano de carreira. O segredo é não desistir nunca ou morrer tentando.

Esses são obstáculos comuns e previsíveis. É fácil lidar com eles, mas é preciso identificá-los e agir. O plano de carreira ajuda porque quando você elabora os projetos, descobre em qual etapa está paralisado e busca forças e meios para seguir para a etapa seguinte.

Sem planejamento você fica parado, sem perceber que a vida está passando e o tempo se esgotando. Quando nosso tempo acaba, acaba a nossa vida. Como a cada dia temos um tempo a menos, a cada dia temos menos tempo de vida. Não desperdice seu bem mais precioso.

21.4 Considerações Finais

Quero agradecer por você ter escolhido este livro para ajudar em sua iniciação, qualificação ou aperfeiçoamento profissional. Procurou-se incluir as informações consideradas importantes e necessárias para você fazer funcionar um servidor de redes baseado no Windows Server 2012, qualquer que seja a edição.

Sabe-se que esse sistema operacional possui tantos recursos que seriam necessárias quase duas mil páginas para abordá-los por completo.

A boa notícia é que nem todos os recursos do Windows Server 2012 são de conhecimento obrigatório para quem pretende trabalhar em pequenas e médias redes. A sugestão final é que você domine, em primeiro lugar, o que aprendeu no livro, que é o necessário e o mais importante.

À medida que você cresce como profissional, saberá o momento certo de aprender mais sobre a tecnologia das redes baseadas no Windows Server 2012.

apêndice

A

Certificação Windows Server 2012

A.1 O que é?

A.1.1 Certificação

Segundo o dicionário, certificar é dar como certo, assegurar como verdadeiro, convencer da certeza, fazer (alguém) ciente de, passar certidão de. E a certificação é exatamente isto. Um documento no qual a empresa, que detém os direitos sobre o produto ou a tecnologia, assegura ao mercado de trabalho que o profissional possui a experiência e o conhecimento necessários para executar as tarefas da função.

Na prática, a certificação é um exame que comprova conhecimentos práticos e teóricos a respeito de uma área, assunto, técnica ou produto. Esse apêndice destina-se a todos aqueles que queiram se tornar profissionais certificados em produtos Microsoft®.

A.1.2 Programa de Certificação Microsoft

O Programa de Certificação Microsoft é uma forma rápida e segura de acesso a novos conhecimentos e atualização sobre os produtos e tecnologia Microsoft. É um excelente investimento, pois permite que profissionais de nível médio, em um prazo menor e com custo inferior ao de uma formação universitária, possam desfrutar salários que muitas carreiras acadêmicas não oferecem atualmente.

A certificação é o processo de aprovação em um exame oficial da Microsoft. Ao ser aprovado em um ou mais exames oferecidos, o candidato se torna um MCP (Microsoft Certified Professional) e terá em mãos um documento para provar sua capacidade e qualificação, garantindo diferencial e confiança no mercado. Dependendo da categoria de certificação, você passa a receber periodicamente informações exclusivas sobre os produtos e a tecnologia Microsoft, além de convites para eventos.

MCP não existe mais como certificação, mas continua sendo usado como nome genérico para identificar o profissional certificado em soluções Microsoft.

A.1.2.1 Benefícios

Como um MCP você terá os seguintes benefícios:

- Reconhecimento da indústria de sua capacitação técnica nos produtos e tecnologias Microsoft.
- Acesso a informações técnicas e de produtos diretamente da Microsoft por meio de um site de acesso restrito ao MCP.
- Acesso a descontos exclusivos em produtos e serviços de empresas parceiras.
- Logotipos e certificado para que você se identifique como um Microsoft Certified Professional perante seus colegas e clientes.
- Convites para conferências, sessões de treinamento técnico e eventos especiais da Microsoft.
- Acesso a novo conteúdo da Revista on-line do Microsoft Certified Professional por meio de um site exclusivo.

A.1.2.2 Categorias de Certificação

Do Windows Server 2008 para o Windows Server 2012 houve mudanças no sistema de certificação Microsoft. Está mais fácil entender as categorias de certificação, principalmente se você observar a pirâmide a seguir:

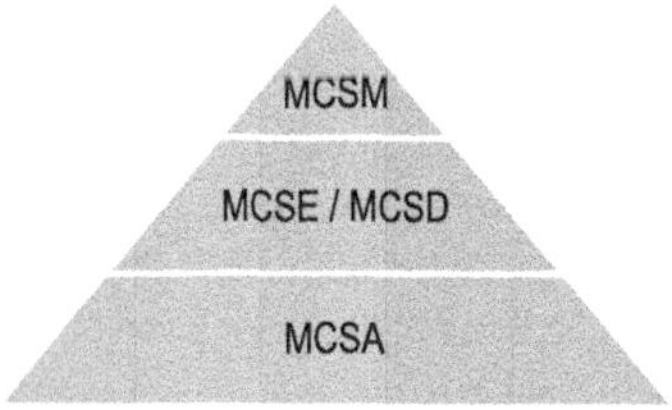

O objetivo profissional para quem pretende chegar ao topo da carreira é começar como MCSA, tornar-se MCSE ou MCSD, para quem tem perfil de programador, e chegar a MCSM. Veja o significado das siglas:

- **MCSA:** Microsoft Certified Solutions Associate (Associado de Soluções Certificadas Microsoft)
- **MCSE:** Microsoft Certified Solutions Expert (Proficiente de Soluções Certificadas Microsoft)
- **MCSD:** Microsoft Certified Solutions Developer (Desenvolvedor de Soluções Certificadas Microsoft)
- **MCSM:** Microsoft Certified Solutions Master (Mestre de Soluções Certificadas Microsoft)

As principais novidades ficam por conta do retorno das siglas MCSA e MCSE e o programa de recertificação a cada dois ou três anos. As siglas antigas voltaram, mas possuem significados diferentes e não são equivalentes às credenciais antigas. Pode ocorrer alguma confusão, mas como as certificações têm prazo de validade, é questão de tempo só existirem profissionais certificados pela nova terminologia.

Este livro foi escrito exatamente na época do lançamento do Windows Server 2012 e nem todos os exames estavam disponíveis ou estavam disponíveis em versão Beta. Apesar de este texto ser bastante explicativo, sugerimos que você visite as páginas de referência em certificação da Microsoft para saber sobre alterações e exames disponíveis:

http://www.microsoft.com/brasil/technet

http://www.microsoft.com/learning/pt/br/default.aspx

A Microsoft lançou duas certificações para Windows Server 2012: MCSE e MCSA. A certificação MCSA é a base da comprovação de suas habilidades para a implementação em vários ambientes corporativos. Além disso, a certificação é pré-requisito para a MCSE que existe nas versões Server Infrastructure e Desktop Infrastructure.

Você pode começar sua carreira de certificação pelo MCSA (Microsoft Certified Solutions Associate). São ao todo três exames para se tornar um MCSA em Windows Server 2012:

- **70-410 - Installing and Configuring Windows Server 2012:** para esse exame, o curso preparatório é o 20410A: Installing and Configuring Windows Server 2012.
- **70-411 - Administering Windows Server 2012:** para esse exame, o curso preparatório é o 20411A: Administering Windows Server 2012.
- **70-412 - Configuring Advanced Windows Server 2012 Services:** para esse exame, o curso preparatório é o 20412A: Configuring Advanced Windows Server 2012 Services.

Para alcançar a certificação MCSE: Server Infrastructure, primeiramente precisa ter alcançado a certificação MCSA e depois seguir aprovação nos exames:

- **70-413 - Designing and Implementing a Server Infrastructure**
- **70-414 - Implementing an Advanced Server Infrasctructure**

No momento em que este livro foi publicado, esses exames ainda não estavam liberados pela Microsoft, o que é mais ou menos óbvio, uma vez que primeiramente é preciso ser MCSA para depois ser MCSE.

A.2 Como Fazer?

A.2.1 Etapas até a Certificação

A.2.1.1 Conheça

Você vai precisar de bons conhecimentos sobre a tecnologia ou produto.

O primeiro passo rumo à certificação é conhecer bem o produto ou a tecnologia sobre a qual pretende obter a certificação. A frequência a cursos preparatórios não é obrigatória, mas a exemplo dos cursinhos pré-vestibular, encurtam o caminho até a aprovação. Os instrutores dos centros de treinamento geralmente são profissionais certificados e além do conteúdo compartilham as próprias experiências.

A Microsoft disponibiliza no mercado cursos e produtos do Official Microsoft Learning Products (OLP - antigo MOC). Eles são oferecidos pelos Microsoft CTECs (Certified Technical Education Center), que são centros autorizados a ensinar, pois possuem as instalações corretas e profissionais certificados.

Existem os centros de treinamento independentes, em geral com os custos mais baratos que os centros autorizados e algumas vantagens, como pacotes de treinamentos e a possibilidade de refazer o treinamento sem custos, em caso de reprovação no exame. Os centros independentes, como não são fiscalizados pela Microsoft, podem variar de qualidade. Pesquise para evitar surpresas desagradáveis.

Qualquer que seja a certificação desejada, quando se trata de infraestrutura a base do conhecimento é redes. Antes de qualquer estudo relacionado a tecnologia dos servidores, dedique-se a compreensão profunda do que é como, para quer serve, o que faz e quais são as tecnologias das redes.

Em nossa experiência percebemos que muitas das dúvidas trazidas por alunos e seguidores são dúvidas relacionadas as redes de computadores, não eram exatamente dúvidas sobre o funcionamento dos servidores.

A.2.1.2 Escolha

Decida a categoria de certificação mais adequada a você.

A Microsoft oferece certificações concentradas em áreas específicas de conhecimento. Conheça as categorias de certificação e decida qual é a mais adequada a você, com base em sua experiência, suas capacitações e interesses. É um erro escolher uma certificação com base em sua aceitação pelo mercado e relação candidato/vaga na disputa de um cargo ou contrato de trabalho.

Por outro lado, se esta for a sua primeira certificação em Windows Server 2012, não há muito que escolher, pois obrigatoriamente terá de obter a MCSA antes de qualquer outra escolha.

A.2.1.3 Obtenha Experiência

Adquira experiência prática em um produto ou tecnologia Microsoft.

Algumas certificações exigem, pelo menos, um ano de experiência em produtos e tecnologias Microsoft relacionadas. A experiência recomendável para as certificações iniciais varia de seis a 12 meses.

Embora exista essa exigência de experiência, percebemos que na prática ela não representa obstáculo, pois a maioria dos centros de exame aceitam sua palavra como prova da experiência no produto. Entende-se que em um país como o Brasil onde muitos trabalham sem o devido registro profissional, não dá para ser muito exigente quando se trata de comprovação formal de empregabilidade.

A.2.1.4 Teste Seus Conhecimentos

Poupe tempo e dinheiro fazendo um exame simulado antes do exame final.

Você pode avaliar seu nível de capacitação fazendo exames simulados. Embora a pontuação no simulado não garanta a aprovação no exame real, dá a oportunidade de avaliar seus conhecimentos e preparo, fornece feedback. Na Internet você encontra sites gratuitos e pagos que oferecem simulados para os exames Microsoft.

Duas empresas mundialmente reconhecidas e credenciadas pela Microsoft e que oferecem esses exames simulados são MeasureUp (http://www.measureup.com/MSLearning.aspx) e Self Test Software (http://www.selftestsoftware.com/demo/default.aspx#Microsoft).

Muitos cursos preparatórios não oficiais oferecem exames simulados como parte do pacote de treinamento. Esses exames geralmente são cópias das provas anteriores e é preciso estar atento para não estudar por material desatualizado. Esta preocupação é maior na preparação para o exame de certificação do Windows Server 2012, em razão das novas tecnologias envolvidas.

A.2.1.5 Faça o Exame

Inscreva-se no centro autorizado mais próximo de você.

Quando você sentir que está preparado, inscreva-se no centro autorizado mais próximo. As empresas Prometric (www.prometric.com) e VUE (www.vue.com) administram todos os exames de Microsoft Certified Professional e têm filiais credenciadas em todo o mundo.

Quando for ao centro de testes fazer o exame, lembre-se de levar um documento de identidade com foto. A Microsoft exige que os candidatos aceitem as condições de um acordo antes de fazer o exame.

O exame é agendado com alguns dias de antecedência e você pode repeti-lo passado determinado prazo (informe-se no local). O exame é feito on-line e alguns centros dispõem do exame em inglês e português. Se você souber inglês o suficiente para ler e responder às questões, prefira este idioma. A tradução para o português às vezes deixa a desejar.

A.2.1.6 Certificado

Comemore a chegada do certificado.

O resultado do exame é dado imediatamente e você receberá um certificado fornecido pelo centro autorizado. O outro você recebe pelo correio junto com seu kit MCP. Para a maioria das pessoas a conquista de uma certificação, principalmente as de maior peso, equipara-se a aprovação no vestibular. Comemore mais esta conquista em sua carreira.

A.2.1.7 Divulgue

O mundo precisa saber quem você é.

Para quem é da área de TI, uma certificação corresponde a uma mudança de fase escolar. E como o objetivo da certificação é obter melhores cargos e salários, você precisa dizer ao mundo quem você é, ou seja, fazer o marketing pessoal, o networking. Inclua a condição de profissional certificado em tudo o que puder: papel timbrado, cartão de visitas, prospectos, anúncios, assinatura de e-mail, artigos e publicações de sua autoria, contratos, currículo etc. É um direito seu, inclusive o de usar o logotipo correspondente à sua certificação.

A.3 Onde Estudar?

- **Em centros autorizados:** são escolas de informática de nível técnico e superior, os chamados centros de estudo autorizados ou Microsoft CTECs (Certified Technical Education Center). Como vantagens podemos citar o programa oficial da Microsoft seguido à risca, excelentes instalações para estudo/aprendizado e profissionais certificados com larga experiência de mercado. Procure os centros de treinamento autorizados no site da Microsoft (http://www.microsoft.com/learning/pt/br/default.aspx).

Fique atento à idoneidade da empresa, principalmente as que oferecem cursos on-line. Sabemos de casos onde prometem a certificação sem a necessidade de exame, bastando concluir o treinamento. Esta situação não existe; sem fazer o exame no centro autorizado você não será certificado.

- **Em centros integrados:** um centro integrado é um CTEC que também está autorizado a aplicar o exame.
- **Em centros de treinamento independentes:** o investimento no treinamento num desses centros é menor para as certificações iniciais. Como atrativos, alguns desses centros permitem que você refaça o curso caso não passe no exame. Por não possuírem qualquer tipo de vínculo com a Microsoft, a qualidade do ensino varia bastante. É preciso pesquisar informar-se com quem já estudou no local. Hoje em dia, com a Internet, isto é muito fácil de conseguir nas redes sociais.
- **Treinamento on-line:** também estão se expandido rapidamente os centros de treinamento e cursos on-line. Em razão do baixo investimento e do amplo mercado, a cada dia surgem novos cursos preparatórios para as certificações Microsoft. Algum centro de treinamento autorizado dispõe de cursos preparatórios on-line.

  As principais vantagens do curso on-line são o preço, um pouco menor que os cursos presenciais, e a possibilidade de tirar dúvidas com o instrutor virtual. Trata-se de uma ótima opção para o autodidata e moradores do interior que não encontram em suas cidades centros de treinamento.
- **Por conta própria (autodidata):** seja por falta de dinheiro ou por possuir vasta experiência em produtos ou tecnologias Microsoft, muitas pessoas têm estudado por conta própria para os exames de certificação Microsoft. Usam os recursos que estiver ao alcance como livros, CDs de treinamento, material oficial da Microsoft obtido por meios 'não oficiais', pesquisas na Internet, listas de discussão, simulados gratuitos, documentação do software e grupos de estudo. Quem é autodidata também tem chances de passar no exame na primeira tentativa. O ideal é conseguir um mentor para orientá-lo(a) e que possa tirar suas dúvidas quando precisar, alguém que já tenha passado no mesmo exame.

A.3.1 Onde Fazer a Prova?

Os exames de certificação só têm validade se feitos nos centros autorizados. Procure o centro autorizado mais perto de você visitando o site www.vue.com.

A.3.2 Onde Saber Mais?

No site da Microsoft: http://www.microsoft.com/learning/pt/br/default.aspx

A.3.3 Conclusão

Uma certificação sempre é bem-vinda no currículo de qualquer profissional de TI. Pode ser aquele 'algo mais' que faltava em sua carreira. Muitas promoções, recolocações e aumentos de salário surgem após a aprovação em um exame de certificação. É a prova de que você, no mínimo, dedicou uma boa parte do seu tempo a aprender sobre o produto ou tecnologia com que pretende trabalhar.

apêndice

B

Lista de Comandos Úteis do Windows Server 2012

Digitar os comandos no lugar de acessá-los usando a interface gráfica é muitas vezes mais rápido. O Windows Server 2012 aceita comandos em modo prompt, semelhantes aos comandos do antigo MS-DOS, comandos do PowerShell, comandos do tipo CPL (Control Panel Command Line) e scripts em diversas linguagens, incluído VBScript (arquivos .VBS).

A lista a seguir possui algumas dezenas de comandos que podem ser executados no Windows Server 2012 e também em outras versões do Windows, do XP ao Windows 8. Alguns comandos dependem do serviço instalado e pode acontecer de um comando funcionar em uma versão do Windows, mas não funcionar em outra. De qualquer forma a maioria desses comandos é global e funciona em qualquer versão do Windows, o que por si já justifica conhecê-los. Todos os listados nesta relação foram testados no Windows 8 e no Windows Server 2012.

Comando a digitar	Descrição do uso
appwiz.cpl	Adicionar ou remover programas.
calc	Calculadora.
certmgr.msc	Certificados.
chkdsk	Utilitário de verificação do disco.
cliconfg	Utilitário de Rede para Clientes do SQL Server.
clipbrd	Visualizador da área de transferência.
cmd	Abre o console para linha de comandos (janela do prompt, cmd.exe).

Comando a digitar	Descrição do uso
compmgmt.msc	Gerenciamento do Computador.
control	Painel de Controle.
control admintools	Ferramentas Administrativas.
control color	Propriedades de Aparência e Cores.
control folders	Opções de Pasta.
control fonts	Pasta Fontes.
control keyboard	Propriedades de teclado.
control printers	Propriedades de Dispositivos e Impressoras.
control schedtasks	Agendador de Tarefas.
dcomcnfg	Serviços de Componente.
dcpromo	Ferramenta do Active Directory.
defrag	Desfragmentador do disco.
desk.cpl	Propriedades de Resolução de Tela.
devmgmt.msc	Gerenciador de Dispositivos.
dialer	Discagem telefônica (se houver modem instalado).
diskmgmt.msc	Gerenciamento de disco.
diskpart	Gerenciamento de partições de disco, acessa a ferramenta MS DiskPart.
dxdiag	Ferramenta de Diagnóstico do DirectX.
eventvwr.msc	Visualizador de Eventos.
explorer	Windows Explorer.
firewall.cpl	Firewall do Windows.
fsmgmt.msc	Pastas Compartilhadas.
ftp	Cliente FTP em linha de comando.
gpedit.msc	Editor de Política de Grupo.
hdwwiz.cpl	Assistente para Adicionar hardware.
iexpress	IExpress Wizard. Um utilitário de trabalho para arquivos compactados do Windows.
inetcpl.cpl	Propriedades de Internet.
intl.cpl	Propriedades de Região.
ipconfig /all	Exibe as configurações completas do IP.
ipconfig /displaydns	Exibe o conteúdo do cache DNS.
ipconfig /flushdns	Limpa o cache DNS.

Comando a digitar	Descrição do uso
ipconfig /release	Libera o endereço IPv4 vinculado aos adaptadores de rede.
javaws	Visualizador de aplicações Java.
logoff	Alternar o usuário do Windows.
lusrmgr.msc	Usuários e Grupos Locais.
magnify	Lupa do Windows.
main.cpl	Propriedades de Mouse.
mmsys.cpl	Propriedades de Som.
msconfig	Configuração do Sistema.
msinfo32	Informações do Sistema.
mspaint	Microsoft Paint. Útil para salvar uma captura de tela do servidor, feita com a tecla PrintScreen.
mstsc	Conexão de Área de Trabalho Remota.
ncpa.cpl	Conexões de rede
notepad	Bloco de notas do Windows.
osk	Teclado virtual.
perfmon.msc	Monitor de Desempenho.
powercfg.cpl	Opções de Energia.
powershell	Executa o console do PowerShell. Digite exit para sair do PowerShell. Digite cmd no console do PowerShell para iniciar o console cmd.exe.
rasphone	Catálogo Telefônico.
regedit	Editor do Registro.
rsop.msc	Conjunto de Políticas Resultante.
secpol.msc	Política de Segurança Local.
services.msc	Serviços.
sfc /scannow	Ferramenta de verificação da integridade dos arquivos do Windows.
shutdown /i	Caixa de diálogo Desligamento Remoto.
shutdown /s	Encerramento do Windows.
sigverif	Verificação de Assinatura de Arquivos.
sysdm.cpl	Propriedades do Sistema.
syskey	Proteção do Banco de Dados de Contas do Windows.
taskmgr	Gerenciador de Tarefas.
telephon.cpl	Propriedades de Telefone e Modem (se instalado).

Comando a digitar	Descrição do uso
telnet	Cliente Telnet (se instalado).
timedate.cpl	Propriedades de Data e Hora.
utilman	Central de Facilidade de Acesso.
verifier	Gerenciamento de Verificação de Drivers.
winver	Exibe a versão do Windows (Sobre o Windows).
wmimgmt.msc	Gerenciador WMI (Windows Management Instrumentation).
write	WordPad.

apêndice

C

Windows Server® 2012 R2

Menos de um ano após o lançamento do Windows Server 2012, a Microsoft apresenta ao mercado uma nova versão do Windows Server 2012, a edição 2012 R2. Para testá-lo, você pode baixar uma cópia de avaliação diretamente do site da Microsoft, acessando http://technet.microsoft.com/pt-br/evalcenter/dn205286.aspx, estando disponível a versão ISO para queimar no DVD-R ou em formato VHD, aceito em máquinas virtuais.

Os requisitos para rodar o sistema não são muito diferentes da versão não R2:

- **Processador:** no mínimo um processador de 1,4 GHz e 64 bits.
- **RAM:** no mínimo de 512 MB.
- **Requisitos de espaço em disco:** no mínimo de 32 GB.
- Adaptador Ethernet (10/100/1000 baseT).
- Unidade de DVD (caso pretenda instalar o sistema operacional, usando mídia de DVD).
- Monitor Super VGA (1024 x 768) ou com resolução superior.
- Acesso à Internet.

A mudança não se restringe ao acréscimo ao nome do produto, trata-se de uma versão do Windows 2012 com algumas novidades úteis e interessantes, que certamente vão facilitar ainda mais o trabalho do administrador de redes baseadas em servidores Windows.

Antes de qualquer coisa, até para o caso de você não saber, vamos falar um pouco do ciclo de vida de um software para esclarecer o que significa o R2 quando acrescido ao nome dos servidores Windows.

C.1 Como entender o ciclo de vida do software

Quando um desenvolvedor, seja uma empresa, seja um programador independente, começa o desenvolvimento de um software, geralmente para fins comerciais, essa versão inicial é nomeada como versão Alfa. A versão Alfa tem por característica ser incompleta e apresentar muitos erros. Não costuma ser disponibilizada para uso, mas alguns desenvolvedores e algumas pequenas empresas de desenvolvimento, para acelerar a descoberta de erros de programação, podem liberá-la como versão de testes, talvez para um público específico e limitado.

Em seguida, surge a versão Beta, ainda sujeita a erros de programação, mas considerada suficiente a fim de ser distribuída para um número maior de usuários do que o admitido para testar a versão Alfa (isso quando a versão Alfa não fica restrita apenas à equipe de desenvolvedores).

Corrigidos os erros apresentados na versão Beta, surge a versão RC (Release Candidate), que é o mais próximo da versão final que o software conseguiu chegar. Isso não quer dizer que esteja isento de erros, mas que a maioria foi corrigida e o produto já é considerado pronto para uso, dentro dos padrões aceitos pela indústria e pelos usuários de software.

Após a versão RC teríamos a versão final, mas por conta de como é a natureza da indústria de software, as versões finais nunca são lançadas, pois sempre aparecem falhas a serem corrigidas e ajustes que precisam ser feitos, até que um dia o software é descontinuado e uma versão totalmente nova é lançada, começando um novo ciclo, de Alfa a RC:

Alfa → Beta → RC → Final (ou Gold)

As falhas e correções necessárias ao software são lançadas na forma de remendos e atualizações (patchs, updates e hotfixes). Essas atualizações são pequenos programas criados para atualizar ou corrigir o software.

Quando a quantidade de remendos é muito grande, o desenvolvedor os reúne na forma de pacotes de serviços (Service Pack ou SP abreviado). Em vez de baixar e instalar dezenas ou centenas de remendos, o usuário baixa apenas um pacote com todas as correções juntas.

Alguns sistemas operacionais recebem tantos remendos durante seu ciclo de vida que acabam recebendo vários pacotes de serviços, o equivalente a centenas e até milhares de correções e atualizações feitas no decorrer dos anos. O Windows XP, por exemplo, recebeu até o Service Pack 3 e o Windows Server 2008, no momento da edição desse livro, já possuía um Service Pack 2 à disposição.

Essa explanação a respeito do ciclo de vida dos softwares é genérica e se aplica à maioria das distribuições de software que existem. Especificamente, para os produtos

Microsoft, o ciclo de vida é formado por:

Alfa → Beta → RC → RTM

A versão Alfa dos produtos Microsoft é restrita aos desenvolvedores da empresa. A versão Beta costuma ser disponibilizada para download, geralmente a partir dos fóruns de tecnologia mantidos pela Microsoft. A versão RC é a mais próxima da versão final e costuma ser distribuída com alguma restrição de tempo. Finalmente temos a versão RTM (Release to Manufacturing) que é uma versão entregue aos fabricantes de hardware para integrarem aos seus produtos, antes da disponibilização da versão para venda ao público em geral.

E onde entra o código R2 nesse ciclo de vida? Na verdade, o código R2 representa uma nova versão do mesmo sistema. Tanto que você não consegue atualizar o Windows Server 2008 ou 2012 para as versões 2008 R2 ou 2012 R2. Em outros tempos, esta edição R2 receberia um novo número, como Windows Server 2009 no lugar de 2008 R2 ou 2013 no lugar de 2012 R2. Mas, para evitar confundir o mercado e ter de investir em outra programação visual, o fabricante optou por incluir o código R2 junto ao nome do produto. O Windows 8, por exemplo, foi renomeado para Windows 8.1 em sua versão mais recente.

C.2 O que Há de Novo no Windows Server 2012 R2?

Todas as operações apresentadas neste livro sobre o Windows Server 2012 também se aplicam ao Windows Server 2012 R2. Mas não estamos falando do mesmo sistema operacional, como vimos no parágrafo anterior a edição R2 poderia ser lançada como Windows Server 2013. Então, o que há de novo na versão R2?

No que diz respeito à instalação, interface com usuário e configuração inicial, as mudanças são praticamente imperceptíveis. As mudanças reais estão nos bastidores do sistema operacional, com melhorias significativas no Hyper-V, nos espaços de armazenamento e no Active Directory. A Microsoft tem divulgado que o Windows Server é um componente-chave para o paradigma Cloud OS, e esses são os principais recursos para construir e executar um serviço de nuvem no Windows Server.

C.2.1 iSCSI

O iSCSI Server permite a inicialização de rede de vários computadores a partir de uma imagem do sistema operacional armazenada em local centralizado. Isso melhora a eficiência, a capacidade de gerenciamento, a disponibilidade e a segurança do sistema.

O iSCSI Server pode inicializar centenas de computadores usando uma única imagem do sistema operacional. O Windows Server 2012 R2 apresenta melhorias nos discos virtuais, no gerenciamento, na otimização, que foi aprimorada para permitir o cache de nível de disco, e aumentou os limites de escalabilidade para 544 (número máximo de sessões por servidor-alvo) e para 256 (número máximo de unidades lógicas por servidor de destino).

C.2.2 SMB (Server Message Block)

O SMB é um protocolo de compartilhamento de arquivos de rede que permite aos aplicativos de um computador ler e escrever arquivos e solicitar serviços em uma rede de computadores. O SMB recebeu novas funcionalidades na versão R2 do Windows Server 2012:

- Reequilíbrio automático de scale-out clientes do servidor de arquivos.
- Arquivos VHDX como armazenamento compartilhado para clustering convidado.
- Hyper-V Live Migration sobre SMB.

- Melhoria da gestão da largura de banda SMB.
- Suporte para várias instâncias SMB em um servidor de arquivos em expansão.
- SMB 1.0 é agora um recurso opcional.
- WDS (Windows Deployment Services)

Os servidores WDS em execução no Windows Server 2012 R2 podem ser gerenciados usando os cmdlets do Windows PowerShell para WDS. Usando os cmdlets do Windows PowerShell, você pode adicionar pacotes de drivers e imagens de cliente, ativar e desativar a inicialização e instalar as imagens, e fazer muitas outras tarefas comuns WDS. Conforme veremos mais adiante, o PowerShell vem se expandindo e está aprimorado nesta edição R2.

C.2.3 AD (Active Directory)

No Windows Server 2012 R2, o Active Directory foi aprimorado para permitir a gestão de riscos de TI, tornando os usuários mais produtivos e aptos a estabelecer diferentes formas de comunicação com o sistema a partir de uma variedade de dispositivos:

- Os administradores de TI podem permitir dispositivos associados ao Active Directory da empresa e usar essa associação como um segundo fator de autenticação integrada.
- Single Sign-On (SSO) a partir de dispositivos que estão associados com o Active Directory da empresa.
- Permitir que usuários se conectem a aplicativos e serviços de qualquer lugar com Proxy Web Application.
- Gerenciar o risco de usuários que trabalham a partir de qualquer lugar, acessando dados protegidos de seus dispositivos, com Controle de Acesso Multifator e autenticação de múltiplos fatores (MFA).

C.2.4 BitLocker

BitLocker agora fornece suporte para criptografia do dispositivo em computadores baseados em x86 e x64. Anteriormente, essa forma de criptografia só estava disponível em dispositivos RT do Windows.

C.2.5 Replicação DFS

É um serviço disponível em Serviços de Armazenamento de Arquivos que permite replicar eficientemente pastas em vários servidores e sites. A Replicação DFS usa um algoritmo de compressão conhecido como compactação diferencial remota (RDC). RDC detecta alterações nos dados de um arquivo e permite a Replicação DFS para replicar apenas os blocos do arquivo alterado, em vez de o arquivo inteiro. Na versão 2012 R2, apresenta algumas novidades:

- Módulo do Windows PowerShell para a Replicação DFS.
- Replicação DFS do provedor de infraestrutura de gerenciamento do Windows.
- Clonagem de banco de dados para sincronização inicial.

- Recuperação de banco de dados corrompido.
- Restauração de arquivos preservados.
- Melhorias no sistema de recuperação de banco de dados após um desligamento inesperado.

C.2.6 DHCP (Dynamic Host Configuration Protocol)

O DHCP no Windows Server 2012 R2 fornece novos recursos e capacidades em relação às versões anteriores. Como novidade o destaque vai para a opção de registro de DNS PTR e mais opções de gerenciamento, via PowerShell.

C.2.7 DNS

O servidor DNS no Windows Server 2012 R2 não teve recursos novos, mas recebeu melhorias internas e novos comandos disponíveis, via PowerShell.

C.2.8 Clustering Failover

O Clustering Failover vem com algumas novidades, como o disco rígido virtual compartilhado, que permite a você usar arquivos VHDX como armazenamento compartilhado em um cluster de hóspedes, o dreno da máquina virtual no desligamento, que permite a um host Hyper-V automaticamente migrar máquinas virtuais em execução, se o computador for desligado, e até um sistema de detecção da saúde da rede virtual.

C.2.9 Storage Services

O sistema de Arquivos e Serviços de Armazenamento chegam ao R2 com novidades e aprimoramentos nos recursos já conhecidos da versão anterior:

- Desduplicação de dados, que permite economizar espaço em disco, armazenando uma única cópia de dados idênticos no volume.
- Servidor iSCSI, que fornece armazenamento em bloco para outros servidores e aplicativos na rede, usando o padrão SCSI Internet (iSCSI).
- Espaços de armazenamento e pools de armazenamento, que permite virtualizar o armazenamento, agrupando os discos-padrão da indústria em pools de armazenamento e, em seguida, a criação de espaços de armazenamento da capacidade disponível.
- Gerenciamento remoto unificado de arquivos e Storage Services no Server Manager, que permite gerenciar remotamente vários servidores de arquivos.
- Novos Cmdlets do Windows PowerShell para o arquivo e Storage Services.

C.2.10 File Server Resource Manager

O Gerenciador de Recursos do Servidor de Arquivos fornece um conjunto de funcionalidades que permitem gerenciar e classificar os dados que são armazenados em servidores de arquivos. Entre as novidades, estão a capacidade de limpar os valores de propriedade, que já não se aplicam a um arquivo atualizado durante a reavaliação dos valores de propriedade de classificação existentes, e a definição dos valores máximos de relatórios de armazenamento.

C.2.11 Diretiva de Grupo

Infraestrutura que permite a você especificar configurações gerenciadas para usuários e computadores por meio de Group Policy, configurações e preferências de Diretiva de Grupo. Na versão R2 do Windows 2012, o suporte ao IPv6 e o Registro de Eventos foram aprimorados. A novidade é uma nova política de caching disponível para o servidor.

C.2.12 Hyper-V

O sistema de Virtualização de Rede no Windows virtualiza o hardware para proporcionar um ambiente no qual você pode executar vários sistemas operacionais ao mesmo tempo em um computador físico, executando cada sistema operacional em sua própria máquina virtual. No Windows Server 2012 R2 praticamente todos os recursos da versão anterior foram aprimorados. Entre as novidades, o destaque vai para Ativação Automática das Máquinas Virtuais e o Modo de Sessão Aprimorada.

C.2.13 IPAM (IP Address Management)

Esse recurso foi introduzido pela primeira vez no Windows Server 2012. Serve para fornecer capacidades administrativas e monitoramento altamente personalizável para a infraestrutura de endereços IP em uma rede corporativa. O serviço IPAM no Windows Server 2012 R2 inclui novidades como Suporte para Migração, Suporte a Banco de Dados Externo e o Gerenciamento de Espaço do Endereço Virtual.

C.2.14 Rede

Os recursos de rede do Windows Server 2012 R2 foram bastante aprimorados e também aparecem como algumas novidades, como o aprimoramento do acesso autenticado com e sem fio que fornece novos recursos e capacidades em relação às versões anteriores.

C.2.15 Windows Server Gateway

Novo no Windows Server 2012 R2, o Windows Server Gateway é uma máquina virtual (VM) à base de roteador de software que permite a criação de Cloud Services Provides (CSPs) para permitir o tráfego de rede de roteamento entre as redes virtuais e físicas, incluindo a Internet.

C.2.16 Serviços de Impressão e Documentos

Esse recurso permite centralizar o servidor de impressão e as tarefas de gerenciamento da impressora de rede. Com essa função, você também pode receber documentos digitalizados, formar scanners de rede e encaminhar os documentos a um recurso compartilhado da rede, site do Windows SharePoint Services, ou endereços de e-mail. No Windows

Server 2012 R2, os recursos antigos foram aprimorados. Entre as novidades, destacamos a maior facilidade de impressão no Windows RT e um suporte comum de impressão protegido por PIN para IHVs (Independent Hardware Vendor).

C.2.17 Acesso Remoto

Há uma série de novos recursos para o servidor de acesso remoto e recursos de cliente no Windows Server 2012 R2, com destaque para o Border Gateway Protocol (BGP), que permite a distribuição dinâmica e aprendizagem de rotas pelo site-to-site (S2S), Interfaces de RRAS e o Proxy Web Application, que fornece a funcionalidade de proxy reverso para aplicações web dentro de sua rede corporativa, para permitir que os usuários em qualquer dispositivo possa acessá-los de fora da rede corporativa.

C.2.18 Proteção e Segurança

O Windows Server 2012 R2 não trouxe nenhum recurso de segurança que já não fosse conhecido da versão anterior, mas aprimorou praticamente todos os recursos disponíveis, como: Controle de Acesso, AppLocker, BitLocker, Disco rígido criptografado, Kerberos, Política de Senhas, Auditoria de Segurança, Assistente de Configuração de Segurança, Smart Cards, Políticas de Restrição de Software, Trusted Platform Module (TPM), User Account Control (UAC), Smart Card Virtual, Windows Biometrics e o Windows Defender.

C.2.19 Windows PowerShell

O Windows Server 2012 R2 vem com o Windows PowerShell 4.0 e inclui várias características importantes que estendem sua utilização, melhoram a usabilidade e permitem controlar e gerenciar ambientes baseados no Windows com mais facilidade e abrangência.

O Windows PowerShell 4.0 é compatível com versões anteriores. Cmdlets, provedores, módulos snap-ins, scripts, funções e perfis que foram criados para o Windows PowerShell 3.0 funcionam no Windows PowerShell 4.0 sem alterações.

C.3 Vale a pena fazer a migração do Windows Server 2012 para a versão R2?

A resposta é: **depende**.

Sim. Para as empresas que estão atualizando seus sistemas a partir do Windows Server 2003, 2008 ou 2008 R2, vale a pena ir direto para o Windows Server 2012 R2, mais integrado às Nuvens que qualquer versão anterior dos servidores Windows.

Não. Quanto a fazer a migração do Windows Server 2012 para a versão R2, precisamos considerar que o Windows Server 2012 R2 foi lançado com menos de um ano após o lançamento da versão 2012 não R2. É um prazo muito curto para as empresas fazerem alterações desse porte em seus sistemas de servidores, principalmente porque o 2012 não R2 é um sistema operacional recente, robusto e seguro, e não se justifica a troca, pelo menos por enquanto.

Não. Outro ponto a ser considerado é que existem rumores a respeito do lançamento do Windows Server 2013 em 2014, tornando ainda mais sensato aguardar um pouco mais, antes de decidir pela troca do Windows Server 2012 pela versão R2.

Sim. Tal migração se justifica se houver algum dos novos recursos que seja estritamente necessário dentro das necessidades atuais da empresa, seu contratante.

Bibliografia

BLACK BOX NETWORK SERVICES. **Catálogo On-Line**. Disponível em: <http://www.blackbox.com.br/catalogoonline/index.html>. Acesso em: 25 out. 2012.

DELL INCORPORATION. **Soluções para Servidores**. Disponível em: <http://content.dell.com/br/pt/empresa/smb-by-technology-servers.aspx?~ck=mn>. Acesso em: 25 out. 2012.

MICROSOFT CORPORATION. **Documentação Técnica do Windows Server 2012**. Disponível em: <http://technet.microsoft.com/pt-br/windowsserver/hh534429.aspx>. Acesso em: 25 out. 2012.

______. **Edições do Windows Server 2012**. Disponível em: <http://www.microsoft.com/pt-br/server-cloud/windows-server/2012-editions.aspx>. Acesso em: 25 out. 2012.

______. **Windows Server 2012:** Help. Redmond: Microsoft Press, 2012.

______. **Windows Server 2012**. Disponível em: <http://www.microsoft.com/pt-br/server-cloud/ws2012/default.aspx>. Acesso em: 25 out. 2012.

THOMPSON, M. A. **Proteção e Segurança na Internet**. São Paulo: Érica, 2002.

______. **Windows Server 2003:** Administração de Redes. São Paulo: Érica, 2003.

______. **Windows Server 2008 R2:** Fundamentos. São Paulo: Érica, 2008.

______. **Windows Server 2008 R2:** Instalação, Configuração e Administração de Redes. São Paulo: Érica, 2008.

______. **Windows Server 2012:** Fundamentos. São Paulo: Érica, 2012.

TULLOCH, M. **Introducing Windows Server 2012**. 1. ed. USA: Microsoft Press, 2012.

Marcas Registradas

Windows 8, Windows Server 2012 Datacenter Edition, Windows Server 2012 Standard Edition, Windows Server 2012 Essentials Edition, Windows Server 2012 Foundation Edition, Windows Server 2008 R2, Windows Server 2008, Windows Server 2003, Windows 2000 Server, Windows 7, Windows Vista, Windows XP, Windows NT, Windows 95, Windows 98, Windows 3.11, MS DOS são marcas registradas da Microsoft Corporation.

Todos os demais nomes registrados, marcas registradas ou direitos de uso citados neste livro pertencem aos seus respectivos proprietários.

Windows Server 2012 - Fundamentos

Autor: Marco Aurélio Thompson
Código: 4308 • 240 páginas • Formato: 17,5 x 24,5 cm • ISBN: 978-85-365-0430-8 • EAN: 9788536504308

Com exemplos práticos e telas que ilustram passo a passo as operações, o livro ensina os fundamentos do Windows Server 2012, versão em português, da Microsoft, orientando estudantes e profissionais da área na criação de uma infraestrutura de rede baseada nesse sistema.
Comenta as novidades desta versão e demonstra como criar um laboratório de testes para praticar o conteúdo. Explica procedimentos pós-instalação e modelagem de redes, revisa o funcionamento do DNS e trata do Active Directory. Instrui a criação de vários servidores, como o DHCP, o DNS, o de arquivos, o de impressão e o controlador de domínios. Fornece dicas para manter o sistema seguro e em funcionamento, além de um glossário com os termos mais comumente usados em redes e um apêndice com o roteiro para obtenção de certificação da Microsoft para essa plataforma.

Microsoft Windows Server 2012 - Instalação, Configuração e Administração de Redes

Autor: Marco Aurélio Thompson
Código: 4346 • 368 páginas • Formato: 17,5 x 24,5 cm • ISBN: 978-85-365-0434-6 • EAN: 9788536504346

Com o objetivo de auxiliar estudantes e profissionais no gerenciamento de redes com o Windows Server 2012, este livro foi desenvolvido, repleto de telas explicativas passo a passo.
Faz uma revisão de redes e TCP/IP, descreve as novidades dessa geração de servidores e explica como criar um laboratório virtual de práticas. Introduz a nova interface de usuário Modern UI (ex-Metro), procedimentos pós-instalação, tipos de RAID, funções e recursos do programa. Destaca os servidores de arquivos e armazenamento, de impressão e documentos, DHCP, DNS, Web (IIS) e o Active Directory, bem como Server Core, PowerShell e Hyper-V. Trata de administração remota, planejamento da carreira, segurança e gerenciamento de redes, trazendo um glossário com termos comuns e apêndices com comandos úteis e um roteiro para obter a certificação da Microsoft para essa plataforma.

Windows Server 2008 R2 - Instalação, Configuração e Administração de Redes

Autor: Marco Aurélio Thompson
Código: 3066 • 336 páginas • Formato: 17,5 x 24,5 cm • ISBN: 978-85-365-0306-6 • EAN: 9788536503066

Com linguagem simples e ilustrações que esclarecem passo a passo cada operação, este livro ensina desde os conceitos básicos até os mais avançados, para que estudantes e profissionais da área possam construir uma rede de computadores segura, de alta confiabilidade e fácil gerenciamento.
Traz uma visão geral do ambiente de redes e apresenta protocolos do TCP/IP, principais funções, infraestrutura com DHCP, WINS, DNS, diretivas de rede, Active Directory, servidor de arquivos e de fax, servidor de impressão e de web com o IIS, a virtualização com o Hyper-V, as diferentes formas de acesso remoto ao servidor, segurança da rede, como usar scripts de configuração com o PowerShell, além da descrição de diversas tarefas de administração da rede, com seus problemas mais comuns e as respectivas soluções.

Windows Server 2003 - Administração de Redes

Autor: Marco Aurélio Thompson
Código: 9808 • 376 páginas • Formato: 17 x 24 cm • ISBN: 978-85-7194-980-5 • EAN: 9788571949805

Ensina a gerenciar o Windows 2003 Server em rede e mostra como realmente é o dia a dia do administrador.
Está organizado de forma didática, abordando conceitos básicos de redes, arquiteturas, protocolos e instalação da versão Server, os tipos de servidor que o Windows 2003 pode se tornar (controlador de domínio, servidor de arquivos, de impressão, DNS, WINS, DHCP, servidor Web (WWW e FTP) etc.), criação de uma Intranet, adotando uma política de segurança, além de dicas e macetes do Windows 2003 e orientações para certificação Microsoft.
É indicado aos profissionais e alunos da área de informática que desejam ingressar no lucrativo mercado de administração de redes.

Windows Server 2003 em português - Implementação e Administração

Autor: Eng. Francisco Baddini
Código: 9832 • 376 páginas • Formato: 17 x 24 cm • ISBN: 978-85-7194-983-6 • EAN: 9788571949836

Traz os procedimentos recomendados na implementação do Windows Server 2003. Trata desde os principais recursos de hardware existentes nos servidores até instalação, configuração, aplicações web, otimização e gerenciamento dos recursos da plataforma. Um capítulo especial aborda o Microsoft ISA Server 2000, com o qual é possível transformar o servidor numa poderosa solução de segurança. É destinado aos profissionais e alunos da área de informática que desejam implementar e entender como funcionam os principais recursos e produtos desenvolvidos para essa plataforma.

Estudo Dirigido de Microsoft Windows 8 Enterprise

Autor: André Luiz N. G. Manzano
Código: 437A • 168 páginas • Formato: 17 x 24 cm • ISBN: 978-85-365-0437-7 • EAN: 9788536504377

Com estrutura agradável, este livro traz as principais características operacionais do Windows 8 e sua nova interface, baseada no design Metro, seus blocos dinâmicos e atalhos de navegação. Explica como alternar dois ambientes de trabalho, criar contas de usuário, gerenciar arquivos e pastas, além do controle de acesso à Internet e noções básicas. Trata de terminologias, CPU, memórias, periféricos, novidades da versão, área de trabalho, principais aplicativos, acessórios e o Explorador de Arquivos. Contempla assuntos importantes e atuais, como segurança, tecnologia Bluetooth, Wireless, Windows Defender, Firewall e Windows Update. É indicado a professores, alunos e autodidatas. Traz exemplos e exercícios didáticos para facilitar o aprendizado.

Microsoft Windows 7 Professional - Guia Essencial de Aplicação

Autor: José Augusto N. G. Manzano
Código: 3035 • 296 páginas • Formato: 17,5 x 24,5 cm • ISBN: 978-85-365-0303-5 • EAN: 9788536503035

O Microsoft Windows 7 e seus recursos essenciais estruturam este livro prático e dirigido, que conceitua sistema operacional, explana a estrutura organizacional do Windows, instalação e configurações iniciais. Aborda acesso ao computador por portadores de necessidades especiais e descreve as ferramentas de produtividade e de sistema, como bloco de notas, calculadora, prompt de comando, impressoras etc., o programa Windows Explorer e recursos de multimídia. Inclui gerenciamento do sistema, bibliotecas e pastas do usuário.

Conectividade e acessibilidade à Internet, Windows Update, manutenção do sistema e outros recursos auxiliares, como o modo de compatibilidade com o Microsoft Windows XP, são assuntos tratados.

Linux - Fundamentos

Autores: Walace Soares e Gabriel Fernandes
Código: 3219 • 208 páginas • Formato: 17,5 x 24,5 cm • ISBN: 978-85-365-0321-9 • EAN: 9788536503219

Os conceitos e aspectos essenciais do Linux, sua instalação e gerenciamento básico são explanados de forma objetiva e prática. O livro aborda a história do programa, sua relação com o UNIX, estrutura, vantagens, aspectos práticos do dia a dia do administrador, as tarefas exigidas, ferramentas e comandos, gerenciamento de usuários e grupos, monitoramento do servidor, administração de serviços (daemons), execução da instalação de forma eficiente, os gerenciadores de boot comumente utilizados (GRUB e LILO) e dicas de segurança.

Detalha os sistemas de arquivos, a ferramenta Shell, protocolos, configuração, DHCP, SAMBA, NFS, compartilhamento de arquivos com servidores Windows, login remoto, SSH, roteamento, FTP, NTP, DNS e muito mais.

Montagem e Configuração de Computadores - Guia Prático

Autor: Renato Rodrigues Paixão
Código: 3196 • 304 páginas • Formato: 20,5 x 27,5 cm • ISBN: 978-85-365-0319-6 • EAN: 9788536503196

Indicado a estudantes, profissionais e entusiastas, o livro desmistifica o processo de montagem de um computador pessoal detalhando cada etapa, como configuração, testes de performance e interconexão numa rede local (LAN).

Aborda conceitos básicos de eletricidade e eletrônica digital, ferramentas e componentes, partes do PC, periféricos, ambiente de trabalho, aterramento e conexões, modelos de gabinete, motherboard, jumpeamento, overclocking e o processador.

Descreve pentes de memória, conexões a cabos, fonte de alimentação, HDD e FDD, controladoras, cabos internos e externos do gabinete, filtros de linha, estabilizadores de tensão e nobreaks. Ensina como ligar o PC pela primeira vez, configuração do setup e BIOS, janelas principais, boot do sistema, instalação do sistema operacional, placa de vídeo, impressoras, softwares básicos e de monitoramento de sinais, defrag e utilitários de desempenho.

Manutenção de Computadores - Guia Prático

Autor: Renato Rodrigues Paixão
Código: 3226 • 208 páginas • Formato: 20,5 x 27,5 cm • ISBN: 978-85-365-0322-6 • EAN: 9788536503226

Estudantes, entusiastas e profissionais da área encontram neste livro um conteúdo didático e objetivo sobre os cuidados necessários para a manutenção preventiva e corretiva de um PC.

De forma gradativa, aborda conceitos básicos de eletricidade, instrumentos de medida, principais componentes que integram um PC, microprocessadores, barramento, arquitetura interna, encapsulamentos, conexão do processador com a motherboard, memórias, chipsets, motherboards, drives (HDD, FDD, CD/DVD), conexão da BIOS, setup e controladoras de vídeo, como também aspectos práticos da manutenção, ferramentas e sobressalentes, ambiente de trabalho, cargas eletrostáticas, aterramento, conexões, filtros de linha, estabilizadores de tensão e nobreaks, cuidados com o PC, acessórios, limpeza, tipos de falha e solução de problemas.